纠纷预防与治理：
公证理论与实务系列丛书

MANUALE
DI NOTARIATO
Quarta edizione

意大利
公证法学

[意] 马尔切洛·迪·法比奥　著
（Marcello Di Fabio）

谢 蔚 译

清华大学出版社
北京

内 容 简 介

《意大利公证法学》一书目前已是第四版,本书详尽论述了意大利公证制度的发展历程,包括其立法背景、法学逻辑和机构现状。书中系统审视了公证制度的关键问题,如公证职权、行为方式、公证人的义务和责任以及公证人薪酬制度,最后一章还专门介绍了其他国家的公证制度,为读者提供了广阔的视野。作者结合意大利最新的法律、法规,系统化阐释法学专业人员深入研究公证制度的重要性。

公证制度是法律制度体系的重要组成部分,而公证人则是法律职业共同体中必不可少的一员。马尔切洛·迪·法比奥教授作为资深学者和公证人,本书兼具理论深度与实践指导,成为意大利法学教育与公证人培训的必读之作。

北京市版权局著作权合同登记号　图字:01-2024-4384

《意大利公证法学》马尔切洛·迪·法比奥 著

First Published in Italian under the title *Manuale Di Notariato*, 4th edition by Marcello Di Fabio, 2020 by Giuffrè Francis Lefebvre S. p. A. Milano.

图书在版编目(CIP)数据

　意大利公证法学 / (意)马尔切洛·迪·法比奥著;谢蔚译.
北京:清华大学出版社,2024. 12. -- (纠纷预防与治理:公证
理论与实务系列丛书). -- ISBN 978-7-302-67862-5
　Ⅰ. D954.666
　中国国家版本馆 CIP 数据核字第 2024M92E30 号

责任编辑:李文彬
封面设计:傅瑞学
责任校对:赵丽敏
责任印制:宋　林

出版发行:清华大学出版社
　　　　网　　　址:https://www.tup.com.cn,https://www.wqxuetang.com
　　　　地　　　址:北京清华大学学研大厦 A 座　　　邮　编:100084
　　　　社 总 机:010-83470000　　　　　　　　　邮　购:010-62786544
　　　　投稿与读者服务:010-62776969,c-service@ tup. tsinghua. edu. cn
　　　　质量反馈:010-62772015,zhiliang@ tup. tsinghua. edu. cn
印 装 者:涿州汇美亿浓印刷有限公司
经　　销:全国新华书店
开　　本:170mm×240mm　　　**印　张:**21　　　**字　数:**396 千字
版　　次:2024 年 12 月第 1 版　　　　　　　　**印　次:**2024 年 12 月第 1 次印刷
定　　价:128.00 元

产品编号:091339-01

第四版序言

考虑到我国法律的不断演变(有时甚至是混乱的演变),以及我在罗马安塞尔莫·安塞尔米公证学院(Scuola di Notariato Anselmo Anselmi di Roma)担任导师的经历,对本书进行了修改和扩充。我很荣幸即使在我不再从事专业工作之后,还能继续担任该学院的导师,这与其说是为了继续教授别人,还不如说是为了让自己继续学习,再次对那些指出错误或遗漏的读者表示感谢。

作者

2020 年 6 月 23 日于罗马

第三版序言

第三版的内容得到了进一步充实,一方面由于立法难以及时跟上社会的不断变化,导致立法激增势不可挡;另一方面裁判观点尽管有时相互矛盾,但仍然对实践产生不可或缺的影响,虽然它们可以用所谓的"法的实践性"(fattualità del diritto)来解释,这使得作为公证职能存在的理由和目的之法律确定性原则变得日益模糊。

此外,信息技术以不可阻挡之势逐步发展,特别是就公证行业而言,数字签名和计算机化的公证文书已被引入法律体系,随之而来的是对《公证法》众多条款的修订和整合。

目前来看,上述改革虽然在简化和合理化体系方面将带来毋庸置疑的优势,但是否会在安全领域尤其是在公证文书保存方面带来困难,未来将见分晓。

作者

2014 年 10 月 13 日于罗马

第二版序言

过去三十年里,法律发生了诸多变化,这些变化给公证人带来了新的额外的负担和义务,这些变化有力地证明了公证职能的必要性和重要性。

为了将作品的篇幅控制在一定范围内,我在很大程度上将拓展研究的内容置于注释部分。

我还想在书的开头附上我最亲爱的老师文森佐·科拉皮埃特罗(Vincenzo Colapietro)的序言;他逝世后,时间的流逝并没有减轻那些像我一样有幸认识他的人的遗憾,反而与日俱增,我们铭记他的榜样力量和对我们的期望,于是带着他的期许更新了这部诞生于学院、为学院而生的著作。

作者

2007 年 1 月 23 日于罗马

第一版序言

马尔切洛·迪·法比奥(Marcello Di Fabio)为学者们提供了这本《公证法学》,在我看来,这是首次尝试从公证制度的起源直至当下,围绕公证职能发展的理论和裁判进行的系统化阐述。

不管是宪法法院的判决还是各个部门的各种较为久远的文件,所有资料来源的更迭脉络都清楚地证明了作者研究工作的辛勤;而有些章节,如专门论述公证人的定义、职能、责任和文书形式的章节,则充分体现了作者的精心准备,他将心血和法律技术倾注在这二十多年的工作当中。

本书的读者对象是所有真诚渴望从事公证行业的人,也就是那些年轻人,迪·法比奥先生作为罗马"安塞尔米"公证学院最受欢迎和备受赞赏的导师之一,将他的大部分时间都奉献给了这些年轻人。

不过,我相信,由于这是一本研究公证人以及与公证制度有关的一切的著作,它也将为执业同行和那些希望获得有关我们职业的完整信息的人提供非常有用的借鉴。

抛开我与马尔切洛·迪·法比奥之间的关系,我亦深信这部优秀的作品一定会给我们带来巨大的精神财富。

文森佐·科拉皮埃特罗(Vincenzo Colapietro)
1981 年 2 月 16 日于罗马

Prefazione

La traduzione in lingua cinese del *Manuale di notariato* di Marcello Di Fabio per merito del mio allievo Xie Wei rappresenta un evento di grandissima importanza.

E' importante per l' Italia, perché consente di diffondere nella Repubblica Popolare Cinese la dottrina sul notariato latino (e in particolare quello italiano), così peculiare e rilevante.

E' importante per la Cina, perché rende possibile, attraverso la traduzione, la conoscenza di una figura professionale del tutto particolare, decisiva - nell' ordinamento italiano - per la conclusione di negozi giuridici fondamentali (anzi, sicuramente i più rilevanti, anche economicamente) sia *inter vivos* che *mortis causa*.

Il volume di Di Fabio - prestigioso notaio e giurista italiano - illustra in modo completo la normativa, la giurisprudenza, le direttive ministeriali, la prassi relative alla professione notarile. Descrive, in modo molto chiaro ma al contempo profondo, le competenze del notaio, le forme degli atti, le sue responsabilità e il sistema delle retribuzioni.

Si tratta, dunque, di un volume straordinariamente utile per far conoscere una figura professionale molto particolare: il notaio, infatti, per l' ordinamento italiano, è contemporaneamente un libero professionista che opera nel mercato, ma anche pubblico ufficiale, tenuto a controllare l' aderenza degli atti che redige per conto dei clienti alle norme e alle regole previste dallo Stato.

Il che significa che il notaio garantisce nello stesso momento l' interesse del singolo privato cittadino e quello *di tutti i cittadini*, cioè dello Stato.

Mi limiterò a pochi esempi per far comprendere la rilevanza della figura del notaio.

Innanzi tutto, occorre ricordare che in Italia purtroppo le cause civili soffrono di un arretrato drammatico: milioni di cause pendenti davanti ai tribunali civili. Tuttavia, a fronte di tale accumulo vertiginoso (e dannosissimo per l' economia italiana) di arretrati, l' unico settore del contenzioso civile che non ha alcun arretrato è quello che riguarda le cause nel settore immobiliare. Ciò è dovuto al fatto che i notai (in quanto pubblici ufficiali) controllano preventivamente gli atti delle compravendite (e di altri negozi giuridici) di immobili e, dunque, la rispondenza degli atti medesimi alle leggi dello Stato. La conseguenza è che le cause civili nel settore immobiliare sono praticamente inesistenti.

In secondo luogo, occorre sottolineare un punto che giudico di grande importanza e che concerne un Paese, gli Stati Uniti d'America, ove non esiste la figura del notaio come è stata configurata in Europa. Alla fine del 2006, come si ricorderà, è iniziata una crisi economica e finanziaria mondiale, esplosa poi, in tutta la sua violenza, tra febbraio e marzo del 2007. La crisi è iniziata negli Usa e poi si è diffusa in quasi tutto il mondo: ed è stata determinata dai cosiddetti mutui *subprime*, e cioè prestiti che comportano un elevato rischio per il creditore (titoli chiamati non a caso "titoli tossici"), perché il soggetto a cui viene concesso il mutuo è caratterizzato da una limitata capacità di rimborsare. Il che ha comportato come conseguenza lo sgonfiamento della bolla immobiliare e il fallimento di colossali banche e istituti finanziari.

Ciò è accaduto proprio a causa della totale assenza di un controllo preventivo. Il controllo notarile sulla concessione dei mutui avrebbe sicuramente impedito lo scoppio della crisi.

L'idea che l'economia si autoregoli è una sciocchezza smentita dalla storia, ad ogni latitudine e in ogni epoca. Una sorta di nuova *lex mercatoria* lasciata in balia di se stessa è, oltretutto, un danno enorme per i cittadini più deboli, economicamente e culturalmente. Nella legge della giungla di una economia (pseudo) autoregolata, vince sempre il più forte, il più ricco, il più scaltro.

In una società con il libero mercato servono *più regole*, non meno regole. Nella storia della civiltà umana, l'avanzamento e il progresso - la modernizzazione - si sono avuti attraverso il rafforzamento dei principi, delle leggi, delle regole.

Anche una figura di controllo come la professione notarile va nella direzione, dunque, dell'affermazione della certezza del diritto e del primato della legge (Rule of Law), presupposti importanti per la costruzione dello Stato di diritto in Cina, come il Presidente Xi Jinping ha affermato a più riprese (sin dal 2012): governare il Paese secondo la legge è "strategia fondamentale" del Partito Comunista Cinese sin dal XVIII Congresso Nazionale.

Dobbiamo essere, dunque, grati a Xie Wei per questo straordinario lavoro di traduzione, che aiuterà - ne sono certo - a meglio comprendere una professione antichissima, quella del notaio, che affonda le sue radici nel diritto romano, ma sempre capace di essere all'altezza delle sfide che impone la modernità.

Oliviero Diliberto

Roma, 11 Settembre 2024

代　序[*]

　　马尔切洛·迪·法比奥(Marcello Di Fabio)的《意大利公证法学》由我的学生谢蔚副教授翻译成中文,这是一个具有标志性意义的事件。

　　对于意大利而言,这一翻译非常重要,因为它使拉丁公证制度(尤其是意大利公证制度)的学说得以在中国传播,这一制度因其独特性和重要性而备受瞩目。

　　对于中国而言,此书的翻译同样意义深远,它使读者有机会深入了解一种极具特色的职业——在意大利的法律体系中,公证人这一职业在基础性法律行为完成的过程中扮演着至关重要的角色(经济交易上的重要性则更甚),无论该法律行为是生者间行为(*inter vivos*)还是死因行为(*mortis causa*)。

　　迪·法比奥先生是一位著名的意大利公证人和法学家,他的著作完整地介绍了与公证职业相关的法律法规、司法判例、部委指令以及实践操作。这本书以非常清晰而又深刻的方式,阐述了公证人的职责、文书形式、责任制度以及报酬机制。

　　因此,此书对了解公证人这一特殊职业具有极高的实用价值。公证人在意大利法律体系中同时扮演着自由职业者和国家公职人员的双重角色。作为自由职业者,其职业行为通过市场化运作;作为国家公职人员,他承担着确保其为客户撰写的法律文书符合国家法律规定的职责。这意味着,公证人在同一时间内既保障个人的利益,又捍卫全体公民,即国家的利益。

　　我将通过一些简单的例子来说明公证人这一职业的重要性。

　　首先,必须提到的是,意大利的民事诉讼案件积压严重,数以万计的案件悬而未决。然而,尽管整体民事诉讼领域案件积压严重(这对意大利的经济社会产生了极大的负面影响),唯一没有积压的领域是房地产相关的民事案件。这是因为公证人作为公职人员,对房地产买卖(以及其他法律交易)的文件进行了预先审查,确保这些文件符合国家法律的要求。因此,房地产领域的民事诉讼几乎不存在。

　　其次,我想强调另一重要的问题,那就是在美国并不存在如欧洲公证人这样的制度。众所周知,2006年年底发端的全球金融危机,最终在2007年二三月份全面爆发。危机始于美国,并迅速波及全球。这场危机是由所谓的次级抵押贷款引

---

　　* 代序一文由谢蔚翻译。

发的,即那些高风险的贷款(因此被称为"有毒资产"),原因是借款人的还款能力极为有限。这最终导致房地产泡沫破裂,巨型银行及金融机构相继倒闭。这一切的发生,恰恰是由于缺乏事前的有效监管。如果当时有公证人对这些贷款进行审查,危机的爆发或许可以避免。

认为经济可以自我调节的观点,实为历史反复证伪的谬论。无论在哪个时代、哪个地域,缺乏规制的"新商业法则"不仅难以立足,还会对经济上和文化上处于弱势的群体造成深远的伤害。在这样一种"伪自我调节"的经济丛林法则中,赢家永远是最强大、最富有、最狡猾的人。

在自由市场的社会中,我们需要更多的规则,而非更少。在人类文明的进程中,所有的进步与现代化,无一不是通过强化原则、法律和规则来实现的。

因此,公证人这一职业是推动法律确定性与法治的重要力量,这也是中国建设法治国家的重要前提,正如习近平主席自 2012 年中国共产党的十八大以来反复强调的那样,"依法治国是党领导人民治理国家的基本方略"。

因此,我们应当对谢蔚副教授的这一非凡翻译工作表示真挚的感谢。我坚信,这一工作将有助于中国读者更好地理解这一古老而又不断适应现代挑战的职业——公证人,它的根基可以追溯至罗马法,却始终屹立于现代社会发展的潮流之中。

奥利维耶罗·迪利贝托(Oliviero Diliberto)
意大利司法部前部长、罗马第一大学法学院院长
2024 年 9 月 11 日于罗马

译 者 简 介

　　谢蔚,意大利罗马第一大学法学博士,现为湘潭大学法学学部副教授,兼任司法部公证理论与人才培训基地副主任,中国法学会民法学研究会理事,获"芙蓉计划湖南省高端智库人才"称号。主要从事民法、比较法、罗马法的研究,主持、参与司法部、最高人民法院公证相关课题 12 项,编著《中国公证的现代化体制转型与制度创新》,在中文核心期刊(CSSCI)发表学术论文 10 余篇,部分论文被《高等学校文科学术文摘》转载,多篇智库成果被最高人民法院、中国法学会和省部级单位采纳,并应用于司法实践。

译 者 的 话

本书的翻译计划源于2019年秋季一次偶然的谈话。当时,湘潭大学廖永安教授提到,我国公证行业的发展正面临瓶颈,公证制度的运行和改革过程中遇到诸多痛点和堵点。然而,学界对此较为忽视,关于公证制度和理论的研究不够深入,尚无系统介绍域外公证制度的学术著作被引入国内。廖永安教授指出,意大利(古罗马)作为公证制度的发源地,在意大利乃至整个欧洲的法律体系中,公证制度尤其是在纠纷预防功能方面发挥着重要作用,这对我国公证制度的改革具有重要的借鉴意义。因此,他建议我翻译一本权威的意大利公证法学著作。

基于这一建议,我立即联系了我的意大利博士导师——意大利司法部前部长、罗马第一大学法学院院长奥利维耶罗·迪利贝托(Oliviero Diliberto)教授,表达了翻译出版意大利最权威的《法律百科全书》(ENCICLOPEDIA DEL DIRITTO)中公证词条的意愿。该词条的罗马法内容正是由他亲自撰写。迪利贝托教授很快回信,表示他参与撰写的那部分内容距今已有些年头,且意大利公证制度的行业动态及最新改革并未涵盖。因此,他推荐我翻译目前意大利最新且最具权威性的公证法学著作,即大家现在看到的马尔切洛·迪·法比奥(Marcello Di Fabio)教授所著的《公证法学》一书。通过迪利贝托教授的推荐,我顺利从法比奥教授及其出版社 GIUFFRÈ FRANCIS LEFEBVRE 处获得该书最新版(2020年第4版)的出版授权。在此,我衷心感谢迪利贝托教授为本书的顺利出版所做的贡献!

当我第一次拿到这本书时,500多页的篇幅让我震撼,一时间甚至有些却步。尤其是考虑到高校考核机制的限制,译著尤其是小语种的翻译往往得不到应有的认可。然而,想到这本书对我国公证行业发展的现实借鉴意义,在我夫人——同样毕业于罗马第一大学的睢苏婕女士的支持和鼓励下,我最终决定全力投入到为期3年的翻译中。随着翻译的深入,我对法比奥教授的学术造诣愈发敬佩。他不仅从纵向的历史维度详细剖析了公证人以及公证制度的起源和演变,更在论述每一制度时旁征博引,将法解释学方法运用得淋漓尽致。无论读者是通读全书,还是仅关注某一部分,都能深刻感受到其精妙之处——全书共有888条注释即可见一斑。

全书共分为12章,内容涵盖了公证制度的历史起源、公证人的性质与执业范围、公证机构(公证人协会、公证委员会、公证基金会、公证档案馆、公证学院、公证人工会、国际拉丁公证联盟)的历史演变与现状、公证的职能与管辖范围、公证文书及认证书的形式、公证人责任以及域外公证制度的现状。作为译者,我希望从读者的角度,重点介绍本书中的几个关键内容。

首先是公证人的性质。与我国以公证机构为核心的体制不同,意大利的公证制度是以公证人为主体来构建的。无论是意大利《公证法》还是《刑法典》中,公证人都被明确定义为公职人员(pubblici ufficiali)(详见第三章第一节)。因此,公证人不仅承担着长期履行公共行政职能的责任,还具备赋予其接收或制作的文书以公信力的权力。同时,意大利公证人也能够按照当事人的意愿,提供最合适的文书类型,以实现当事人的预期目标,并确保其文书符合法律、道德和公共秩序的要求。因此,意大利学界普遍认为公证人既是履行公共行政职能的公职人员,也是为当事人提供法律服务的自由职业者。

其次是公证人的法律责任。由于公证人具备上述双重性质,他们在履行职能时也面临多种或混合性质的责任类型,包括民事责任、刑事责任以及包括财税责任在内的行政责任。然而,尽管公证人的法定职责繁多,责任类型复杂,意大利的公证制度并未导致公证人权利(权力)与义务的不平衡。在我国即将面临的《公证法》修订中,公证责任同样也是重要且备受争议的议题。有必要借鉴意大利的经验,明确公证人的权利、义务与责任,建立合理的法律框架,使其在履行公证职责的同时,获得足够的法律保护,从而提升公证服务的效率和公信力。

再次是公证的收费问题。2018年,湘潭大学与长沙银行、湖南省公证协会联合成立了中国强制执行公证制度研究中心,借此契机,我有幸与廖永安教授、现调任海南大学法学院的刘方勇教授、湖南省司法厅的彭雄辉处长以及长沙银行总行的卢卫平总经理等专家同行,前往北京市、广东省、四川省和新疆维吾尔自治区等地的公证机构调研。此后,我又负责了湖南省司法厅"湖南省公共法律服务体系第三方评估"项目,深入湖南省14个市州,对包括公证机构在内的公共法律服务机构进行了全面调研。调研结果表明,全国各地公证行业的差异化最为显著的方面,便是公证收费标准及公证员的酬劳机制——各省之间,甚至省内各地市州之间的差距非常明显。相比之下,意大利的公证人事务所的设置则采取了动态调整机制,依据该地区的长期居住人口数量及上一年度的公证业务总量,灵活调整公证人的数量。这一机制使得不同地区的公证人之间形成了相对均衡的竞争环境,从而有助于稳定收费标准,避免个别地区因供不应求而抬高价格,或因供过于求而压低公证员酬劳,影响服务质量。

最后,也是最为重要的一点,便是公证制度的纠纷预防功能。我国《公证法》第一章第一条明确指出了公证法的立法目的是"预防纠纷",然而,现实中我们的公证处却常被批评为"以证换证"或"拿钱盖章"的机构,未能真正实现形式审查向实质审查的转变。这种困境很大程度上源于实质审查机制的实施难度。因此,保障实质审查的部门协调机制、合理调整审查难度较大的公证业务的收费与责任问题,理应成为我国《公证法》修订的重点方向。迪利贝托教授为本译著写的代序中,也生动阐述了欧洲公证制度在纠纷预防功能上的具体体现,为我国公证制度的完善提供了宝贵的参考。

在本书的翻译过程中,我要特别感谢清华大学出版社的李文彬老师。书中许多关键表达,都是在与李老师多次深入讨论后才得以最终确定,包括几处翻译中的重大错误,也是在她的指导下得以纠正。与李老师的交谈中,我们偶尔聊起法学界耆宿名儒们的编校往事,这些故事让我倍感钦佩,仿佛通过李老师这本"收山之作",我与那些前辈们有了一丝跨越时空的相遇。

我要衷心感谢廖永安教授,不仅是他最初的建议引领我走进公证制度的研究领域,更是他在后续研究中不遗余力的指导,帮助我在这一领域不断精进。特别感谢我的夫人睢苏婕女士,她的陪伴和支持是本书翻译工作得以顺利完成的坚强后盾。感谢湘潭大学的夏先华老师和远在荷兰从事博士后研究的张红旺博士,两位专门研究公证制度的学者对译稿的悉心校对,无异于为本书的准确性注入了强有力的保障。也要感谢湘潭大学强制执行公证文书制度研究中心(与长沙银行、湖南省公证协会共建)一直以来的鼎力支持。感谢湘潭大学法学学部对本书出版的资助。

尽管本书的翻译工作已经完成,但由于译者学识有限,很难将这部融合民法、诉讼法、刑法、行政法与税法的意大利公证法学经典之作尽善尽美地呈现于读者面前,书中难免有疏漏和不足之处。在此,我诚挚希望得到各位专家学者以及所有关心此领域研究的同仁的批评与指正。

谢 蔚

2024 年 9 月 23 日

目　录

第一章　公证制度的起源及其历史演变

第一节　前　　言

在拉丁法系①国家的法律体系中,公证制度承载着古老而厚重的历史。公证制度或者近似公证的制度同样存在于意大利之外的其他国家法律制度当中,并没有因为文化传统或政治体制间的差异而阙如,有些国家对于公证制度的适用甚至比意大利更为普遍②。

---

① "拉丁公证制度"这一说法包含了一个由欧洲大陆、非洲法语区、南美洲、加拿大以及美国路易斯安那州组成的法律共同体。它的统一性不仅基于这些国家的公证人起草文书使用语言的共同起源是拉丁语,更是基于它们的法律制度与罗马法之间的延续关系。罗马法为这些法律制度提供了术语和概念,而且作为一个由官员、法学家和士兵组成的帝国的法,它不仅留下了一个政治体制模式,即公法的基础,而且还留下了系统构建私法的素材,并且随着优士丁尼人民共同体法(*Cunctos populos*)的出台,罗马法也成为国际法的起源(参见 FOYER, *Droit français et notariat latin*, in *Arts at actes de France*, Paris, 1979, p. 11 e ss.)。

因此,人们普遍认为,拉丁公证制度,即在拉丁语系国家以及德语系国家这些罗马法传统更为牢固的国家所施行的制度。这一制度起源于罗马法,并从该法中获得其特征与要素;然而也有人不同意这种观点,认为这种公证制度的起源必须在东方法律中追溯,而不是在罗马法中寻找,尤其是对文书员、档案管理员、速记员(notarii, tabularii, tabelliones)所谓公职的授予是通过对古典文本的解释和皇帝的宪法革新来实现的。例如,公元 89 年埃及省长 MEZO RUFO 的敕令,以及莱昂法典(*C. 1. 2. 14. 6*)和优士丁尼新律(Nov. 66, 73 和 44)(参见 CAVALLARO, *Origini del Notariato latino*, in *Scritti giuridici in onore del notaio prof. Vincenzo Baratta*, Palermo, 1967, 75 e ss)。

② 有两个立法例很重要,它们是俄罗斯和中国。在俄罗斯,公证制度通过 1965 年 9 月 30 日颁布的法令(重新)设立(意大利语译文见 *Regolamento del Notariato di Stato nella RSFSR*, in *Riv. Not.*, 1971 p. 699 e ss.);参见 JEMMA (a cura di), *Il notariato russo nelle disposizioni legislative e regolamentari dal 1866 ad oggi*, Milano, 2004.

就中国而言,在《中华人民共和国民法的基本问题》一文中,民法法源不仅包括全国人民代表大会或其常务委员会通过的法律,还包括"为此目的指定国家机关起草的……民法法律文件"(见 CRESPI, REGHIZZI and SACCO, *Il diritto cinese all'alba della codificazione*, in Riv. Dir. civ, 1979, p. 121 e ss.;另见 MOCCIA,《关于中国(传统)法律的"原创性"和从比较历史的角度研究它的重要性》的短序中,提到基于国家的政治体制中对法律保障的需求越来越广泛,对合同文书的探索越来越多,(*Riv. trim. dir proc. civ.*, 2004, p. 1002)特别是 2001 年和 2005 年的两部关于物权的法律草案,用了大量的篇幅来规范有关不动产权利转让合同的登记(SERAFINO, *In tema di diritto di proprietà in Cina*, in Riv. dir civ, 2006, I, p. 566)。此外,2003 年中国政府决定制定《公证法》,该法采用拉丁公证制度,其特点是国家通过公证员直接控制公共登记簿,按照集体办公制度进行组织,公证处至少由两名公证员组成,其费用按照强制性收费标准支付。该法自 2006 年 3 月 1 日起生效。

当然,如果认真地考察各个历史时期公证及其近似制度在意大利(或拉丁法系国家)与其他国家地区之间的差异,会发现最主要的区别是在专业术语的使用上或不同体制中公证人的身份性质上;通过比较意大利公证人(notaio)、罗马古典法时期的"诺达里"(notarius)以及盎格鲁-撒克逊法中的"公证人"(public notary)三者在制度功能上的差异即可见一斑(此外可参阅第十二章)。

除了上述显著的差异,还有一个原因使我们现行的公证制度与不同历史时期存在的公证制度或同时期并存于世的其他近似制度关联起来:这一原因体现在公证这一特殊的法律职业的职能上,而不是体现在它的名称和被赋予的资格上。为了满足人们在私人关系当中的安全性需求,它被授权作为中立方或者第三方③参与到私主体间的合同关系当中。这一安全性需求即使在公证人出现之前便已是整个社会运行的基础④。

而事实上,公证人的参与有时候仅局限于对文书简单地撰写,比如优士丁尼法当中的文书官"达比伦"(tabellio);有时候又仅限于对缔约人签名的真实性进行证明,比如盎格鲁-撒克逊法当中的公证人(public notary);但是,拉丁法系公证制度的公信力为其公证文书赋予了特别令人信服的效能。当然,在遵守"权利义务相一致原则"(diritto-dovere di un'adeguata)和意思自治原则的前提下,可以为(当事人)实现其真实意思表示而负责任地选择最为合适的方式,比如意大利公证人所做的那样。只有把上述情形都纳入进来,才有可能评估不同地区的"公证制度"对社会"问题"的反应方式和程度,这才是这项制度的基础。

第二节　意大利公证制度的历史渊源

意大利公证人的历史渊源无疑可以追溯到罗马法,即便我们发现其他古老的

---

③　一些作者倾向于使用"无利害关系人"(alterità)一词,参见 MORELLO, FERRARI e SORGATO, *L'atto notarile*, Milano, 1977, p. 173.

第三方和中立方并不是同义词,尽管在通俗的说法中,它们被认为是等同的:第三方实际上是指两个(或多个)当事人之外的人。相反,中立方是指在行事时不会不公平地偏向其中一方的主体;因此,法官有可能作为非中立的第三人,例如,当他被要求在自愿管辖领域为无行为能力人的利益提供授权或意见时(事实上,正如 FZZALARI 所观察到的,在这些情况下法官必须是极其偏袒无行为能力人的,参见 *Profili della giurisdizione volontaria, in La volontaria giurisdizione. Casi e materiali*, Milano, 1997, p. 14);另外,即使公证人不是第三方,也必须是公正的,如法律赋予他认证股份背书的权力,即使这些背书是以他为受益人(1942年第239号立法令第12条),这并不免除他确定背书人身份和处分能力以及一系列背书的继续性责任。更重要的原因是,这两个术语同时出现在《宪法》第111条中,并由1999年11月23日宪法性法律第二项进行补充,其规定每项审判必须在"第三方的、中立的"法官面前进行。

④　COSTAMAGNA, *Il Notaio a Genova tra prestigio e potere*, Roma, 1970, p. 8. 关于意大利公证期刊在构建有力的公证人身份方面发挥的决定性作用,见 CAPPELLINI, *La cultura giuridica dei periodici notarili, in Le Scuole di specializzazione per le professioni legali*, Convegno di studi in onore del notaio Vincenzo Colapietro, Roma, 2000, p. 17 e ss.

民族也有近似制度的证据⑤。

意大利的公证制度实际上是受到罗马法的启发而创设的一门法律学科⑥。

我们通过历史了解罗马法之后,可以做出以下法律解读:一项法律制度尽管有时是来自罗马法传统,但仍然可以通过改造罗马法而形成的。

限于本书的篇幅和主要目的,我们只简要论述该制度运行的最初表现及其后续的发展。

在罗马古典时代和最著名罗马法学家所在的时代,罗马人已将"保管文书"(instrumenta conficere)的职能委托给一些人士(幕僚 exceptores、事务官 actuarii 和速记员 notarii),这些人以缩写的方式记录,再由抄写员(librarii ocalligraphi)尤其是名为达比伦(tabelliones)的代书人来还原及撰写文书。为了避免混淆"tabelliones"(达比伦)与"tabularii"(档案管理员)的名称,达比伦(tabelliones)有时又被称为"诺米奇"(nomici)或"律学博士"(juris studiosi)。

更确切地说,名为 notarii(公证人的拉丁语复数)的人在罗马古典时期曾经用来指那些作为速记员的奴隶;但是,在帝国衰落的时代,notarii 一词则指的是皇帝和行省大臣的文书官。文书官们身边会有一群达比伦(tabelliones,这个词本意是指他们书写所用的蜡版),而达比伦的职能最接近现代公证人,因为他们还起草私人文书并保障这些文书符合法定的形式。不过,他们的文书并不能直接获得公信力,要实现这一目的,他们还必须在当时的公共机构(人口财税审计处、帝国法庭、行省长官处、地方行政官处)⑦掌管的登记簿中进行"登记"。

直到优士丁尼皇帝时期,才能看到有关达比伦撰写及保存文书的完整行为规范(《优士丁尼法典》第 6 章及《新律》第 44 章有专门规定 C. 6, 21, 17 De fide instrumentorum e Nov. 44 De Tabellionibus et ut protocolla in chartas reliquant);通过

---

⑤　从《圣经》中,我们知道希伯来人有一个非常古老的习俗,就是将契约制作成一式两份,其中一份盖上印章,在证人面前交给第三人,在发生纠纷时,正是这份盖上印章的副本成为充分的证据(耶利米的预言,第三十二章,14);大约在公元前 600 年,接收和密封契约并盖上公章的任务被委派给了文士或统治者的秘书:他们在大多数契约中使用缩写,这使他们能够以极快的速度书写,这在《旧约》中得到证实(参见《诗篇》第四篇:Lingua mea calamus scribae, velociter scribentis)。

《汉谟拉比法典》明确提到嫁资契约必须是"密封"的契约(参见 Il codice di Hammurabi, nella traduzione di L. TORRE, Napoli,2004,art. 178/a, 179 e 183)。

甚至在希腊人中,我们也发现了具有官方性质的文士,他们就像现代的公证人一样,承担着接收和保存契约的任务,作为达成协议的证明。(M. L. LOMBARDO, Il Notaio Romano tra sovranità pontificata e autonomia comunale(secolo XIV-XVI, Milano, 2012, p. 87)。

⑥　G. GROSSO, La concretezza della giurisprudenza romana, in INDEX,5, 1974, Scritti giuridici, E. STONE, Diritto Società, Torino, 2000, p. 263.

⑦　ANSELMI, Principi di arte notarile, nuova ed., riveduta ed aggiornata a cura di BELLUCCI e CHECCHI, Roma, 1952, p. 6 e ss.; e più ampiamente, v. per tutti MORELLO, FERRARI e SORGATO, op. cit., Milano, 1977, p. 11 e ss., con ampie citazioni bibliografiche.

优士丁尼的法令,他们撰写及保存的文书具有了公示性和一定的权威性,但是该法令依然没有承认这些文书的公信力,因为这与皇帝的权威相冲突。直到更晚的"城邦国家时期"(Comuni)⑧,这一效力才得以实现。

公元 8 世纪以后,达比伦(tabellione)和文书官(notaio)共同组成一个办事处:他们既是文书官同样也是达比伦。随着查理大帝在公元 805 年颁布了法令(*Capitolare De scriviis et notariis dell'*805),文书官们(notai)的文书具有与法官的判例相同的强制力和法律效力。

从 11 世纪开始,"notarii"(文书官)一词开始普及,皇帝任命文书官的做法也开始普遍起来,并在之后被教皇和后来的市政当局所效仿。因此,有一段时期同时存在着皇家文书官、教皇文书官和市政当局文书官⑨。

在 11—12 世纪,随着法律行为与其载体文书的真正融合,文书官撰写的文书已经具备了公信力:在同一时期,文书官的工作已经成为一种尊贵的职业,与当时的骑士阶层相媲美。骑士阶层与法官的社会地位相当,而法官又与文书官的地位相当⑩,只是,在封建制的几个世纪里,文书官几乎全部是由神职人员来担当的。从 12 世纪开始,在许多意大利城市中,文书撰写(notariato)受到法令的规范,文书撰写技术(*ars notaria*)成为当时意大利法律统一的有效手段⑪。

文书撰写技术(*ars notaria*)一词是在 12—13 世纪的博洛尼亚学说中创造的,指的是文书官(notai)所需的各种文书的范式之集合,这些范式是通过研究优士丁尼汇编的古老法律文献而创制⑫:更确切地说,文书撰写技术和达比伦技术(*ars tabellionum*)产生于文书撰写协会(*societas notariorum*)之前,后者是博洛尼亚当地的行业组织的名称⑬。

---

⑧ 参见 AMELOTTI e COSTAMAGNA, Alle origini del notariato italiano, Roma, 1975.

⑨ ANSELMI, *op. loc. cit.*

⑩ MASI (a cura di) *Formularium florentinum artis notariae*, (1220—1242), Milano,. 1943, LII.

⑪ UGOLINI, *Per una storia del notariato italiano*, in COSTAMAGNA, *Il Notaio a Genova tra prestigio e potere*, *cit.*, p. XII e ss.

⑫ M. L. LOMBARDO, *op. cit.*, p. 125.

⑬ P. FERRARA, in *Liber sive matricula notariorum communis bononie* (1919—1299), a cura di R. FERRARA e V. VALENTINI, Roma, 1980, p. XXXVII).

事实上,GIULIANI 正确地指出,尤其是在意大利,我们可以认识到公证人持续存在于我们文化发展的各个阶段,在我们各个历史时期都有公证人阶层和公证人个人的广泛参与。(GIULIANI, *Premessa*, in *Il notariato nella civiltà italiana*, Milano, 1961, p. VI). 关于意大利个别地区的一些重要证据,参见 ABBONDANZA (a cura di) *Il notariato a Perugia*, Roma, 1973; DE LORENZI, *Storia del notariato ravennate*, II, Ravenna, 1962; FACCIOLI, *Della corporazione dei notai di Verona*, Verona, 1966; SOMEDA DE MARCO, *Notariato friulano*, Udine, 1958; BRIGANTI F., *L'Umbria nella storia del notariato italiano*, Perugia, 1958; CALLERI, *L'arte dei giudici e notai di Firenze nell'età comunale e nel suo statuto del 1344*, Milano, 1966; PETRUCCI, *Notari. Documenti per la storia del notariato italiano*, Milano, 1958; PECORELLA, *Statuti notarili piacentini del XIV secolo*, Milano, 1971; LIVA, *Notariato e documento notarile a Milano*, Roma, 1979.

　　因此,很长一段时间里,"notaro"(拉丁语中公证人的单数形态)一词的含义具有泛指性和变动性,有时指的是皇帝、教皇或者某一君主的幕僚或大臣,有时又指法院的文书或助理,最后才指代那些为私人之间的契约赋予庄严形式并永久保留备忘录等服务的专业人士。

　　纯粹的公证人与文书官之间的区分在各个国家都以相对缓慢的进度在完成,而意大利在 18 世纪末已经基本完成二者的分离。

　　在简单回顾公证制度的发展历史之后,我们有趣地发现:正如权威学者所说,公证制度历史发展的真正核心是公证文书,而且很难说明公证制度的两大组成要素,"公证人"与"公证文书"哪一个是产生在先,并导致了另一个要素的产生。换言之,人们想知道到底是受委托撰写文书的人与日俱增的信誉赋予了公证文书特殊的价值[14],还是对撰写文书的日益重视赋予了撰写该文书的人越来越多的权威。所以,契约文书和文书负责人之间的这种联系在我们《公证法》第 1 条便能找到精准的定位。

---

[14]　UGOLINI,*Op. loc. cit.*;他认为公证人的介入是必要的,不需要其他手续就足以保证文书的有效性;(*Et quiscumque deinceps brebis fuerint absque notaris subscriptionem ostensus nullam retineat firmitatem* (*Capitula Adelchi Principis*,*in* ABIGNENTE,*Le consuetudini inedite di Salerno*, Rome, 1888, p. 8 nt. 4.)

第二章　意大利法体系中的公证制度

第一节　旧法沿革

在法国大革命结束不久,法兰西政府颁布的 1791 年 9 月 29 号法令确立了一种新的公证组织形式。这一法令持续影响着法国后续的立法,之后又传播到意大利:这一法令在"法兰西共和历六月"(ventoso)也即公历 1803 年 3 月 16 日,被引入意大利王国(1805—1814),这也是意大利第一部统一的公证法规范①。

在拿破仑复辟之后,法兰西的公证规范散见于下面所述的十部法规当中,当然这些法规仍然是以前面提到的"法兰西共和历六月"法令为基础:伦巴第及威尼托《1806 年 6 月 17 日条例》、教皇国《1822 年 5 月 31 日通行条例》、皮埃蒙特《1770 年 11 月 9 日条例》(1816 年 5 月 10 日修订),之后通过皇家《1816 年 3 月 22 日敕令》扩大适用于热那亚(1816 年 5 月 10 日、1822 年 7 月 23 日第 1366 号法令修订)、托斯卡纳《1815 年 2 月 11 日法案》、卢卡公国《1808 年 8 月 9 日法令》、两西西里王国《1819 年 9 月 23 日第 1767 号法律》、萨丁王国 1827 年 1 月 17 日颁布的《费里切亚诺法典》、帕尔马公国及皮亚琴察《1821 年 1 月 8 日法案》、马萨及卡拉拉《1839 年 12 月 15 日条例》、摩德纳公国《1815 年 9 月 14 日法案》。

意大利政治统一以后,关于公证制度的《1875 年 7 月 25 日第 2786 号统一法案》于 1876 年 1 月 1 日生效,其中部分内容被《1879 年 4 月 6 日第 4817 号法案》所修订。此后,这两部法案又在增加了相关税费内容的基础上,合并为一个新的法律(皇家 1879 年 5 月 25 日第 4900 号法令)。不久过后,意大利发布了第一个公证条例(1879 年 11 月 23 日第 5170 号,随后经 1881 年 11 月 10 日第 479 号法令修订)。

意大利在德国潘德克顿法学形成之后,也最终完成了所谓的"法律科学化",并在 19 世纪的几部法典中得到了具体体现。但可以确定的是,当时的公证制度仍然是被排除在法律科学的发展进程之外的。

---

① 1805—1814 年的意大利王国被法兰西第一帝国实际控制,由拿破仑同时担任国王。——译者注

公证制度一度被认为是"资产阶级"的法律,甚至是那些不信奉马克思主义的人们也这么认为。其缘由在于公证制度是由通过法国大革命获得权力的阶级所制定的,是服务于一个国家控制社会经济生活的政治需要②。

虽然公证制度没有直接参与到法律科学的最初形成过程,但仍不能忽视公证术语对意大利立法者的专业术语所产生的重大影响③。

第二节　现行规范

公证制度目前由下列现行有效的法律规范所调整:《1913 年 2 月 16 日第 89 号法案》(以下简称《公证法》)、皇家第 1326 号法令通过的《1914 年 9 月 10 日条例》(以下简称《公证条例》)和《1916 年 5 月 23 日部长令》批准的一些公证相关的规定,其中部分被《1959 年 12 月 12 日部长令》中的新规定所取代(以下简称公证规定)。

这些公证法源及其后续的修订内容(不到一百个,其中约有一半现今仍然有效)④的共存,带来了它们之间的协调问题,特别是不同类型的规范(法律、条例、规定)之间的协调问题。我们认为,应根据规范渊源的"层级原则"(principio di gerarchia)来予以解决。根据此原则:

1.《公证条例》是在《公证法》第 163 条授权的基础上制定的,其明确规定相关部门"有权对违反该条例的行为处以最高 50 里拉的罚款"。因此,该条例应属于 1926 年 1 月 31 日第 100 号法令以及《宪法》第 87 条所规定的规范类型。可见,它并非授权立法规范,可以通过具有相同性质的条例来进行修正,但不能违反《公证法》的规定。

2. 那些公证规定是根据《公证条例》第 288 条发布的,因此具有部门规章的性质,而不是通知的性质(内部行政文件),故而对于司法部组织机构之外的人员(比如公证人)也具有约束力⑤。

---

② SANTORO, *Il notariato nell'età contemporanea*, Milano,2004,p. 107;GROSSI, *Quaderni fiorentini per la storia del pensiero giuridico*, Firenze, 1996,p. 272 e ss.

③ MARMOCCHI, *Il linguaggio dell'atto pubblico*, in *Le Scuole di specializzazione per le professioni legali*, Roma, 2000, p. 112 e ss.;FIORELLI, *Notariato e lingua italiana*, *ivi*, p. 55 e ss.公证人在地方立法中的贡献参见:BESTA, *Fonti*:*legislazione e scienza giuridica. Dalla caduta dell'impero romano al secolo decimoquinto*, in *Storia del diritto italiano*, Vol. I, p. 1, Milano, 1923, p. 506 e ss.

④ 参见 NOTA LEGISLATIVA, in *Appendice al volume*.

⑤ MORTATI, *Istituzioni di diritto pubblico*,Padova,1960,p. 622 e ss.;LIGUORI, *Evoluzione dei concetti schematici dell'atto notarile*:*appunti per una moderna tecnica legislativa*, in *La prassi notarile come strumento di evoluzione del diritto*, Roma, 173, p. 255.

第三章 公 证 人

第一节 法 律 定 义

现行《公证及公证档案管理法》(以下简称《公证法》) 第 1 条将公证人 (notari)①定义为公职人员(pubblici ufficiali),其职能是接收和保管生者之间的文书以及遗嘱文书,赋予这些文书公信力并出具副本、证明书及摘录。

这一定义虽然不能完全概括公证人的职能(同一条款在该定义后通过列举方式明确公证人的其他职能,并在结尾设置兜底条款,也即,公证人还可以行使法律授予他们的其他职能),但其开篇即强调了公证人作为公职人员的身份,以及基于公证人这一身份做出的公证文书所具有的公信力。

关于公职人员的概念,由于公证人在我们的法律体系中不是国家或其他行政机构的职员或雇员(原《刑法典》第 357 条第 1 款),因此我们需要适用《刑法典》第 357 条第 2 款中所载的定义。根据该定义,考虑到公证人职能的特点和方式,公证人是一个有义务长期履行公共行政职能的 "人"(因此,他是以国家的名义代表国家的利益履行职能,并被授予相应的公信力)。

根据新《刑法典》第 357 条和第 358 条 (1990 年 4 月 26 日第 86 号法令修改),其措辞似乎可理解为公职人员必须具有行政权力"加"证明力这一资格要求。众所周知,公证人被赋予了证明力,但并没有被赋予行政权力。因此,人们对

---

① 据悉,这个词的词根("not")在拉丁语和希腊语中是通用的,源于梵语"gnatas",意思是"众所周知"(希腊语:γυωτòς,拉丁语:(g)notus)。然而,根据某些学者的说法,罗马人从词根"not"的发音形成"nota"一词(意为一种自西塞罗时代就已经知道的速记缩写方式,POLIDORO VIRGILIO 教授将该词的出现归功于一位来自阿尔皮诺的名叫 TIRONE 的自由人,另一名教授 DIONE 则将该词的出现归功于速记者MARCENAS),再加上"rius"这个词缀,就形成"notarius"这个词,以准确地指代使用"notae"这种速记方式的速记员(参见 PAPPAFAVA, *Opere che illustrano il notariato*, Zara, 1880);然而,根据另外一些学者的说法,这个词是由"not"(= noto)一词加上"arius"一词组成的,指代经他人请求将某样东西公之于众的人(POLIZZOTTI, *Etimologia della parola "notaro"*, in *Not. it.*, 1889, p. 203; MICHELOZZI, *Il notariato secondo la nuova legge italiana*, Prato, 1875, p. XII; *Indagini etimologiche dei dottori Pappafava, Polizzotti ed altri sulla parola "Notaro"*, Verona, 1910)。

关于拼写,"notaro"是《公证法》使用的形式;另一种拼写形式"notaio"在 MANZONI 作品中也被无差别地使用(参见 D'OVIDIO, *Le correzioni ai Promessi Sposi e la questione della lingua*, Napoli, 1895, p. 103)。

于公证人是否具备这一资格产生了怀疑。不过,在《刑法典》第 357 条的法律文本进一步修改之后(1992 年 2 月 7 日第 181 号法令修改),这种怀疑就被打消了,因为该条文将上述公职人员的资格要求修改为"具有行政权力或证明力"。

根据《民法典》第 2700 条、《民事诉讼法典》第 221 条以及后续条款的体系化解释,公证的公信力(pubblica fede)赋予了公证文书(atto pubblico)以特殊的证明力。因此,它既能充分证明文书的来源是出自制定文书的公职人员,又能证明当事人的声明以及由公职人员见证的发生在他面前或由他直接实施的其他事实,除非该文书存在伪造的嫌疑。

不难看出,虽然《公证法》第 1 条中的定义充分强调了该职能的公共性(pubblicistico),尤其是公证人的公职身份及其证明职能(详见第六章),但它并未凸显公证人职能中的另外两个方面,即所谓的调整职能(adeguamento)和行使该职能的自由职业者本质。

第二节 公证人不能同时从事的职业范围

公证人不能同时从事以下职业(《公证法》第 2 条)[②]:

1. 国家、省或者人口超过 5000 的市镇的任何受薪或有偿工作[③]。

立法者旨在用"受薪或有偿工作"这一表述涵盖工资以外的其他收入,比如应由抵押物保管员收取的"款项"[④]。

通过对该条文的扩大解释,应该认为公证人在大区层面存在着同样的职业禁止。《公证法》之所以未对此做出规定,是因为在其制定之初(1913 年),大区还没有作为自治实体而存在。

2. 律师、诉讼代理人、银行经理、商人、中介、证券经纪人、彩票收款人、征税员或税务管理等相关职业。

法条当中的"诉讼代理人"的表述指的是法定诉讼代理人,在废除法定诉讼代理人登记簿制度并将其正式登记在律师登记册之后,法定诉讼代理人就不复存在了(1997 年 2 月 24 日第 27 号法令)。对于该职业,即使在公证人所属管区范围之外也需遵循职业禁止的要求[⑤]。

---

② 不相容的原因:保持尊严,确保及时履行职责,避免任务的冲突化。

③ 领事职务并不相抵触,正是因为根据意大利领事法,意大利领事有权在国外行使公证职能(见下文)。

④ 参见 *Discussione sulle modificazioni ed aggiunte alla legge sul notarile*, Camera dei Deputati, Tornata del 1 marzo 1879, in *Mon. not.*, 1879, p 117.

⑤ Cass. 6 giugno 1951, n. 1439, in Giur. cass., 1951, XXX, p. 3133; D'ORAZI FLAVONI, *Rilievi sul comportamento illegittimo del notaio*, in *Scritti giuridici* (a cura del Consiglio notarile di Roma), II, Roma, 1965, p. 849 e ss.

该法条还特意规定了银行"经理"的职务,似乎排除了其他银行职务与公证人职业的不相容性。

3. 担任任何宗教的司职(牧师)。就天主教会而言,该规定也被认为适用于那些不负责"沟通灵魂"的牧师[6]。

但是,《公证法》同时规定了上述职业禁止的例外情形:

(1)依附于学术机构、图书馆、博物馆和其他科学文化和艺术机构的单纯的文化或科学研究职位;

(2)依托于慈善机构或慈善工程的岗位和职务;

(3)与公共教育有关的岗位和职务;

(4)空缺教区的代理教区长职位和职务[7]。

在公证人所在市镇或省会城市的治安法院提供法律援助不属于职业禁止的范围。

关于这一例外,一般认为,即使在1922年9月20日第1316号皇家法令及相应的修正案颁布以后,公证人虽然无权申请在法律工作者登记簿进行注册,但仍有权在治安法院提供法律援助[8]。

但是,如今这种可能性已经不存在了。其背后的原因,除治安法院被撤销(1998年2月19日第51号立法令)以外,还包括此前许可律师、检察官之外的公证人、法律毕业生以及通过大学法律专业考试的人员在治安法院提供法律援助的法令(1901年7月7日第283号法令第6条a、b项)被宪法法院做出的1987年5月28日第202号公告宣布违宪。

在修改后的公证纪律程序中,违反《公证职业道德守则》而被诉的公证人,除可要求律师提供帮助以外,还可以请求一名公证人的协助,甚至是一名退休的公证人(《公证法》第156条之二,由2006年8月1日第249号立法令增加)。上述情形在某种程度上也可视为职业禁止的例外规定。

通说认为,公证人职业禁止规则是需要进行严格适用的,现行《公证法》第2条所列举的不得从事的范围被认为是详尽的,而非示例性的。因此,这些规范可以进行扩大解释,但不能进行类推解释。

---

⑥ 参见 Cons. Stato, *Parere 27 settembre 1954*, n. 495, in *Cons. Stato*, 1954, I, p. 1257.

⑦ 空缺教区的代理教区长的任命规定在教会法当中,该职位涉及教区的管理(附属于某一职位的大量物品,这些物品在持有人去世后无人管理,根据意大利法1929年5月27日第810号法令、罗马教廷和意大利之间的协约第25、26、30条、1929年12月2日第2262号皇家法令、教会法1929年6月20日主教会议圣会的通知以及1934年6月30日圣会的规定,通过任命一位代理教区长来管理职位空缺期间的物品,参见 DE BERNARDINIS, *Beneficio vacante*, in *NssDI.*, II, Torino, 1958, p. 321 e ss.)。

⑧ 参见司法部1965年1月29日第208/47号说明,载于 CASU(a cura di), *Notariato e Archivi notarili*, Roma, 1974, p. 7 nt. 9; CNN Studi, *Esercizio del patrocinio legale in pretura*, I, 1969, p. 38 e ss.

反过来看,公证人应该可以从事下列职业:人民陪审法官、使领馆职员、特别委员会专员、财产清算人、信贷公司监督委员会成员⑨。

公证人也可以在(私立)公证学校从事教学活动。

公证人可以担任公司或合伙企业的董事。因为在这些团体任职,并不会当然地被认定为"商人"身份。

另外还应该考虑到《公证法》不是关于国家机关工作人员身份的特别法,因此关于国家机关工作人员与公证人身份不兼容的问题,不能适用该法⑩。

《公证职业道德守则》(见下文第九章)中与公证人的职业禁止有关的规定包括:如果可预见的行为方式可能产生不利于公证人尊严和声望的后果,则公证人必须避免实施与公证人职业伦理相违背的职能与活动,哪怕只是暂时性的(第4条)。

不管怎样,上述情况肯定属于《公证法》第147条及后续条文调整的范围,并会被追究相应的纪律责任,尽管所涉情形并非都可视为与公证职业伦理相抵触的原因。

第三节 公证人的任命

获取公证人资格(任命)必须满足以下条件(《公证法》第5条及其后续修订,特别是2006年4月24日第166号立法令修订的内容):

1. 是意大利或其他欧盟成员国的公民,并且在公证人资格考试公告发布时已年满21岁(但未满50岁)。

实际上,原本仅限于意大利公民的身份限制规定在2003年欧盟的《共同体法》(2003年10月31日第306号法令第6条)生效后,对其他欧洲共同体国家的公民失去了排他效力。1926年11月14日第1953号皇家法令第8条规定的参加公证人资格考试的年龄上限为50岁;随后降为40岁(1995年7月26日第328号法令);现行法又恢复为50岁(2006年4月24日第116号立法令第13条),这一上限不再因为旧法规定的任何理由而降低。

2. 品行端正、履历清白无前科。

3. 没有因预谋犯罪被判处6个月以上的刑期,即使实际服刑低于6个月。因此,1995年7月26日第328号法令第1条修改了旧法排除其就业或不能宣誓

---

⑨ CNN Studi, *Il notaio giudice popolare*, V, 1969, p. 276 e s.; ID., *Compatibilità della Funzione notarile con quella di agente consolare di Stato estero*, ivi, VIII, 1972, p. 92 e ss.; ID., *In tema di incompatibilità notarile*, ivi, IX, 1974, p. 119 e ss.

⑩ 见 Cons. Stato 12 febbraio 1952 n. 34, in *Foro it.*, 1952, II, p. 153.

的消极要求。

如果某人涉嫌上述罪行而被提起刑事诉讼,那么将会导致暂停其(考试通过后的)注册,一直到最终无罪释放或宣布该罪名不成立时为止。这表明对于上述罪行的起诉并不会实质妨碍参加公证人考试(1995 年 7 月 26 日第 328/95 号法令第 2 条明确规定,该条对 1926 年 8 月 6 日第 1365 号法令第 1 条第 3 款的相应内容进行了修改)。

实际上,宪法法院已经宣布该条款是违宪的,因为它没有规定暂停注册的措施必须在行政主管部门对于具体情形进行评估后才能采取,且必须采取一定的预备方案(宪法法院 2002 年 10 月 31 日第 433 号)。因此,这一暂停注册的规定并不当然生效[11]。

4. 拥有由意大利的大学授予或确认的法律专科、本科或硕士学位,或根据 2002 年 7 月 11 日第 148 号法令确认的同等学力(2003 年 10 月 31 日第 306 号法令第 6 条)。

现行《公证法》(1913 年)生效之前,尽管很多公证人都取得了大学学位,但取得大学学位并不是参加公证人资格考试的必要条件。当时的考试资格要求,只需要参加人经历两年的大学学习,熟读法律文本并通过毕业考试就足够了[12]。

5. 在公证委员会注册并实习 18 个月,其中毕业后至少需持续实习 1 年。

上文第 4 项和第 5 项的要求可由 1992 年 1 月 27 日第 115 号立法令确认的专业认证来替代(2005 年 4 月 18 日第 62 号法令第 11 条修正)。

根据 1997 年 11 月 17 日第 398 号法令第 16 条及后续的修订,从法律专业学校获得专业文凭的公证候选人,为完成实践目的,需进行为期 1 年的实习考察(2001 年 12 月 11 日第 475 号部长令)。

在完成法学学士或硕士学位课程的最后 1 年进行实习注册(《公证法》第 5 条第 5 项)。

完成实习注册后,可以在以下地点进行实习:

(1)经实习生选择的公证人同意并经公证协会批准后跟随其实习;

(2)根据当事人申请,跟随公证协会指定的公证人实习(虽然法律没有明确规定,但一般认为指定实习也需要征得被指定带领实习的公证人的同意)。

在一个管区开始的实习可以在另一个管区继续进行。实习人员必须将已经获得的实习注册信息转移到后一管区的公证委员会,并在他选择跟随的公证人处继续实习。

---

[11] 1874 年 6 月 8 日第 1937 号法令第 6、7 条以及第 8 条第 2、3 项,经 1889 年 12 月 1 日第 6509 号法令第 32 条修正。

[12] SANTORO, *op. cit.*, p. 116 e ss.

关于实习期间：

必须在实习注册后 30 个月内完成实习；如果超过这个时间限制未达到要求，则毕业前的实习时间不再计算在内；

计算 18 个月的实习期间，毕业前的实习时间最多可以计入 6 个月，虽然毕业前实习的时间可能不止于此；

在司法部门工作 1 年以上的官员以及执业 1 年以上的律师（作为公证候选人），则只需要进行连续 8 个月的实习；

上述要求应作严格解释。因此，书记员职位不应属于司法系统，以及仅在登记册登记但未实际执业的律师不属于上述规定的范围[13]。

6. 他们必须在完成公证实习后，通过公证人资格考试[14]。

7. 在通过面试/口试后，必须跟随 1 位或多位公证人完成至少 120 天的强制性见习期。

见习：

可以根据当事人申请（这里也要征得被指定带领见习的公证人的同意），在已完成实习期管区公证委员会主席指定的公证人处进行，或在其他管区指定的公证人处进行；

须由带领完成见习的公证人证明见习期限；

须在见习所在管区的公证委员会注册；

见习期可以包括担任公证人助理的期间。

如需获得博尔扎诺省（该地区有一部分为德语区）的公证人职位，根据 1976 年 7 月 26 日第 752 号总统令（1988 年 7 月 15 日第 574 号总统令第 31 条再次确认），需同时掌握意大利语和德语。

申请人属于意大利以外的国籍，即使是其他欧盟成员国国籍，也不能免除其他要求，例如学位（学历或意大利法规规定的同等学力）、实习要求以及通过国家考试。但公证人选拔可以排除适用欧洲议会于 2006 年 2 月 16 日通过的《欧洲内部市场服务指令》（所谓的《关于服务自由化的博肯斯坦指令》（*Bolkenstein sulla liberalizzazione dei servizi*）。事实上，该《指令》第 43 条进行了授权规定，如果涉及行使公共权力的活动，那么可以对专业人员自由流动的规则进行例外规定，这就

---

[13]　参见 FALZONE e ALIBRANDI, voce *Pratica notarile*, in *Diz. enc. not.*, Roma, 1977. III. p. 325 e ss, 军事法庭的书记员也应排除，因为他们不属于普通司法机构，参见 Trib. Bari 14 novembre 1974, in *Riv. not.*, 1975, p. 585.

[14]　它是一种竞聘性的考试（见下文）。过去，在特殊情况下，如战后出现的情况，以及 1973 年 5 月第 239 号法律（第 4 条）中提到的情况，基于资格的竞聘，对通过考试进行选拔的规则做出了例外规定（1992 年 2 月 5 日第 168 号法律修订），以及 1984 年 2 月 16 日部长令宣布的特殊任命。

包括了公证人的任命)。

公证实践不能以参加法律专业学校课程以及获得相应文凭所取代,上述条件可能只是为了强调符合公证人计算机预选测试免考资格的条件。

然而,根据 2001 年 12 月 11 日第 475 号部长令,进行专业文凭的认证是为了满足进入律师和公证行业的 1 年实践期,也符合与专业学校建设相关的法律规定(1997 年 5 月 15 日第 127 号法令第 17 条第 114 项)。

在上述要求中,与公证实习和资格审查相关的内容尤为重要。

为了注册成为实习公证人,申请人必须向公证委员会提交申请,并附上《公证法》第 7 条规定的文件;公证委员会决定是否予以注册,或在紧急情况下由公证委员会主席亲自决定,但须提请公证委员会在下次会议上追认[15]。

然而,应该注意的是,注册为实习公证人并不赋予其任何职能,只是在候选人完成实习后,被允许参加公证人考试,这与其他职业或其他法律体系中的要求不同[16]。

法律明确要求实习的特征是具有"连续性"。《公证条例》第 8 条明确规定实习必须是"实质和连续的"。并且,如果实习人员已连续 2 个月(即使中间有间隔)未到公证事务所进行实习,则视为中断实习(如果属于前述短期实习的情况则为 1 个月)。为了符合这一要求,实习人员必须每 2 个月向公证委员会出示其跟随实习的公证人所提供的证明。

在某一公证管区开始实习,随后转移至另一公证管区继续实习,并不构成实习的中断。有学者认为,即使在原管区注册实习过了一段时间后再在新管区开始实习,实习期也不视为中断[17]。

1995 年第 328 号法令规定,参与公证人考试,申请人必须通过预选测试(第 2 条),该测试通过计算机进行,并设置多个预先设定的问题(第 3 条):

测试每年在全国唯一的地点(罗马)举行,候选人按字母(姓氏的首字母)分组进行测试;

测验内容对每位候选人都是唯一的,它涵盖了公证人考试所涉及的主题,并且每位候选人测验的问题数量相等,问题仅限于法律法规内容,"不包括学说和法学理论",并且问题的设置必须确保对考生平等对待。

---

[15] 见 FALZONE e ALIBRANDI, voce *loc. cit.* 公证委员会还可以要求,当刑事记录证明或未决指控的证明中提到定罪或未决指控和诉讼时,应在从业人员登记册中进行注明(CNN *Studi, Iscrizione nel registro dei praticanti*, VI, 1968, p. 125 e ss)。

[16] 例如,众所周知,意大利的实习律师有资格在地方法院执业。在德国联邦,公证候选人便可以承担相应的职能和责任(见 ISOTTI, *Preparazione al notariato nelle legislazioni italiane e della Germania Federale*, in *Scriti guridici in onore del notaio prof. Vincenzo Baratta*, cit., p. 11 e ss.)。

[17] 见 FALZONE e ALIBRANDI, voce *loc. cit.*

以下人员免于预选测试：

已通过之前的考试的人；

在前两次考试中任意一次通过上述测试的人。

根据在预选测试中获得的分数进行排名，有相当于考试名额 3 倍的候选人进入笔试，在任何情况下都不应少于 500 人（最后 1 名分数相同的候选人也将被录取）。

此外，应该指出的是，在迄今为止举行的所有预选测试中，进入下一轮考试的人数一直在被打破。这是因为大量候选人能够在毫无错误的情况下通过预选测试，这种测试基本上可以仅靠记忆来解决，并且对那些不符合预先设定但有时候有争议的答案，申诉也几乎是不可能的[18]。

司法部设立了负责预选系统以及相关信息的档案保存、管理和更新的常设委员会。该委员会由民政和自由职业部部长或其代表、公证事务司负责人、国家公证委员会主席或其代表和 6 名公证人组成，他们的任期不超过 5 年。档案中的数据不属于秘密等级。

预选制度随着司法部部长颁布的规章生效（1997 年 2 月 24 日第 74 号部长令，经 1998 年 7 月 24 日第 339 号部长令以及 1999 年 11 月 10 日第 456 号的部长令修正和补充）。所有试题的题库在 1998 年 6 月 16 日《政府公报》上公布，并由 1998 年 7 月 28 日《政府公报》修正[19]，最终从这些试题中抽取候选人作答的问题。

负责（笔试和口试）的考试委员会（见下文）也对预选测试的全过程进行监督。

每年都会发布公证人考试的公告，无论是预选测试还是最终考试，都只需在统一的申请程序中完成即可。

按照相关文件内容（之前的 1968 年 1 月 4 日第 15 号法令，和现行的 2000 年 12 月 28 日第 445 号总统令）：

（1）候选人不必在申请时附上证明他们符合规定要求和任何优惠或优先资

---

[18]　司法行政系统中的某些裁决被多次指责，见 G. U. 9 marzo 2005, Serie speciale n. 10, p. 63 e ss. ；C. Cost. 23 giugno-7 luglio 2005。

预选测试引起了大量的诉请，给司法部、地区行政法院、总检察长办公室和内阁会带来了额外负担，因此人们曾希望预选测试能尽快被国家公证委员会正式承认的公证人学校颁发的文凭或其他类似证书所取代，就像在司法机构考试中获得法律专业学校颁发的文凭的候选人一样，也可以免于该测试（1941 年 1 月 30 日第 12 号皇家法令第 123 条之二第 5 项字母 d）项以及随后的 2001 年 2 月 13 第 48 号法令第 22 条第三项之二字母 d）项。这一夙愿随着预选测试的取消而实现（2009 年 6 月 18 日第 69 号法令第 66 条 1 款）。

[19]　一个特例是 1997 年 2 月 24 日第 74 号部长令第 4 条第三款规定的，患有认知障碍病症的候选人在阅读问题和输入答案时，由无法给他们提供建议的行政部门工作人员协助；先不论这些病症是否与法律规定的从事该职业所需的身体条件相冲突，由必须协助这些候选人的工作人员来确定是否实施上述行为。

格的材料。这些材料在举行口试后才能出示,并需注意出示期限,否则有失效风险;只有通过口试的候选人才能出示这些材料;

(2)品行良好、无刑事犯罪记录、无未决指控、未被宣告破产、剥夺权利和取消资格等消极条件,并由公共管理部门(P. A.)依职权核实(无须自行出示道德证明、无犯罪记录的证明和未决指控的证明)[20]。

1990 年 8 月 7 日生效的 241 号法令通过了有关行政程序和获取行政立法权的新规则,属于司法部行政机构分管的程序必须在 1995 年 11 月 20 日第 540 号部长令通过的规章所附表格中为每个程序所确定的期限内完成[21]。

至于考试,《公证法》将其定义为资格考试(esame di idoneità),相关规则包含在 1926 年 8 月 6 日的第 1365 号法令以及 1926 年 11 月 14 日的第 1953 号皇家法令中,而这些规则专门涉及竞聘考试(esame di concorso)。

根据这些规则,即使是(规则出台前)已经执业的公证人,如果没有提出申请并获得任命,则仍需通过竞聘考试获授公证人身份。

考试委员会的成员应根据司法部部长的法令任命,并在考试开始 10 天以前完成。根据最近的改革法令(2003 年 12 月 1 日第 371 号总统令修订了 1926 年 11 月 14 日第 1953 号皇家法令,还包括 2006 年 4 月 24 日涉及公证人职位竞聘考试委员会和技术秘书处组成的第 166 号立法令),该委员会由 24 名成员组成:

(1)1 名已经符合晋级条件的最高法院法官,作为主席行使法定职责;

(2)1 名条件不低于上述最高法院法官的低层级法院法官,他将担任副主席;

(3)7 名具有上诉法官资格的法官;

(4)6 位教授法学课程的大学教授,可以是正教授或副教授;

(5)9 名公证人,这些公证人是否已经退休无关紧要,但应至少具有 10 年的公证执业资历,且由国家公证委员会在考前指定。

从考试开始直到考试排名最终出来的这段时间内,法官以及大学教授会被他们各自所属的法官委员会和大学免除全部或者部分的工作任务。

以前担任过竞聘考试委员会的委员,即使是部分过程参与,也不得在随后的两次考试中被指定进入考试委员会。

委员会下设 3 个分委员会,每个分委员会由 5 名成员组成,分别由委员会的主席、副主席以及主席从 7 名上诉法官中选任的 1 名法官分别担任 3 个分委员会

---

[20] GIRINO, voce *Notariato ed archivi notarili-Notaro*, in *NssDI*, Appendice, Torino, 1980, p. 243. 在 20 年的法西斯时期,国家法西斯党党员是获得任命的必要条件。(1937 年 7 月 14 日第 1666 号 R. D. L. 第 11 条,被 1943 年 8 月 2 日第 704 号 R. D. L. 第 1 条废除。)

[21] 关于公证制度,具体规定的时间限制除了涉及竞聘考试,还涉及重新获得职业资格、延长履行职责的时间限制、执业公证人转岗考试、重新获得职业资格者的分配、申请豁免等事项。

的主席(2006 年 4 月 24 日第 166 号立法令第 5 条,由 2012 年 10 月 18 日第 179 号法令修改)。

竞聘考试包括:

1. 笔试,包括 3 个独立的专业及实践内容的考试,涉及遗嘱文书和两种生者之间文书,其中一项是商法内容②。

2. 每个考试都需要制作文书(所谓的实践部分)以及与文书相关的法律制度理论及发展(所谓的理论部分)。

3. 口试,包括对以下几类科目的 3 项独立测试:

(1)民法、商法和管辖权问题,特别涉及与行使公证职能有关的法律规定;

(2)关于公证制度和公证档案的规定;

(3)有关商业税收的规定。

在考试的内容中,设置一定的法律信息技术的内容是适当的。因为意大利公证制度在信息技术和远程信息处理领域被国际公认为最先进的,而且国家公证委员会除了设立了一个常设委员会来发展信息技术,还创建了一个特设公司 NOTARTEL 公司,负责协调与公共管理部门之间的电子化沟通。试想,现今信息技术工具已经无可替代,它可以用来更新不断涌现的信息和法规,对于执行注册、转录、地籍转让和在公司登记处登记公证文书等手续而言,也是必不可少的。

有关竞聘考试的程序,最近通过立法(2006 年 4 月 26 日第 166 号法令第 6、7、8、9、10、11 条和第 12 条)进行了改革。这些改革包含了一些重要的规定,特别是:

(1)8 个小时的阅卷时限(而不是以前立法规定的 7 个小时);

(2)在委员会下设 3 个分委员会;

(3)3 份试卷都需强制阅卷,除非根据委员会事先规定的标准,第一份或第二份试卷无效或存在严重缺陷;

(4)在积极评价的情况下,需要遵守注明得分原因的原则(该原则已经在各大区行政法院之间发生了纷争和判决上的矛盾,大部分行政法院反对这个原则,而内阁会则坚持这个原则不变)②。

---

② 因此,根据 2006 年 4 月 24 日第 166 号立法令,修改了以前的笔试的三分法(生者间文书、遗嘱文书和自愿管辖的上诉),这让人想起 ROLANDINO 的论著中所载的公证职能的历史划分,见 Summa totius artis notariae, *anastatic reprint by the National Council of Notaries*, Sala Bolognese, 1977, p. 230。

将以前的三分法修改为两分法,生者间文书,其中一个是商法文书,另一个是遗嘱文书;对于公证人来说,显然不是为了降低自愿管辖权文书的重要性,口试中明确提到了这一主题也证实了这一点,而是因为公司事务对公证行业的实践更具重要性,在这些事务中,合法性审查最近被完全托付给了公证人。

② Cass., S.U., 28 maggio 2012, n. 8412, in *Giust. civ.*, 2012, XVI.; Cons. Stato, Sez. IV, 17 gennaio 2006, n. 172; Cons. Stato, Sec. IV, 17 January 2006, no. 172。

在笔试和口试中,总分不低于 210 分(满分为 300 分),单项测试至少 30 分,笔试和口试都超过 105 分者,被认为考试合格。

在总分的基础上,形成拟通过人员以及其他竞聘者总排名㉔。

根据 1973 年 5 月 18 日第 239 号法令第 1 条,授权司法部部长在批准排名名单的法令之时,通过征求并听取全国公证委员会的意见,可以将预定名额增加不超过 12%。

考试结束后,合适的候选人名单被制定出来。此时,必须确定公证候选人未来将在哪个公证处工作,并且兼顾到优胜者的优先权(参见 1926 年 11 月 14 日第 1953 号皇家法令第 26 条)。这种优先是候选人在一定范围内做出选择的结果,如果候选人的选择不能被满足,则由司法部进行决定。

考试的获胜者,在法令通过后被列入最终排名名单,根据该法令还可能出现补录候选人(例如,在申诉成功的情况下,可能会出现这种情况)。拟任命公证人将根据其排名先后顺序,在空缺的岗位之中进行选择(2006 年 4 月 24 日第 116 号法令第 13 条)。

只有在确定公证人的具体安排之后,才会任命公证人。过去是通过共和国总统的法令来任命,该法令在政府《官方公报》和司法部的《官方公报》中予以公布㉕;随着 1991 年 1 月 12 日第 13 号法令生效,该法详尽列出在共和国总统职权范围内以法令形式通过的行政行为清单。任命公证人不再像 1926 年 8 月 6 日第 1365 号法令第 1 条规定的那样,由国家元首签署。这一职权被转托给司法部部长,最后又转托给司法部民事与自由职业司司长(1993 年 2 月 3 日第 29 号法令第 3、4、16 条)。

通过考试的候选公证人,如果因存在未决审判而失去本次分配机会,导致岗位被分配给另一个候补竞聘者,他将被调整到大区首府作为备选公证人(2006 年 4 月 24 日第 116 号法令第 14 条)。

第四节　承担公证职能的要求

被任命为公证人,虽然产生了一系列的权利(获得公证人头衔的权利、占据所

㉔　竞聘考试的新程序并没有使原本的弊端被完美地消除,虽然它延长了笔试批改的时间;但同时,分委员会的增设提高了做出的偏差判断的风险,尽管法律非常恰当地规定了委员会主席有权召开全体会议或相关会议,以便其他委员也可以参与改卷,但无权投票或干预(第 10 条第 7 款)。

同样令人费解的是,笔试中不包括税务方面的内容,而这些知识是从事该职业所不可或缺的,并且公证人在委员会中持续(不仅仅只在数量上)处于劣势,这也是造成一些问题无比复杂的原因,尽管不是唯一原因。

㉕　FALZONE e ALIBRANDI, voce *Nomina dei Notai*, in *Diz. enc. not.*, p. 132 e ss.

分配的岗位的权利)和义务(不以损害职业声誉的方式行事、遵守《公证法》第18条和第24条规定的义务,否则将被取消资格。还需避免出现《公证法》第2条所规定的导致与公证职业不相容的情况)⑳,但本身并没有直接赋予从事该职业的权能。

要行使该职业权能,必须在每个公证委员会的公证人名册上登记。登记是根据公证人的申请,在公证委员会主席的见证下进行的。主席需要事先核实该申请人是否遵守《公证法》第18条和第24条规定的一系列义务,包括在法院宣誓、在公证委员会秘书处登记任命法令和履行宣誓的文书、接受印章、在公证委员会保存的特别登记簿中登记他的签名以及印章印记,并在指定地点开设办事处。

在2006年5月4日第182号法令带来的改革之后,公证人登记不再要求提供保证金(见下文)。

对下列要求中的每一项都需关注:

1. 保证金:根据最近废除的法律,保证金被认为对之前已经进行的执业有效,保证金可以以不同的方式提供,公证人有权随时进行替换(《公证法》第19条)。

(1)公共债券或国家发行或担保的债券。这些债券的价值以实际价值和名义价值中的较低者为准;

(2)在特定存取账户存入一定数额金钱;

(3)不动产的第一抵押权(即第一顺位受偿权)。

不动产的价值必须通过税务部门或土木工程部门的评估来确定,必须是保证金数额的两倍以上,其价值可以参照《民法典》第2875条的从物的价值(在《公证法》中引用的是1865年《民法典》第2027条)。

这种抵押的特点是,由公证人负责登记并支付费用,由不动产登记员依职权对抵押进行更新登记(《公证法》第20条最后一款)。

无论如何,该保证金都要由公证委员会所在地的民事法院,在事先征求委员会本身的意见并听取检察官的意见后,认定是否合适㉗。

保证金的目的是预先建立一个有约束力的担保,其赔偿的先后顺序如下:

(1)赔偿公证人在履行职责时造成的损失;

(2)偿还公证档案馆或公证委员会为了公证人利益或者为了公证人的承继者(们)的利益所产生的费用;

(3)支付所欠国库的税款;

---

⑳　见 FALZONE e ALIBRANDI, voce *Ruolo dei Notai*, in *Diz. enc. not.*, p. 672 e s.

㉗　这是一项协议管辖措施,在委员会内室发出,其要件是(至少根据第《公证法》第21条)必须在10天内通知公证人和检察官,并在通知后30天内由他们向上诉法院提出诉请(而《民事诉讼法》第739条对所有自愿管辖措施规定了10天的强制期限)。

（4）支付他应向档案馆或公证委员会支付的税款；

（5）支付他在履行职责过程中产生的罚款。

然而，由于1913年的《公证法》明确规定不会重新估算已缴纳保证金的现实价值，整个保证金规则随之失去了意义。根据公证人是在人口超过10万人的市镇担任公证人，还是在人口超过5万人（不超过10万人）、超过1万人（不超过5万人），还是少于这个数字（不超过1万人）的市镇担任公证人，其保证金的数额分别确定为15000里拉、12000里拉、9000里拉以及3000里拉。

另外，有充分的理由认为，这些数额的重新确定，一方面与货币的现行购买力有关，另一方面与交易价相关。且不同的保证金数额不可能不在那些想进入公证行业的人中造成社会歧视，而现今这种歧视是不被允许的，并且明显与《宪法》第3条和第4条相违背。

此外，在2001年5月22日萨沃纳法院向宪法法院请示，由于法律规定的保证金计算不充分而导致《公证法》第20条违宪的问题，在2002年2月28日的第74号答复中宣布该问题不予受理。

显然，在没有废止或修正现有法律的情况下，保证金是否合理取决于对货币的重新估价是没有根据的（例如佛罗伦萨检察官办公室在向上诉法院的诉请中声称该规则的立法目的没有得到尊重，1999年10月8日，上诉法院通过一项未公开的裁判驳回诉请）。

因此，"剪除"公证制度中这一"枯枝"是一个明智的决定，因为它不再被认为具备任何意义㉘。

2006年5月4日第182号立法令（自2006年6月2日起生效），废除了所有与保证金有关的条款，废除了整个保证金制度（《公证法》第18条第1款，第32条第1款，第40、41、42条，以及提及保证金的第32、33、34、35、36、38条第1款、第39条第1款）。

实际上，保证金制度已被所有公证人统一适用的集中保险形式所取代，该类保险赔偿因从事公证活动而产生的民事责任，由国家公证委员会从其自身预算中支出，但不影响每位公证人自费购买额外的保险的权利（修改后的《公证法》第19条）。

如果没有集中形式的保险，则公证人应为自己投保个人民事责任保险，否则将受到纪律处分，并可能根据《公证法》第147条的规定受到处罚（修正后的《公证法》第20条）。

㉘ 从某种意义上说，与公证人在行使其职能之前必须提供保证金问题相关的是《公证人执业准则》中的第3条，公证人必须能够充分应对行使该职业所固有的风险，甚至可以通过特定形式的保险来应对。

因此,这属于一种新的强制保险的类型(集中保险或个人保险),与旧的保证金制度不同,这一强制保险仅涵盖民事责任。

2006 第 182 号立法令还规定,由国家公证委员会建立、规范和管理一个保证金基金,以赔偿公证人在执业活动中构成犯罪所造成的损害,而这些损害不在保险范围内(这不是强制性的,相反,民事责任险是强制性的),并根据《公证法》第22 条(修正后《公证法》第 21 条)来确定是否适用,但该损害须为基金成立后发生的事实。

该基金的财产由以下部分构成:

(1)由国家公证委员会确定的所有注册会员应缴纳的强制性会费,这些缴款在任何情况下最终均应归属于该基金;

(2)通过追索已支付的赔偿金而获得的款项(在下文提到的代位求偿完成之后);

(3)公证委员会原已建立的自愿团结基金的剩余捐款;

(4)基金管理获得的收益。

赔偿金是否赔付应取决于:

(1)确定公证人刑事责任或根据《刑事诉讼法典》第 444 条[根据要求适用(轻微)罚款]所作的判决已经生效;

(2)国家公证委员会对造成损害的公证人具有代位追偿权;

(3)财产损害的证明应来源于生效判决,并提交书面证据给国家公证委员会评估(修订后的《公证法》第 22 条)。

公证委员会筹资费用的最高分担额提高到应收取的文书登记保管费的 4%[29]。

2. 宣誓:公证人必须根据 1946 年 12 月 23 日第 478 号法令第 4 条,在其事务所所在地民事法院宣誓忠于意大利共和国及其元首,忠诚地遵守国家法律,并认真履行职责。

3. 在公证委员会秘书处进行任命登记:这种登记相当于主管办公室(登记簿)承认,登记的内容是:

(1)民政和自由职业部部长签署(原规定由共和国总统签署)的法令,并同时在审计部门登记,其中包含了任命;

㉙ 关于执业公证人已经缴纳的保证金,法律没有规定其要求归还的权利,或者在抵押的情况下(几十年来并不存在这种情况),没有规定撤销的权利:应该认为这种权利是存在的,至少对那些已经购买了新法规所规定的保险的执业公证人来说是如此;这与金额的微不足道和收取这些金额所产生的费用无关。

此外,还必须确定(当投保新的保险时可能发生的)保险是否包括与以前的公证服务有关的损害,或者后一种情况是否仍由旧的保证金所涵盖,在这种情况下,旧的保证金将继续有效(就其涵盖的价值而言)。

（2）由法院书记员记录宣誓的专门纪要。

4. 印章：由公证委员会提供给公证人的印章或标志，由铸币厂铸造，直径为35mm，在图例中包含公证人的名字、姓氏、"父子（女）关系"（1955 年 10 月 31 日第 1064 号法令禁止在契约和文件中注明亲属关系内容，忽略了这一公证印章中的使用）和住所（或市镇，如果公证人被分配给一个地区，还需加上地区名称），中间则是国徽㉚。

如需修改公章图例中包含的信息，则由公证委员会主席以同样的手续颁发新印章，但必须取回之前的印章㉛。

关于助理公证人，规定在正式履行其职责之前：

（1）如果他还不是执业公证人，他必须完成《公证法》第 18 条规定的手续（《公证法》第 66 条第 4 款）；

（2）必须由公证委员会提供一个特殊的印章，除《公证法》第 23 条要求的关于助理公证人的信息外，还需包含以下字样："名. 姓. 助理"（"N. N. coadiutore"）。

但是，如果助理公证人的任期为 1 个月，则可以使用其辅助的公证人的印章（司法部 1935 年 9 月 13 日第 13759 号说明）。这一解决方案是因为在短时间内很难获得助理公证人的特别印章（1977 年 2 月 23 日第 27666 号部级说明）㉜，这种解决方案没有法律依据，但无疑是通情达理的做法。

在印章遗失的情况下，公证人必须在 24 小时内向公证委员会主席报告，委员会将授予公证人另一枚印章，该印章上会加上一个特殊的标记。这一规则也适用于印章被盗窃的情况。

区分新印章和遗失的印章的特殊标记由两个"S"字母（"Secondo Sigillo"第二枚印章）组成，加在"Notaio"（公证人）字样之下（1959 年部长令第 3 条第 2 款）。

在变更住所地的情况下，公证人需首先交回旧印章，以取得新印章。

㉚　对于意大利来说，目前公证印章的直接起源是 1809 年 1 月 3 日两西西里国王约阿希姆-拿破仑的第 268 号法令。该法令在公证条例中规定用印有公证人姓名、地点和省份的金属印章代替每个公证人的手写、特定和个人选择的 "标志"，这种标志有着非常遥远的起源，保证了公证人的签名身份和文书的真实性（参见：EGIDI, *Signa tabellionum*, in *Fonti e Studi del Corpus membranorum italicum ex Archivio Publico Cosentino*, Roma, 1970, p. 12, 有一个非常有趣的图形集见 BASCAPE, *Bolle e sigilli di notai*, in *Bullettino dell'Archivio Paleografico haliano*, n. s. , II e III, 1956—1957, I; FALZONE e ALIBRANDI, voce *Sigillo notarile*, in *Diz. enc. not.*, p. 747 e ss.); C. FRUGONI, *Medioevo sul naso*, 3ª ed. , Bari, 2007, p. 50.

㉛　由于公证印章的图例仍然规定须注明父子关系，在公证人的父亲（后来）死亡的情况下，将印章的"是"改为"曾是"，被 ANSELMI 认为是一种"夸张"的做法（*Dizionario pratico del notariato*, A-B, Viterbo, 1930, p. 153, nt. 1).

㉜　CASU, voce *Coadiutorato*, in *Diz. enc. not.*, VII ed. , Roma, 1993, p. 128.

遗失后重新找回的印章、变更住所地公证人的印章以及已经确定终止执业的公证人的印章,由公证委员会主席在印章上刻上一个十字符号予以注销,并上交给当地公证档案馆。暂停执业的公证人,包括暂停执业或者临时禁止执业的公证人,或被禁止担任公职的公证人,或受到刑法层面上的任何其他措施导致(暂时)停止执业的公证人(《公证法》第40条第2款,经2006年8月1日第249号立法令修订),在暂停执业期间(见下文)印章必须存放在公证档案馆中,不得动用(《公证条例》第64条)。

明确禁止公证人再刻其他印章。

法律明确规定了必须加盖印章的情形(在文书的末尾,一般应在公证人署名之后,《公证法》第52条;认证副本、节本和证书上,《公证法》第69条;通过电话传输文书摘要,在特定的电报形式表格上加盖公章,《公证法》第71条)。

在没有明确规定的情况下,公证人似乎不能使用印章。例如,没有规定在公证书的中间页以及在文书连接处加盖印章;再如,在银行发放抵押贷款所需的法律报告中,这种情况最多属于可以选择性使用印章的情况[33]。

5. 将"签名"在公证委员会秘书处存档:公证人必须在秘书处保管的特别登记册上签上他的名字,并附上印章印记。该登记册由一个正本和两个副本组成(《公证条例》第40条),两个副本由公证委员会主席分别转交给该管区的民事法院院长以及公证处所在的地区法院(以前是给治安法官,但根据1998年2月19日第51号立法令,后者的管辖权被地区法院所取代)。

6.《公证法》第24条规定的其他义务:

(1)自完成任命登记之日起90天内完成《公证法》第18条规定的手续。司法部长可以出于公共服务的原因缩短这一期限,也可以出于重大和合理的原因将上述期限再延长,延长时间不超过90天。

(2)在上述相同的期限内在指定的地区为公证人开设办事处。

(3)公证人在10天内提交在委员会执业公证人名单上登记的申请。

完成上述所有义务,公证委员会主席就会宣布将该公证人列入协会执业公证人名单,随即报告司法部,并在《官方公报》第二部分(过去在《司法公告》上)无偿公布该公证人获准开始履行其职能。

公证人登记册是一份由每个公证委员会保存的公共文件,其中注明了每个在该地区执业的公证人的个人资料、公证人考试的日期、任命或转区执业的时间、公

---

③　涉及强制缔约的地籍报告可能是一个不同的问题:该报告被法律(而不是由私主体,如银行)定性为"经公证的"(1998年8月3日第302号法令第1条谈到"公证证明"),因此可以说,作为一个公证文件,它必须有所有有效的标记(包括印章)。

证人的住所、奖励情况、处罚、纪律处分以及重新执业的情况㉞。

不再需要说明已支付保证金(由 2006 年第 182 号法令废除),但是需要缴纳民事强制责任保险(修订后的《公证法》第 20 条第 1 款)。如上所述,未履行该义务只会使公证人受到纪律处分,并根据《公证法》第 147 条的规定进行处罚(《公证法》第 20 条第 2 款)。

公证人在登记簿上登记的目的,与其他自由职业者在登记簿登记的目的一样,包括以下内容:

a)将公证人纳入公证人协会,从而使公证人接受公证委员会和其他监督机构的监管;

b)允许公证人开始行使其职能。根据《公证法》58 条第 1 款的规定,在登记之前进行的公证行为是无效的。

此外,获得公债交易中心认可的公证人须履行更多的义务(1963 年 2 月 14 日第 1343 号综合法(T. U),经 1966 年 8 月 6 日第 651 号法令以及 1961 年 7 月 31 日第 495 号皇家法令修订);该公证人即在公债交易中心或省行政登记簿中认证相关证券的交易(兑换、转让、登记和消除限制)的公证人(未经该中心认可的公证人也可进行相同的操作,但不是在行政登记册上进行,而是通过公证文书、经认证的私文书或经签名认证背书的公债券来完成)。

要获得公债交易中心的认可,须经公证人申请,由经济和财政部部长与司法部部长协商后,在每个省确定的名额范围内进行任命;公证人的就职以及交存的签名必须在公债交易中心负责人或他委托的担任领导职务的成员在场的情况下通过会议纪要的形式记录下来。

第五节　在特殊情况下行使公证职能:
委派公证人、保管公证人、助理公证人、对银行汇票和
支票出具拒绝承兑证书的公证人

根据上述规则,公证职能通常由被赋予该职能的公证人行使。然而,在某些

㉞　根据《公证法》第 25 条,到目前为止,我们审视的首次任命公证人的规定,"这些规定只要可以适用",在公证人住所转移的情况下(见下文),也须遵守这些规定。

在登记之前,禁止使用公证人的头衔:参见 Nota Ministero di Grazia e Giustizia, Div. V, Sez. 1a, 25 febbraio 1915, n. 7-1937, in Not. it., 1915, p. 89 e in Mon. it., 1915, p. 68; GARETTI e BIANCOTTI, *Manuale del notaio*, Milano, 1924, p. 2 nt. 1.; FERRANDO, *Il notaio*, Firenze, 1961, p. 16 e ss. 同样,没有在律师协会注册的人不能使用律师的称号(1933 年 11 月 27 日第 1578 号立法令第 1 条,转为 1934 年 1 月 22 日第 37 号法律(所谓律师法)及随后的修正案)。

情况下,该公证人的名义或其公证职能,可以被委托给另一主体(公证人),或者将这种"名义专属(nomine proprio)"职能的行使委托给不具有或可能不具有公证人资格的人⑤。

在这里,我们首先考虑的是保管公证人、委派公证人和助理公证人的情形。

1. 保管公证人是当一个公证人已被停职或剥夺资格时,他所在的公证委员会在其同一管区的其他执业公证人中任命的公证人。一般来说,可以在同一或最近的住所地执业的公证人中任命。

保管公证人除了保存其同事的文书和目录表外,还具有公布遗嘱、签发副本、节本和证明书的职能(因此也是为此目的的委派)。

2. 另外,当公证人因缺席、停职(以前是因疾病或其他临时障碍导致暂时丧失能力)而无法履行职责时,公证委员会主席可以依职权按照任命保管公证人同样的标准选择委派公证人。委派公证人只有公布遗嘱和替其同事出具副本、节本和证明书的职能,但不负责文书的交付。

3. 助理公证人可以以其辅助的公证人的名义或为了该公证人的利益来行使其所有公证职能,并承担该公证人的所有义务,但无承继权。受辅助公证人具有协助助理公证人的义务并与他一起行使公证职能,但不能单独行使。助理公证人只能由有权批准假的主管部门临时任命㊱,期限不少于1个月,以代替去服兵役的公证人或作为委派代替休假或暂时无法出席的公证人。

2006年4月24日第166号立法令规定了一种特殊的助理公证人的职能,其涉及在公证考试中担任考试委员会委员的公证人。新法(第4条)规定:

——担任考试委员会委员的公证人有权要求公证委员会主席任命一名助理公证人,但仅限于在他履行该职责的期间内;

——上述公证人在考试委员会中担任委员的事实(须事先通知公证委员会主席)使助理公证人有权履行公证职责;

——助理公证人在考试委员会的时间,不计入因其他事由而任命助理公证人的时间(例如公证人缺席的情形,见下文)。

---

⑤　这些是公证人唯一可以"由他人替代"的情况。众所周知,专业人士在有义务亲自完成所接受的任务的同时,可以利用替代者来完成工作(《民法典》第2232条),只要这种情况不与履行的目的相抵触就可以(根据《公证法》第47条第2款以及《公证条例》第67条,公证人的情况就是如此)。同一条规则提到了利用"辅助人员"的可能性,在公证领域,见证人、翻译、专家、委托起草原件的人员的参与,可能属于这种情况。在笔者看来,对于根据《公证法》第47条规定的见证人的参与以及根据第18/1975号法令在必要时协助盲人参与则不属于这种情况。因为这些人当然不是协助公证人,而只是因为法律要求他们这样做而必须出席。(参见:MUSOLINO, *La responsabilità dell'avvocato e del notaio*, Milano, 2005 p. 147 e ss.)

㊱　司法部长在征求公证委员会的意见后,可以为已经失明、失聪或确定不能书写的公证人,或已经从业40年的公证人任命永久助理公证人,这一做法已被1926年8月6日第1365号法令废除(第8条)。

就助理公证人的法律性质而言,他被认为是一种代理关系,其特点是具有内在的公共属性。特别是,由于所涉及的公共关系,作为助理的权力是一种具有特殊性质的替代权力。这既解释了仅为其设置基础义务的原因,又解释了排除助理公证人缴纳保险(过去则是缴纳保证金)和建立自己的目录表的原因。因为在任何情况下,相较于被辅助公证人,助理公证人的职业活动不具备自主性㊲。

属于同一管区的公证人(《公证法》第 44 条)、被确认为适合从事公证工作的拟任命公证候选人(1973 年 3 月 5 日第 41 号文件第 21 条)㊳、在公证档案馆从事管理岗职员、在退休后通过高级职称晋升考试或退休后获得助理登记员或同等资格的人员(1957 年 6 月 19 日第 588 号文件第 71 条)可以被任命为助理公证人。

1983 年 5 月 2 日第 179 条法令规定,如果根据 1957 年第 588 号法令第 7 条被任命为助理公证人,则自首次承担该职能之日起五年内,均可以行使相关公证职能。五年期限限制是为了与 1973 年 5 月 18 日第 239 号法令规定的通过公证考试的公证人候选人的规定保持一致。

至于公证人在其终止执业后是否仍可被任命为助理公证人,通说认为:

(1)公证人在其 75 岁之前因申请而退出职务,可以行使助理公证人的职能直至 75 岁㊴;

(2)另外,在 75 岁之后,公证人不得被任命为助理公证人㊵。尽管如我们所见(见上文),已经停止执业的公证人可能被要求参加公证人的考试委员会,在这种情况下,行使的无疑是公共职能。他们也可能被任命为名誉借调法官(见第七

㊲ D'ORAZI FLAVONI, *Ai margini di un problema*: *l'identità personale ed il suo accertamento notarile*, in *Scritti giuridici, cit.*, II, Roma, 1965, p. 907 e ss.；根据这位作者的观点,受辅助公证人协助助理公证人的"义务"(《公证法》第 45 条第 3 款)不应当认定为内部助理公证人与受协助公证人管理性的劳动关系性质(ID., *Quesiri di diritto notarile. Responsabilità civile. Coadiutorato. Identità personale*, in Scritti cit., II, p. 989 e ss)。

㊳ 符合条件的助理公证人,尚未注册为公证人,故而并不是正式公证人,不需要承担纪律责任(当然,要承担刑事责任,并与受协助者(公证人)一起承担民事责任)。

㊴ CNN Studi, *Requisiti soggettivi per la nomina a coadiutore*, XI, Roma, 1983, p.44 e s.

㊵ 在这个意义上,见 CASU, voce *Coadiutorato*, in FALZONE e ALIBRANDI, in *Diz. enc. not.*, IV Aggiornamento, Roma, 1993, p. 128(他引用了司法部 1931 年 2 月 12 日、1940 年 6 月 5 日和 1985 年 4 月 2 日的说明,内阁会 1951 年、1959 年和 1960 年的意见,以及国家公证委员会的各种说明),主要是因为立法机构没有以自主的方式规范助理制度,它只能从公证制度中重复与之相关的规范,还因为立法机构将公证执业限制在 75 岁以下,对行使公职进行了政治评估,而对于作为替代者的活动,立法机构不会进行这种评估。

然而,可以说,立法机构已经多次通过《公证法》和其他条例来规范助理公证人(除其他法规外,我们引用的 1973 年第 239 号法令已确认了这一点),而且要证明所谓的政治评价延伸到执业活动的表现上。事实上,毫无疑问,任命为助理公证人的前提条件(适合性)并不会在年满 75 岁时自动丧失,如果有的话,甚至可能更早丧失。也不应忽视的是,法律规定了适当的补救措施,以应对不再有能力的人担任助理公证人所造成的所谓有害后果;该任命既不是强制性的,也不是自动的,而是由主管机关评估和决定的,是临时性的;该指定必须由受助公证人做出,根据民法原理,他与助理公证人共同对后者的工作负责,因此不能无视对后者的能力评估。

章),在这种情况下,他们也是在行使公共职能。并且,公证人可以在执业结束后的 5 年内,被任命为各大学设立的法律专业学院的讲师(根据 1997 年 5 月 15 日第 127 号法令),以及担任授予相关文凭的考试委员会委员(1999 年 12 月 21 日第 537 号部长令第 6 条第 1 款)。

保管公证人、委派公证人或助理公证人必须在每份文书、认证书、副本、节本或证明书中写明任命或委托信息,标注日期,但无须注明原因。

保管公证人、委派公证人或助理公证人将他们可能接收的上述文书登记在他们所替代的公证人的目录表中,并使用他们替代的公证人的印章。但助理公证人除外,他必须盖上自己的印章,除非他的职能持续时间不超过 1 个月,在这种情况下,他可以使用受辅助公证人的印章[41]。

行使公证职能的一种特殊情形是,《公证法》修订前的第 6 条规定的例外情况,它涉及由一个不仅不是公证人,甚至不具备公证人资格的人行使公证职能的特殊情形。根据这一规定,治安法院的书记员、市镇的市长、市政秘书或任何其他官员或居住在该地的人,如果被认为是足够合适的,可以暂时被授权履行公证人的职能:(1)在没有公证人的岛屿上;(2)在没有公证人的市镇或市镇的部分地区,或由于地形或道路条件,不容易与邻近地区的公证人联系,即便只是在 1 年中的某些时期不容易联系[42]。

但 1994 年 1 月 20 日第 49 号法令排除了为这些人员临时授权从事公证工作的可能性,因为规定这些例外情形的《公证法》第 6 条被废止(上述法令规定,已经发布的相关措施将在法令生效之日起 1 年内撤销:第 1 条第 3 款)[43]。

---

[41] 这是鉴于提供印章所需的时间长度,为了满足实际需要,根据 1936 年 9 月 13 日的部长会决议(Notaro, 1936, p. 9)形成的惯例。

[42] 在意大利殖民地,公证人的职能可以归属于具备某些必要条件的其他人员(1908 年 7 月 2 日第 325 号皇家法令第 99 条,经 1914 年 5 月 21 日第 714 号皇家法令和 1921 年 2 月 24 日第 230 号皇家法令修订,适用于厄立特里亚;上述皇家法令第 2 条适用于的黎波里和班加西;1911 年 6 月 8 日第 937 号皇家法令适用于索马里)。

[43] 对公证职能相关制度的例外情形还包括:

(1)为选举活动认证签名的权限在市镇辖区和在省辖区分别被授予市镇议员和省议员(1990 年 3 月 21 日第 53 号法令第 14 条;内阁会 2014 年 4 月 16 日第 1885 号文件,与之前的决策方向相反(第 2501/2013 号));

(2)执行法官不仅将强制执行程序中的交易委托给公证人,也可以委托给律师或会计师(《民事诉讼法》第 591 条之二);

(3)会计师有对有限责任公司股份有偿转让的签名进行认证的权力(2008 年 6 月 25 日第 112 号立法令)。

在这方面,国家公证委员会因通过互联网传播关于这两种情况的信息(公证人的参与比会计师参与更便捷)而被谴责为误导性广告(Autorita della concorrenza e del mercato, 21 dicembre 2011, n. 22052, in *Giust. civ.*, 2012, p. 1628 e ss);

(4)离婚财产协议的签订也可以求助于律师(2013 年 6 月 21 日第 69 号立法令第 76 条替代了 1913 年 8 月 9 日第 98 号法令);

(5)对机动车转让的签名进行认证的权能,人们也可以请求市政办公室和机动车驾驶人的远程服务窗口负责人进行认证(2006 年 7 月 4 日第 7 条第 223 号立法令第 7 条)。

涉及意大利驻外领事有一项特别规定,他们有权根据法律对意大利公民行使公证职能。目前,在新的领事条例生效后(2011 年 2 月 3 日第 74 号立法令第 28 条),考虑到在当地获得适当公证服务的可能性,外交部的规章可以规定领事机构负责人出具的公证文书种类,以排除先前规定的在特定情况下对公民履行全部公证职能的可能性。

最后,广义上的公证职能还包括法律赋予公证人以外的其他主体的公证职能,用于接收特殊遗嘱:治安法官、市长或其副职、神职人员在传染性疾病横行、发生公共灾难或事故地区接收遗嘱(《民法典》第 609 条);船长接收船上所立的遗嘱(《民法典》第 611 条[44]);机长接收在飞行器上所立遗嘱(《民法典》第 616 条第 2 款);军官、随军牧师、红十字会官员接收军人及相关人员所立遗嘱等情形(《民法典》第 617 条)[45]。

汇票和银行支票的拒绝承兑证书的出具人的职能是不同的,公证人可以像其他公职人员一样利用这一点(1973 年 6 月 12 日第 349 号法令第 2 条)。但是,证书出具人应当执行委托人委托给他的业务,并经授权收取全部或部分付款,以及代表公职人员出具收据并与后者一起签署拒绝承兑证书(第 4 条)。

因此,公证人可以找到两个或者为了满足特定需要最多 6 名拒绝承兑人(限于拒绝承兑的提出),他们:

——应公证人的要求,由上诉法院院长或特别授权的主管法院院长指定(名单存放在法院登记处);

——必须具备法律规定的必要条件(符合《公证法》规定的对见证人的要求,有初中毕业证书,没有因故意犯罪而被判刑);

——应公证人的要求或当上述要件不具备时其资格可被撤销。

授权和撤销资格应在司法部《官方公报》上公布(根据 2000 年 11 月 24 日第 340 号法令第 31 条,"法律公告表"的形式已被删除)。

根据《民法典》第 2700 条,包含拒绝承兑人意见并(同时)由他签署的拒绝承兑书,是对债务人声明和拒绝承兑人在场或者由他执行的其他事实的充分证明。

目前,有两种现象越来越令人不安,它们与上面所涉及的情况无关:第一,公证职能规范性的例外情形不断增加,公证人的部分职能被削减,以便将其授予公共行政机构(所谓的"公共行政形式下的行为")或委托给其他市场主体。例如,

---

[44] 作为先例,在中世纪,曾经存在一类抄写员,即船上抄写员,尤其是长途运输船,他的记载与陆地公证人并无不同,同样具有公信力(M. TANGHERONI, *L'Italia e la navigazione mediterranea dopo la fine dell'Impero d'Occidente*, in Optima hereditas, Milano, MCMXCII, p. 369.)。

[45] 根据主流学说,这是一个公共形式遗嘱问题(CENDON (a cura di), *Commentario al codice civile*, Art. 609, in Art. 456-712, Milano, 2009, p. 1073)。

机动车转让、有限责任公司股份转让、强制执行不动产和需要登记的动产,以及最近根据 2013 年 6 月 21 日第 69 号立法令第 76 条所规定的夫妻共同财产分割申请,其中很难看出公证职能的作用;第二,公证文书与其他不同领域、更简化的文件形式之间的界限趋于模糊。最初是由 1968 年 1 月 4 日第 15 号关于行政文件的法令来调整,后来被 2000 年 12 月 28 日第 445 号总统令废除,由新法对该事项进行了全面规范[46]。

分居和离婚后的不动产分割协议是一种特殊情形,相关判决否认与此相关的公证行为的必要性,但最高法院对此予以肯定(2020 年 1 月 29 日第 1202 号)。此外,最高法院认为将这个问题提交给合议庭(Sezioni Unite)讨论是合适的。

第六节 原地执业及请假

与上文委派公证人、保管公证人、助理公证人职能相关的是公证人不在管区的问题[47]。

公证人持续履行具有公益性质的公证职能体现在开放办公室和个人援助的职责上。为此,法律专门规定了公证人的义务(《公证法》第 26 条):

1. 在市镇或市镇指定的村,保证其办公室开放、存放公证文书、登记册和目录表。

2. 有义务在一周内的某一特定日期和时间亲自去办公室上班,该时间由上诉法院院长在听取公证委员会意见后确定。

获得公债交易中心认证的公证人也有义务在确定的日期和时间出现在相关办公室(1961 年 7 月 31 日第 945 号总统令第 7 条)。

《职业道德守则》规定,为了最大限度地满足对公证服务的要求,根据公证委员会每年发布的规定,公证人必须亲自到办公室,甚至超出上诉法院院长确定出勤的最低限度的天数和时间[48]。

3. 除法律规定的情形外,不得离开管区。

《公证法》还规定了公证公益性职能的连续性与公证人其他业务或个人利益

---

⑥ Nulla osta ex art. 3 1. 26 giugno 1967, n. 458, in *Giust. civ.*, 2011, II, p. 8;另参见 LIGUORI, *Evoluzione dei concetti, cit.*, p. 258.

⑦ 参见 FALZONE e ALIBRANDI, voce *Assenza e congedo del notaio*, in *Diz. enc. not.*, vol. I, p. 163 e ss.

⑧ 与此义务相关的是在事务所外展示公证信息(牌子)和指明办公室开放日期、时间、地点的须知(《公证条例》第 48 条)。根据 1993 年 11 月 15 日第 507 号立法令第 17 条的规定,这种展示免于征收广告和公共标语税,因为张贴是强制性的,只要使用的媒介尺寸面积不超过半平方米,但法律另有规定的除外。在几个管区合并的情况下,该义务也继续存在,参见 Cass. 27 May 2011, no. 11790, in *Giust. civ.*, 2012, p. 1047 et seq.

之间的平衡。因此,一方面,根据其职能,只要有需要,公证人可以在其公证事务所所在的管区内任何地点执业(《公证法》第 26 条第 2 款;1937 年 7 月 14 日第 1666 号皇家立法令第 14 条规定了例外情形^⑭,但因 2006 年 8 月 1 日第 249 号立法令第 52 条第 4 项规定而被废除);另一方面,在特定情况下允许公证人离开管区。

法条规定了 3 种可以离开管区的情形:

第一种情形,有些人将此定义为"任意性缺勤"^⑩,即法律允许在两个月内最多缺席 5 天或 10 天,这取决于分配给公证人的市镇中是否有其他公证人或(至少)有另一个公证人(实际执业)(《公证法》第 26 条第 3 款)。

任意性缺勤也可以在下面提到的批准缺勤之后或之前进行。

上述"任意性"缺勤是作为在管区居住义务的例外,而不是作为亲自在办公室上班义务的例外^⑤。

第二种情况是《公证法》第 26 条第 3 款最后一句所规定的,可以定义为"合理"缺勤而不是"任意性"缺勤:只要是公证人由于公共服务或履行其在公共机构的职责,允许公证人不受任何时间限制离开管区。

在这种情况下,根据法定缺勤原因的公共性质,形成了相应的认识,即该缺勤也可以包括义务援助的天数。

公共服务的情况包括过去调解员和名誉初审法官的职能,以及如今名誉借调法官(G.O.A)和治安法官、陪审员、审判中证人的职能;根据一些学者的观点,还包括市、省、大区议员和国会议员的一些职能^⑫。

在公共机构履行义务的情况有:在土地管理机构(不动产登记处、技术税务局)履行手续;向税务局提交文书(为了每 4 个月一次的文书登记和造册)以及将文书提交给主管的公司登记部门,尽管这些工作的履行现在大多可以通过电子方式进行;向主管的司法当局提交自愿管辖权的申请。

---

⑭ 根据被废除的规则(但在 2007 年 6 月 1 日之前,该规则仍然有效),尽管公证人被请求履行职责,但禁止公证人于公共假日和集市日在另一个公证事务所履行职责,除非该公证事务所被分配了不超过两个岗位,而公证人或两个公证人之一在外地有长期住所,出于遗嘱或者由不相容、疾病、休假、停职、无能力或无资格等原因而阻却了该地的公证人正常执业。

⑩ FALZONE e ALIBRANDI, voce *loc. ult. cit.*

⑤ 参见 Cass. 22 novembre 1921, in Giur. it., 1922, I, 1, p. 51; Cass. 7 dicembre 1926, ivi, 1927, I, 1, p. 114; Cass. 15 luglio 1936, in *GIANFELICE e TRECCO, Massimario del Notariato*, Milano, 1954, p. 51.

App. Catania 2 aprile 1974, in Vita not., 1974, p. 965,卡塔尼亚上诉法院的观点存在争议,根据其观点,只要没有因缺席而引起民众投诉,就不能认定其违反亲自履职义务。因为与该管区其他公证事务所相比,他的事务所所收到的文书数量很少。

⑫ FALCIONI, *Manuale teorico e pratico del notariato*, Torino, 1915, I, p. 242; MOSCATELLO P., *La legislazione, cit.*, p. 181; contra, v. Mon. not., 1881, p. 62.

第三种情况是所谓的批准缺勤或"请假"。

"请假"的情形,即,公证人不是根据法律规定,而是根据批准措施[53]所获得的,即允许他在一段时间免予履行亲自在公证事务所办公室执业的义务。

批准休假的权限根据假期时间长短而有所不同,分别归属于:

(1)公证委员会主席有权批准不超过 1 个月的假期;

(2)公证委员会有权批准 1 个月以上 3 个月以下的假期。如果请假的公证人住所地的市镇有超过 6 名实际执业的公证人,指派到同一市镇的公证人中的一半正常执业,同时请假的公证人具有正当理由,公证委员会可批准最多不超过 1 年的假期;

(3)司法部部长有权:① 批准 3~6 个月的假期;② 将公证委员会批准的 1 年的请假再延长 1 年。

公证委员会主席、公证委员会和司法部部长在 12 个月内不得给予同一公证人第二次的批假(《公证法》第 26 条和《公证条例》第 50 条)。

在批准休假之前,公证人须提出申请,然后需要进行一系列通知,先通知法院院长(之前是通知地方法官/地区治安法官),再由法院院长通知公诉人,由公诉人通知司法部。

在公证人休假的整个过程中,他的公证行为能力一直处于中止状态(《公证条例》第 52 条)。因此,在这种情况下不能说"丧失公证能力"[54],因为休假的公证人并不会丧失其公证权能。事实上,他不必等待请假期满,也无须请求任何授权便可以提前(恢复)行使其职能。这只会导致他尚未到期的休假许可失效(所谓的默示放弃)。在这种情况下,他有义务事先通知公证委员会主席,公证委员会主席必须立即通知公证档案管理员,如果批准假期的是司法部,他还需立即通知司法部(《公证条例》第 51 条最后 1 款)。

主管人员/机构(取决于时间长短,包括公证委员会主席、公证委员会、司法部部长)批准假期的权限之间具有重合,曾有过上级部门批准未到法律规定区间下限的申请,司法部给予了肯定答复(1971 年 11 月 5 日说明第 8 号提案,国家公证委员会以 1986 年 12 月 15 日说明第 1813 号提案认可)。

违反亲自在办公室执业规定的公证人将受到纪律处分,罚款 30~240 欧元(《公证法》第 137 条第 2 款)。如果再犯,将被停业 1~6 个月,此后还再犯,则将被撤职(1937 年 7 月 14 日第 1666 条皇家立法令第 22 条)。

根据 2005 年第 246 号法令,政府被授权实施有关公证制度的措施,也包括确

---

[53] 参见 CNN Studi, *In tema di assenza autorizzata del notaio*, in Riv. not. , 1972, p. 181 e s.

[54] FALZONE e ALIBRANDI, *op. loc. ult. cit.*

定和管理岗位以及亲自在事务所执业、请假、任命委派公证人以及助理公证人(第7条第1款a项第4目)。

第七节 调 职

每4个月司法部就会组织对空缺出来的公证人职位进行一次选拔。在没有任何执业公证人提出(包括不成功的或被拒绝的)调职申请的情况下[55],司法部就会通过新的任命来填补空缺。

公证人调动是通过符合资格条件的人的竞聘来确定的[56]。其首先由1976年4月30日第197号法令[57]调整,然后由1978年5月10日第177号法令、1980年3月13日第74号法令所规范,最后由1986年5月7日第158号法令进行了彻底的修改。

1976年法律的主要创新体现在:

(1)首次将公证人纳入审查委员会,这意味着公证人的代表们在自觉和负责任地参与与公证人切身相关的各个领域上迈进了一步;

(2)将资格评估标准转化为法律规则,并尽可能地限制自由裁量权;

(3)确保竞聘的公开性。

然而,由于席位分配机制的烦琐,该法律产生了严重缺陷,随后的1978年5月16日第177号法令试图纠正这些缺陷。

空缺岗位在1月、5月和9月的司法部官方公报上公布以供竞聘。岗位申请人必须在公告发布后的30天内提交申请。同时申请同一公告中的多个岗位的竞聘者必须声明所申请岗位的优先顺位,否则将被排除在竞聘之外。

竞聘面向所有在公告发布时已经注册的公证人开放。

注册表修改后,那些岗位被取消超过2年的公证人以及那些被临时调到该管区首府的员额外公证人,他们当然地被允许参加该管区空缺岗位的竞聘。

下列人员在选拔公告期限结束后仍不能参加调动选拔:在公告发布之前的3

---

[55] 司法部长有权对没有执业公证人选择的空缺岗位"重新"安排竞聘考试(1976年4月30日第197号法令第9条)。

[56] 经内阁会多次确认,新法认可了这一性质(参见 Cons. Stato, sez. IV, 15 settembre 1956, n. 209, richiamato in GALLO ORSI e GIRINO, voce *Notariato*, in *NssDI*, XI, Torino, p. 366, nt. 3)。

[57] 参见 SANTAGATA, *Considerazioni sui nuovi criteri legislativi in tema di concorsi per trasferimento di notai e sulla funzione notarile*, in *Foro amm.*, 1977, I, p. 1681 et seq. 由于某些程序方面的不一致,这项法律很快受到了非常严厉的批评,使得在不久后必须进行实质性修改;见 *Modifiche alla legge sui concorsi per trasferimento*, in *Notaro*, 1977, p. 90 e s.,附有国家公证委员会对法律草案的意见,该草案成为1978年5月10日第177号法令。

年内(首次任命的公证人缩短为从登记在册起 1 年)已经根据自己申请获得调任令的公证人,即使后来被撤销(或者调任本身发生在 1978 年第 177 号法令生效之前);在公告发布之日,应其申请已经获得调任到另一事务所的公证人,除非该岗位没有其他竞聘者,并且经公证委员会准许;还包括在过去 5 年内因预谋犯罪被判刑事处罚或受到纪律处分被暂停执业的公证人。

竞聘者的遴选由一个专门委员会进行,委员会由司法部部长令任命,由部长本人或其代表主持,由司法部公证司司长、民政和自由职业司的行政官员作为候补,再加上两名执业公证人组成,其中一名作为正式委员,另一名作为候补委员,这两名公证人每两年由国家公证委员会重新指定一次。

关于遴选,1978 年第 177 号法令规定了:

(1)需要评估的资格和相关要点[58]:公证人的实际服务年限;公证考试的结果;作为助理公证人或临时授权行使职能的情况;退伍人员、民防人员、战争致残及被授予军事勋章、战争的平民受害者、战争或战争相关原因产生的孤寡;适用和平条约、政治或种族迫害和同等类别的难民;在公证学院、大学或学院任教,讲授法律、经济或金融学科,在公证、法律、经济、金融学科领域发表过文章;行使荣誉法官职责;行使名誉借调法官职责;行使司法职能时负责、勤勉和具有职业操守;

(2)同等分值优先考虑的情况:在最后一个职位上服务时间较长;在候补职位所在的管区担任助理公证人(或根据已废除的《公证法》第 6 条获得相关授权);是否积极参加公证人大会;在公证机构担任职务;家庭状况;以前在该管区居住或者在该管区执业;

(3)同等分值的优先资格:(本公证事务所)员额外公证人、被取消岗位的借调公证人。

对于每次选拔,专门委员会在司法部《官方公报》公布空缺岗位后的 90 天内起草一份报告,每位竞聘者都可以查看并获取副本,并形成入围人员的排名表,该排名表须经部长令批准。

部长令必须尊重竞聘者的志愿顺位,如果有重大的经证实的理由,可以在司法部《官方公报》公布后的 6 个月内放弃。在这种情况下,岗位按照选拔中的排名顺序分配给其他声明愿意接受该岗位的公证人。

已获得调动的公证人,未按照《公证法》第 24 条规定的期限开始履职,也未履行《公证法》第 18 条和第 24 条规定的义务新岗位任命将失效并失去在原岗位执业的权利,除非他能证明是由于他无法控制的原因而导致无法履行职责(这就是1978 年第 177 号法令第 6 条的规定,该法律从根本上改变了 1976 年第 197 号法

---

[58] 个人资格的分值大部分都是固定的,而出版物和职业行为在最高分的限度内有一定的自由裁量权。

令的标准,经过修正后恢复了《公证法》第30条的规定)。在这种情况下,该岗位也将进行遴选,并根据资格评估中的排名表顺位分配给其他竞聘者。

一种特殊的调动是在地区行政区划变动的情况下,管区的公证人岗位随地区变更被分配到另一个或多个管区。在这种情况下,被重新分配地区的公证人可以向司法部提出申请,在划分办法实施之日起40天内提交申请,从其原岗位所在管区作为员额外人员转移到另一个管区的首府,他们作为管区首府编外人员或者被分配到他们所属的管区其他地区。但是他们必须证明他们在区划变更办法出台之前的6个月内,在他们期望分配的管区地域内,其所承办的文书至少1/5登记在案。优先顺序由该比例高低决定,在同等条件下,按在原籍管区的执业年限决定。

如前所述,《公证法》第18条和第24条规定了第一次任命的公证人在执业注册前必须履行的义务。根据《公证法》第25条,这两条也适用于公证人从一个住所地转移到另一住所地的情况,"只要符合住所地的变更条件"。

让我们简要了解一下公证人在调职时须履行的手续,不过需要区分转移到同一管区的另一岗位与转移到不同管区岗位的情况。其"区别"在于:只有在第二种情况下,调职才会导致公证人从原管区的名册(包括公证委员会)中删除,并在新管区中重新登记[59]。

考虑到上文第4段所讨论的《公证法》第18、24条的要求,让我们看看它们在以上两个情况中的"具体适用":

1. 公证人从同一管区的某一岗位转移到另一岗位:

(1)在保证金制度废除以前,只有保证金总额/担保金额相对于新所在地的人口来说不够充足的情况下,才有必要提供新的担保。不过,这一义务现在被强制保险所取代;

(2)没有必要再次宣誓,因为宣誓本身更多地涉及专业活动内容,而无区分所在地的意义[60];

(3)必须在(新)委员会秘书处登记新岗位的任命令;

(4)在之前的印章被收回之后,新的印章将交付给公证人(《公证条例》第41条);

(5)公证人必须在专门的登记簿上签名,并附上新印章的印记;

(6)没有必要为公证人提供他正在使用的目录表以外的其他目录表。因为他依法享有在同一目录表上记录新执业地接收或认证的文件的权利,直到他停止在同一管区执业(《公证法》第62条第4款);

---

[59] 参见 FALZONE e ALIBRANDI, voce *Trasferimento di notai*, in *Diz. enc. Not.*, vol. III, p. 936 e ss.

[60] CNN Studi, *Attribuzioni dei Consigli notarili*, Roma, 1969, vol. IV, p. 19 e ss.

（7）公证人必须在司法部《官方公报》公布调职法令后的 90 天内完成《公证法》第 18 条的规定的手续[61]；

（8）在同一期限内，公证人必须在新地点开设办公室，在那里存放文书、登记表和目录表；

（9）在完成最后手续的 10 天内，公证人必须向公证委员会主席提交申请，以便进行执业登记和在规定的媒体上公布。

2. 如果公证人调往其他管区执业，除上述规定的手续外，还须办理以下手续：

（1）公证人将在前一管区接收的文书、登记表、目录表交付给前一管区的地区公证档案馆（《公证法》第 106 条第 5 项以及第 107 条）；

（2）公证人提供新的目录表和登记册；

（3）在原管区和新管区进行公告。

第八节　任命失效及执业终止

法律（《公证法》第三章第 30~42 条）规定并规范了一系列性质和效力截然不同的情况。其中，由于某些原因和不同期限，公证职能的行使可能会停止：这些情况包括任命的失效、因豁免承担公证职责、被撤职、剥夺权利、停职、免职、服兵役而停止公证执业。

（一）任命的失效

如果公证人在首次任命或调任的情况下，在《公证法》第 24 条规定的期限内不行使公证职能或者未履行《公证法》第 18 条和第 24 条规定的义务，又或者未在上述期限内在指派地区开设公证人办公室，他的任命将会失效[62]。《公证法》规定的期限为自司法部《官方公报》发布公证人任命或调任法令之日起 90 天（如前所述，这一期限可能缩短或延长）。

该制度影响了从任命或调任法令生效到执业登记的过程，在这两种情况下都会导致任命法令效力和公证人身份本身的终止。

这种措施旨在保证在第一个地区或调任后的地区迅速开始执业活动。

任命的失效（《公证法》第 30 条和第 34 条，《公证条例》第 58 条）通过国家元首法令[63]予以宣布。

---

[61]　司法部长可因公共利益的原因缩短时限，或基于重大和正当的原因延长该期限，但不得超过 90 天（《公证法》第 24 条）。

[62]　见 FAILZONE e ALIBRANDI, Voce *Decadenza del notaio*, in *Diz. enc.*, *not.*, vol. II, P. 42 e s.

[63]　《公证条例》第 58 条的文本是这样规定的，但由于后续法律修订严格规定了需要国家元首签字的文件类型，因此相关程序目前是由司法部的民事和自由职业司司长签署。

一般认为，可以在地区行政法院对该措施提出质疑，因为与公证人身份相关的主体权利只有在登记簿上登记后才会形成。在本案中，利益相关方只能主张侵犯了直接利益（FAILZONE e ALIBRANDI, *op. loc. ult. cit.*）。

(二)公证执业的停止

法律区分了终止和暂时停止的情形:起初(即在下文提到的 1983 年第 45 号法令颁布之前),两类情况之间的"区别"在于:在某些终止以及失效的情况下,公证人不再允许执业,也就是说他不能参加转职竞聘,他只能在他仍符合法律要求的情况下,参加新的选拔考试[64]。

1. 以下是终止执业的情况:

(1)如果公证人在《公证法》第 24 条规定的期限内没有遵守《公证法》第 18 条和第 24 条规定的义务,将导致在原管区公证执业的终止,这是上述任命失效更进一步的影响;在从跨管区调任的情况下,一方面在新地区属于真正意义上任命的失效,另一方面,作为附带的影响,终止其在原地区执业的可能。

上述条款主要是基于公共利益的直观原因以及避免一定意义上滥用调职机制,该条款之前已经由《公证法》予以规定,不过后来被 1976 年 4 月 30 日第 197 号法令废止,最后又由 1978 年 5 月 10 日第 177 号法令恢复。

另外,根据 1983 年 2 月 18 日第 45 号法令,《公证法》第 30 条规定的任命失效(在首次任命或调任的情况下,未就职和未履行第 18 条和第 24 条规定的义务)以及第 31 条规定的因豁免公证职责而申明放弃职位的公证人,在司法部长的建议下,如果他们未满 65 岁,其可以要求重新获准执业,可以根据 1976 年 4 月 30 日第 197 号法令及随后的修订确定的标准来竞聘空缺的岗位。

(2)豁免公证职责在以下情况发生:

①由公证人作豁免声明;

②由于神经衰弱或非暂时性疾病而无法履行公证人职责[65];

③根据《民法典》第 414 条和第 415 条被宣告为禁治产人或准禁治产人;

④年满 75 岁[66]。

---

[64] 见 Cons. Stato, sez. IV, 4 luglio 1956, n. 752, in *Cons*. Stato, 1956, p. 868 e ss. ; Cons. Stato, Sez. IV, 25 ottobre 1977, n. 888, in *Mondo giud*. , 1978, p. 120 e in Riv. not. ,1979, p. 160 e ss.

[65] 如果精神衰弱或疾病是暂时的,可以适用《公证法》第 31 条第 2 款关于暂停从事执业活动的规定。

[66] 直到 1926 年,公证人都是终身制的:1926 年 8 月 6 日第 1365 号法令第 1 条规定了 75 岁的年龄限制,对此并非没有讨论。根据参议员 SARO 的倡议,曾提出通过一项法案废除该规则,并在 2009 年 3 月 31 日向总统府通报(最终未被接受)。

具有特殊性质的规则有:

(1)1944 年 5 月 19 日皇家立法令第 4 条;按照 1926 年 8 月 6 日第 1360 号法令第 7 条规定的授权:在该法令生效后年满 75 岁的公证人可以在战争状态结束后继续从事其职业,最长时间为 6 个月;

(2)1944 年 5 月 25 日第 145 号皇家立法令第 4 条:授权在敌占区执业的公证人,根据其申请,作为编外公证人,在回归意大利政府管理的领土内的一个地点临时执业。

因此,豁免公证职责构成了公证服务的生理终止原因[67],绝对没有任何惩罚性。

由于年龄上限和弃权的豁免由民政和自由职业司司长(以前由国家元首)的命令宣布。在其他情况下,法院根据纪律程序规则在公证委员会办公室宣布豁免。尽管如此,该措施不具有任何制裁性质。

关于该措施何时生效备受争议,特别是公证人自己弃权而豁免的情况下:一般认为生效时间应与豁免措施通知送达给有关当事人的时间相一致[68]。

(3)免职(《公证法》第32条)发生在以下情形中:

①公证人担任了与公证活动不相符的职务、职业或获得不相符的某种身份;

②无正当理由未在其住所地出现超过2个月。

2006年第249号法令删除进一步的情形(原第3项:如果公证人处于《公证法》第141条规定的条件下,即如果他因任何罪行被判处自由刑而丧失行动自由,并持续1年以上)。

此外,由于保证金制度本身已被废除,在允许补足保证金的期限过后,未缴纳或未足额缴纳保证金,不再成为免职的理由。

根据《公证法》第151条及以下条款,由法院在公证委员会会议室宣布免职。

免职虽然在一定意义上源于公证人的主观意愿[69],但不具有惩罚或纪律处分的性质,而是构成一种措施,旨在消除对公证业务正常运作的任何障碍,结束不适法的状态[70]。

因此,司法实践中以下情况不应当适用免职:

①在免职措施相关的程序开始前或期间,引起免职的原因不再存在。

②适用免职的不相容状况是否因公证人放弃行使公证人职责而消失。

③公证人缺席超过2个月以上的办公室已被取消[71]。

根据《公证法》第33条,被免职的公证人(不同于根据第30条第1款任命失

---

[67] 见 FALZONE e ALIBRANDI, voce *Dispensa dall'esercizio del notariato*, in *Diz. enc. not.*, II, p. 121 e ss.

[68] 参见 CNN Studi, *Dispensa per rinunzia*, *Individuazione del momento in cui il notaio cessa dall'esercizio notarile*, VIII, 1972, p. 97 e ss.

[69] Cons. Stato, 4 luglio 1956, n. 725, in *Vita not.*, 1957, p. 147; Conf. Cons. Stato 25 ottobre 1977, ivi, 1978, p. 217, 据此,根据《公证法》第33条重新从事执业活动不应混淆于特别法规定的重新从事执业活动,如1944年7月20日第209号立法令,针对因政治或种族原因被豁免职责的公证人,以及1951年1月3日第4号法令,针对因根据1939年8月21日第1241号法令失去意大利公民资格,并根据1948年2月2日第23号法令重新获得国籍的公证人宣布他们不适格。

[70] 见 FALZONE e ALIBRANDI, voce *Rimozione dall'esercizio notarile*, in *Diz. enc. not.*, III, p. 651.

[71] Cass. 25 ottobre 1926, in GIANFELICE e TRECCO, *op. cit.*, n. 4467; App. Torino 24 febbraio 1916, ivi, n. 4463; App. Milano 13 marzo 1934, *ivi*, n. 4648; Cons. Stato, Sez. IV, 27 ottobre 1970, n. 740, in *Sett. giur.*, 1970, 1, p. 603.

效的公证人和因弃权而豁免的公证人），可以根据内阁会对该条款的解释被允许重新从事公证职业，其前提条件是导致免职或豁免的事由已经消灭，并且他们重新通过了竞聘考试[72]。

④撤职：这是最严重的纪律处分，因此我们将专章论述（见第十章）。

⑤最后，一个终止的特殊原因就是死亡（在执业期间）。在这种情况下，根据《公证法》，收到公证人死亡声明的户籍官员必须立即通知公证委员会以及地方法官（《公证法》第 38 条）。公证人的继承人和公证文书持有人必须在公证人死亡 10 日内通知地方法官，后者必须安排存放印章（参见《公证法》第 39 条和第 41 条）。

在将某些预审职能移交给档案管理部门之后，1998 年 2 月 19 日第 51 号立法令以管区公证档案馆馆长取代了地方法官，并因此修改了《公证法》第 38、39 条以及第 107 条（第 233 条）。

2. 以下是暂停执业的情形：

（1）暂时剥夺执业权（这显然与意大利《民法典》第 414 条及以下条款规定的制度完全不同，如上所述，这是豁免的原因）：可以是选择性的，也可以由法律规定的。

当公证人由于神经衰弱或暂时性疾病而无法履行公证人职责时，可以禁止公证人在一定期限内执业，但不得超过 1 年（《公证法》第 31 条）。如果疾病是持续的，如上所述，则会适用豁免履行公证职责。

当公证人的保证金由于被执行（或出于任何其他原因，保证金已经缺乏、减少或变得不足），公证委员会可以要求公证人在不超过 90 天的期限内补足保证金的全部或部分（《公证法》第 36 条）。在整个期限内，不能临时剥夺公证人的执业权。

因此，公证人不再被法律禁止行使公证人的权利（《公证法》第 36 条第 2款），除非其并未补足保证金：

①在公证委员会限定给公证人不超过 90 天的期限内，公证人没有履行提交全部或部分额外保证金的义务，而保证金的执行行为已经开始；

②公证人的保证金由于执行程序而实际缺乏或减少。

暂时剥夺执业权具有行政措施的性质[73]，尽管民事法庭有权发布，且其程序与纪律程序相同。

（2）取消资格（这也与意大利《民法典》第 414 条及以下条款规定的制度不同）：它可以是自由裁量的，也可以由法律明确规定。

---

[72] 参见 sentenze *ult. cit.* e FALZONE e ALIBRANDI, *op. ult. cit.*, p. 652.

[73] 见 FALZONE e ALIBRANDI, voce *Interdizione del Notaio*, in *Diz. enc. not.*, II, p. 689.

以下法定情形下,公证人不能依法履行职责(《公证法》第 139 条):

①已对其发布逮捕令;

②可能因《公证法》第 5 条第 3 项规定的罪行定罪,但该判决尚未成为终审判决(当判决定案时,公证人将被依法撤职);

③因判决或尚未最终确定的制裁被撤职;

④因任何其他罪行被判处限制自由刑并正在服刑(如前所述,如果这种情况持续 1 年以上,则公证人将被撤职);

⑤检察官主张终止公证执业(《公证法》第 34 条最后一款)[74]。

公证人在以下情况下可能被暂时取消行使其职能的资格(《公证法》第 140 条):

①因可能被撤职的公证违法行为而被提起诉讼;

②因《公证法》第 5 条第 3 项所述的任何罪行(可处 6 年以上刑罚的预谋犯罪)而被提起(刑事)诉讼;

③因任何其他罪行被判有罪,刑罚虽未确定,但不少于 3 个月的限制自由刑。

对于取消公证执业资格措施的决定权,并没有达成一致意见,最广泛接受的观点是归属于以下主体:

①处理与取消执业资格申请有关诉讼的刑事法官;

②对可被撤职的公证违法行为启动(纪律处分)程序的民事法官(《公证法》第 140 条);

③前文提及的《公证法》第 34 条最后一款规定情形中的检察官[75]。

根据通说观点,取消资格具有临时预防措施的特征,旨在挽救公证职能的权威和声望,这种临时措施注定会被撤销或被最终的纪律处分措施所取代。

---

[74] 关于《公证法》第 34 条和第 140 条之间的矛盾,在 2006 年第 249 号立法令实施改革之前,参见 FALZONE e ALIBRANDI, Voce *Inabilitazione del Notaio*, in *Diz. enc. not.*, II, p. 647 e ss. 事实上,从《公证法》第 34 条最后一款(旧文本)的字面意思来看,显然,检察官根据《公证法》第 30 条第 2 款(其中包括撤职)提出的启动最终停止执业程序的请求,使得取消执业资格得到认定,而不需要另外宣布;另外,《公证法》第 140 条规定,因可被撤职的公证违法行为而被提起诉讼的公证人,"可以"取消其执业资格。如果认为《公证法》第 34 条最后一款的规则适用于检察官提起请求以最终停止公证执业的所有案件,那么冲突就会得到解决,而撤职则适用《公证法》第 140 条的规定(Cass, 13 ottobre 1998, n. 10133, in *Giust. civ.*, 1999, p. 2130; Cass. pen. 4 luglio 1975 Sez. V, in *Cass. pen. Mass.* 1976, p. 1363 e Cass. 25 luglio 1983, n. 3108, in *Vita not.*, 1984, p. 506,据此,用剥夺自由的措施取代保释措施,只导致前者被削弱,使发出命令所依据的指控没有实质改变),见 FALZONE e ALIBRANDI, *op. ult. cit.*, p. 648 e giurisprudenza *ivi* citata.

[75] 关于刑事法院管辖权参见:Cass. 4 marzo 1942, in *Giur. it.*, 1943, 1, 1, p. 71; Cass. 11 luglio 1955, in *Giust. pen.*, 1955, III, p. 550; Cass. 10 novembre 1960, in *Vita not.*, 1961, p.544; Cass., S.U., 7 luglio 1962, in *Rep. Giust. civ.*, 1963, II, p.2236;民事法院管辖权参见:Cass. 8 giugno 1961, in *Riv. not.*, 1961, p. 504;《公证法》第 34 条最后一款检察官职权参见:Cass. 14 novembre 1960, in Riv. pen., 1961, II, p. 133; Cass. 24 maggio 1960, in *Foro it. Rep.*, 1961, voce *Notaro*, n. 56; Cass. 23 gennaio 1961, in Arch. pen., 1961, II, p. 197; Cass., S.U., 7 luglio 1962 sopra *cit.*

因此,作为一种预防措施而不是纪律措施,当适用条件不复存在时它就会失去效力。是否重新行使公证职能应该按照《公证条例》第 263 条进行判断。该条审查是否允许重新开展执业活动,只有在取消资格的理由仍然存在的情况下,才能阻止公证人重新执业[76]。

与学说和司法实践主流观点认定制度的性质相一致,2006 年第 248 号立法令带来的改革废除了《公证法》规定的取消资格(《公证法》第 35 条),以"预防性停职"制度取而代之(经修订后的第 35 条第 2 款)。在下列情况下,可以宣告预防性停职:

①被主张永久地终止公证执业(显然是在纪律处分程序中)(第 34 条第 3 款);

②公证人未能履行向公证档案馆提交最近两年制作的文书、登记表和目录表的义务,以确保其接受每两年一次的检查(第 128 条第 2 款);

③在第 128 条之六规定的情况下:

——如果发现有与履行公证职责不相符的违背公证纪律的事实发生;

——需要制止的非法行为;

——被判犯有第 142 条之二规定的罪行(也就是《公证法》第 5 条第 1 款第 3 项所述罪行),但判决尚未生效;

——撤职的措施尚未最终确定的公证人;

——对被羁押、监禁、拘留或正在执行限制人身自由刑罚的公证人(在这种情况下必须暂停执业)。

法律规定了可以撤销预先停职的情况。在任何情况下,即使时间并非连续,预先停职的时间总计不能超过 5 年。

(3)停职:这是一种典型的纪律处分,因此我们将在下文中讨论(见第十章)。

(4)服兵役:公证人离开居住地的时间超过了根据《公证法》第 26 条获得许可的期限,被认为是暂时停止公证执业的原因(《公证法》第 30 条明确规定,一旦兵役结束,公证人有权获准在其以前的岗位重新开展公证执业)。

一般认为,如果在该管区服兵役,公证人不能被视为不在本管区,甚至不应被视为暂时停止执业[77]。

随着义务兵役制的废除,这种情况不会再出现,但在自愿服兵役的情况下可能存在。

---

[76] Cass. 13 ottobre 1998, n. 10133, in *Giust. civ.*, 1999, p. 2130 e ss.

[77] 关于这个问题,见 FALZONE e ALIBRANDI, voce *Servizio militare prestato dal notaio*, in *Diz. enc. not.*, III, p. 742 e ss.,2001 年 5 月 8 日第 215 号立法令规定,通过用志愿服役以及民防人员逐步取代义务兵役制人员,将军事手段逐步向专业化迈进。

第四章 公证机构

第一节 公证机构的历史形态及其特点

在拿破仑立法之前,意大利的公证组织是在有限的领土面积上发展起来的,与城邦国和小国的政治体制有关①。

为了遏制公证人可能发生的权利滥用行为,同时捍卫公证人的权益,意大利很早就成立了专门的社团或行会,有时甚至与行使类似职能的行业相联合。例如,法官和公证人,律师、检察官和公证人的联合等②。

而在之前的西西里王国,腓特烈二世的《司法和公证人法令》确立了一个(新的)公证执业规则,适用于整个王国的公证文书和公文的制作。该法令废除了之前的程序规则,取而代之的是公证人和法官在契约上的双重签名,并增加了见证人签名的要求③。

在14—15世纪,意大利的大多数城市都有公证学院。其具有行业社团的性质,因为只有在学院注册的公证人才能在城市辖区范围内从事他们的职业。但它并不缺乏民主的特性,实际上,学院的负责人,即荣誉院长(Magnificus Dominus Prior),是由学院的所有公证人以匿名投票的方式选出,并且协助院长进行办公的成员也是由民主选举产生。

公证学院受法律法规调整,且这些法律法规使得公证规则成为一种固有法,一种作为共同法渊源的城邦法组成部分的固有法,以及相对于共同法本身的固有法④。

《拿破仑公证条例》废除了公证学院,并在意大利王国境内确立了统一的规则,即在每个行政区的首府的总档案馆设立一个"公证教育学院",从居住在档案

---

① 参见 MORELLO A., *L'organizzazione notarile in Italia*, in Atti del IX Congresso internazionale del notariato latino (Monaco, settembre 1967), correlatori DE LORENZI e SALVADORI, Savona, 1967, p. 31 e ss.; GIULIANI, *Le strutture organizzative del notariato nella società moderna*, Stresa, 1968.

② ANSELMI, *op. cit.*, p. 8, nota 2.

③ M. CARAVALE, *La legislazione del Regno di Sicilia sul notariato durante il Medio Evo in una storia del notariato medioevale*, Roma, 1982, p. 1 e ss.

④ 参见 PECORELLA, *op. cit.*, p. 19 e ss.

馆所在行政区的公证人中选出 4 名或者 8 名学院委员会委员,由档案馆馆长来担任主席。可以看到,这种改革是实质性的,因为各个"教育学院"不仅丧失了原公证学院的一些职能(监督公证人、纪律处分),而且其由一名政府官员主持,失去了以民主选举为基础的独立性和民主性特征。

在意大利国家统一和公证规则统一之后,其最终颁布了 1913 年的《公证法》和 1914 年的《公证条例》。目前,意大利的公证机构一直且主要受上述两部法律、法规所调整,并辅以随后颁布的一系列规定。其中包括一些对之前的部门规章的修订,另一些修订则涉及一些新机构,这些新机构原本并未明确属于《公证法》的调整范围⑤。

目前,我们可以将公证组织区分为"官方"组织和"非官方"组织:前者包括公证人协会及其下属各个委员会、国家公证委员会、国家公证基金会以及各地的公证学院;后者包括全国公证人会议、公证工会以及区际公证委员会⑥。

然而,不管这些公证组织是"官方"的还是"非官方"的,它们都体现了公证行业自我监管权责的存在。虽然它们的性质不同,展现形式也不同,但这些组织的存在使得公证行业能够适应专业组织团体自我约束这一现代发展趋势⑦。

现有公证组织的整个体制机制注定要创新,由政府来革新和协调全国公证委员会、各公证管区、各管区公证委员会以及各地公证档案馆。

第二节　公证人协会

目前的公证组织基本上都属于公证人协会的内部划分机构。

关于公证执业区域的问题是由 1924 年 12 月 28 日的 2124 号皇家法令重新确定,这使得《公证法》第 3 条被间接废除了。该法令的规定到目前为止,应当仍是有效的。根据该法令,在民事和刑事法院所在的每个地区,都应有 1 个公证人协会和 2 个公证委员会⑧。

如果指派到某地区的公证人少于 15 名,则该地区将根据国家元首的法令,与隶属于同一上诉法院的另一个相邻地区联合执业(所谓的执业区域合并)。在这

---

⑤　"Beurkundungsgesetz" 28 agosto 1969;"Bundesnotorenordnung" 24 febbraio 1961.

⑥　MORELLO A. , *op. cit.* , p. 140 e ss.

⑦　PROSPERETTI, *Lo sviluppo del diriuo del lavoro in relazione alle modificazioni della viua economica*, in *Studi in memoria di L. Barassi*, Milano, 1966, p.701 e ss. ; LEGA, *Le libere professioni intelleuuali nelle leggi e nella giurisprudenza*, Milano, 1974, p. 113.

⑧　上诉法院管辖范围也意味着公证人的执业范围,因为在这一范围之外接收文件是无效的,还将面临纪律处分。

种情况下,联合执业的两个地区将被视为 1 个公证管区,因此两地将只有 1 个公证人协会和 1 个公证委员会。

另外,如果在法院的管辖范围内,由于第 4 条所规定的公证人注册表的调整,公证人的岗位数量超过 14 个,则该地区的公证人协会和公证委员会将会成立(即所谓的执业区域的分离:《公证法》第 3 条)。

因此,公证人协会是由居住在该地区(或居住在前述联合区域)内的所有公证人组成的地区公证组织,其所在地即地方法院所在地(在联合区域的情况下,其所在地依照联合区域的法令来确定)。

从法律形态的角度来看,公证人协会可以被定义为强制性的行会社团。由于其基于公共利益而成立并被赋予对成员的一定权力,故而应被视为公益法人[9]。

按照当前大多数欧洲拉丁公证制度,公证人加入公证人协会是强制性,即在各个管区的公证委员会注册是他们进行合法有效执业行为的必要条件(《公证法》58 条第 1 款),而注册也标志着公证人加入了公证人协会[10]。

在被停职或暂停执业期间,公证人仍然属于公证人协会的会员,但不能参加协会的会议。

从公证人协会作为公益法人的性质来看,必须承认其在运作的监管和成员行为的纪律监督方面享有很大的自主权,且这一自主权是通过公证人大会和公证委员会来行使的。当然,这一自主权也受到其本身实体公共性质的限制(因此,公证人的常规监察由委员会主席或由他委托的委员以及当地作为公证档案馆负责人的国家官员来负责(第 129 条第 1 款 a 项)。在纪律问题上,在 2006 年 8 月 1 日立法法令第 249 号修正案出台之前,公证人协会只享有"警告和审查"的轻微制裁权,而对于最严重的制裁,其权限是属于法院的。国家对于所有公证委员会实行高度监管,司法部长在某些情况下(《公证法》第 95 条)有权解散公证委员会[11]。

公证人协会通过其下属的机构来行使职权:公证人协会会议和公证委员会。

公证人协会会议的主要规则是关于它们会议的召开和会议的功能。

公证人协会会议分为常规会议和非常规会议。

前者(常规会议)每年召开 1 次,必须在每年 2 月之前举行,以进行委员会委员的任命,讨论决算和预算以及批准协会的税务分级表(《公证法》第 85 条)。

在委员会认为必要时,随时可以召开非常规会议,或者应同一协会超 1/3 的

---

⑨　MORELLO A., *op. cit.*, p. 41.

⑩　*Zur erinnerung an IX Internationaler Kongress des Lateinischen Notariats* (Mun-chen und Salzburg, 1967), Monaco, 1973, p. 68. 例如,美国的制度则更为普遍化,公证人的加入和退出更为自由。

⑪　MORELLO A., *op. cit.*, p. 44.

公证人的请求,也可以召开非常规会议。

会议的召集由公证委员会主席以通知的方式做出。对于常规会议的召开,至少应在会议的 10 天前,便将会议的召开时间送达给每位公证人,并说明拟讨论的主题,但紧急且合理的情况下除外(《公证法》第 84 条)。

公证人协会会议由公证委员会的主席主持,而秘书处的工作则由委员会秘书负责(见下文)。如果该职位空缺,则由其他人代替他的职位(《公证法》第 86 条第 1 款)。

为了使会议的决议有效,第一次会议召开时必须至少一半(包含本数)的公证人参加;(第一次如果不足半数则需要召开第二次会议),第二次会议则无论出席人数为多少,会议决议都将有效。

决议须以出席的公证人的绝对多数票通过[12]:不允许他人出席代为投票。

公证人协会的作用主要是完成年度常规会议所明确要求讨论的内容。

一项特殊的限制是《公证法》第 84 条所规定的。根据该法条,在协会会议上不得讨论会议召集通知中未提到的主题以及与公证人行业利益无关的事项。

由 1978 年 6 月 10 日第 282 号法令第 1 条规定的法定税费、由各个行业法定主管机构审议确定的税费以及行业协会的会费(在公证行业即所谓的公证人协会会员税)通过纳税名册征收,具体参见综合法(T. U.)第 3 条关于直接税(个人所得税)的规定(1963 年 5 月 15 日第 858 号总统令)。

按照公证人协会与行政区合并计算的规则(按照 1924 年 12 月 28 日第 2124 号皇家法令修改的《公证法》第 3 条),即《公证法》第 4 条以及 2009 年 12 月 23 日的部长令,对公证人注册表的最新修订确定了每个区的公证人数量和住所地。按照该注册表的数据,全意大利公证人总数为 5312 人,分布在 94 个区的 1723 个公证机构。

1997 年 3 月 15 日第 59 号法令及相关条例(1997 年 11 月 10 日第 513 号总统令),涉及所谓的"数字签名"和相关"密钥",它规定法定的专门职业的名册及其法定代表人的公共密匙,由司法部长或其代表认证或公布(第 17 条)。

第三节　公证委员会

公证委员会是隶属于同一公证人协会的公证人基础组织。公证委员会的组

---

[12]　鉴于公证职能的性质,代理投票不被许可,除非法律有明确授权（CNN Studi, *Votazione per delega in seno al consiglio notarile*, II, 1965, p. 80 e s.）。

织机构、委员的任命、选举方法、会议的召开、委员会的职务和职能等方面都有细致的规定。

按照分配给各个公证人协会的公证人数量是否超过 30 名、50 名或 70 名,公证委员会相应地由 5 名、7 名、9 名或 11 名委员来组成(《公证法》第 87 条)。

委员从所在管区公证人中选举产生,任期 3 年,可连选连任,但每年需更新 1/3 的委员,并按照被任命公证人的年资来排序确定(如果出现同等资历的委员,则抽签来决定去留)(《公证法》第 88 条)。

三等亲之内的亲属和姻亲不能同时成为同一公证委员会的委员,如果出现同时被选举的情况,资历较浅的人将被排除(《公证法》第 87 条)。

选举以无记名投票方式进行。在第一轮投票中,适用绝对多数当选原则;在第二轮选举中,获得多票数的人即可以当选(如果发生平票,则资历更老的人当选,如果平票的人资历相当,则年长的当选)(《公证法》第 89 条)。

委员会会议由主席召集和主持。为了使会议决议有效,每次都需要过半数的委员参加,以避免召开第二次会议。票数超过出席者的半数则决议通过(如果出现平票,则以主席的投票为准)[13]。

公证委员会从其委员中选举出主席、秘书和财务,这些职务任期 3 年,并且他们仍然可以保留委员会委员的身份。主席和秘书必须从公证委员会所在地注册的公证人中选出,如果选举主席出现平票,则年龄更大者当选,如果选举秘书出现平票,则年龄更轻的当选。

公证委员会主席的职务非常重要,不管是对公证委员会内部还是对外方面,都赋予了他非常重要的权力,要求其承担非常重大的义务。

除上述召集、管理公证人协会会议和公证委员会会议外,主席的职责还包括下列几项:

(1)代表公证委员会接洽被授权接洽的第三方主体[14];

(2)约束管区内的每个公证人在规定的日期和时间亲自到事务所执业的义务;

(3)准予公证人最多 1 个月的休假,并在休假期限内任命公证人助理(来协助休假的公证人);

---

[13]　关于律师协会投票的经典案例参见 Cass. S. U. 24 novembre 2011, n. 24812, in *Giust. Civ.*, 2011, p. XXII。

[14]　为了识别一份文件是否属于委员会发布,需要查看其使用的特殊印章,一个是油墨印章,另一个是钢印。另外,文件中除了国徽以外,还需包含"某某公证委员"的信息。

（4）任命委派公证人（notaio delegato）以及按照委员会的决定任命（保管公证人）；

（5）亲自/单独委托或与管区公证档案馆负责人共同委托委员会委员对管区内公证人的公证文书进行常规检查；

（6）根据委员会决议（《公证法》第153条）启动实施惩戒的纪律程序。

秘书的主要任务是起草（协会、委员会）会议纪要；与主席共同签署委员会决议文件；发送和验证副本；和主席共同签署支付令；负责文件的保存、汇编，更新相关地区公证服务机构、实习公证人和执业公证人登记注册的数据表。

财务负责管理协会的经费和贵重物品，履行基金会的职能。其一方面负责收取协会和委员会的应收进项，另一方面负责履行支付出项的义务（须由主席和秘书共同签署）。

法律重点强调了公证委员会的专门公示方式，以便让监管机关能够了解公证委员会的组成、内部职务的担任情况以及委员会的运行状况。

特别是，如果公证委员会的职能因多数委员辞职而中止，则职能的行使将移交给民事法院院长或由其委派的法官。此外，如果委员会持续违反或不履行其职责，司法部长可在与当地上诉法院商议后下令解散该公证委员会。

公证委员会在当地公证人组织中的重要性体现在其职能的多样性和细致性方面。其中，大多数职能是法律明确规定的（《公证法》第93条），而为了公证行业专业水平的精进，未规定的地方也由委员会来补足和加强[15]。

法律规定的公证委员会的职能明确突出了公法另一种特殊从属关系，即，使公证人与公证委员会紧密联系在一起[16]。这些职能涉及对职业活动的监督、人事的管理、意见的听取、对启动纪律处分程序的审议、委员会的财务管理。很明显，这是一个很复杂的权力关系，使得公证委员会成为具有最大自主权的公证组织，而这一自主权的赋予离不开中世纪公证学院的历史传统。

尤其是：

（1）首先，公证委员会的职责是监督所在协会公证人和实习公证人的行为举止是否得体，监管他们的品行及职责的履行情况（《公证法》第93条第1款和第2款）。

在这里我们可以看到，属于公证委员会主席的权力（批准请假、监察）被强化了，不仅仅只是为了所谓的"操守"，更是为了提高执业效能。

就"效能"而言，我们可以看到批准1~3个月或1年以上假期的权力被赋予

---

⑮　CNN Studi, *Attribuzioni dei consigli notarili*, cit., p. 14 e ss.

⑯　LEGA, *op. cit.*, p. 209.

给了公证委员会(见上文),并且上诉法院院长在规定当地公证人在事务所提供服务的天数和时长之前,必须先听取公证委员会的意见。

从"行为举止"的方面,通过监督公证人和实习公证人在私人领域和公共领域的行为,公证委员会获得了职业道德监管的相应权力(参见《公证法》第147条),并进一步取得适用纪律处分程序的启动权力。

如果我们仔细考虑,这项职权的特别之处在于它特殊的调解功能,公证委员会可以依申请进行干预解决公证人之间或公证人与第三人之间的矛盾。

这是一项非强制性的职能,因为上述当事人可以(但不是必须)请求公证委员会作为友好调解人的身份参与进来。这项调解活动通过笔录的方式来呈现,如果双方最后都在笔录上签字,则该笔录发生私人文书的效力。

一般认为公证人助理与被辅助的公证人之间、委派公证人与被代理公证人之间、公证人协会与协会会员之间的纠纷均属于本法管辖范围。

(2)公证委员会每年都会对执业公证人和实习公证人的工作进行造册和核查(《公证法》第93条第4款)。除了公证人执业的注册,公证委员会还需在公证人出现执业变动、暂停执业和终止执业等情况时不断更新注册文件。

此外,作为专门负责为执业活动建立名录、注册表和清单的机构之一,公证委员会必须将申请注册、变更和注销等有关的数据和信息传达给税务登记部门(也包括那些不需要主动申请的数据信息,例如因达到年龄上限的公证人的注销登记)。其可以通过在(意大利共和国)司法部《官方公报(G. U.)》专栏中发布,或者在有影响力的媒体上刊载这些信息,又或者直接通过远程信息处理链接,上传至经济与财政部信息系统[17]。

(3)公证委员会还需根据主管部门的要求,对公证相关事项发表意见(《公证法》第93条第3款)[18]。

经研究发现[19],自国家公证委员会成立后,目前这一职能的行使较为有限,主要还是在国家层面发挥作用。

当然,可以相信,除了向国家公证委员会更为翔实地反映各地公证机构的问题这一价值之外,上述规定注定会随着地方(大区)立法的发展而变得越来越重要。

(4)可以注意到,在2006年249号立法法令修订之前,警告和审查的纪律处

---

⑰　D. m. 17 settembre 1999, n. 58148, in *Riv. leg. fisc.*, 1999, p. 1599 e ss.

⑱　由于性质及监管源头也不同,根据《民法典》第2233条,公证委员会关于专业服务费用的意见,如果由于法律规定不明确或习惯无法确定,则必须由法官确定。

⑲　MORELLO A., *op. cit.*, p. 68.

分权是属于公证委员会的[20]。

但是,如果必须对公证委员会委员实施此类处分,则该权限将移交给民事法院院长。

(5)公证委员会履行的财务职能涉及日常收入的取得和管理。日常收入的构成如下:

一部分是从公证收费中预先收取的公证委员会会费,这是作为公证人或他人为了其利益申请公证委员会展开工作的经费(包括公证人注册、实习公证人注册、公证书副本、摘录、公证证书、调解书、公证意见);另一部分来自公证人支付的罚金和捐赠。

所谓的委员会会费,由常规公证人大会按照每个公证人上一年收取或认证的公证文书费用总额的百分比来确定(《公证法》第93条第1款)[21]。为收取这笔费用,委员会财务人员可以启动为征收税款、罚款而设置的特别程序。

委员会在每年年初从财务主管那里收到上一年的最终余额,并形成下一年的预算,提交给公证人协会批准(《公证法》第93条第6款)。

公证委员会因全体或部分委员辞职而无法行使职权的情况下,根据法律规定(《公证法》第92条:为保证委员会决议的有效性,必须有过半数委员出席),委员会的职权由民事法院院长或由其授权的法官行使(《公证法》第95条)。在新的委员会组成之前,该法官的职权行使将持续3个月,如有必要,司法部长可以决定再延长3个月。在上述期限内,将仍然按《公证法》第89条规定的方式对新的委员进行投票,并由民事法院院长或其委派的法官负责新委员的选举、召集工作并组成新委员会(《公证法》第95条)。

(6)最后,委员会应最晚于2007年2月28日前根据2003年196号法令第20条和第21条处理之前的敏感信息和司法数据(见2006年7月20日的《关于隐私保护的决定》)。

《职业道德守则》(*Codice Deontologico*,见下文)将一系列新的(或者说是更为精确的)义务附加于公证委员会,主要有以下几点:

---

[20] 与公共行政部门对其雇员的纪律处分相比,这一纪律处分权有其自身的特点。因为在评估专业人员的过失时,专业机构除了特别法律设定的标准外,还必须考虑到职业道德的标准。

通过行使纪律权力,这些机构不仅维护自己的利益(维护职业的礼仪、荣誉和利益),而且还需维护国家的利益。相对于对职业道德的保护和尊重,国家的利益并非无关紧要。这既是因为某些专业活动对于实现公共秩序的目的而言是必不可少的,也是因为基于各种原因,专业人员履行的职能与公共秩序密切相关(参见 CNN Studi, *Potere disciplinare sui notai*, 1967, p. 3 e ss.)。

[21] 该税费过去和现在都固定在最低10里拉(今天等于0.005欧元)。《公证法》第14条废止了税费的上限(100里拉)。根据档案保管员必须向公证委员会提供报告副本的清单,费用必须根据获得的收益按比例分配给该地区所有公证人。

①在涉及重大公共利益或者与其他公共团体组织、类似性质的机构进行较大金额事项的讨论时,公证委员会享有基于相关公共利益与其他实体利益达成协议的直接权利。在公证人不能执业时,可以在本管区内任命和分配公证人岗位的权利(《职业道德守则》第 35 条)。

②在机动车业务领域,有义务在管区范围内推进相关文书的制作及接收,也可以通过设立单一的办公室或协会,组织由其他机构或中介参与的汽车交易活动(《职业道德守则》第 54 条),但在任何情况下都必须有一名或多名公证人"在现场"。

第四节　国家公证委员会

1949 年 8 月 3 日第 577 号法令规定在罗马建立意大利国家公证委员会。这是一个社团组织性质的机构,从正在执业的公证人中选出 20 名委员组成,任期为 3 年。

选举在任期最后一年的 2 月份之前先由各个公证人协会(它实际上扮演着投票站的角色)举行,他们的选举同样适用各地公证委员会委员的选举规则。

为了开展选举,整个国家被分为多个管区,每个管区选举 1~2 名委员[②]。

每个公证人都有权在其管区投票选举国家公证委员会委员。在每个管区内,获得了相对多数的选票候选人当选(如果出现平局,则以执业资历更老的候选人当选)。

投票结果会立即上报司法部。在经过合法性审查过后,便可宣布当选者并在《意大利共和国官方公报》以及《司法部官方公报》上公布他们的名单。

在选举后的第一次委员会会议上,委员会任命主席和副主席。

主席(在其缺席或有其他阻却事由时由副主席主持)有权代表委员会召集、领导委员会会议并执行会议决议。特别是在特别严重和紧急的情况下,主席有权代替委员会行使权力,并在下一次会议上向委员会报告。

国家公证委员会通常每月召开 1 次会议,每次会议的召开须由主席召集或至少 1/3 委员的申请。为了保障会议决议的有效性,需要至少过半数委员出席会议。

全国公证委员会的建立,是公证行业致力于在国家层面上建立一个组织机构

---

② 1949 年第 577 号文件(由 1991 年 6 月 27 日第 220 号文件内容取代)所附表格中所列地区,在地域上与上诉法院的辖区大体一致。但是,皮埃蒙特和瓦莱达奥斯塔、伦巴第、威尼托、特伦蒂诺-上阿迪杰和弗留利威尼斯朱利亚、拉齐奥和西西里岛地区有两名委员,利古里亚、艾米利亚-罗马涅、托斯卡纳、撒丁岛、马尔凯和翁布里亚、坎帕尼亚(不包括萨勒诺上诉法院)、阿布鲁佐和莫利塞、普利亚和巴西利卡塔(包括萨勒诺上诉法院)和卡拉布里亚地区只有 1 名委员。

的结果㉓,但由于这个组织机构的独特性,除了与现有公证机构脱离带来的已知的、不可否认的缺陷外,在确定其性质和准确规范其职能方面都产生了复杂的问题。

可以达成共识的是,这个问题的根源在立法上。并不是说没有立法,我们并不缺乏关于它的一般性规定,但其含义总是泛述性的,这当然无助于解决根本问题㉔。学界对国家公证委员会关注较少,缺乏严格的教义学解释标准,或者局限于给这个组织机构一个正式描述,或者局限于立法者对这个组织机构的纯粹的政治评价。

就国家公证委员会的法律性质而言,虽然各个地方公证人协会都希望将其定性为具有法人资格的公权力机关,但在学界看来,将其定性为行业组织的观点似乎更令人信服。因为它缺乏明确的法人资格,但仍然具有公法性质。相较于独立的公证人、各地的公证人协会以及各地公证委员会,国家公证委员会具有其自主的地位。早在法西斯时期(当时废除了各地的公证委员会),公证人的全国行业公会便被认可了,直到最近的制度改革后又被重新确立起来㉕。

根据《意大利组织机构法》,以下职能委托给国家公证委员会(1949 年第 577 号法令第 2 条及其立法解释):

(1)应司法部的要求,就有关公证人的组织和任何其他关乎公证职业的法规(草案)发表意见;

(2)向司法部或其他主管部门提交与公证人或公证活动有关的建议;

㉓ 参见 MARANO, *Sulla natura e sulle funzioni del Consiglio nazionale del notariato*, in *Scritti giuridici in onore del notaio prof. Vincenzo Baratta*, cit., p. 175 e ss.

更早的论述可参见 MICHELOZZI, *la fondazione di una Accademia di legislazione notarile*, in *Mon. not.*, 1881, p. 31 e ss., p. 255 e ss.

自意大利统一之初,人们就感到需要建立国家公证代表组织,从而产生了一系列该类型机构的创建。例如"意大利公证基金会"(那不勒斯,1904 年)、"常设公证中央委员会"(罗马 1909 年)、新的"意大利公证联合会"(罗马,1918 年)和"意大利公证联盟"(米兰,1922 年),这些机构都是短暂存在的,而新的"意大利公证联合会"于 1929 年合并为"法西斯国家公证人工会",并于 1938 年被政府承认。随着法西斯统治的结束,对代表机构的需求又立即浮出水面,经过一系列倡议和尝试,意大利最终出台了建立当前全国公证委员会的法律(GIBBONI, voce *Consiglio nazionale del notariato*, in FALZONE e ALBRANDI, *Diz. enc. not.*, v. Roma, 2002, p. 131 e ss)。

㉔ 最初该法律仅有 15 个条款。

㉕ MARANO, *op. cit.*, p.181;MoRELLo A., *op. cit.*, p. 92. 就主体的法律性质而言,国家委员会是否具有法人资格并不是确定性的。毫无疑问,该委员会与任何"不被承认"的社团一样,无论是私人的还是公共的,都具有法律主体性。关于后者的主观性见 RUBINO, *Le associazioni non riconosciute*, Milano, 1951, p. 79; COLAPIETRO, *Enti senza personalta giuridica*, in *Riv. Not.*, 1970, p. 1 e ss.; ID., *Ancora sugi keni senaa personalita giuridica*, ibidem, 1979, p. 19 e ss.; Cass, 15 novembre 1976, n. 4252, ibidem, 1977, p. 594 e ss.

（3）收集、整理公证委员会或公证人提出的与公证或公证活动有关的建议；

（4）采取和推动与公证人及其机构相关的研究，包括公证社会救济和公证法律援助的研究；

（5）维护公证人行业的利益；

（6）制定《公证行业职业道德守则》。

关于国家公证委员会职能的确定，如果它突出了国家公证委员会在制度上必须与公证行业相关主体（包括对内和对外的主体：司法部、国家公证基金会、各地公证委员会以及各个公证人）保持的必要联系，那么反而受限于这些主体本身职能的有效范围。

因此，关于国家公证委员会的决策咨询职能，它一方面体现在满足公证行业的民主要求上，也即，使国家行政和立法机关了解该行业的需求和设想；另一方面是技术上的要求，也即，使用公证领域的法技术手段来制定涉及该行业的规范，以便适用于公证行业和与其相关领域[26]。然而，由于法律赋予司法部的自由裁量权以及国家公证委员会提交建议的非强制性，即使在与公证人直接相关的事项上，该职能的实际效用也受到了很大的限制。

类似的情况还体现在国家公证委员会的主动建议职能上。国家公证委员会可以向司法部以及其他任何一个国家机关提出建议：一方面，这些国家机关似乎确实受到国家公证委员会针对公证活动相关事项所反映意见的约束；但从另一方面来看，它只是督促了这些机关去颁布一些措施或者为这些措施的内容提供了一些建议[27]。

国家公证委员会对公证行业的社会保障和援助的职能则更加明确。一方面是因为针对公证人及其机构的建议案中明确提及了这方面内容，另一方面是因为这个问题本身便属于公证人利益保护的范畴，其中也包括公证人社会保障和援助的各种形式。在国家公证委员会和国家公证基金会明确分离之后，国家公证委员会也不再保留任命国家公证基金会管理人员的权力。

各地的公证委员会及其所属公证人在公证及其相关活动中的协作也非常重要，尤其是在深入研究公证人相关的文化和学术性建议方面：第一，在重要政治平台上，推动对于那些必须在国家层面处理和解决的具有普遍性的问题达成统一意见；第二，可以通过各个研究中心的成果、公证领域的出版物以及通过参加全国性

㉖　在实践中，这一职能涉及所有法律领域，立法者在私法或商法以外的事项上也越来越多地对公证人提出质疑，从税收到城市规划再到货币，以及最近的"隐私权保护"和反洗钱，都可以清楚地看出。

㉗　SANDULLI, *Il procedimento amministrativo*, I, Milano, 1958, p. 153；ALESSI, *Sistema istituzionale del diritto amministrativo italiano*, Milano, 1960, p. 319.

或者国际性的会议,来达到公证委员会和公证人之间的协作㉘。

然而,最细致和最全面的职能仍然是"公证行业利益的保护"。其主要体现在两个紧密联系的方面,即这一职能的具体运行以及可能涉及公证行业利益保护时的代表权。

至于上述职能的具体运行,可以认为,在国家公证委员会不得不采取此种"保护"之时,不应限定"保护"的范畴,委员会应当被允许使用所有能够实现效果的方法、程序和各种适法行为,只要它们符合合法性标准即可㉙。然而,很难想象,此种功能与其他功能之间会产生分离甚至产生可能的对立。

但该职能的具体运行与最重大问题的解决发生了不可避免的冲突,即国家公证委员会的"代表权"问题。

根据最有说服力的论点,民法的代表制度不可适用于国家公证委员会。首先是因为缺少其结构要素(以他人名义发表声明并对他人的财产产生一定的法律效力);其次,因为国家公证委员会的委员虽然是由其所在选区的公证人选举产生,但并未获得授权使用该管区全体公证人的名义,而是以其自己的名义参会、讨论、投票和决定国家公证委员会的方向;最后,因为形成选举区的唯一目的是代表该行业的愿景,而不是各个公证人的意图㉚。

因此,只有在将这种代表权理解为利益代表的情况下,才能确认国家公证委员会的机构性质,才能在国家层面上有资格代表公证人群体。虽然该机构在学界还没有形成它自身完备的教义体系,但它注定具有重大的法律意义,比如"让公证人与其他个人、其他团体或组织的需求、利益关联起来,通过使他们能够最大限度地达成一致的方式,来促使公证人与他们和谐共赢"㉛。

1991 年 6 月 27 日第 220 号法令批准了国家公证委员会和国家公证基金会的完全分离,并在国家公证委员会的性质方面对之前的规定作了修正,将其定义为行业的专业机构,且选举委员会成员的区域增加到 20 个。该法令修正的相关内容还包括:

㉘ MORELLO A., *op. cit.*, p. 99. 关于协调职能处理的关系,尤其是国家公证委员会、司法部、国家公证基金会(特别是在基金与委员会分离之前)和公证委员会之间的关系,见 MARANO, *op. cit.*, p. 201 e ss.

㉙ MARANO, *op. cit.*, p. 205.

㉚ 在这方面,具体参见 CEMMI 关于推进区域法案的报告。该报告载于参议院立法会第 1267 号文件,后来转化为 1956 年第 58 号法令。

国家委员会的成立并没有改变地区公证人协会及其机构(公证委员会)在各自职权范围内的代表权。

㉛ MIELE, voce *Collegio amministrativo*, in NssDI, III, p. 72; MARANO, *op. cit.*, p. 199; COLAVITTI, *Rappresentanza e interessi organizzati. Contributo allo studio dei rapporti tra rappresentanza politica e rappresentanza di interessi*, Milano, 2005.

(1)成立执行委员会。执行委员会由主席、副主席、秘书和从委员会委员中投票选出的4名成员组成,其负责编制预算和决算,并提交给国家公证委员会批准,还负责国家公证委员会人事关系的管理,在紧急情况下无须经国家公证委员会批准而行使委员会的权力,以及行使国家公证委员会委托的其他任何职能;

(2)设立审计委员会。审计委员会受托对国家公证委员会的管理层进行审计。其由1名正式审计师和1名助理审计师组成,任期3年,两人连任不得超过两届。每个公证人都有权在投票选举各自大区的3个委员的同一场选举中,投票选举属于各自管区的审计师;

(3)公证人必须向国家公证委员会缴纳保证其运作的会费。国家公证委员会在每年10月31日之前确定下一年度缴纳会费的标准,其不能超过已登记应缴纳税费率表的2%(目前现行有效的规定是不超过4%)。这些收入与通过地区公证档案馆向国家公证基金会缴纳的款项是一起收集的,但无论如何都要将其与国家公证委员会根据2006年5月4日第182号法令(第3条)授权确定和收取的关于民事责任保险的款项进行区分(见下文);

(4)国家公证委员会负责制定《职业道德守则》;

(5)各管区公证委员会对《职业道德守则》的实施进行监督,采取所有适当的举措来保障该守则的适用(第93条之三)。

《国家公证委员会及其执行委员会管理规定》于1992年5月8日由国家公证委员会大会的决议通过。

国家公证委员会于2004年9月10日批准设立一个在国家层面运作的调解办公室(根据2003年1月17日第5号法令第38条的规定设立,该法被2004年2月6日第37号法令修正并补充),该办公室为调解公司法、金融中介、银行和信贷相关的事务而设立(根据2004年7月23日第222及223号司法部部长令,银行及信贷业务被纳入该调解办公室管辖)[32]。

但是,涉及《公司法》的"ADR(替代性争议解决方式)"的国家登记簿"执照"暂时还未实现。

政府被授权制定国家公证委员会、各地区公证委员会、公证管区和公证档案馆管理条例的修订和调整(2005年第246号公证法令第7条第1款b项)。

最后,国家公证委员会对公证人履行其职责而出具的签名进行认证(依据1949年8月3日第577号法令第2条第1款以及2010年7月2日第110号立法法令第1条第3款)。

---

[32] CUOMO ULLOA, *La nuova conciliazione societaria*, in *Riv. trim. dir. proc. civ.*, 2004, p. 1035 e ss.

第五节　国家公证基金会

位于首都罗马的国家公证基金会是最早的行业救济基金。基金会的相关规范由《组织法》来予以规定(1919 年 11 月 9 日第 2239 号皇家法令,该法令先后被 1923 年 5 月 27 日第 1324 号皇家法令、1925 年 4 月 17 日第 473 号法令及其之后的修正案修订[33])。

就其性质而言,国家公证基金会最初无疑是一个公益组织,它的这一性质在《组织法》(1919 年 11 月 9 日第 2239 号皇家法令)中得以明确[34],同时也能在国家各种形式的干预中得到确认,特别是在审查、管理和组织的制度设置等方面。

国家公证基金会实际上受国家监管。此外,由于它涉及各种形式的社会救济,它的运行还必须符合 1969 年 4 月 30 日第 153 号养老金和社会保障条例(修正案)的规定[35]。

国家公证基金会最初是委托给一个管理委员会来管理的(根据 1949 年第 577 号公证法令第 5 条,该法令还确定了国家公证委员会的成立),由司法部民事事务和自由职业司司长以及国家公证委员会选举的 6 名其他成员组成(同上法令第 2 条第 f 款)。

---

[33]　CREMONESI e PUJA, *La legislazione sulla Cassa nazionale del notariato*, Roma, 1974, p. 17; MERCANTINI, *La Cassa nazionale del notariato*, in *Riv. not.*, 1953, p. 563 e ss.; LOVATO, *Sulla Cassa nazionale del notariato*, *ivi*, 1963, p. 187 e ss.; MORELLO A., *op. cit.*, p. 107 e ss.; ID., *Qualche riflessione intorno alla Cassa nazionale del notariato*, in *Riv. not.*, 1979, p. 1392 e ss.

[34]　公证基金会作为设在罗马的"道德实体(ente morale)",其资格明确载于最早的立法的第 2 条。

[35]　在将基金转变为私法规定的法人资格机构之前,立法主要涉及资金使用计划。这些计划必须在有关财政年度汇报开始之日起 30 天内提交给劳动和社会保障部及其他监督当局,并由该部在收到后 60 天内经财政部以及预算和经济规划部同意批准。

这种批准对于法人的交易活动特别重要,因为它使该实体组织免于履行根据《民法典》第 17 条和 1850 年 6 月 5 日第 1037 号法令规定的授权程序(在废除这些规则之前)。这些规则是由 1997 年 5 月 15 日第 127 号法令第 13 条(由 2000 年 6 月 22 日第 192 号第 1 条取代)所规定的。

目前,基金会的可用资金在完成社会保障和救济工作后,除去管理费用,剩下的可以按照 1995 年 9 月 22 日部长令批准的规定来使用:

(1)购买政府或国家债券、抵押贷款债券;

(2)购买不动产,包括以替代不动产的股份形式购买;

(3)购买在国内外证券交易所上市的股票、债券或其他证券;

(4)发放以不动产抵押担保的贷款,贷款金额不超过抵押财产价值的 60%。该贷款可以发放给在岗执业公证人(《贷款发放条例》第 2 条);

(5)计息存款或信贷机构的其他用途;

(6)理事会规定的其他方式(第 65 条)。

国家公证基金会的工作内容在 1955 年 10 月 21 日司法部规定被予以明确。其具体包括：

（1）负责执业公证人补助津贴的发放㊱；

（2）负责退休公证人及其家属的退休待遇发放㊲；

（3）负责退休或执业公证人子女教育津贴的发放；

（4）负责基金会其他支出项㊳；

（5）向退休公证人及其应得到援助的家属发放福利津贴这一职能，同样适用于有严重情况和特殊情况的执业公证人㊴。

国家公证基金会通过其获得的资金来完成其机构任务，这些资金的来源包括公证人的强制性缴费和资产管理带来的营利性收益。

公证人在国家公证基金会的注册是强制性的，公证人的捐赠也被明确规定（1973 年 6 月 20 日的部长令和随后的修正案）：

（1）对于每份登记在目录表中的文书应缴纳的费用（不再分为普通费用和补充费用），在公证人提交案卷摘录时，其必须每月向公证档案馆支付。

目前，每份登记在目录表中不超过 37000 欧元的文书应纳税额的税率为 22%（2012 年第 265 号部长令第 5 条），超过这一数额的文书的应缴税率为 42%。

（2）从出具公证文书所获得的收益扣除税费之后的差额中抽缴；该费用与补充税一起由登记处收取，并在扣除 5% 的费用后支付给基金会。

（3）每份登记在目录表中的文书需缴纳 2 欧元捐款，与上述月费一起支付。

国家公证基金会经历了深刻的变化。首先是 1991 年 6 月 27 日第 220 号法令（与根据 1988 年 8 月 23 日第 400 号法令第 17 条发布的条例以及 1990 年 10 月 12 日第 317 号总统令相协调）将其列入 1975 年 3 月 20 日第 70 号法令附录中提到的公共机构，明确规定其在公证人队伍中开展公证人的福利、互助和团结活动，并对其宗旨和管理进行了大幅度创新。

按照 1994 年 6 月 30 日第 304 号法令第 1 条第 1 款的规定，基金理事会于 1994 年 11 月 9 日做出决议，公证国家基金会（之前的称谓）的性质自 1995 年 1 月

㊱　融合津贴的发放源于 1917 年 4 月 29 日第 879 号关于各协会公证人之间共同基金的规定，该规范后来转变为第 2239 号皇家法令和随后的第 1324 号皇家法令等国家层级的立法。目前，发放社会津贴是根据《社会保障和团结活动条例》第 4 条规定所确定的（CREMONESI e PUJA, *op. cit.*, p. 49）.

㊲　解雇津贴仍被视为退休金的一种特殊类别（CREMONESI e PUJA, *op. cit.*, p. 50）。

㊳　在这些其他支出中，必须保障国家公证委员会运作所需的费用（1949 年第 577 号法令第 12 条）。

㊴　在国家卫生服务改革之前，基金会在公证人生病时支付的缴款被视为 1955 年 10 月 21 日民事法院决议第 1 条所指的所谓一般援助特殊项目（1974 年 8 月 17 日第 386 号法令以及 1978 年 12 月 23 日第 833 号法令）。根据 1980 年 2 月 9 日部长令的规定，开始对 1960 年 7 月 1 日成立的基金健康管理的清算人进行任命。

1 日起,由此前的公法机构转变为社团机构,成为了一个私法上的法人㊵。

关于它的宗旨,新规在原有法律规定的基础上做出了更好的调整。此外,基金会可以在现有预算资金的范围内提供:

——如果首次任命的公证人有经济困难,为其设立办公室提供补助金;

——公证人(执业或已终止执业)子女的学习津贴;

——如果公证人(执业或已终止执业)的配偶和二等亲以内的亲属有经济困难,可为其提供补助;

——向在执业期间死亡的公证人的继承人提供不超过退休金的一次性补贴,但该公证人本就无法获得退休金的除外;

——向执业公证人提供贷款,用于购买、装修事务所或作为主要住所的房屋;

——支付作为公证委员会或其他公证机构场所的不动产的租金。

最近,根据监管部门批准的一项决议,决议第 5 条规定的援助任务已经扩展到在法律允许的范围内提供各种形式的健康保护,其中包括通过购买有利于成员、退休人员和受抚养家庭成员的年度或多年期保险㊶。

基金会的机构具体如下:

(1)全体大会。由全体会员组成,按单独选区分别选举代表大会成员和理事会成员;

(2)代表大会。由全体大会从各选区成员中选出的代表(同时选举出理事会成员)组成;6 名退休公证人以顾问身份列席,但没有投票权。它承担以下职责:表决对基金会章程的修改;对社会保障条例和缴费金额发表意见;批准资金预算和账目;根据监管部门的调查结果作出决定;确定理事会和领导委员会的薪酬数额;选择审计公司;任命监事会成员和增选退休公证人(顾问及理事);对理事会提交的事项发表意见;

(3)理事会。由 18 名成员组成,其中 15 名从执业公证人中选出,3 名从退休公证人中选出,遴选规则与全国公证委员会委员的遴选规则相同。事实上,自 1993 年以来,根据第 220/91 号法律的规定,基金会的管理一直委托给公证人,由该职业群体以民主方式进行;

(4)主席;

(5)执行委员会。由主席和从理事会成员中选出的 4 名成员组成;

㊵ *Raccolta delle Leggi e dei Regolamenti della Cassa Nazionale del Notariato dul 1919 al 1994* (*Cassa Nazionale del notariato*) , Roma, 1994, p. 516 e ss.

㊶ *REAZIONE SULL'ATTIVITA DELLA CASSA NAZIONALE DEL NOTARIATO*, in *Convegno Nazionale del Notariato* (Roma, 29-30 gennaio 1999) , Roma, 1999, p. 108.

（6）监事会。

与所有自由职业者的救济基金会一样，鉴于其公共性质，该基金会受到许多部门监管（司法部、劳动和社会保障部、财政部），由它们批准章程，修订关于缴款和福利的决议。基金会除了该职业的代表外，还有上述部委的代表、养老基金监督委员会、涉及公开招标的国家反贪机构（ANAC）等参与。

目前，公证人向基金会缴纳的在目录表中登记的文书的费用数额，由劳动和社会保障部与司法部部长、财政部部长商定后，根据理事会的建议，每四年确定一次。

上述费用，加上登记在册的每份文书0.10欧元的缴款，基金会管辖范围内由国内税务局（补充税）和公证人档案馆直接收取的款项（财产制裁，即以前的罚金），以及该组织在法律修订时已经拥有的动产和不动产（以及后来获得的财产）共同构成基金会的财产。

第六节　公证学院

在意大利，公证教育学院是公证组织的典型形式之一，是在大学毕业后，为学习公证知识并提升公证执业水平而设立的"理论+实践"教学培训中心。它是在一些公证人的倡议下形成和发展的，并取得了不同程度的成功[42]。

按照德奥拉齐-弗拉沃尼（D'ORAZI-FLAVONI）的夙愿，如今学院的组织工作应由公证委员会接管（至少在较大的中心城市应是这样的），并且得到国家公证委员会的认可。尽管是为了某些特定目的[43]，但它们仍然保留着私人协会的性质[44]。

---

[42]　ANSELMI, *Le scuole di notariato in Italia*, Viterbo, 1926; D'ORAZI FLAVONI, *Riflessioni su una scuola di notariato*, in *Scritti giuridici*, cit., II, p. 687 e ss.; CURTI PASINI, *La scuola di notariato《Federico Guasti》*, in *Riv. not.*, 1950, p. 310 e ss.; BENACCHIO, *La preparazione professionale al notariato*, Siracusa, 1961; GIULIANI, *Le scuole di notariato*, Roma, 1965, e in *Riv. not.*, 1965, p. 42; ID., *Le strutture organizzative del notariato*, cit., p. 14 e ss., 29 e ss.; MORELLO A., *Le scuole di notariato*, Genova, 1972.
　　现代公证学院的首创者是罗马"自由公证人学院"（1906年）的创始人ANSELMI。该学校最终仅运营了大约20年。不过，这一创办学院的创举于1945年在罗马恢复，由公证人D'ORAZI FLAVONI、GIULIANI、MIGLIORI和COLAPIETRO创立了名为"Anselmo Anselmi"的学校。

[43]　1976年第197号法令第3条规定，在公证人调岗竞聘中，在国家公证委员会认可的公证学院任教两年以上的情况应该作为重要考量因素。

[44]　这一组织的成员不仅包括公证人，还包括大学教授、治安法官和财政管理官员。
　　在大学设立的公证学校具有不同的性质。例如，根据1972年10月31日第1196号总统令，在帕尔马大学设立的附属于法学院的公证学院。

学院沿袭着中世纪公证人学院（Scholae di Notaria）⑮的某些特质。它们是《宪法》第 33 条规定的一部分，发挥着越来越重要和不可替代的作用。

公证学院的设立，对于克服《公证法》第 5 条所涉及的大学教育和公证实践中一直存在的众所周知的缺陷，具有决定性的作用与贡献⑯。其实现了两个目的，一个是直接目的，另一个是间接目的："使候选人能在良好的基础上应对考试，并创造出该行业可以信赖的专业人员，以促进其良性发展"⑰。

学院的课程越来越倾向于所谓的"理论+实践"的方法，摒弃了以前的纯实践或纯理论的方法。究其原因，只有通过解释和讨论如何和为什么，才能使公证人保护当事人的实践操作成为各项讨论的焦点，并根据特定规范及学说、判例中的解释，评估他们的利益，使其形成一种不固定的平衡关系。

这种方法是以公证法的存在为前提还是属于公证法的表现形式，这是一个由权威学者出于不同目的而争论的问题。目前，最普遍的观点是，它否认公证法属于一个自主的逻辑范畴和实践范畴，并断言公证法缺乏可以在法律一般理论层面上确定的基本原则，而是一个"拼图式"的组成，其元素可以被纳入各法律分支中，而这些分支正是学院教学的各项主题⑱。

---

⑮ 这一观点可见 MORELLO A., *op. ult. cit.*, p. 8 e ss.

关于中世纪的公证教育可见 PETRUCCI, *op. cit.*, p. 35 e ss.；ORLANDELLI, *Appunti sulla scuola bolognese di notariato del sec. XIII, per una edizione della 《Ars notarie》, di Salatiele, in Studi e memorie per la storia dell'Università di Bologna*, n. s., II, 1961.

更近的评述可见 MELBGARI, *Un provvedimento speciale del 1866 per la istituzione del 《Corso del Notariato》, nell'Università di Parma, in Studi Parmensi*, 1977, XIX, p. 35 e ss.

在博洛尼亚，在公证 1600 年前后，公证研究分为 3 门课程：第一门是契约研究，第二门是遗嘱行为，第三门是程序法（MORELLO A., *op. ult. cit.*, p. 17）。

⑯ 大学教育存在的缺点往往迫使学校需要作出相当大的努力，不仅要填补这种缺陷，而且常常要为这种补足准备大量基础工作，哪怕只是制度性的。而这是任何学校专业化的必要先决条件（观点见 D'ORAZI FLAVONI, *op. ult. cit.*, p. 691）。

关于公证实践方面可能存在的不足见 MORELLO A., *op. ult. cit.*, p. 50 e ss.；GIULIANI, *Le strutture organizzative del notariato, cit.*, p. 13 e p.37 e ss.

⑰ D'ORAZI FLAVONI, *op. ult. cit.*, p. 695.

⑱ 那些公开反对公证法成为一门独立的部门法的观点参见 CARNELUTTI, *Diritto o arte notarile?*, in *Vita not.*, 1954, p. 209 ss.；BARATTA, *Diritto e legislazione notarili, in Riv. not.*, 1954, p. 183 e ss.；GIULIANI, *Sull'esistenza del dirito notarile, ivi*, p. 188 e ss.；LIGUORI, *Evoluzione dei concetti, cit.*, p. 259 e ss.；SCIELLO, *Il 《diritto notarile》. Appunti e considerazioni, in Riv. not.*, 1954, p. 523 e ss.

支持独立成部门法的观点见 D'ORAZI FLAVONI, *La autonomia del diritto notarile, in Scritti giuridici,cit.*, II, Roma, 1965, p.701e ss.；DONA, *Elementi di diritto notarile*, Milano, 1933, p. 17 e ss.；SATTA, *Poesia e verità nella vita del notaio, in Soliloqui e colloqui di un giurista*, Padova, 1968, p. 548 e ss. e in *Riv. not.*,1955, p. 358, II,V；MORELLO A., *op. ult. cit.*, p. 49 e ss.；DETTI, *Scuola di notariato e diritto notarile, in Riv. not.*,1965, p.322 e ss.

然而，无论"公证法"的学科自主性问题的解决方案是什么，其教学独立性显然是必须的，且需要从积极意义层面加以解决。不可否认的是，尽管学校教学分为"法律分支"，在名义上是"官方"的（民法、公司法、继承法、合同法），但是公证教学必须由公证学院从公证人的角度来提出方案。因为公证教学不只是对大学生的一般教育，也不只是培养治安法官或律师。可以参考罗马"Anselmo Anselmi"公证学院的课程设置：(1)公证制度；(2)民法：人法与家庭法；自愿管辖；继承法；死因行为、债；物权；权利保护；公司；债券；破产；(3)税法；(4)其他公证事项（公共登记簿、土地登记簿、国际私法、民事诉讼程序等）。

值得回顾的是 ASQUINI 教授关于商法的观点:自治的前提是存在特殊的原则和这些原则可以填补法律体系空白的适当性[49]。

现行《公证学院条例》于 1991 年 4 月 11 日经国家公证委员会批准通过。其将学院定义为非营利性的大学后继续教育的专业机构,由行业机构管理,目的是培养有志于从事公证职业的人(意大利目前有 17 所公证学院)。

对于向公证委员会提出申请,并依照该条例规定开展活动的学院,公证委员会承认其具备完全的法律效力,并向学院拨付常规以及特别款项。

1997 年 5 月 15 日第 127 号法令所规定的机构则是不同于公证学院的机构。该法令规定在大学中设立法律专业学院,即法律系的所在地,这些学院可以为进入司法机构以及为获取律师和公证人的职业颁发 2 年的专业文凭(第 113 条和第 114 条)。获得这些文凭是参加法官任命考试的前提条件(1941 年 1 月 30 日第 28 号皇家法令及其后的修正案第 123 条之二第 5 款第 d 项)。针对律师和公证人职业的实践期要求,这段时间可以抵作 1 年的实践期(2001 年 12 月 11 日第 475 号部长令第 1 条)。

1999 年 12 月 21 日第 537 号部长令确定了建立和组织这些法律专业学院的标准,还规定其每年向员额法官、行政和会计司法官员、公证人及律师提供专业教育。即使是暂停执业或服务期未超过 5 年的上述主体都可以参加。

这一举措似乎具象成为大学教育改革的一种情形。正如德奥拉齐-弗拉沃尼(D'ORAZI FLAVONI)[50]早在 1952 年所提出的那样,在这一方面,公证学院可能构成了宝贵的"超前(ante litteram)"经验。

第七节　公证人工会

工会在公证领域,如同在其他更为普遍的自由职业一样,一直存在诸多争论。从其合法性的角度来看,尽管在某一历史时期国家的形成离不开这一组织的运转,这不在我们讨论之列,但宪法对这些机构的设置并没有相应的类别限制。其在必要性或实用性方面也存在争论,因为从制度上来说,保护这类人利益的责任应属于专业组织(行业协会和公证学院)[51]。

根据最为广泛接受的理论,自由职业领域的工会不仅不会有与专业机构相反的宗旨和活动,而且还会通过更有活力的行动来补充它们。利用罢工这一工具来解决问题,仍然没有解决工会与其他专业组织各自权限的划分。这对于自由职业

[49]　ASQUIN, *Dieci anni dopo l'abrogazione del Codice di commercio*, in *Riv. it. Scienze giur.*, 1951, p. 92.

[50]　*Riflessioni su una Scuola di Notariato*, cit., p. 459 e ss.

[51]　MORELLO A., *L'organizzazione*, cit., p. 145.

人群来说并不便利,对于公证人职业来说,由于公证人的双重身份,即自由职业者和公职人员,这一权限划分更加复杂[52]。

另外,较为奇怪的是,在公证行业却有着早期工会运动的历史起源。具有工会性质的意大利公证人联合会(1918 年)和具有合作、福利和文化以及工会性质的意大利公证人联盟(1922 年)也佐证了这一点。此外,国家公证基金会本身的起源也归功于坚实的工会运动[53]。

目前的工会包括退休公证人工会、全国公证人工会(Asso-notai)、卡塔尼亚省公证人工会、阿奎拉省和墨西拿区的公证人工会、西西里公证人工会、拉齐奥公证人工会和马尔凯公证人工会,其在一定程度上还包括意大利公证人联盟(UNI)。

各个地区都成立了许多公证人联盟。其中,1978 年 11 月 27 日在米兰成立的意大利公证人行业联合会(FEDERNOTAI)具有非常大的影响力。该联合会成立的最初目的是参与缔结第一份专业雇员劳动合同的谈判,后来涉及的职能范围更广,不仅有维护公证组织的目的,而且更为普遍的是确定和维护公证人的新角色。目前该联合会汇集了一半左右的执业公证人。意大利执业公证人协会(AIPN)通过其区域协调员在全国各地非常活跃,而理事会(创始成员)则设在塔兰托[54]。

第八节　全国大会

通常每年举行的全国大会也是公证组织的一部分,所有执业或退休的公证人都有权参加(大会条例第 1 条)。

大会的职能是讨论与公证制度有关的事项并进行表决(第 2 条规定)。

《公证人大会条例》由那不勒斯大会(1949 年)通过,随后经过多次修订,直到 2003 年巴里大会通过了最新的条例。

《全国公证人大会条例》修订中最重要的内容(现行有效)是排除了代表团的参加形式,为国家公证委员会保留了专属的组织权限,并规定必要费用在扣除与会者的注册费和第三方的所有捐款后,由国家公证委员会承担。

尽管全国公证人大会毫无疑问属于"非官方"机构,并产生了属于私法范畴的意思表示[55]。它们的重要性不仅来源于辩论所引起的兴趣和对主题的深入探讨,而且还源于它们构成公证界最具有广泛影响的集会这一事实。

区际委员会会议的目的和功能与全国大会的目的和功能相辅相成。前者由

---

[52]　MORELLO A. , *op. ult. cil.* , p. 146.

[53]　MORELLO A. , *op. ult. cit.* , p. 108 e ss.

[54]　这是公证人历史上第一个执业公证人协会(*Vita not.* , 2009, p. 633)。

[55]　MORELLO A. , *op. cit.* , p. 141.

阿尔巴,皮埃蒙特、利古里亚和伦巴第的公证人委员会组织,召集邻近地区的公证人就当前问题进行为期一天的讨论。区际委员会将几个地区的公证委员会主席聚集在一起,研究城中心与周边地区之间的组织问题,是各种公证改革项目所规定的区际委员会召开前的准备会议[56]。

近些年成立的且普遍发展的是地区委员会。尽管其不是在所有地区都设立,但它们是非官方的地区间公证组织。这一点在1968年10月19日提交给众议院的提案中已经以区际委员会的形式作了规定。它代表了分散研究公证需求的一种尝试。它们在各个公证学院和国家公证委员会之间履行交流联络的职能。各个地区的国家公证委员会委员有权成为其成员[57]。

迄今为止,已经成立了各种委员会,有些是地区性的,有些是跨地区的,如撒丁岛、三威尼斯岛、艾米利亚-罗马涅亚、坎帕尼亚、伦巴第、皮埃蒙特和瓦莱达奥斯塔、阿布鲁佐、拉齐奥-翁布里亚-撒丁岛的联合公证委员会。

第九节　国际拉丁公证联盟

国际拉丁公证联盟(U. I. N. L.)是一个具有国际性质的组织,意大利是该组织的成员。该机构最初是在阿根廷公证人主席何塞-内格里(Josè NEGRI)的倡议下,在第一届国际大会(布宜诺斯艾利斯,1948年)上设立的,然后转变(马德里,1950年)成为一个常设组织。该机构的总部设在布宜诺斯艾利斯[58],目前汇集了70多个国家加入。

该联盟主要追求以下目标:

(1)实现拉丁法系公证人的价值。公证人应被理解为一个创造者,而不仅仅是一个合同文件的证明者,因此要注意对这种职业的普遍保护。

(2)尽可能地统一文件的形式,研究易于适应不同法律体系的文书类型[59]。

(3)实施和协调全世界拉丁体系公证人在主要国际法律机构的合作。

---

⑤⑥　参见1968年10月19日提出的司法部改革草案(众议院第572号)。关于随后的法律制度改革见 *Riv. Not.* , 1964, p. 364 e ss., *ibidem*,1968, p. 1006 e ss. e, per i precedenti, *ibidem*,1961, fascicolo speciale, n. 2-3.

⑤⑦　见 CERASI, *Valenza e dimensione del Comitato Regionale Notarile*, in Notaro,1995,p. 37.

⑤⑧　CNN Studi, *Brevi cenni illustrativi sull'Unione internazionale del notariato latirto*, Roma, 1966.

⑤⑨　在统一文书形式领域取得的显着成就包括由欧盟批准的各种授权书的统一形式文本(一般委托书、房地产销售、抵押贷款、继承操作、银行业务)。见 *Riv. not.*,1968, p. 543 e ss.；AVANZINI, IBERATI E LOVATO, *Formulario degli atti notarili*, Torino, 2006, *Appendice*, p. 1145 e ss. 这些同一形式文本在奥地利、比利时、法国、英国、希腊、意大利、卢森堡、荷兰、葡萄牙、德国、西班牙、土耳其适用,并且以上述国家的语言在当地公布(Texte uniforme de procuration, edito a cura della U. I. N. L. -Commissione degli Affari Europei, dall'O. N. P. l. Buenos Aires)。

联盟的主要机构是国际拉丁公证人大会(至少每两年召开 1 次,可间隔至 3 年)、常设理事会和常设国际交流办公室(ONPI)。

为了研究个别国家公证行业的具体问题和信息互享,联盟内部成立了各种委员会。

联盟目前的章程是 1989 年 5 月 23 日和 25 日在阿姆斯特丹举行的成员国公证人大会批准的章程,相关条例是 1989 年 5 月 18 日在阿姆斯特丹举行的常设理事会批准的,目前规定了各大陆和洲际的委员会[60]。

---

⑩ 1. 大陆委员会:

(1)非洲事务委员会(CAAF);

(2)美国事务委员会(CAA);

(3)欧洲和地中海事务委员会(CAEM);

(4)欧盟事务委员会(CAUE)。

2. 洲际委员会:

(1)国际公证合作委员会(CCNI);

(2)咨询委员会(CC);

(3)青年公证人委员会(CJN);

(4)独立公证人委员会(CAI);

(5)公证人公共关系和形象委员会(CRPIN);

(6)信息和法律安全委员会(CISJ);

(7)主题和会议委员会(CTC);

(8)公证社会保障委员会(CSSN);

(9)公证道德委员会(CDN);

(10)人权委员会(CDH)。

第五章　公证行业和公证档案馆

第一节　公证档案馆

与公证活动特别相关的是公证档案馆的建立。自现行《职业法》颁布以来,档案的管理一直与公证制度规范化相关联①。

公证档案馆的主要功能是长期并持续确保《公证法》所规定的公证人自文书形成时起就具备的保管功能的实现(见下文)②。

在公证立法中涉及档案馆的规范存在其历史渊源,因为不管是国家统一之前还是之后的公证立法中,档案馆大都是公证人协会的附属机构。

另外,众所周知,现今的公证档案馆是司法部的一个独立管理机构,其现行《管理规定》大多是在 1913 年《公证法》生效之后颁布的。

档案馆是公共职能机构,隶属于司法部,其管理受审计部门和议会监督(《公证法》第 97 条)。

公证档案馆被划分为管区公证档案馆和分区公证档案馆(管区内确有必要时可下设分区公证档案馆)。

1. 每个管区都设立了管区公证档案馆,并有 1 名管理员,同时他也是档案馆的财务人员(《公证法》第 98 条)。

(1)作为管理员,其除了负责保管存放在档案馆的所有文件外,还需要作为

---

① MARTRA, *Notariato e Archivi notarili*, in *NssDI*, XI, 1965, p. 356 e ss.; PROFERA, *Gli archivi notarili*, Roma, 1962; BERNARDINI, *Archivi notarili del regno*, Roma, 1899; BENETTI, *Sugli archivi notarili e sulle scritture degli antichi documenti*, Firenze, 1899; GUTTAROLO, *Gli archivi notarili in Italia*, Messina, 1881; MAZZONI, *Principi generali e criteri direttivi degli archivi notarili*, Spoleto, 1914; MUNAGÒ, *Studi sugli archivi notarili*, Messina, 1899; PIGNATELLI, *Compendio di archivistica pratica notarile*, Cassino, 1914; NAPOLETANI, *Manuale di preparazione agli esami negli archivi notarili*, Pisa, 1953; EBNER, *Gli Archivi notarili*, Roma, 1999.

公证档案馆制度是意大利法律制度的一个特点,这是法国法所没有的,也是我们的立法者在意大利统一后受到启发创立的模式。此外,这一制度还与档案馆及调查研究所有关,这也是我们法律的创新之处。

② 该功能回应了一个古老的问题,例如,"为了补救已故公证人的记录所面临的非常严重的风险,佩鲁贾市的行业首领下令必须在一个月内通知到公证委员会的负责人"。(*Perugia, Archivio di Stato, Consigli e Riformanze*, 60, c. 17, in ABBONDANZA (a cura di), *Il notariato a Perugia, cit.*, p. 159.)

档案馆的代表,在事先获得司法部授权的情形下,可以在审判过程中代表档案馆作为原告和被告参加诉讼(《公证法》第 110 条)。他确保档案馆的正常运作,确保公证人对档案馆的义务切实履行,并有义务向主管部门报告公证人或他人因不遵守有关档案的规定可能实施的任何违法行为。特别是,管理员和公证委员会主席有责任单独或联合对该地区公证人的文书和目录表进行检查。

(2)作为档案馆财务人员,管理人负责征收应向档案馆缴纳的费用和税款③,向他人支付服务费或工资。

这些费用包括所谓的档案保管费,数额为文书原件办理费用的 10%,由公证人在提交每月目录表摘要时向档案馆支付(1954 年 11 月 22 日第 1158 号法令及随后的修正案第 39 条)。

管区公证档案馆中存放:

(1)登记处必须在文书登记两年后将文书的副本转交管区公证档案馆(除非出现必须保存在分区公证档案馆的情形);

(2)根据《公证法》第 71 条(通过电话或电报传送文书的概要或内容),由发报机构存放的电报表格和电话记录;

(3)每月目录表副本(《公证法》第 65 条);

(4)在国外制定的还未在本国使用的公证书的原件和复印件,且还未存放在执业公证人处;

(5)已死亡或明确停止执业,抑或已将住所转移到另一管区的公证人的目录表、登记册和文书;

(6)根据《公证法》第 6 条授权行使公证职能的人(在之前)收到的文书,需在停止执业时存放到档案馆;

(7)在签发新印章后公证人寻回的遗失的印章,以及死亡、停止执业或转到其他管区的公证人的印章;

(8)未存放在登记机构的关于抵押的私文书的认证副本④,具体由不动产登记机构的登记员转交;

(9)由国家机关签订的合同原件⑤。

1989 年 10 月 5 日第 343 号总统令对《公证档案管理经济服务条例》的条款进行了修订。

---

③ 征收按照《公证法》第 94 条规定的程序进行,即公证委员会财务负责人按照规定的税收和罚款的特别程序进行(《公证条例》第 111 条)。此外,1978 年 6 月 10 日第 202 号法令授权,为专业协会和学院收取捐款,可通过募捐方式。

④ Art. 31 1. 25 giugno 1943, n. 540, mantenuto in vigore dall'art. 24 del d. p. r. 26 ottobre 1972, n. 635.

⑤ Art. 8 1. 19 gennaio 1880, n. 5253.

1972年5月16日《巴塞尔公约》生效后，意大利通过1981年5月25日第307号法令批准加入该公约，并随后设立了遗嘱总登记处。与上述遗嘱登记处登记有关的职能被赋予遗嘱总登记处服务部门的第一负责人（第12条之二，已添加到1974年12月5日的司法部条例中）。遗嘱总登记处设立在公证档案馆的中心办公室（第22条最后一款，也已纳入上述条例中）⑥。

该部门有权获取、处理和公布在意大利共和国境内以及在公约缔约国境内订立的遗嘱，并与公约缔约国的主管机构直接进行联系。

根据1987年4月10日的部长令，发布了关于收集、支付、核算和监管遗嘱总登记处获取的收益以及发放证书的规定。根据1988年6月27日的部长令，登记员的登记完成时间被推迟到1989年10月1日。

司法部部长在听取《公证法》第98条所述委员会的意见并征得内政部部长同意后，可以在确认有需要的情况下，下令将一百年以上的文书存入国家档案馆（《公证条例》第108条，经1952年5月17日第629号法律第3条修正）。

2. 根据有关市镇的要求并自担费用，建立分区公证档案管。

分区公证档案馆的负责人是一名档案员，同时也是财务主管。司法部部长根据管区公证档案馆管理员的建议，在与有关市镇议会协商后，从居住在首府的公证人或符合公证人任命条件的人员中任命。

由管区登记处转交的公证文书的副本在文书登记10年后存放到分区公证档案馆。

近年来，分区公证档案馆逐渐取消，保存在其中的文件被移交给国家档案馆（1963年9月30日第1409号总统令第58条）。

第二节　公证行业与公证档案馆之间的关系

公证行业和公证档案馆之间的关系，除保存和管理公证文书和资料⑦，以及收取国家公证基金会和国家公证委员会的会费和档案费之外，还涉及以下

---

⑥ 遗嘱总登记处的建立有古老的先例：

（1）1875年的法律已有相应规定：有义务在每个档案中建立遗嘱行为的总索引，并在审查未执行的摘录时进行汇编（art. 107 . n. 19 dicembre 1875, n. 2840, ribadito nel r. n. 1879 e nell'art. 154 co. 3, r. n.）；

（2）形成索引作为最后遗嘱行为的登记册自1950年以来才实施，并且是以地区为基础（art. 27 r. d. l. 23 ottobre 1924, n. 1737）。

⑦ 休公证人的文书最终需存放在档案馆是基于这样的原因，即公证文书是一种不属于接收制作它的公证人的资产，而是属于国家的资产，因为它体现了属于国家的职能（参见 FALZONE e ALIBRANDI, voce *Archivi Notarili*, in *Diz. enc. Not.*, vol. I, p. 132 e ss.）。

方面⑧：

1. 为已停止执业的公证人的某些需要提供支持和帮助,例如：

(1)允许检查和阅读存放在档案馆的文书；

(2)发放与之相关的证明书、节本,发放文书的副本,包括可执行形式的副本；

(3)按照《民法典》规定的程序,打开、公布和归还存放在档案馆的自书遗嘱。

2. 以检查的形式对公证行业的实践活动进行检查(见下文)。

---

⑧ FALZONE e ALIBRANDI, *op. loc. ult. cit.*

第六章　公　证　职　能

第一节　公证职能的本质：公职人员和自由职业者

在我们的法律体系中，公证人既是公共职能人员又是自由职业者。后者的定位一方面源于他不具备国家工作人员的特征，另一方面源于其职能的履行方式具有自由职业典型的私益属性。具体体现在服务对象不特定、竞争的可能性、办公费用的负担、直接和完全从客户那里获得对价的权利、行使职能时个人承担因疏忽或故意产生的民事责任、开展与制作要式文书无关的业务的可能性等特征之中①。

然而，值得注意的是，现行《公证法》很少关注公证活动中不属于公共职能的方面，尽管这种忽略只是表面的。因为公证人自由职业活动的规范可纳入智力类职业合同的一般规范，由《民法典》第 2229 条及后续条款予以调整。对公证职能进行明确的法律定义是必要的，它可以更好地解释公职人员和自由职业者这两种身份在同一主体之上共存的原因和结合点②。

一个涵盖面广泛甚至可能争论较多的问题涉及厘清公证两方面职能之间的关系。最接近实证法的论点认为，它们之间的关系太过密切，以至于无法确定哪一方优先于另一方。

事实上，如果将公证职能的目标确定为摸清当事人的意图，以便为他们提供在法律和经济上最适合的措施，且以最安全的方式实现这一意图，那么即使没有使该措施具备相应的公信力，公证职能的目的似乎也可以达到。同样，根据法律规定，意大利公证人有权力也有责任以公职人员的身份赋予具体措施相应的公信力。因此，任何关于一方面职能优于另一方的讨论都不具有实际意义。

有人说公证人是确定性的分配者③，即使存在很多原因使得这一结果并不是那么容易实现。

---

① LEGA, *op. cit.*, p. 152.

② LIGUORI G., *op. cit.*, p. 259 e p. 295 ss.; LEGA, *op. cit.*, p. 149 ss.

③ BUSNELLI, *Ars notaria e diritto vivente*, in *Riv. not.*, p. 688.

因此,我们可以用著名公证人 ANSELMI 的观点得出结论:在我们的法律制度中,公证人既是一个自由职业者,也是一个公职人员④。

第二节　公证职能的特征

迄今为止,学界都很难对公证职能的多方面内涵进行统一的定义⑤。以往的研究中,公证职能本身的复杂性、可变性以及公私性质的融合性阻碍了学说的统一,甚至有学者(SATTA)认为这是个"谜题"⑥。

特别值得强调的是,基本上所有定义都揭示了对这一功能进行充分描述存在的不便,不管是关于主体本身的,还是关于执业活动的内容⑦。

从第一点来看,不仅是《公证法》第 1 条,甚至第一届国际拉丁公证人大会(1948 年布宜诺斯艾利斯第四号决议)发布的相关定义也备受争议,即"公证人是法律技术人员,具有公共职能,包括接收和解释各方当事人的意愿,赋予其法律形式,为此目的起草合适的文件并赋予他们权威性"。

事实上,将公证人认定为公职人员(《公证法》第 1 条),并表明他将公信力赋

---

④　ANSELMI, *Principi di arte notarile*, cit., p. 23 e ss.

⑤　BARATTA, *La funzione notarile e le forme di sua estrinsecazione*, Roma, 1956; ID., *Natura giuridica della funzione notarile*, in *Il notariato nella società moderna e le sue funzioni*, Palermo, 1966, p. 195 e ss.; ID., *La natura giuridica dell'atto notarile*, in *Riv not.*, 1963, p. 703 e ss.; LOVATO, *Il notaio pubblico ufficiale e libero professionista nei notariati a tipo latino*, in *La riforma dell'ordinamento del notariato*, Milano, 1955, p. 6 ss.; CARNELUTTI, *La figura giuridica del notaio*, in *Riv. trim. dir. proc. Civ.*, 1950, p. 921 e ss., e in *Riv. not.*, 1951, p. 3 e ss.; ID., *Diritto o arte notarile?*, cit., p. 47 e ss.; SCIELLO, *La formazione dell'atto notarile*, in *La riforma dell'ordinamento del notariato*, cit., p. 55 e ss.; SATTA, *Poesia e verità nella vita del notaio*, cit.; POET, *La esclusività della funzione del ricevere atti negoziali nella tradizione e nella struttura del notariato*, in *Vita not.*, 1965, p. 274 e ss.; BUTTITTA, *Il Notariato nella società moderna e le sue funzioni*, Palermo, 1966, p. 162 e s.; VOCINO, *La funzione processuale del notaio*, in *Riv. not.*, 1956, p. 8 e ss.; CURTI PASINI, *La funzione essenziale del notaio*, Lodi, 1932; ID., *La funzione essenziale del notaio*, in *Riv. not.*, 1951, p. 12 e ss.; D'ORAZI FLAVONI, *La funzione sociale del notaio*, in *Scritti giuridici*, cit., II, p. 865 e ss.; SALA, *Il notaio e l'arbitrato*, in *Atti del XVIII Congresso nazionale del notariato*(Calabria, 1970), Catanzaro, s. d., p. 71 e ss.; RIVA SANSEVERINO, *Sulla funzione del notaio*, in *Riv. not.*, 1954, p. 230; VALLET, *La missione del notaio. Il notaio come artefice del diritto. Il《cavere》come sua funzione*, in *Vita not.*, 1958, p. 9 e ss.; GIACOBBE, *La funzione notarile oggi*, in *Riv. not.*, 1977, p. 920 e ss.; LIPARI, *La funzione notarile oggi*: *schema di riflessione*, ivi, p. 935 e ss.; SANTANGELO, *La funzione notarile oggi*, ivi, p. 945 ss.; *La funzione notarile e le sue prospettive*, *XXXIX Convegno Notarile*, Lerici, 1978, *Relazione di CIAMPI ed interventi di SACCO*, *SANTANGELO*, *RAITI*, *VERRUCCI*, in *Riv. not.*, 1979, p. 749 e ss.

⑥　SATTA, *op. loc. cit.*

⑦　BARATTA, *Natura giuridica della funzione notarile*, cit., p. 196.

予其接收的文书⑧,这一表述是没有意义的,任何其他公职人员的履职行为也会具有这种效力。为公证人规定特定类别的法律行为也没有意义,因为公证人还需要关注私人意志的具体表示,正如上述条款所列事项(仅作为列举式)的表述那样。

另外,国际上采用的定义无法对公证职能进行综合的文字表达,因为口译员、证明人、文件编制者、法律的实践者,这些术语只是在不同层面强调公证人的各项职能⑨。

再者,对于与公证人执业活动内容相关的职能,《公证法》第 1 条对这些不同的职能进行"原子结构"(atomistico)列表,区分了两个相反的方向,但这两个方向都未能获得广泛的共识。

第一个方向是通过区分主要属性和辅助属性,并设想建立固定框架或类型化的可能性。为了确定各个职能或者只是为了限定责任,按照不同等级对职能进行排列⑩,并在此基础上,进一步区分不同的类别(排列基本符合公证文书法定形式:接收文件、审查、司法分割、清算、口头程序或"简易程序"的拍卖、签名认证、纯粹的证明行为,如所谓的签名证书、文件和商业账册的副本和摘录、生存证明等)。有反对意见认为,区分所谓纯粹的公证文书制作行为与其他公证的行为,似乎没有太多的法律基础。因为公证人工作的情况如此多变,以至于不可能将他的执业活动限制在完全预定的计划中,作为他自己职能的边界。这将阻止公证人从个人利益角度利用其他条件更好地开展公证执业活动。正如立法者所希望的那样,他必须保证上述工作内容在法律层面的有效性。

第二个方向,即将公证文书确定为一个独立类别,这一方向的研究确实更为长久并且具有更大的共识性。根据 BARATTA 的观点⑪,这一方向也不会得出其他结论,但限定在公证文书范围内来讨论公证人的职能,似乎可以逃避客观确定的"方向"(quid)。如果只是为了将公证人的专属职能与公证人以外的职业可以实施的行为区分开来,则必须对其进行识别。

可以在向个人提供法律援助以保障其利益的特定行为中,确定这种方向。但这不可避免地导致了需要区分专属于公职人员以及国家的所谓证明权,与公证人的"实质审查"专业服务。前者的权力由国家根据其权衡来授予、否认或限制。

---

⑧ 《民法典》第 2699 条并没有将术语"接收的文件"与术语"起草的文件"作排他性区分。事实上,公证人并不局限于"起草"文书,而是必须亲自"接收"文书,并以国家授权的名义赋予他"起草"的文书相应的公信力。

⑨ LOVATO, *op. cit.*, p. 6.

⑩ 参见 SCIELLO, *op. cit.*, p. 55 e ss.

⑪ BARATTA, *La natura giuridica dell'atto notarile*, cit., p. 703.

公证人的这种实质审查行为在一次判决中得到了认可。该判决涉及在法律框架下通过公证人的行为来保障个人利益。其中,公证人的职能与法官的职能⑫相近且存在相通之处。公证的基本内涵使其具有裁判者的天然特征。但因为公证人为需要帮助的人的利益提供充分保护("避风港")这一目的,公证人在其执业活动的"基础性""预防性"或"非审判性"方面与法官有所不同。

BARATTA 教授对这种观点持肯定态度⑬。他认为公证职能的基本内容在于对个人利益给予法律层面的辅助,其主要目的是实现当事人意欲达成之目的。故而,当事人只需要将这一目的告知公证人即可,并且公证文书的正式起草具有相当重要的意义。此外,学界再次出现了对两种不同职能之间的明确区分的观点,即 D'ORAZI FLAVONI 首次提出的证明功能和调整功能的划分⑭。

目前为止,这种划分仍然是比较合适和令人满意的,即使在新出现的公证职能当中也能找到对应。第一种是那些优先保护集体利益的职能⑮,这些职能具体表现在,为了满足与待解决的关系相关联的某些公共需求,通过引导当事人来对各方当事人的意愿进行直接干预,超越私人利益的平衡,这将导致公证职能的"公共化"程度更高。可以看出,这不是公证职能进一步发展的表现,而是其调整职能⑯的体现。

(一) 证明职能

证明职能(*officium publicum*)来源于公信力的授予。这一职能属于国家,公证人以国家的名义代表国家行使,并由代表国家的国家元首进行授权(过去是理所当然的)。现今由司法部部长授权于公证人,由公证人在他的专业服务载体上加盖印章来彰显,该附有公证人姓名的印章上刻有共和国国徽。

从证明职能的角度来看,公证人是一位具备优先效力的见证人⑰。

首先,我们可以作如下分析,公法行为,即保留给国家和其他公共机构的行

---

⑫ CARNELUTTI, *La figura giuridica del notaio*, cit., p. 12; *MORELLO, FERRARI e SORGATO, L'atto notarile, cit.*, p. 187 e ss.

⑬ BARATTA, *Natura giuridica della funzione notarile*, cit., p. 214.

⑭ D'ORAZI FLAVONI, *La responsabilità civile nell'esercizio del notariato*, in *Scritti giuridici*, cit., II, p. 965 ss.

⑮ BUTTITTA, *op. cit.*, p. 162.

⑯ 公证人具有调整职能从未缺乏相应的证明。在中世纪,这一职能包括解决拉丁语言和白话表达之间的沟通困难问题,包括文件登记、财产清单、司法裁判和证词等,公证人必须翻译其含义。因此,正如记载的那样,公证人重述、通俗化并解释这些文本。

⑰ 曾经可以说,公证人的证明等同于两名证人的证明。这可以追溯到 1865 年《民法典》第 777 条,根据该条规定,公证人可以在 4 名见证人或者 2 名公证人在场的情况下接收民众的遗嘱(ANSELMI, *Principii di arte notarile*, cit., p. 12)。

为,被委托给公共行政部门之外的人。因此他们被授权行使与后者有关的实际职能,并在公共行政部门中占据特殊地位。

众所周知,这种地位通常用"公法行为私法化"的概念来进行定义,且这一概念最早由 ZANOBINI 教授在意大利提出[18]。关于这种行为的效果归属问题,学界普遍认为,正是由于公证的证明职能,这种行为的效果应归属于公证人自己。因为不可能通过公权力的行使来确认一类主体,公证人本身也不能直接被视为一个国家"机构"[19]。

我们可以发现,法律规定的公证人必须遵守的许多程序,无论是在接收公证文书还是在认证签名时,都要求准确、清晰且无歧义地来行使证明职能。

文件保存的管理规则也指向此职能。首先是存放于公证事务所并由公证人自己负责,然后转交地区公证档案馆保存,还必须遵守所有有关监管的规定[20]。

（二）调整职能

D'ORAZI FLAVONI 将公证的调整功能(officium privatum)定义为在实证法体系提供的范式内各方对其所表达意图的一致遵守[21]。这种调整绝非易事,因为与法官情形类似,在将"法律"应用于"事实"的过程中,三段论的工具仅具有相对的价值。因为在司法领域,正如学者们敏锐观察到的那样[22],司法三段论并非像数学那样"几何化"(more geometrico)、更确定以及无可辩驳,三段论并不总是能够完美运用。

该表述最近也受到了质疑。有学者认为,"调整"(adeguamento)一词不足以把握公证职能的本质。因为从严格意义上来说,公证职能介于事实与法律之间,通过制定"先验"的法律判断标准,并介入"当事人之间"(inter partes)来具体体现。如果真要公证人行使调整职能,则需要事先确定公证人应当去调整的对象是两者中的哪一个[23]。然而仔细想想,除了对定义或多或少的批评之外,这些批评并不针对调整一词本身,而是针对调整的特定方式。因此,这个表达今天仍然广泛被使用。

---

[18]　ZANOBINI, *Corso di diritto amministrativo*, vol. V, Milano, 1952, p. 173 e ss.; TOMMASEO, *L'atto pubblico nel sistema delle prove documentali*, in *Notaro*, 1998, p. 65 e ss., e in *Riv. not.*, 1985, p. 593 e ss.

[19]　ZANOBINI, *op. loc. cit.*; GIANNINI, *Diritto amministrativo*, Milano, 1970, p. 169; SANDULLI, *Manuale di diritto amministrativo*, Napoli, 1974, p. 382; 相反的观点见 SANTAGATA, *op. loc. cit.*

[20]　正是由于公证人作为公职人员的性质,国家保留了对公证人工作的上级监督。此外,这一公职人员的性质还涉及希望从事这项工作的人的道德和教育、与其他岗位和职业的不相容的情形、公证人人数的限制、在他们被任命(或调动)的城市居住的义务、忠于共和国法律的宣誓、为其执业提供必要保障等事项(MOSCATELLO P., *La legislazione notarile italiana*, cit., p. 31)。

[21]　D'ORAZI FLAVONI, *op. loc. ult. cit.*

[22]　CARCATERRA, *Quando la norma incontra il fato*, in *Riv. not.*, 2005, p. 444 e ss.

[23]　前者引自 GIACOBBE, *op. loc. cit.*, 后者引自 LIPARI, *op. loc. cit.*。

该职能相当复杂,因为它涉及一系列(权力)权利义务关系:摸清当事人的意愿(《公证法》第 47 条和《公证条例》第 67 条);为当事人找到最合适的文书类型(也是从经济角度来看)以实现预期目标;将当事人的意愿和提供给他们的文书与法律、道德、公共秩序时刻联系起来(《公证法》第 28 条)[24]。

当公证人将规范适用于不断变化的生活需求,发现前者的不足和不完善之处时,调整职能对规范本身的作用是重大的。如果规范已经存在,则通过法解释学解决。如果规范不存在,则通过构建新制度,并促进新的立法的完成来实现目的[25]。这一职能必然总是"与时俱进的",体现这一职能的重要的但并非唯一的佐证,是 1942 年的《抵押法案》[26],同时它也创设了相应的公证实践。

正是这种本身不同于证明的职能,更能体现拉丁公证人的特征。然而,在公证人不具备此种职能的国家,它们将公证人的角色限制为纯粹证明人(例如盎格鲁撒克逊诸国)。公证人工作须与其他主体的工作相结合,他们根据法律或习惯,分析主体之间的关系并创建合同(在英格兰就是这种情况,公共公证人的工作对象需要与其他人员共同完成,或者更确切地说是非代理律师的参与并由他预先提供文本)。这也是该职能本身的不可替代性带来的必然结果。

近年来,随着法律法规的更替,各项活动逐渐需要公证人越来越多的参与,证明职能将变得更加重要(1972 年 10 月 26 日第 643 号总统令颁布的《房地产增值市政税制度(INVIM)》;拉齐奥大区 1974 年 7 月 22 日第 34 号《土地划分条例》;1977 年 1 月 28 日第 10 号《建设用地法案》;家庭法修订中的习惯;家族企业的状况声明)。同时还必须指出,公证人与其说是证明人,不如说是法律行为文书的制作者,他们被分配了越来越多的合法合规的审查任务。因此,不能不承认当前公证人作为法律工作者,拥有审查合法性的权力。若非如此,"有价值的"私人意思表示的解释越来越转化为"受管理的行为"[27]。

我们可以从一系列合法性审查中找到肯定判断,比如,撤销股份有限公司设立的章程和股东大会通过的决议(原《公证法》第 28 条),这种合法性审查专属于

---

[24] AMADIO, *Letture sull'autonomia patrimoniale*, Padova, 2005, p. 179 e ss.

[25] ANSELMI, *op. loc. ult. cit.*; UGOLINI, *Prefazione*, *op. cit.*, p. XVI.

[26] 参见 SASTRE, *Variaciones sobra la Hipoteca cambiaria*, in *Estudios juridicos varios. Centenario de la Ley del Notariato*, Sección Tercera, Madrid, 1964, p. 240 e ss; AA. VV. *La prassi notarile come strumento di evoluzione del diritto*, Roma, 1973; PANVINI ROSATI e MARE, *Proprietà e diritti reali*, p. 59 e ss.; MORELLO U., *Società atipiche e ordine pubblico economico*, p. 171 e ss.; LAURINI, *La prassi notarile nell'evoluzione delle clausole statutarie*, p. 219 e ss.

[27] WIETHOLTER, *Le formule magiche della scienza giuridica*, Bari, 1975, p. 103; PERLINGIERI, *Il ruolo del notaio nella formazione del regolamento contrattuale* (*Tavola rotonda a cura di presso l'Università degli studi di Came rino*), Camerino, 1976, p. 54.

公证人㉘。

而且,这个结论是目前法学界讨论达成的共识。众所周知,近年来对"法律行为"抽象理论的关注已经逐渐下降,更多的关注落实到具体合同的研究。而法律行为理论在两次世界大战期间对意大利的影响较大,甚至在"二战"后一段时期内仍然在持续讨论当中。因此,我们可以看到有关合同的著作成倍增加,其方法和目的各不相同,但几乎所有著作的特点都是试图更多地从公共利益考量的角度来重新看待私人权利㉙。这种本位转变也正是对作为国家公职人员的公证人最直接和最自然的辅助。

事实上,甚至有人提出这种观点㉚,即这种合法性审查可以扩大适用到审查法律中的矛盾。虽然其符合"基本"法律,但可以用宪法予以审查。但这种观点令人困惑。一方面,因为这种手段专属于宪法法院;另一方面,许多合宪性问题的解决面临极端困难(例如,非婚生子女对遗嘱的接受能力问题)。

另外,公证人没有被授予质疑合宪性问题的权能。宪法法院驳回了确认法官职能与公证人职能对应的暗示性论点。这显然是对公证人质疑合宪性问题的职能不予认可。因为根据 1948 年和 1953 年的两部法案(1948 年 2 月 9 日第 1 号法令第 1 条第 1 款以及 1953 年 3 月 1 日第 87 号法令第 23 条第 1 款),这些条款对公证人并不适用,而是在审判过程中保留给当事人或检察官,并在法律明确规定的情况下也保留给了法官㉛。

此外,按照上述 1948 年法案第 41 条和第 42 条,宪法法院的裁判和学说观点具有重要意义。因为它们明确提到了私人财产的自主性和财产权,以及隐含的合同自治。根据普遍观点,合同自治被视为上述制度的工具。

特别是第 41 条,一方面肯定了私人财产的自治(第 1 款),另一方面又规定了源自社会效用的限制(第 2 款)。法院不仅从未界定后者,甚至没有确定一个指导性标准,以免因(或者,正如我们所说的"多次")限制而挫败个人积极性,并倾向于在更有利后者或在更偏向公共事务的方向之间采取"中间"位置㉜。

㉘ DI SABATO, *Il nuovo controllo degli atti societari soggetti a iscrizione nel registro delle imprese*, in *Banca borsa*, 2002, p. 109 e ss.

㉙ 参见 Saggi a cura di RODOTÁ, *Il diritto privato nella società moderna*, Bologna, 1971, p. 445 e ss.

㉚ CANTELMO, *Profilo costituzionale e tipicità della funzione notarile*, in *Riv. not.*, 1975, p. 1125; ATLANTE M. e PANVINI ROSATI, *Un nuovo ordinamento del notariato adeguato all'attuale realtà sociale*, in *Riv. not.*, 1976, p. 1309; ID., *Il ruolo del notaio nella formazione del regolamento contrattuale*, cit., p. 48 e ss.

㉛ C. Cost. 10 febbraio 2003; MORELLO, FERRARI e SORGATO, *op. cit.*, p. 192 e ss. e 340 e ss.

㉜ 参见 BASS e CUGURRA e gli interventi di AMBROSINI e MAZZAROLI al *Convegno di studio promosso dalla Cattedra di diritto costituzionale della Facolta di giurisprudenza dell'Università degli Studi di Parma*, in OCCHIOCUPO (a cura di), *La Corte Costituzionale tra norma giuridica e realtà sociale. Bilancio di vent'anni di attività*, Bologna, 1978, p. 277 e ss., 317 e ss. e 323.

至于学说,主流观点承认宪法规定无法预设并规定实现社会效用的控制手段,只能将具体规范的确立转移给普通立法者。同样,第 41 条第 3 款就存在相应的法律保留[33]。

因此,至少在规则方面,很难认为公证人可以在法律层面上否认自己的职责,或以不同于现行法规定的方式行使自己职责,只要该法律并未被宣布为违宪(见《宪法》第 136 条)。需注意《公证法》第 28 条规定公证人只有在法律"明令"禁止或"明显"违反道德、公共秩序的情况下,才能不接收文件。这似乎阻止了公证人采取不同态度的选择自由,因为其职责具有强制性质(《公证法》第 27 条)。无论如何,正是通过这些规则,来适用宪法规范。如果宣称公证人工作违反法律法规,那么必须明确指出其违反之处,反之则无法找到合理的制裁依据[34]。

归根结底,从"社会"的角度来看待公证人的职能,其范围可能已较为广泛,但是不可能比立法者判断和确立的范围更广。任何确定界限本身的问题都是实证法问题。根据 BINDER[35] 的定义,实证法即我们法学家已知和认可的法律,即使不是唯一重要的,但也是最重要的法律渊源之一,同样也是最不会引发争议的。

基于宪法原则和最新立法的影响,以及经济和社会结构的变化,公证人有了新的使命。它引发了我们对于公证职能传统定位的重新检视,特别是对所谓的调整职能的检视。

具体而言:

——公证人在履行职责时所做出的"判断",既不属于主动行政行为,也不属于行政证明行为;

——在公证职能中突出了保证方面;

——提议承认它为公共机构,其特点是独立和自由的职业活动[36]。

根据 1995 年 3 月 31 日生效的第 218 号法令(意大利国际私法制度改革),在所谓的外在因素(外国法)越来越多地出现在法律生活中的时代,公证调整职能可能会逐渐地变得复杂化。正如权威学说所探讨的,因为新法取代了原本自动适

---

[33] MAZZON, *I controlli sulle attività economiche*, in *Trattato di diritto commerciale di diritto pubblico dell'economia diretto* da F. GALGANO, I, Padova, 1978, p. 321 e s. e nt. 30.

[34] BARCELLONA, *I controlli della libertà contrattuale*, in *Il diritto privato nella società moderna*, cit., p. 285 e ss; PERLINGIERI, *Il ruolo del notaio nella formazione contrattuale*, cit.; *l'intervento di* CARUSI, *ivi*, p. 136; ANDRINI TAMBORLINI, *Il ruolo del notaio nella formazione del regolamento contrattuale*, in *Riv. not.*, 1977, p. 488 e ss.

[35] BINDER, *System der Rechtsphilosophie*, Berlin, 1937; D'ORAZI FLAVONI, *La funzione sociale del notaio*, cit., p. 865 e ss.

[36] CELESTE, *La funzione notarile*, in *Il Notaio, istituzione garante dei diritti del cittadino e dell'interesse pubblico*, Atti del XXXVI Congresso Nazionale del Notariato, Roma, 27-30 novembre 1997, Roma, 1997, p. 7 e ss.

用的标准,例如 1942 年之前的规定的预设标准,这些标准的适用需要非常细致的调查,涉及分析每个具体案件的具体特征,特别是关于[37]:

(1)具有不同或共同国籍的配偶之间的人身关系,受婚姻生活主要所在国的法律管辖(第 29 条);

(2)被收养人与收养人家庭之间的关系,如果收养人与被收养人国籍相同,则由收养人或被收养人的国家法律规定,如果国籍不同,则由收养人婚姻生活主要所在国的法律规定(第 39 条);

(3)死因继承和捐赠,可通过立遗嘱人或捐赠人的明确声明而确立,受其居住地所在国的法律约束(第 46 条和第 56 条)。

此外,在提到法律时,我们指的不仅仅是意大利的法律。事实上,各方有可能选择将整个合同或其中一部分适用于意大利之外的他国法:1980 年 6 月 19 日《罗马公约》规定的合同义务就是这种情况;这种情形首先可以适用于我们法律体系中虽然对该制度认可但不受其监管的机构(信托就是这种情况)。

最后,我们不能忘记共同法的重要性和普遍性,它正在逐步引导各个国家的不同规范有效地融入其中[38]。

第三节　公证职能的限制:禁止的行为

公证职能的限制由《公证法》第 28 条予以确定。不管是从公证文书的有效性方面,还是从公证人的民事和纪律责任方面来看[39],这一规定都是非常重要的。

根据这一条款,以及作为补充依据的 2005 年第 246 号法令第 12 条第 1 款第 a 项,公证人不能受理或"认证"以下行为:

(1)法律明令禁止的行为,或者明显违反道德、公共秩序的行为[40];

(2)公证人的配偶[41]、父母、任何亲等的直系亲属、三等亲以内的旁系亲属以

---

[37]　MENGOZZI, *Il Notaio e la nuova concezione dell'ordinamento dello Stato che ispira la 1. 31 maggio 1995 n. 218 di riforma del sistema italiano di diritto internazionale privato*, in *Riv. not.*, 1996, p. 1038 e ss.

[38]　参见 ADAM, *Le fonti comunitarie. Il diritto comunitario nell'ordinamento giuridico italiano*, in TIZZAN (a cura di), *Il diritto privato dell'Unione Europea*, I, Torino, 2000, p. 43 e ss.; AMADEO, *Norme comunitarie, posizioni giuridiche soggettive e diritti interni*, Milano, 2002.

[39]　关于"被禁止"文书的效力,法律大多数时候都规定其为无效(例如,继承协议、流押协议),有的情况下也可能认定为可撤销(《民法典》1471 条第 2 款第 3 款涉及的买卖行为)。在有些情况下,文书内容是否有效并不重要(认领亲生子女,但提及另一方父母,见《民法典》第 258 条第 2 款)。

[40]　PALADIN, voce *Ordine pubblico* in *NssDI.*, XII, Torino, 1965, p. 130 e ss.; FERRARA, *Teoria del negozio illecito*, 1914, p. 27 e ss., 323 e ss.

[41]　我们在《公证法》第 28 条中看到"妻子"这一表述是可以理解的。因为这一表述可以扩大解释到丈夫的范畴,其解释是,在《公证法》(1913 年)颁布时仍然没有女性公证人。

及保佐人、监护人或者行政官员为公证文书当事人的情形；

（3）文书中包含公证人本人、其配偶、父母或者上述亲等的亲属及类似人员，或受其保佐的人作为利害关系人的条款内容的情形。但条款出现在非由公证人或本项提到的人执笔，且由遗嘱人交给公证人已密封的秘密遗嘱除外[42]。

第二项和第三项的区别在于，前者涉及生物意义上的具体的人或这些主体的代理的行为；后者涉及与这些主体存在利害关系的情形，即使他们没有实质进入到公证行为当中。例如，如果某一主体不是作为代理，而是作为实际管理者参与公证行为。

亲属关系、姻亲关系或配偶关系只有在文书签署时该关系仍然存续才需要回避。并且，就姻亲关系而言，不会因配偶已经死亡而终止（但与公证事项无关的特殊情况除外），除非该婚姻关系已被宣布无效。

然而，对于公证人来说，这项禁令是否适用于下列人员参与的公证行为略有争议：未婚夫/未婚妻，新郎/新娘；宗教婚的配偶一方；票据持有人中的出票人或背书人为公证人的亲属、姻亲或配偶；公证人承认的非婚生子女的另一位父/母。另外，与过去观点相反，在以下情况下禁令应该明确适用：由法官委托公证人进行的司法析产活动中，共有人之一是其亲属、姻亲或配偶；受上述限制的公证人可以授权，由助理公证人来完成公证行为[43]。

但是，《公证法》第28条第2款和第3款不适用于公开拍卖的情形。其作为禁令例外的理由是因为公证人在交易前不知道哪些当事人将会出席拍卖[44]。但必须注意，根据《民法典》第1471条第3款，该规则的效力受到减损，至少对作为未成年人或弱势群体的法定代理人的公证人是如此的。

应该注意，该规则不仅涉及严格意义上公证文书的接收，而且，正如2005年11月28日第246号法令（第12条第1款第a项）明确规定的那样，还涉及对私人文书签名的认证。事实上，在这两种情况下，公证人都需要（并且一直被要求）执行所谓"行为的初步审查"[45]，以确定是否存在禁止进行公证行为的情形。

第28条第2款和第3款规定的法理基础，是基于对公证人职能公共性质的考虑。其要求公证人的职能不仅必须在合法性的基础上来行使，而且必须激发人们最大的信任，并消除对于公证人个人利益存在于公证行为中的任何怀疑，以确保职能本身的公正性。

---

[42] MOSCATELLO P., *La legislazione notarile italiana*, I, Palermo, 1901, p. 165.

[43] MOSCATELLO P., *La legislazione notarile italiana*, *cit.*, p. 168 e ss.

[44] MOSCATELLO P., *op. cit.*, p. 160.

[45] DONA, *Elementi di diritto notarile*, *cit.*, p. 149; BOERO, *La legge notarile commentata*, II, Torino, 1993, p. 171 e ss.

显然,第 28 条第 2 项没有说明例外情形,因为它涉及公证人之外的"当事人"的情形。但第 3 款则不同,它涉及的是实质意义上的"当事人",甚至可能还包括公证人自己,他们都处于公证行为所涉利益的中心。

按照法学基本理论来对利益进行定义:根据学说和法学的主流观点,利益可以是直接的或间接的,经济的或道德的,但它必须是将公证人假设为自私行为的个人,他的行为可能危及公证职能的公正性[46]。

"被禁止的公证行为"的概念最近受到了深度批判[47]。虽然对此还未得出令人满意的结论,但我们可以肯定的是,对于强制性规定、公共秩序或善良风俗的违反应认定为对法律行为的构成性要件(原因、动机、条件、方式、给付)的违反,因此不属于《公证法》第 28 条调整的范畴:

1. 文书或合同在上述法律行为构成要件之外违反了强制性规定的,有时也被学者认为包含在《公证法》第 18 条规定之中[48];

2. 违反《公证法》形式要求的行为无效。《公证法》第 138 条单独规定了违反第 28 条的违法接受文件的行为,以及违反《公证法》其他特别规定的行为,例如第 54~57 条中提到的形式要求[49]。

学界通常认为行为或形式瑕疵会导致该行为绝对无效,而通过排除导致该行为无效或可撤销的瑕疵部分,来修复该行为的法律效力,似乎并不符合现行法律规定。

---

[46] 参见 CNN Studi, *Clausole interessanti il notaio rogante*, VII, 1970, 78 e ss.

[47] FABRONI e CONDÒ, *Contributo all'interpretazione dell'art. 28 n. 1 della legge notarile*, in *Rolandino*, 1967, p. 237 e ss.; CNN Studi, *Intorno al divieto per il notaio di ricevere atti contrari alla legge*, I, II, e III, 1969, p. 124 e ss.; AA. Vv., *Limitazioni al potere di disporre, obblighi e responsabilità del notaio*, in *Riv. not.*, 1979, p. 1573 e ss.; LUPOL, *Gli atti di destinazione nel nuovo art. 2645-ter c. c. quale frammento di "trust"*, in *Riv. not.*, 2006, p. 475 e nt. 11; DI FABIO, *Riforma societaria e circolazione delle partecipazioni azionarie*, in *Riv not.*, 2003, p. 826 e ss.; Io., *Acquisto di immobili con il patto tontinario*, in *70 anni della Scuola di notariato di Roma*, Roma, 2019, p. 149. COLAPIETRO, *Curiosità storiche-"Tontina e patto tontinario"*, in *Le scuole di specializzazione per le professioni legali*, cit., p. 309 e ss.; NASCIMBENE, *La capacità dello straniero: diritti fondamentali e condizione di reciprocità*, in *Riv. dir. int. priv. e proc.*, 2001, p. 306 e ss.; ROVEDA G., in *Federnotizie*, 1997, p. 141 e ss.; MOLINARI, *Ancora sulla reciprocità*, ibidem, 1998, p. 94 e ss.; LIOTTA, *Intervento dello straniero in atto e verifiche del notaio*, in *Quademi di Federnotizie*, n. 20, Milano, 2010.

[48] Cass. 26 ottobre 1962, n. 3063, in SERPI, *Il notariato nella giurisprudenza*, Padova, 1972, p. 64 e ss.; DONA, voce *Notariato e archivi notarili*, in NDI, VIII, Torino, 1939, p. 1077 e ss.; DERRI, *Natura del rapporto notarile, irricevibilità dei negozi illeciti, vendita di cosa pignorata, atto costitutivo di s. r. l. senza preventivo deposito del capitale versato*, in Riv. not., 1964, p. 173 e ss. e 190 e ss.; CALDERONE, *Responsabilità disciplinare del notaio per gi acquisti non autorizzati degli enti ecclesiastici*, in *Riv. not.*, 1960, p. 213 e ss.

[49] Trib. Milano 11 giugno 1965, in *Riv. not.*, 1965, p. 505; APP Milano 17 novembre 1961, in *Riv. not.*, 1962, p. 602; App. Catanzaro 28 novembre 1967, in *Riv. not.*, 1968, p. 175; Trib. Milano 10 giugno 1961, in *Riv. not.*, 1961, p. 505.

司法判例(特别是最高法院的判例)不断地做出解释,导致《公证法》第 28 条第 1 款的禁令仅涉及导致行为绝对无效的瑕疵,排除仅导致行为可撤销的瑕疵[50]。然而,这种解释与现行法的规定并不相符。

对此,我们应该确立一些原则:

(1)区分无效行为(无效或可撤销)、非法行为和禁止行为;

(2)法律事实和法律文书在非法性认定上的逻辑是相容的,并且来自于法律确定的中立评价。《公证法》第 58 条规定并非没有意义,它通过第 3 款转引第 28 条的第 2 款(注意,不是第 1 款)来规定公证文书无效的原因;

(3)被禁止的行为需要接受进一步的法律评价,因为行为的"不公正"与所谓的"行为的瑕疵"不一样;

(4)任何人不因行为无效而受到纪律处分,而是因为行为非法而受到纪律处分;

(5)纪律责任的产生不是因为该行为无效(受无效、被撤销、不生效影响),而是因为该行为被"禁止"。因此:

——如果行为的无效造成了不法损害(《民法典》第 2043 条),则可能需要承担民事责任。但如果该行为(也)未被禁止,则(也)不需要承担纪律责任,正如《民法典》第 1471 条以及更明确的 2001 年总统令确定的那样(2001 年 6 月 6 日第 380 号总统令第 30 条第 2 款及随后的修正)[51];

——即使行为完全有效,但因为被法律明确禁止,也可能产生纪律责任(例如,《民法典》第 250 条关于认领非婚生子女的情形)。

总之,禁令本质上针对"行为"(与主体相关联),而无效本质上与行为"内容"相联系(与文书相关)。

换句话说,法律:

——如果它不希望缺乏某些必要条件或有瑕疵的行为进入法律层面,那么就会对其做出无效、可撤销或失效的法律评价;

——另一方面,如果在任何情况下它都不希望有人实施该行为,无论其有效与否,它都会制定制裁行为人的禁令。

只有这样才能解释为什么会出现:

——"禁止"但有效的行为(《民法典》第 250 条);

——行为没有被禁止,但根本没有进入法律层面,因为它们缺乏法律要求的必

---

[50] Cass. 7 novembre 2005, n. 21493, in *Giust. civ.*, 2006, p. 1494.

[51] 未附有城市土地使用权证的土地间交易行为"无效,且不能登记"。此类行为随后可根据 2001 年 6 月 6 日第 380 号总统令第 30 条得到确认或补充,文书可以消除无效性,但不能消除(发生的)违反禁令的行为。

要条件(例如,没有合适见证人的捐赠)。

因此,在第一种情况下,制裁仅具有纪律责任性质,在第二种情况下,仅具有民事责任性质(专家责任和其他类型的制裁,都具有民事责任性质)[52]。

然而,统一采用上述学说观点的时机似乎还不成熟。《公证法》第 28 条不适用于形式瑕疵,因为形式瑕疵涉及的是文书而不是行为,也不适用于《民法典》第 1343 条规定的不法原因的瑕疵。

另外,《公证法》第 135 条最后一款规定,公证人纪律处分的适用,以及未导致文书无效或行为不构成犯罪的行为,皆独立于其他法律规定的处分,因此可以推断出:

(1)其他法律规定的制裁可以在公证纪律处分之外同时适用:民事赔偿(如果文书因《公证法》第 76 条规定的可归咎于公证人的原因而无效,则需赔偿损失,补偿当事人的报酬、利益和费用)以及刑事处罚;

(2)必须排除文书无效本身即构成做出纪律处分的条件的情形(《公证法》第 58 条的立法目的就是排除这种情形)[53];

(3)必须实施纪律处分:如果文书是"被禁止的",即使文书不是无效的,或者按照可撤销之诉的规定不撤销而导致文书不会走向无效的情形(前 1985 年第 47 号法令第 40 条,2005 年 11 月 28 号第 246 号法令第 12 条第 4 和第 5 款)。

3. 根据权威学说,《公证法》第 28 条不适用于死因行为,尽管在这方面没有充分的司法调查[54]。在这个意义上提出的论点(特别是根据《民法典》第 590 条规定可以对无效遗嘱的效力进行确认)还包括与遗嘱条款的性质相同且只在继承开始后生效的文书。事实上,不能简单否认与现行效力规定相冲突的遗嘱处分的合法性。因为该合法性须以继承开始时的有效性条件来判断,因此,每份遗嘱都需依据法律并根据生效时的具体条件来判断。

对继承开始时遗嘱处分的有效性而言,上述考虑比较充分,但是并没有很好地证明这个观点的合理性。也即,因为可能知道遗嘱内容,公证人在收到遗嘱时对其合法性的审查被排除。毫无疑问,禁止公证人接收影响他自己、他的配偶或

---

[52] 参见 IRRI, *Concetto giuridico di comportamento e invalidità dell'atto*, in *Riv. trim. dir. proc. civ.*, 2005, p. 1053 e ss.; BERTI, *Teoria del negozio giuridico*, in *Trattato di diritto civile italiano*, a cura di F. Vassalli, Torino,1955, p. 144 e ss.; FRANZON, in *Trattato di diritto delle successioni e donazioni*, diretto da BONLINI, II, Milano, 2009, p.1821.

[53] Cass. 29 ottobre 1965, n. 2307, in *Riv not.*, 1967, P. 53.

[54] GALLO ORSI e GIRINO, *op. cit.*, p. 379 e ss.; SERPI, *op. cit.*, p.81; Trib. Milano 6 novembre 1959, in *Riv. not.*, 1960, p. 684; Trib. Milano 13 dicembre 1966, *ivi*, 1967, p. 410; ANSELMI, *Principi di arte notarile*, cit., p. 29 e ss.; DELMEDICO, *L'art. 28 n. 1 legge notarile e il testamento pubblico*, in *Riv. not.*, 1982, p.713 e ss.

任何《公证法》第 28 条第 2 项规定亲等内的亲属或姻亲的文书,除非遗嘱条款不是由公证人或上述主体撰写并由立遗嘱人密封交付给公证人(仅涉及秘密交付遗嘱的情况,因为公证人不可能通过言词收到一个包含自书遗嘱的封闭信封)。

从《公证法》第 28 条的规定不难推断,仅仅因为知道遗嘱内容的可能性,而不是了解遗嘱的具体内容,就禁止公证人接收遗嘱,这只能解释为公证人需要对遗嘱行为的合法性进行审查。

还是关于死因行为的合法性审查问题,一个明确的禁止行为是不能对法定继承人的继承份额设定负担或附加条件(《民法典》第 549 条)。相反,下列行为是可接受的:

(1)剥夺继承权是遗嘱的唯一内容[55];

(2)明确剥夺某一法定继承人的继承权[56];

(3)更换信托受托人,即使在超出法律允许的情形下[57]。

4. 不"明确"违反法律或不"明显"违背公共秩序或善良风俗的行为,这两个副词的存在,源于《公证法》第 28 条的历史起源。其确立理由是立法者在制定该条款时,一方面是为了明确和无歧义地限定与其说是公证人的责任,不如说是赋予他拒绝接受的权力,因为有时判断一项合同是否违反法律或善良风俗非常困难;另一方面,出于纪律处分的目的(即使不是首要目的),考虑到"禁止的行为",不是所有瑕疵行为,而只是那些由于其内容与法律的强制性规定相冲突的行为才被禁止。

此外,"无效行为"等于"禁止行为"的论点不能得到认可。一方面,事实上,正如我们所见,公证人可以接收无效文书。例如,由于形式瑕疵而无效,但该文书未被明确禁止,并不属于《公证法》第 28 条禁止的行为(但是,如果行为无效是由于他违反形式要求,则不影响他需要承担的民事责任);另一方面,公证人不能接收虽未被认定无效但却被明确禁止的行为(例如《民法典》第 1471 条第 3 款和第 4 款规定的特别禁止的买卖)。

应该指出的是,一直以来对《公证法》第 28 条第 1 款的详细研究,不仅着重于《公证法》第 27 条规定公证人拒绝受理的合法性方面,而且更为注重考察其纪律责任方面,因为《公证法》第 138 条规定了在违反第 28 条情况下暂停执业的制裁。

---

[55]　Cass. 25 maggio 2012, n. 8352, in *Riv. not.*, 2012, p. 952 e ss.

[56]　DI FABIO, *In tema di diseredazione (anche) del legittimario*, in *Riv. not.*, 2012, p. 1228 e ss.

[57]　SERPI, *op. cit.* p. 62; D'ORAZI FLAVONI, *La responsabilità e le responsabilità del notaio*, in *Riv. not.* 1961, p. 395 e in *Riv. civ.*, 1961, I, p. 332 e ss.; App. Catanzaro 24 novembre 1953, in *Foro pad.*, 1954, I, p. 526.; Cass. 11 marzo 2011, n. 5913, in *Giust. civ.*, 2011, p. 2554 e ss.; Cass, 13 ottobre 2011, n. 21902, in *Giust. civ.*, 2011, P 2554 e ss.

关于这一点,我们需要考虑一个特定方面:《公证法》第 28 条第 1 项与《公证条例》第 54 条的关系。根据后者的规定:"公证人不能起草(没有提及需要认证签名的合同)这些合同,即,合同当事人不属于法律明确规定应当被协助或者应该由其法定代理人来签署合同,以便他们能够以自己的名义或以其代理人的名义承担法律后果的主体"⑱。

有人提出,如果已接收的文书违反《公证法》第 54 条,是否可将其视为第 28 条第 1 项明确禁止的行为,并因此而根据第 138 条处以暂停执业的处罚。

对此问题,从基层法院到最高法院,司法案例几乎一致地做出肯定回答。然而,大部分学说却表示反对⑲。

学说观点主要基于:

(1)没有针对违反《公证法》第 54 条的行为具体制裁的规定。由于这是纪律责任,因此应适用于刑事推导原则,即"法无明文不为罪"。然而,这种说法的前提是,公证人纪律责任的性质问题已经解决,但现实是这个问题仍然存有争议;

(2)关于《公证法》第 28 条和《公证条例》第 54 条之间相互关联的历史先例。虽然原《公证法》第 43 条(1875 年 7 月 25 日第 2786 号,现行《公证法》第 54 条)

---

⑱　法律明确规定的协助对象:

(1) 被解除监护的未成年人(《民法典》第 394 条第 2 款和第 3 款)和禁治产人(第 424 条);

(2)行使亲权的父母、监护人或根据《民法典》第 90 条的保佐人,协助年满 16 岁的未成年人签订婚约(《民法典》第 165 条);

(3)被扶养人(《民法典》第 409 条,已废除);

(4)盲人的信任人(1975 年第 18 号法律第 3 条和第 4 条)。

法律明确规定授权:

(1)在发生利益冲突时,监护法官或法院负责监督监护人、禁治产保佐人或特别保佐人(《民法典》第 320、374 条和第 375 条);

(2)监护法官或法院对禁治产人进行行为禁止(《民法典》第 424 条);

(3)如果基金本身的章程未明确允许,则法官负责遗产基金资产的处置(转让、抵押、质押或留置,见《民法典》第 169 条);如果存在未成年子女,这种授权是否仍然有必要,这是存在争议的(Trib. Roma, 14 marzo 2002, in *Riv. not.*, 2003, p. 722 e ss.; Trib. Terni, 12 aprile 2005, *ivi*, 2006, p. 1334 e ss.; Trib. Milano 17 gennaio 2006, *ivi*, 2006, p. 1335 e ss. e Trib. Brescia 9 giugno 2006, ibidem; Trib. Roma 14 marzo 2002, *cit.*);

(4)宗教团体在法人登记注册表上登记(1985 年第 222 号法律第 18 条);

(5)文化遗产与活动部按照 2004 年第 41 号立法法令第 55 条和第 56 条来处置实体的财产;

(6)大省行政长官在经军事部门同意后,将边境地区的不动产出卖给不具有意大利公民身份或国籍的人(1990 年 5 月 2 日第 104 号法律第 9 条)。

⑲　Trib. Milano 9 ottobre 1959, in *Riv. not.*, 1960, p. 682; Cass. 18 aprile 1941, n. 1094, in SERPI, *op. cit.*, p.82 e ss.; Cass. 20 aprile 1963, n. 977, in *Giust. Civ.*, 1963, p. 980. Cas. 11 giugno 1969, n. 2067, in SERPI, *op. cit.*, p.85 e ss.; POUIZZ, *Sull' art. 54 del Regolamento notarile*, in *Not. it.*, 1941, p. 178 e ss.; D'ORAZI FLAON, *op. ult. cit.*, p. 401; TROTA, *Difetto di rappresentanza e responsabilità del notaio ex an. 28 n. 1 legge notarile*, in *Riv. not.*, 1970, p. 238, e GALLO ORSI e GIRINO, *op. cit.*, p. 379.

明确援引了该法第 24 条(现行第 28 条),但在现行《公证条例》第 54 条中,这一援引已经删除;

(3)根据一项本可以逐句规定制裁(最高 50 里拉的罚款)的条例而实施制裁(暂停执业)的合法性存在疑问[60];然而,可以指出,暂停执业的制裁与其说来自《公证条例》的规定,不如说来自《公证法》第 28 条所载的违法行为的措辞("法律明确禁止的行为")的"隐藏"条款。这里的"法律"并不排除诸如条例等行政法规,况且,《公证条例》还是根据《公证法》所载的授权规则发布的。

在不损害《公证条例》第 54 条所载的"禁止性"规定的性质的前提下,上述结论似乎相当合理。此外,为了使公证人基于《公证法》第 27 条,在一定条件下拒绝办理业务的做法合法化,可能需要进一步探讨该问题的两个方面。

首先,《公证条例》第 54 条规定的限制范围。可以看出,对该规则的严格解释,将导致公证人在特定情形下可以拒绝履行其职责(这些特定情形构成《公证条例》第 54 条的主要内容)。当事人的"法律义务"并没有因文书的要求或先决条件而完全排除,但它只是在这种要求或前提没有形成的情况下被"中止"了。从这个角度来看,无论它是"事实规范(*condicio facti*)"还是"法律规范(*condicio juris*)"都无关紧要,重要的是当事人需要完善这种可能被拒绝办理公证的特殊情形。否则,诸如没有获得授权的实际管理人或受托人将不得不被公证行为排除在外[61]。

其次,不可能将《公证条例》第 54 条的情形纳入《公证法》第 28 条的罚则。究其原因,一方面,上述规则的"法理基础"不同:前者是保护私人利益(理论上是可违背的);后者是保护公共利益,因此明确是强制性的。另一方面,《公证法》中的纪律处分制度是裁量性的。因此,在没有确切命令的情况下,在(确定)违反《公证条例》第 54 条的情况下,除了法律通常规定的制裁(谴责或警告)之外,不能适用其他制裁。

《公证法》第 28 条第 1 项规定了公证人的合法性审查义务,即禁止接收法律明确禁止接收的文书。最近的学说似乎采取了新的解释路线,但仍未被权威学者所接受。根据该法第 28 条,禁止接收的文书既指无效文书,也指可撤销的文书。

---

[60] App. Roma 5 giugno 1879, *in Mon. not.*, 1879, p. 232 e ss.

[61] Cons. Stato, Commissione speciale, 5 novembre 1962, n. 1787162, in *Cons. Stato*, 1963, I, p. 668 ss.; Cass. 2 gennaio 1963, n. 21.; Ministero dell'Interno, *Direzione generale affari di culto*, *Divisione autorizzazioni e tutela*, 10 maggio 1962, n. 3233/6/182/1, in *Riv. not.*, 1962, p. 472 e ss.; Cons. Stato, sez. I, 6 febbraio 1962, n. 147, *ivi*, p. 619 e ss.; Cons. Stato, Paret febbraio 1937, in *Giur. it.*, 1937, 111, p. 161. CNN Studi, *Possibilità di una "autorizzazione successiva" all'acquisto di immobile da parte di un ente di culto. Ragioni che giustificano la richiesta*, III, p. 150 e ss.

因此,违反《公证条例》第 54 条总是会导致违反上述第 28 条,并引致与之相关的制裁后果(根据《公证法》第 138 条暂停执业)。

事实上,按照最高法院最近的一些创新性的裁判观点,《公证法》第 28 条只涉及接收无效的文书,而不包括可撤销和效力待定的文书类型。因此,违反《公证条例》第 54 条的行为受该条例的罚则规制,而不是适用第 28 条引致的罚则[62]。不仅如此,判例还显示出更加谨慎的解释态度。对于公证人起草了无效文书但事后该文书已经补全为有效或被确认的情形,该公证人可排除适用《公证法》第 28 条,无须承担纪律责任[63]。

一种对法定无效追溯性特赦的情形,是被废除了的 1990 年第 90 号法令第 3 条。根据该条,原本有关不动产转让的行政合同和经认证的不动产买卖私人合同,都必须包含或附上最后一次土地收入纳税申报的宣誓书声明,否则,上述合同将被认定无效。该条不仅被废除,而且赦免了所有没有提交上述声明的行为,不管这些行为是否已经被裁定为无效。

违反《公证法》第 28 条的一个特殊案例是,法律废除了法院对有限公司的合同或股东大会会议纪要的审批程序(2000 年 11 月 24 日第 340 号法令),同时规定了公证人接收上述文件时必须将其登记在当地企业登记簿中,否则将违反《公证法》第 28 条的规定。

不管这条规则有多奇怪,它以一个并不新的解决办法(另见 1985 年 2 月 28 日第 47 号关于规划法问题的法令第 21 条)将违法行为"直接"(以某种正式的解释)适用《公证法》第 28 条的罚则(从而排除法官确定违法行为是否适用《公证法》第 28 条的裁量权,原本这显然是法律真空地带)。这将不可避免地导致公证人承担暂停执业的处罚。但是,除了 516~15493 欧元的罚款(2000 年第 40 号公证法令第 138 条)之外,其他处罚"明显"没有法律依据。该规则也具有误导性,因为如果法律没有明确的规定,那么公证人可能不需要承担纪律责任,但他的民事责任并不能被排除。

关于《公证法》第 28 条的禁止规定也适用于私人文书。通过 2005 年第 246 号修正案,判例和学说之间的巨大差异已逐渐得到弥合:事实上,在修正案之前的裁判观点中,该禁令并不适用于私人文书的认证(理由不是很详细),而学界是明

[62]　BUTA, *Le nullità dell'art. 28 n. 1 della legge notarile nell'interpretazione giurisprudenziale*, in *Giust. civ.*, 1999, II, p. 313 e ss.; CALÒ, *La capacità giuridica dello straniero nella rappresentanza volontaria*, in CNN *Studi e mat.*, 2003, p. 710 e ss.

[63]　Cass. 7 novembre 2005, n. 21493, in *Giust. civ.*, 2006, p. 1494 e ss.; CASU, *Funzione notarile e controllo di legalità*, in *Riv. not.*, 1985, p. 561 e ss.; TOMMABO, *op. cit.*, *ivi*, p. 593 e ss.

显反对的[64]。通过 2005 年第 246 号修正案第 28 条,现在解决了是否应当适用的争论[65]。

除对签名真实性的认证之外,这项禁令也应认为适用于所谓的行政认证,特别是 2000 年第 445 号总统令中提到的多人证明文书(atto di notorietà)的见证人声明的认证。因为在任何情况下,公证人参与完成的文书,都不能免于该公证人的合法性审查。

第四节　公证职能的管控:监管

公证职能的公共属性除了体现在上述限制外,还反映在对职能本身实施管控的规定当中。这些管控无疑具有公共性质,其形式是不同机构对公证人的工作进行真正的监督[66]:

(1)司法部长:对所有公证人、地区公证委员会和公证档案馆实施监管(《公证法》第 127 条第 1 款,2006 年第 249 号立法法令修正);

(2)公证人所在管区法院的国家检察官(不再是上诉法院检察长)(《公证法》第 127 条第 2 款,2006 年第 249 号立法法令修正);

(3)公证委员会:它监督在本委员会登记的公证人执业时,是否举止庄重、是否切实地履行其职责、实习公证人的行为举止以及他们履行职责的方式等(《公证法》第 93 条)。

实施监管的一个特点即定期检查或进行所谓的特别检查。

司法部长可下令进行特别检查(《公证法》第 127 条)。1993 年 2 月 3 日第 29 号立法法令生效后,该权限不再属于司法部长,而是下放于司法部民政和自由职业司司长[67]。

在每个两年期开始的前半年内,司法部民政和自由职业司司长会进行常规或定期检查,但必须提前通知公证事务所,且告知其检查的适当期限。

---

　　[64]　Cass. 3 ottobre 1990, in *Riv. pen.*, 1991, p. 749; Cass. S.U. 3 febbraio 1990, in *Foro in.*, 1990, II, p. 627; Cass. S.U. 28 febbraio 1990, in *Foro amm.*, 1990, p. 604; Trib. Pisa 15 marzo 1997, in *Riv. not.*, 1997, p. 1449 e ss.; Cass. 22 marzo 1994, n. 2699, *ivi*, 1994, p. 1422; Trib. Reggio Emilia 14 novembre 1980, *ivi*, 1981, p. 189 e ss.

　　[65]　BOERO, *op. cit.*, p. 170 e ss.; MARMOCCHI, *Scrittura privata*, in *Riv. not.*, 1987, p. 976 e ss.; GIRINO, *Le funzioni del notaio*, *ivi*, 1983, p. 1083; TONDO, *Forma e sostanza dell'autentica*, in *Vita not.*, 1980, p. 284; PACIFICO, *La invalidità degli atti notarili*, Milano. 1992.

　　[66]　参见 1986 年 4 月 26 日第 131 号总统令第 68 条(登记册)以及 1972 年 10 月 26 日第 633 号总统令第 52 条(增值税)。

　　[67]　EBNER, *op. cit.*, p.125; 部长是否有权下令进行这种检查是有争议的。

检查的内容主要是确定公证事务所在编写和保存文书、管理和保存登记簿、注册表,以及向公证档案馆领取资金或付款等方面是否遵守了法律规定(《公证法》第128条,2006年第249号立法法令修正)。

争论较多的是,检查是否仅限于文书的形式部分,还是应扩大到文书的具体内容,特别是内容是否存在无效的情形[68]。前者似乎更为合理,其背后的原因有很多,主要包括:

(1)检查筹备工作组主导的立法文义和立法目的,主张进行纯粹的形式审查[69];

(2)《公证法》第28条禁止接收"明显"违反法律或公共秩序、善良风俗的文书。这隐含着公证人获得授权(《公证法》第27条将其转化为义务)接收所有文件,这些文书的无效可能是对判例不断解释的结果,而不是明确来自法律[70];

(3)无论如何,可撤销原因的确定是无法控制的。除非是可归责于公证人的形式瑕疵所造成的文书可撤销,又或者是法律规定公证人接收某些类型文书会导致可撤销(例如,《民法典》第1471条第3项和第4项);

(4)也有学者提出,所有最终被转化为有效的无效情形(例如,《民法典》第590条对无效遗嘱的确认和第799条对无效赠与的确认),至少在纪律责任方面,公证人也无须再受处罚。

关于股份公司股东大会的纪要,公证人没有具体的审查权,他只负责将会议内容和议程向大会主席报告,除非会议的内容明显存在虚假成分。特别是在公司法改革之后,股东大会主席有责任核实会议流程的规范性,确定在场人员的身份和合法性,主持会议并确定投票结果(《民法典》第2371条)[71]。

该规则同样适用于有限责任公司(《民法典》第2454条)和合伙企业(《民法典》第2519条)。

另外,应当指出,在政府授权颁布的重新整理并编纂的现行公证规则汇编中,明确提到对公证文书的监管,其中包括《民法典》规定的各种情形,还包括各种民事的或商事的执行规定,"其目的是实现公证文书的形式规范"。此外,该汇编中重申,在检查期间,必须确定"法律的规定得到了遵守"(《公证法》第128条第3款,2006年第249号立法法案修正)。

---

[68] 第一种情形参见 Trib. Caltanissetta 9 ottobre 1934;第二种情形参见 App. Caltanissetta 18 febbraio 1935 以及 FALZONE, *Dizionario del notariato*, 4 ed., a cura di Carusi, Roma, 1954, p. 480。

[69] 参见2005年第246号法律第7条。当然,从保护当事人利益的角度来看,将实质审查排除在监管工作之外,并不妨碍公证人承担民事责任。

[70] 例如,在过去根据《民法典》第692条的旧条文所进行的替补信托,在实缴3/10注册资本前公司签订的合同,获得授权之前法人购买不动产的合同等。

[71] Trib. Salerno 30 ottobre 2012, n. 618, in *Notariato*, 2013, p. 167 e ss.

如果检查人员在核查期间查到公证人有违反财税政策的行为,有义务向财税警察报告(1973 年 9 月 29 日第 600 号总统令第 36 条)。

第五节　公证职能的刑事监管

该职能的公共性质还反映在其他的一系列规则之中,为了保障这一公共属性而具化成特殊的刑事性质的监管。

这种性质的监管体现在对公职人员使用暴力或威胁罪(《意大利刑法典》第 336 条)、抗拒公职人员罪(《意大利刑法典》第 337 条)以及侮辱公职人员罪(《意大利刑法典》第 341 条,已废除)。

从这个角度来看,与公证职能的保障特别相关的还有一条规则。根据该规则,当公证人在行使其职能时受到侮辱或遇到阻力时,他可以制作现场笔录,邀请在场的人签署报告并立即转交法院(以前是交给法官),在紧急情况下也可以直接请求警方的帮助(《公证条例》第 53 条)[72]。

---

⑫　LASAGNA, *Il notaro e le sue funzioni*, Genova, 1969, p. 204.

第七章　公证人的职权

第一节　地域管辖权

公证职权的行使体现在公证人有权根据法律接收文书,同时法律也限定了公证人专业服务的地域范围及其内容。和法官的职权类似,对于公证人职权的地域范围及其内容,我们也可以称之为"地域管辖权"和"职能管辖权"。

就地域管辖权而言,尽管公证人是自由职业者,但公证人的公证职权并未扩展到整个国家地域范围①。它限定公证人在所谓管区的范围内执业,也即所在地上诉法院的地域管辖范围内(《公证法》第 27 条第 2 款,2012 年 3 月 24 日第 27 号法令修订)。然而,在最初的法律文本中,仅规定了管区而没有涉及上诉法院②。公证人的执业地域划分与其具有古老渊源的选区以及在选区中的职位等问题相关。

军舰也属于国家领土主权的范围,无论其位于何处,甚至是在意大利领海之外(参见 1999 年 10 月 19 日第 459 号国防法令第 1 条第 1 款),亦是如此。然而,鉴于公证人根据上诉法院来确定地域管辖权范围,公证人是否可以在军舰上接收文书值得怀疑。

除了在上诉法院的地域管辖范围内,还需要在地理上的(或政治意义上)意大利领土内接收到文件。特别需要注意的是,外交豁免或其他国际法规定的地点也属于上述意大利领土范围(大使馆、领事馆、根据罗马教廷和意大利国家缔结的条约第 15 条规定的地域)③。但是,这一领土范围不包括梵蒂冈城和圣马力诺共和国。

事实上,根据最新国际法学说,在治外法权的概念下,区分真正治外法权(也

---

① FALZONE e ALIBRANDI, voce *Circoscrizione notarile*, in *Diz. enc. not.*, vol. I, p. 526; AMATO, *La competenza territoriale del notaio*, in *Riv. not.*, 1958, p. 633 e ss; Di FABIO, *L'acquisto immobiliare dello straniero*, Assisi, 1967, p. 229.

② 《公证法》第 6 条规定临时授权在岛屿和其他难以进入的地方进行公证。在废除该条之前,公证地域管辖权受到更多的限制,因为它不能在岛屿、市镇或指定市镇的部分之外进行。

③ 特别是意大利坎皮奥内市(Campione),它是意大利在瑞士地理领土内的一块飞地(2006 年 10 月 3 日第 262 号法令第 2 条第 25 款)。

即与所谓的本地豁免重合)与人员豁免(外交使团团长及其随行人员),这不会带来法律效力在空间里的限制,只是会限制其强制力。非常特别的是,梵蒂冈办公机构所在地域具有治外法权的性质④。

每个公证事务所都需位于特定管区中。每个管区的事务所数量和公证人数量由《公证法》第 4 条规定的名录来确定,并根据该条的最后一款定期修订。最近两次修订分别是以 1986 年 8 月 4 日第 651 号总统令和 1997 年 7 月 30 日的部长令发布的。

根据《公证法》第 4 条的特别规定(2005 年 5 月 14 日第 80 号法令第 2 条第 4 款修订),在听取上诉法院和公证委员会的意见后,如能证明确有必要,该名录可以每 7 年修订一次⑤,距离上次修订没到 7 年也可以进行部分调整。

之前的《公证法》未明确规定该名录的制作标准,但普遍认为它们应与《公证法》第 4 条第 1 款规定的首份名录的标准相同。现行《公证法》生效后,明确规定该名录需要:

1. 考虑:人口、业务量、地域范围、交通方式;

2. 通常确保每个公证人岗位:

(1) 对应至少 8000 名居民;

(2) 根据过去 3 年的职业酬金平均年收入来确定,该年收入与该管区公证人为本地居民制作文书而收取的公证费用总额应成比例(《公证条例》第 5 条)。在 1976 年之时,曾根据过去 3 年收取费用确定的平均年收入,对应于当时货币的价值,评估其至少为 440 万里拉(按照司法部 1952 年 6 月 26 日第 244680 号的解释来进行评估)⑥。

目前,根据 2005 年第 80 号法令最新修订的第 4 条,公证人的数量和居住地的确定,考虑了人口、业务量、地域范围和通讯方式,并确保每个公证人通常对应至少 7000 名居民,和按照最近 3 年平均值确定的执业总收入至少为 50000 欧元。

在这些标准的基础上,人们试图调和两种利益,即为公众提供便利服务的公共利益,以及公证人的职业利益,来确保每一个岗位能够获得足够的收入⑦。

---

④　CAPUTO, voce *Extraterritorialità* (*diritto ecclesiastico*), in *Enc. dir.* , XVI, 1967, p. 154 e ss. 位于意大利境内的北约基地和美国军事基地无疑属于意大利领土,即使它们受特殊制度调整。

⑤　Cons. Stato 18 ottobre 1967, n. 506, in *Cons. Stato*, 1967, I, p. 1791; Cons. Stato 31 maggio 1967, n. 203, in *Cons. Stato*,1967, 1, p. 870. 最新的修订是 2005 年第 80 号法令。

⑥　见 FALZONE e ALIBRANDI, voce *Tabella dei notai*, in *Diz. enc. not.* , vol. III, p. 869 ss; Cons. Stato 18 ottobre 1967, n. 505, in *Cons. Stato*,1967, I, p.1789; Cons. Stato 30 gennaio 1969, n. 986, ivi,1970, I, p. 1806; Cons. Stato 14 luglio 1967, n. 343, ivi, 1967, 1, p. 1183; Cons. Stato 18 ottobre 1967, n. 505, cit. e 30 gennaio 1969, n. 986, cit.

⑦　参见 FALZONE e ALIBRANDI, *op. ult. cit.* , p. 870.

公证管区的区域范围对应于法院的地域管辖范围,如果是大区首府则对应法院所在的市镇(1924年12月28日第2124号皇家法令第1条)。对于上述辖区的变更或法院地址的更改,将导致对应的公证管区产生类似变动(上述皇家法令第2条)⑧。

然而,1999年12月3日第491号立法令第9条所作的司法管辖区域划分的调整(主要是为了缩小大城市中法院的地域管辖范围),对公证人管区及执业区域的划分产生了不可估量的影响,后来该条款又被废除。如此一来,确定公证管区的地域管辖范围仍然受1986年8月4日第651号总统令及其修正案采用的名录标准。

法院的管辖地域对应公证管区(执业范围)有两个例外,即管区的合并和管区的分离。

管区的合并可以是强制性的或可选/任意性质的:

1. 当一个管区被分配(按照上述的名录)少于15个公证人时,管区的合并是强制性的。在这种情况下,根据国家元首的法令(《公证法》第3条第2款),该管区与属于同一上诉法院的另一临近管区合并;

2. 在形势所限的情况下,管区可以合并(非必须的):根据国家元首的法令,可以将隶属于同一上诉法院的几个相邻管区合并,但须经该法院的同意。

管区的分离(从原属管区分离或从多个管区抽离组成新的管区)始终是非强制性的。

管区合并或分离程序影响公证人的地域管辖权,在第一种情况下其管辖权范围扩大("合并后的管区被视为一个管区",参见《公证法》第35条最后1款),第二种情况下其管辖权范围则缩小了。

考虑到上述情况,我们可以看出公证人的地域管辖权能由管区、居住地和上诉法院划分,具有不同的效力:

(1)在分配给他的事务所所在地的市镇地域范围内,公证人可以不受任何限制地缔约,即使该地点分配了其他的公证人;

(2)但是,在上诉法院所辖的地域范围内,且属于事务所所在市镇区域之外的地方,公证人只能应当事人的要求进行缔约(《公证法》第26条第2款)。但是,在公共假期和集市日,如果该市镇另一公证事务所被分配不超过2个名额,并且至少1名正式公证人在那里有永久居所,则即使有当事人请求,公证人也不能在那里行使职能,除非是遗嘱文书,或者由于该正式公证人本身需要回避,又或是

---

⑧ 公证执业范围与裁判管辖范围之所以相关联(不是行政区划的联系),是因为要考虑到司法机关在整个公证人执业活动中履行的监督和纪律检查职能(参见 FALZONE e ALIBRANDI, *Circoscrizione notarile*, in *Diz. enc. not.*, 1, p. 526 e ss.)。

其他履职障碍的原因导致无法履职的(1937 年 7 月 14 日第 1666 号皇家法令第 14 条)。

违反上述限制不影响所接收文书的效力(除非在上诉法院管辖地域之外行使公证职能),但公证人需要面临纪律处罚,可能仅限于罚款(《公证法》第 137 条),或者在不正当竞争的情况下可能被免职(《公证法》第 147 条),特别是在所谓的"办公时间公告"制度实施的情况下(后者属于《职业道德守则》规定的所谓"第二事务所"制度,参见《职业道德守则》第 9 条及以下)。

但是,该规则的有效期仅至 2007 年 5 月 31 日,因为根据 2006 年第 249 号立法法令第 4 款,该规则最终被废除了。

涉及该办公时间公告制度的规则可以在《公证条例》第 48 条中找到相应的制度起源。根据该规定,公证人必须在其事务所外展示一份通知,说明在事务所关闭的日期和时间内,当事人可以联系公证人的方式。

该规定似乎是为确保随时可找到公证人而预先制定的,但它也为同一公证人在指定公证事务所以外的市镇设立另外的公证事务所提供了支持。

(3)在其公证事务所所在的上诉法院管辖地域之外,公证人不能开展公证活动(《公证法》第 27 条),否则其受理的文书将面临无效的法律评价(《公证法》第 58 条第 4 项),并适用严重的纪律处分(《公证法》第 138 条和第 142 条)。

在属地管辖方面,《公证法》明确规定法院在与利害关系人协商后,应委托本管区公证人完成不动产或需登记的动产的拍卖业务(1998 年 8 月 3 日第 302 号法令第 3、4 条)。这一做法在该法生效前,已得到一些司法裁判的支持⑨。

此外,上述代理权最初只能授予公证人,并登记在法律专门规定的登记簿上,登记簿每年由管区公证委员会递交给法院院长(《公证法》第 9 条和第 10 条)。

随后,这些业务的代理权也被授予律师和特许会计师(2005 年 3 月 14 日第 35 号法令修正的第 534 条和第 591 条)。

委托的目的是完成各项手续(不动产或需登记的动产)直至财产发生移转,执行措施则仍保留给执行法官。

这项新立法无疑带来了一系列问题,主要涉及委托人完成物权转移的最后一个预备行为,即拍卖报告,随后是执行法官的转移令。

对于这份委托给公证人完成的拍卖报告的性质,最有说服力的观点是它具有双重性质,也即程序性和公证性。因此,一般认为应该在遵守《公证法》所有规定的情况下制作它,避免其遭受无效评价。拍卖报告应在目录表中登记,并

---

⑨ Trib. Prato, 4 giugno 1997, in *Riv. not.*, 1998, p. 191 e ss.; SPAGNUOLO, *Delegabilità ai notai delle operazioni di vendita all'incanto nel procedimento di esecuzione*, P. 208 e ss.

保存在公证人的文书档案中,其副本将归档在执行档案中,并由公证人进行登记⑩。

因此,它无疑是一种具备所有效力的公证文书(因此承载着公信力)。在没有法律明文规定的情况下,能否赋予律师或会计师起草具有此种效力的报告值得怀疑。

有关公证人地域管辖权的其他规定:

(1)在通过拍卖出售继承的不动产(《民事诉讼法典》第748条)和未成年人财产变卖(《民事诉讼法典》第733条)的情形下,如果法院在批准此类出售程序时,指定的不是书记员而是公证人,则后者必须来自不动产所在地;

(2)在限定继承的情形下,为了用已接受的遗产清偿债务,如果有人提出异议,对此,继承人必须通过继承开始地的公证人,召集债权人和受遗赠人进行债权申报(《民法典》第498条)。

对于"继承开始地"的认定,如果(被继承人或法院)在该地指定了一名公证人,则该地点可视为该公证事务所所在地,这一点没有任何问题。但如果该地点与公证人事务所所在地不一致,或者该事务所的公证人没有被指定,则可以寻找上诉法院管辖范围内的任一公证人。

此外,在第(1)项的情况下,司法机关指定的公证人有权利和义务,根据《公证条例》第54条,审查自己是否可以被视为"继承开始地"的公证人。

第二节　公证人的职权

公证人的职权由《公证法》第1条规定。该规定按照行为类型明确了公证职能的内容,并结合更为集中的"权力(facoltà)"范畴,最终以兜底条款的形式,规定了公证人可以行使其他法律授予他们的职权。对此,我们应首先考察哪些是法律允许公证人开展的活动。

除上述规定中的公证职能外,公证人还可以(非以补充的方式)开展任何不与《公证法》的规定相冲突的其他自由职业活动。对于此职能,《专业服务规范》(见下文)中涉及公证收费的第30条给予了确认。例如,在民事、商业、行政和税务等事项中收取的费用。对于税务事项,公证人在税务委员会程序中从事代理业务的合法性曾得到了立法确认(1981年11月3日第739号总统令第17条),但最

---

⑩　见 FABIANI, *Sulla natura giuridica del verbale d'incanto di cui all'art. 591-bis c. p. c.*, *studio approvato dalla Commissione Studi Civilistici del Consiglio nazionale del notariato il 14 giugno* 2000, in *Riv. not.*, 2000, p. 1521 e ss.

近的立法改革又将其排除在外⑪。

（一）公证人的第一类活动由《公证法》第 1 条第一部分作了一般规定。根据该规定,公证人:

1. 致力于接收生者间文书(这一不太确切的术语是为了与后面几种文书类型相区分)以及遗嘱,赋予其公信力并进行保管。

该项职权与根据法律规定或应当事人的要求保管文书的职权(《公证法》第61 条)相辅相成⑫。

2. 颁发副本、证明书和摘录。按照《公证法》第 67 条的规定,这项权利/义务专属于收到文书或保存文书的公证人。在停止执业或调换到另一个管区后,该权限转移到原管区公证档案馆,停止执业或更换管区的公证人的文书也在此保存⑬。

（二）第二类活动由《公证法》第 1 条第 2 款列举规定。其承认公证人享有以下"权力"⑭:

1. 签署并提交与非讼程序有关的诉请,但以当事人任何一方通过协议委托他们的权限范围为限。

立法者一直认为非讼程序对于公证职能意义重大⑮,且与公证职能特别相关。这主要体现在为任命公证人而进行的考试中,三项笔试必须有一门非讼程序的考试,以及《公证条例》第 54 条作出的相关规定。事实上,该条规定公证人不能签署涉及法律明确规定须经"特定方式"协助或授权的主体的合同,以便他们可以以自己的名义或代表的名义合法地缔约。该规则关于"方式"的恰当性直接与公证人相关,使其在非诉程序中以第一人称的参与具有合理性,尽管对他应签订的文书存在限制性规定。

---

⑪ 过去,公证人也被赋予宗教领域的职能,例如神迹和圣物的证明(MICHETTI (a cura di), *Notai, miracoli e culto dei Santi*, Milano,2004)。

⑫ 见 1937 年 7 月 14 日第 1666 号皇家法令第 1 条;《公证条例》第 71 条和第 75 条; GALLO, *Deposito di atti e documenti*, in NssDI, V, 1960, p. 517 e ss. 如果文件是在国外起草的,《公证条例》第 68 条要求将其合法化(必要时),如果用外语起草,则要求其提供翻译。

⑬ 这项规则的一个例外是《民法典》第 2673 条第 3 款规定的。根据该条规定,土地登记机构负责人可以复发文件的副本,这些文件的原件存放在公证人处,或存放在其办公室所在法院管辖范围之外的公共档案馆中,见 GALO, *Copia, estratto, certificato notarile*, in NssDI, IV, 1959, p. 845 e ss.

⑭ 事实上,法律用"权力"一词,并不排除公证机构根据《公证法》第 27 条对此类行为的强制接受性质 (见 GAZZILLI, *Manuale del Notaio*, Roma,1950, p. 6 e ss.); MIGLIORI, *La giurisdizione volontaria nella pratica notarile*, Torino,1975, 1, p. 18; PAARDI, *La giurisdizione volontaria*, Milano,1963, p.98.

⑮ 这种功能是古老而光荣的。"公证职能"在过去时代包括"处理、安抚和诉讼"。也就是说,"公证职能"不仅包括负责起草最后遗嘱和私人协议,并将其转化为法律形式,而且还引导司法裁判相关的行为,并将其转化为法律形式(证人的证词、时效的规定、发布判决、执行判决): UGOLINI, *op. cit.*, p. XII e ss.

此外,可以说,由于法律规定公证人需要确定"方式"的准确性,因此当不具备权限的法官采取了一定措施,或当法律并未规定该措施时,公证人有权利/义务监督以及不适用(或质疑)法官采取的措施[⑯]。

现行《公证法》首次承认公证人关于自愿管辖的程序职能,这一规定遭到律师界的强烈反对。然而,这一职能的特点明显不同于公证的主要职能(接收文件),并且也明显区别于法定代理人(如果存在)和律师行使的相同职能。

与上述后两类主体的职能相比,一方面,公证程序职能的行使,由于要求其与待议定的文书存在必然联系,故而该职能在功能方面受到更多限制[⑰];另一方面,这一职能行使在地域方面更为广泛,因为它不受其所属管区的地域限制,公证人有权向在国家领土内的任何司法机关提出诉请[⑱]。

还应注意的是,法律并没有规定当事人必须向公证人授予特别授权书。因此,公证人在诉请中的声明,被认为足以表明他已获得制定该契约的授权(所谓的自我证明)[⑲]。

正如没有必要为起草和提交诉请而向公证人授予特别委托书一样,也没有规定由利害关系人签署此委托书。立法并不禁止他们签署,但是如果他们签署可能更为恰当。一方面,可以确认那些必须采取该举措的人的动机,另一方面,使司法机关无须负责提供进一步的"信息",如同《民事诉讼法》第 738 条最后一款规定的一样。

委托公证人以非诉程序完成的主要"事务",涉及指定某些主体必须参与公证文书的制作过程,协助或代表委托人(例如,《公证法》第 56 条和第 57 条,第三人协助聋哑人办理公证的情形);请求许可"缔约"(例如,参见《民法典》第 320 条、《民事诉讼法典》第 747 条,未成年人或被保佐人的财产管理的情形);在《公司法》改革后,不再由公证人来请求批准公司章程或某些股东会议纪要,又或是所谓的财团和合伙的股东或合伙人的决定(《民法典》第 2330、2464、2475 条最后一款,第 2519、2375、2411、2498、2502 条)。

---

⑯　Trib. di Reggo Calabria del 6 febbraio 2004 (in *Giur merito*, 2004, p. 670); Cass. 7 maggio 2012, n. 6880, in *Giust. civ.*, 2012, p. XVI.

⑰　见 MIGLIORI, *La giurisdizione volontaria*, cit., I, p. 17 nt. 1.

⑱　PAARDI, *op. cit.*, p. 101; MIGUORI, op. ut. cit., p. 22; MAZZACANE, *op. cit.*, p. 17; MARTRA, op. cit, p. 369; SERRETTA, *La facultas postulandi del notaio nei procedimenti di giurisdizione volontaria*, in *Gist. Civ.*, 1985, p. 1284; 反对的观点见 Trib. Parma 22 novembre 1958 Temi, 1959, p. 244; PROTETTÌ e Di ZENZO, *La legge notarile-Commento con dottrina e giurisprudenza delle leggi notarili*, Milano, 2003, p. 53.

⑲　反对的观点见 VISCO, *I provvedimenti di giurisdizione volontaria*, Milano, 1961, 69.

公证职权是否也包含对司法机关颁布规定的合法性提起上诉,存在一定的争议。主流观点持肯定态度[20]。

2. 接收民事和商业事务中多人宣誓作证的证书。

根据主流裁判观点,此类文书仅在法律明确规定的情况下才可接收。在其他情况下,基于司法判例准则,它们大多采取证据形式留存供日后参考。因此,可能涉及司法权限的侵入[21]。

此外,从判决中可以看出,司法论证并未产生令人满意的结果。究其原因,虽然所有论证都是基于一项基本原则,即确认一般程序文件和特殊调查文件都专属于司法机关的职权范围,但是有些判决认定在所有情况下都禁止多人宣誓作证文书进行公证。对于这一点,法律显然并未如此规定或并未明确禁止。另外,还有些判决则认定仅在某些情形下,才承认多人作证文书公证(例如,在缺失宣誓或明确表明其为非司法用途的情况下)。还有一些判决不仅禁止多人作证文书的公证,还禁止公证人制作报告声明、描述行为或情况的任何其他文书(所谓的口头调查结果)[22]。

此外,还须区分包含当事人声明的多人作证的文书和所谓的纯粹的公证文书。显而易见,每份公证文书都"证实"了某些东西(事实陈述),并且不能排除它可以用于审判当中(实际上,它是最佳的诉讼证明)。在我们的法律制度中,可以找到多种类型的证明报告[23]。

然而,还必须强调的是,必须采取交叉证据,特别是在《民事诉讼法典》(与之前版本不同)明确规定预防性制度(第 623 条及以下)和每次审判都需要进行交

---

[20] 认为存在争议的观点见 MIGLIORI (*op. loc. cit.*);主流观点见 ANDRIOLL, *Commento al codice di procedura civile*, IV, Milano, 1964, p. 435; REDENTI, *Diritto processuale civile*, III, Milano, 1954, p. 354; MICCHELI, voce *Camera di consiglio*, in *Enc. dir.*, V, p. 987; SATTA, *Il procedimento in camera di consiglio*, in *Banca borsa*, 1952, 11, p. 430; JANNUZZ, *Manuale della volontaria giurisdizione*, cit, P. 719;案例参见 App. Caltanissetta 3 dicembre 1956, in Giust. Civ. ,1957, 1, p. 721 e ss;少数反对的观点见 GAZZILLI, *op. cit.*, p. 118; LASAGNA, *op. cit.*, p.107.

[21] TRIOLA, *Sulla legittimazione del notaio a proporre reclamo in materia di volontaria giurisdizione*, in *Riv. not.*, 1970, p. 1053 e ss;反对的判例:App. Bologna 11 marzo 1970, ivi.;认为有争议的观点:METITIERI, *Il potere del notaio di presentare il ricorso di volontaria giurisdizione e la sua legittimazione a proporre il reclamo*, in *Notaro*, 1980, p. 35.

[22] BUTTITTA, *Valore giuridico e applicazione dell'atto notorio*, in *Atti del II Congresso Internazionale del notariato latino*, IV. Madrid, 1950, p. 9 e s; BERNASCON DE LUCA, *L'atto di notorietà e sue applicazioni secondo la legislazione italiana*, ivi, p. 3 e ss. 案例:Cass. 27 marzo 1945, in *Sett. casi*, 1946, P. 143; App. Milano 14 aprile 1944, in *Notaro*, 1946, p. 70; Trib. Milano 10 marzo 1957. Trib. Milano 12 giugno 1963 in *Vita not.*, 1963. p. 391; Trib. Milano 21 aprile 1961 in *Riv. not.* in *Rolandino*, 1957 apoli 16 gennaio 1978, 1963, n. 977, in *Vita not.*, 1963, p.253.

[23] GIBBONI e RUSSO, *Ministero notarile e limiti giurisdizionali*, in *Riv. not.*, 2006, p. 661 e ss.; Cass. 11 luglio 1996, n. 6313, in *Riv. not.*, 1997, p. 163 e ss.; SATTA, *op. loc. cit.*

叉询问(《宪法》第 111 条)的情形下。

应该记住,1917 年 7 月 26 日第 1239 号法令的唯一条款是认可多人宣誓证明的文书有效,以保证遗嘱继承的真实有效性。甚至在此之前,对于任何涉及公共债务年金证书的操作(特别是在继承的情况下),多人宣誓作证公证文书作为司法证明文书已被确认有效(1916 年 8 月 10 日第 1054 号法令)。

一些判例是基于上述规定而作出的。根据这些规定,公证人只有在法律规则严格确定的事项和情况中,才有资格接受多名证人的宣誓证词以形成宣誓文书[24]。

3. 按照《民法典》第 484 条的规定,制作以享有遗产清单利益的方式接受继承时的公证声明。

这一具体规定解释了为什么在 1913 年《公证法》时期,在公开继承的情况下,接收此类声明的权限也保留给地方法院的法官。因为那时候 1865 年《民法典》依然生效,其规定(第 955 条)与现行《民法典》第 484 条不同,它规定可以择一选择由公证人或由法官来接收此类声明。

4. 在司法机关授权下进行以下活动:

(1)在民法或商法规定的情况下张贴或者拆除封条。

(2)在开展《民事诉讼法典》第 769 条规定的民事和商事清算时,法院(以前为地方法官)根据当事人的要求并为了当事人的利益,指定公证人进行清算。

未加贴封条的,申请人可以直接向死者遗嘱中指定的公证人提出遗产清算请求。未在遗嘱中指定公证人的,可由当事人选择公证人并进行申请(第 2011 年 12 月 2 日第 212 号法令第 13 条第 1 款 b 项之二)。

特别是关于遗产清单的效力,其包括对遗产的整理和现状描述。根据最高法院最近的判决,它不具有证明报告的功能,但其作为物品存在清单,可以使法官将其作为具有优先效力的证据,因此需要公证人确定资产的真实性与一致性。然而,这种说法似乎没有法律依据,我们应考虑如下情况:

①对积极财产和消极财产的(《民事诉讼法典》第 775 条)的说明与所有权人的意见不符;

②关于不动产,根据上述规则,确定其所有权需要对其性质、状况、边界、不动产档案号和地籍图的介绍做出说明,因此需要对上述事项中的每一项进行耗时且耗费代价的地籍调查;

---

[24]　D'ORAZI FLAVONI, *Problemi giuridici notarili*, in *Scritti giuridici*, *cit.*, p. 812 e ss.; CNN Studi, Competenze del notaio o rogare atti di notorietà, IV, 1969, p. 111 e ss.; App. Catanzaro 16 febbraio 1936, In *Calabria giudiz.*, 1956, P. 349; FABAN, *L'intervento del notaio nell'assunzione dele prove*, In *Riv. dir. civ.*, 2013, p. 1063 e ss., 1954, p. 183.

③法律规定被指定的清算人对清单的真实性和完整性负责[25]；

④法律规定如果在场人员反对将某物编入遗产清单，则执行人员会在执行笔录中描述该情况，记录当事人的意见或要求(《民事诉讼法典》第 775 条最后一款)，这意味着遗产清单不等于遗产所有权清单；

⑤如果最高法院的主张是正确的，确定资产所有权的任务，应由制作清单的书记员负责(《民事诉讼法典》第 769 条第 1 款)。除非是意大利驻外领事负责的情况，驻外领事可以根据《民事诉讼法典》第 775 条第 1 项规定的涉及意大利居民不动产的事项进行清算。

至于遗产清单，公证人制作遗产清单的权限将仅限于法律规定需要遗产清单的情况，并需要有司法机关进行授权。对于其他情况，则无法获得授权[26]。

(3)拍卖和司法分割及二者所需的所有操作流程。

司法机关关于授权打开保险箱的规定：

①如果为了继承人支付遗产税而需清点遗产内容，则无须司法机关授权，因为法律直接规定了此种情形下公证人的介入权；

②如果有必要进行强制开启，则需要法院的授权，法院应银行的申请指定公证人，并确定其认为适当的保障措施(《民法典》第 1841 条第 2 款)。

对于接受继承以享有死者遗产清单利益的遗产清算，未事先加贴封条的，公证人无须获得法院授权(《民事诉讼法典》第 769 条第 4 款)。

但是，在这种情况下，如果需要指定公证人来代表那些须被通知的其他利害关系人，且这些人在继承开始地的法院管辖范围内，没有经常居所或择定住所的(《民事诉讼法典》第 772 条第 2 款)，上述公证人必须经法官的命令任命[27]。

关于加贴封条的措施，《公证法》规定司法机关可以基于申请，委托公证人实施，且这一授权只有书记员(《民事诉讼法典》第 761 条)或治安法官(现在只能是普通法官)可以进行[28]。但是，如果是由法院委托或权利人指定的公证人进行清算的，公证人需在一日以内完成清算。无论出于何种原因，必须持续完成清算。公证人无须法院的任何授权，可以继续加贴封条，不过其无法根据《民事诉讼法典》第 446 条指定协助人[29]。

---

[25] CICU, *Successioni per causa di morte—Parte generale*, Milano, 1954, p. 183.；Cass. 16 marzo 2018, n. 6551, in *Riv. not.*, 2018, p. 1285；相反的观点见 M. Di FAZIO, *Ancora sulla funzione dell'inventario notarile di eredità*.

[26] Trib. Piacenza 16 settembre 2005, in *Riv. not.*, 2006, p. 1124 e ss.

[27] 似乎总是需要指定公证人代理这些人，即使他们实际上可以直接或通过特别检察官参与操作，因为不可能预见清算开始时的具体情况，法律并没有规定必须指定公证人来代理。

[28] PROTETTI e DI ZENZO, *La legge notarile*, Milano, 2003, p. 41, nt. 2；BOERO, *La legge notarile commentata*, Torino, 1993, p. 40；AVANZINI, IBERATI, LOVATO, *Formulario*, 17ª ed., 2002, p. 979, nt. 1.

[29] CASU e SICCHIERO, *La legge notarile commentata*, Milano, fiori-Assago, 2010, p. 23.；CASU, *Verbale di apertura delle cassette di sicurezza*, in *Vita not.*, 1982, p. 446 e ss.

5. 向养老金领取者和其他国家补助领取者出具生存证明。更准确地说,是证明这些人还活着的证书㉚。

(三) 最后,第三类事务根据其相关性,在《公证法》第 1 条的最后部分予以规定:

这项规定即《公证法》第 1 条的兜底条款,赋予前述列举条款的可解释性和非穷尽性,并援引了许多公证人针对某些特定行为进行干预的规定。这些规定的事务有些是专属于公证人的,有些则其他主体也可以参与,例如:

(1)股份有限公司临时股东大会记录和有限责任公司修改公司章程的会议纪要的起草(见《民法典》第 2375、2489、2516 条);

(2)汇票或支票的拒绝承兑书(《汇票法》第 68 条;《支票法》第 60 条);

(3)现实交付和提存的文书以及上述行为的笔录(《民法典实施细则》第 73 条和第 74 条);

(4)公债券转让、转换的申请或声明的认证(1957 年 8 月 8 日第 751 号法令第 7 条);

(5)对享有遗产清单利益继承的各个程序阶段的参与;在遗产清单存在异议的情况下,邀请债权人和受遗赠人提交债权声明(《民法典》第 499 条);在有数名享有遗产清单利益继承人的情况下协助召集所有继承人,并代理不在场的共同继承人(《民法典》第 504 条);

(6)由所有继承人(《民法典》第 730 条)或司法机关委托的公证人执行财产分割程序(《民法典》第 790 条及以下);

(7)在《民法典》第 2410 条第 2 款规定的发行公司债券的情形下,为债券持有人的利益完成设立抵押物的手续(《民法典》第 2414 条);

(8)协助强制开启保险箱并起草相关报告(《民法典》第 1841 条);

(9)为重新制作已损毁灭失的文件或文书,而出具经核实证明的副本(1925 年 11 月 15 日第 2071 号皇家法令第 2 条);

(10)起草放弃行使申诉权的"纪要"(《刑事诉讼法典》第 13 条);

(11)根据 1975 年 5 月 19 日第 151 号法令第 228 条,作出不接受法定共同共有财产制的意思表示;

(12)对非婚生子女的认领(《民法典》第 254 条);

㉚　现行《公证法》为所有公证人提供了这种职权,而过去它是为在那不勒斯王国(1810 年 5 月 2 日)、西西里岛(1812 年 7 月 5 日)和撒丁岛国家(1817 年 11 月 25 日,皇家执照)建立的公证机构所保留的。这些公证人由皇家法令任命,必须提供特别保证金,并且必须向养老金领取者和国家的其他受领人颁发生存证明。

（13）根据《民事诉讼法典》第591条之二,委托进行房地产变卖程序㉛;

（14）1997年7月22日第276号法令规定了公证人(甚至是已退休公证人)可以被任命为借调名誉法官(G.O.A.),这属于该法律规定的临时任命制度。

1997年7月22日第276号法令第1条第2款及随后的修订,实际上已将下列公证人包含在可担任借调名誉法官的职位列表之中,以及在1995年4月30日成立的确定法院未决民事案件的临时部门之中:公证人,甚至是退休的公证人,年龄从35~67岁(对于那些已经被授予上述职能的人可以延缓至72岁)。该公证人还需在涉及竞聘编制的部长令公布的截止日期前,向主管的公证委员会提出特定申请。对于担任借调名誉法官的公证人,法律赋予其普通地方法官的法律地位,类似于治安法官。不过,治安法官只可以根据公平原则来调解,担任借调名誉法官的公证人,如果根据法律要求尝试调解不成功,则可根据法律来决断,但当事人一致要求其根据公平原则来决断的除外㉜;

（15）与上述情况不同并备受争议的是,公证人可能会被要求替代罢工听证会甚至是刑事听证会中作笔录的书记员。

关于这一点,1960年10月23日第1196号法令第74条规定了一种情况,主要是在书记员罢工的情况下,如果没有找到被分配到当地另一个司法机关的书记员或司法秘书替代,并存在绝对必要的理由时,上级司法机关的负责人可以命令执业公证人担任书记员。

关于上述问题值得注意的还有:

（1）对于该条款非法性的质疑,已被宪法法院宣布没有根据(宪法法院1980年第125号判决书);

（2）公证人的义务可纳入《公证法》第1条规定的范畴。因此,按照法律规定公证人可以受到纪律处分(《公证法》第27条第2款)和刑事处罚(《刑事诉讼法典》第328条);

（3）公证人必须归属于法院之下的管区;

（4）这部分职能主要包括(只要不是法律禁止的情形)制作听证会纪要;

（5）法院院长不能实施上述措施,而应由上级司法机关负责人实施;

（6）这里间接提及公证人强制干预,使得对于某些行为或某些手续的执行措施,需要采取公证书或对私文书上签字进行认证的形式。

㉛　除公证人(最好属于该地区)之外,还可以向根据上述法令第179条,给在注册表中注册的律师或会计进行授权,其目的实际上不只是根据执行法官的法令进行变卖而已,还包括初步及后续的各种操作,如登记手续、转录和地籍转移(BUSANI, *Le funzioni notarili nell'espropriazione forzata*, Torino, 1999)。

㉜　见LEO, voce *Giudice Onorario Aggregato* (*nomina dei notai alla carica di*) in FALZONE e ALIBRANDI, *Diz. enc. not.*, Roma, 2002, p. 261 e ss.

至于职权,新规定明确地涉及了公证人的干预:

(1)自然人、合伙企业和类似主体以及《综合法》(T.U.)第 87 条第 1 款(由 1986 年 12 月 22 日第 917 号总统令批准)规定的所得税主体,在纳税申报表中要求取得税收减免的,必须通过公证文书或经公证人认证的私文书进行(1997 年 9 月 30 日第 384 号部长令第 1 条第 2 款)。

(2)就缴纳增值税而言,对于财物损毁、灭失或转化为另一种类型或经济价值较低的财物的情形,可以通过参与上述过程的公证人起草的报告来证明(1997 年 11 月 10 日第 441 号总统令)。这是法律明确规定的一种特殊的证明报告。

(3)公共行政机构为了促进行政管理组织的创新和效率提升,可以与各个协会以公证的方式签订赞助协议或合作协议(1997 年 12 月 27 日第 449 号法令第 43 条第 1 款)。

(4)要求通过公证文书或经过认证的私文书,建立国家级消费者和用户代表协会,以便在经济发展部(原工业、商业和手工业部)设立的注册表中注册(1998 年 7 月 30 日第 281 号法令第 5 条第 1 款)。

(5)《民法典》第 2643 条第 1、2、3 项和第 4 项提到的预约合同的登记,根据《民法典》第 2657 条的要求,需要采取公证或经过认证签名的私文书的形式(1996 年 12 月 31 日第 669 号法令第 3 条;《民法典》新增加了第 2645 之二、第 2825 条之二、第 2775 条之二等条文,并对其他相关条款进行了修订,其中还包括一些税法条款)。

不管是否登记,预约合同和自然人购买上述法律规定的不动产或者不动产上的物的合同,必须采取公证或经过认证签名的私文书的形式(2005 年 6 月 20 日第 122 号立法令第 6 条)。

(6)以公证文书形式登记在公共登记簿中的不动产或动产的合同,旨在保护残疾人、公共行政部门或其他实体、个人等的相关利益(《民法典》第 2645 条之三)。

(7)在意大利作家和出版商协会(S.I.A.E.,1994 年 1 月 14 日第 26 号法令规定,经 1998 年 4 月 8 日第 163 号总统令批准设立)公共登记册中登记的文书,如果它们未采取公证文书或司法认证的形式,则必须由当事人签署,并经公证人认证或经司法鉴定(上述条例第 4 条)。

(8)公证人的一项特殊职能是应利益相关方的邀请参与代表机构,负责调解某些事项中的争议(2003 年 1 月 17 日第 5 号立法法令第 38 条批准的公司法相关规定;2001 年 10 月 3 日第 366 号立法法令第 12 条批准的金融中介、银行和信贷事务相关规定;《民法典》第 768 条之八的家庭契约)。

上述规定明确提到的这些机构,是为了应对更多地将争议解决委托给庭外调解,而减少付诸司法机关的现实需要,并以20世纪70年代在美国出现的"替代性争议解决机制(ADR)"作为参考模式。此外,上述机构必须在法律规定的特定登记机构进行登记。

(9)与前述功能相关的是,公证人可以成为仲裁委员会的一部分,即使在涉外领域,人们越来越频繁地将争议诉诸仲裁委员会。因为在这种情况下,不同法律制度体系产生的分歧,可以通过将各方置于绝对平等地位的基础上来克服㉝。

(10)近来出现的问题是在国外起草的公证文书"在国内使用之前"(《公证法》第106条第4项),需要将该文书交给公证人或公证档案保管,只有先履行该义务,才能继续后续手续(1977年12月23日第952号法令第2条第2款关于机动车登记的规定;1980年3月13日第73号法律关于企业登记的规定)。尤其是,与公众、房地产或公司相关的强制执行,一般认为必须进行提存㉞。该观点引发了人们的困惑,因为它违背了该条文的立法目的,即确保在国外制作的公证文书的保存和监管,还需由公证人或公证档案馆管理员来评估上述该文书是否违反了《公证法》第28条的禁止性规定㉟。

意大利驻外领事馆收到的文书没有此类提存的要求,因为这些文书是由履行意大利公证人职能的主体在国外接收的。

需在执业公证人处保存的文书类型不包括1977年5月2日第342号法令批准的《公约》第14条第2款规定的文书,这些文书只需要在法院登记。在此情形下,由登记法官登记,并负责将文书送达地区直属税务局的工作人员处(1996年12月31日第669号立法令第9条)。

至少在欧盟内部,这个问题涉及公证文书的自由流通,以及欧洲公证职业自由行使职能的相关问题。欧盟委员会第1458/96号书面答复已经重申1994年1月18日议会决议的两个问题的立场,即保障文书的自由流通,以及继续与欧盟公证人会议协商。而对于公证人的自由流通,它的主要障碍是该职业需要具有公民身份这一条件(意大利或欧盟的某一个国家),这种条件目前显得不合时宜。更为重要的是,意大利公证人具有国家公职人员的性质㊱。

特别是,如前所述,公证人被排除适用2005年9月7日的共同体第36号指令。该指令建立了在一个或多个成员国承认所获得的专业资格的规则,以便获得

㉝　PUNZI, *Disegno sistematico dell'arbitrato*, I, Padova, 2000, p. 14.

㉞　TONDO, *Deposito di atti esteri*, in *Vita not.*, 1980, p. 1055 e ss.; ID., *Appunti sulla efficacia di sentenze e atti stranieri*, in *Foro it.*, 1996, p. 192 e ss.

㉟　PROTETTÌ e Di ZENZO, *op. cit.*, p. 357 e ss.

㊱　参见 Riv. dir. int. priv. proc., 1997, p.537。至少就欧盟成员国而言,这一障碍在2003年共同体法生效后已经消失(1. 31 ottobre 2003, n. 306)。

专业资格的人在各个成员国之间通行执业。《罗马条约》第45条已经作出排除适用的规定,这源于以下事实,即意大利公证人是公共权力的组成部分,并且正因为这一原因才会被排除适用㊲。

(11)制作2012年7月4日批准的欧盟第650号条例规定的继承证明(第64条)。根据该条例,出具该证明书的主管机构是所有法院,也包括有权能从事继承事务的法律专业人员,特别是公证人。

(12)证明地籍调查和不动产登记结果的公证文书(根据《民事诉讼法典》第567条第二款)。

最后,人们提出对《民法典》第608条进行类推解释的可能性,也即需要将最新规定的生前预嘱也保管于公证人处㊳。

第三节　限额管辖权

有关公证人标的额管辖的规定有限,其中之一是由《民法典》第363条第2款规定的。如果资产的预估价值不超过775欧元,法官可以允许在没有法官或公证人参与的情况下,制作监护人财产清单。

最后,有争议的情形是,为了规避空置税或土地税,是否可以仅仅通过可登记的单方合同,来放弃财产所有权(主要针对无法使用的土地或损毁的建筑物),最终结果是财产将归于国家所有(根据《民法典》第827条)。瑞吉欧艾米莉亚(Reggio Emilia)当地的地方规章(2018年9月26日)和因佩里亚(Imperia)法院(2018年8月20日裁判第2531号)支持了该做法,但皮埃蒙特(Piemonte)地区行政法院却驳回了类似做法(2018年3月26日裁判第368号)㊴。

㊲　CARCONE, *Il notaio tra regole nazionali ed europee: i diritti societari e professioni regolamentate alla prova delle libertà comunitarie*, in *Dir. un. Eur.*, 2003, p. 689; CHIARERTO, *il riconoscimento delle qualifiche professionali nell' Unione Europea*, in *Riv. dir. int. priv. proc.*, 2006, p. 701 e ss.

㊳　MALTESE, *Il "testamento biologico"*, in *Riv. dir. civ.*, 2006, p. 525 e ss.

㊴　公诉人不能主张该放弃行为不可受理,因为被放弃的财产的份额,总是会增加其他共同共有人的份额。

第八章　公证文书的形式

第一节　公证文书的形式

根据《民法典》第 2699 条对公证文书的定义,公证文书属于公共文件之"属性",是一种必须由公证人(作为公职人员)起草的文件,文件通过"符合规定的形式"被授予公信力。

"文件(documento)"(作为人类活动产生的有体物,它保存了人类活动的痕迹,通过对印在其上的图形符号的感知,能够以持久的方式向需要它的人表达超出其本身的事实),其所代表的行为活动与其作为一种物质实体之间的理论区分①,同样体现在公证文书上。

一方面,公证文书所体现的行为活动通常由各种文书和法律行为构成,而法律行为通常不属于《公证法》调整的范畴,但是,《公证法》则涵盖了公证文件的大部分规则(法定的形式/必要的手续)。

反过来,根据最新理论 ②所作的区分,规范作为物质实体文件的规则必须按以下方式进行分类:

(1)关于文件形式的规则,它们主要涉及文件的外观(关于公证书,主要但不限于《公证法》第 5 条的内容)。

关于公共文书的书写方式、书面文件的印刷、手写或打字方式的各项技术实施细则已被明确废除或已失效(包括 1968 年 1 月 4 日颁布的第 15 号法令第 12 条、1962 年 8 月 3 日关于只能以印刷、手写或打字方式起草文书的总理令以及

---

① GUIDI, *Teoria giuridica del documento*, Milano, 1950, p. 46; CANDIAN, *Documentazione e documento* (*teoria generale*), in *Enc. giur.*, XIII, Milano, 1964, p. 579 e ss.; CARNELUTTI, *Documento (teoria moderna)*, in *NSSDI*, VI, Torino, 1960; FALZONE e ALIBRANDI, voce *Atto pubblico notarile*, in *Diz. enc. not.*, I, p. 241 e ss.; SCARDACCIONE, *Le prove*, in *Giurisprudenza Sistematica civile e commerciale*, Torino, 1965, p. 82 e ss.; IRT, *Sul concetto giuridico di documento*, in *Riv. trim. dir. proc. civ.*, 1969, p. 490 e ss.; LA TORRE, *Contributo alla teoria giuridica del documento*, Milano, 2004; ANGELICI, *Documentazione e documento (Diritto civile)*, in *Enc. giur.* Treccani, Roma, 1989, p. 11; GENCHIN, *La forma degli atti notarili*, CEDAM. 2009.

② FALZONE e ALBRANDI, *op ult.*, *cit.*, p. 242.

1936 年 12 月 19 日颁布的关于手写和打字墨水特性的第 2380 号皇家法令第 6 条)③;事实上,按照现行《公证综合法》第 7 条关于行政文件的法规(2000 年 12 月 28 日颁布的第 445 号总统令),公证人接收的文件可以通过任何适当的方式起草,甚至是混合的方式,只要能保证其长期保存即可。适当的方式包括使用"激光"打印机,因为激光打印机被认为是比较可靠的;

(2)关于文件撰写行为的规则,它们涉及特定主体(在这即为公证人)为制作文件而必须进行的活动(见《公证法》第 47 条)。

本章将一并考察上述两种规则,这既是因为作为其主要法源的《公证法》并没有对它们进行系统的区分,也因为立法者经常在它们之间建立一种特殊的联系,即,由公证人证明完成了某项规定的"程式"④。因此,法律规定公证人除履行相关义务外,还应明确说明诸如对当事人身份的确定、文书的宣读、文书的记录等程序,这也是一种预防措施。一是引起公证人对履行内容的注意;二是为履行内容本身提供公信力保护;三是对履行内容作虚假证明时可能涉及公证人的刑事责任。

通常说来,公证文书在外观上的特点是由 "指示" (indicazioni) 和 "说明" (menzioni)组成:"指示",即对文件要素的说明,既涉及形式又涉及行为;"说明"只涉及形式方面,因为它构成形式规定的具体内容⑤。

无论这种区分的实际效用是什么(很明显即使是"说明"也是一种"指示"),但是应该注意的是,对于公证人收到的任何文书来说,两者的结合都不是唯一和不变的。还因为并不存在一成不变的"公证文书",而是有很多"类型"的公证文书,不仅在文书的内容上还是在形式上都有很大的不同。正如《公证法》第 51 条规定的典型公共文书(atto pubblico-tipo)和其他公证文书(altri atti notarili)之间的区别就足够了,例如私文书上签名的认证、股份公司股东会纪要、拒绝承兑汇票或支票证明等。

应选择哪种类型的公证文书的规则大多不在《公证法》的调整范围之内,特别是在公证文书和经认证的私文书这两种主要类型之间的"选择"上 ⑥,《公证

---

③　Presidenza del Consiglio dei ministri - Ufficio legislativo del Ministro per l'innovazione e la tecnologia, in *Notaro*, 2003, p. 61.

④　CURTI-PASINI, *Il concetto della menzione*, Lodi, 1929; CARUSI, *II negozio giuridico notarile*, Milano, 1968, p. 81; FALZONE e ALBRANDI, voce *Menzione negli atti notarili*, in *Diz. enc. not.* , III, p. 39.

⑤　SANTARCANGELO, *La forma degli atti notarili*, Roma, 2006, p. 28; FALZONE e ALIBRANDI, *op. loc. ult. cit.*

⑥　ANSELMI, *Principi di arte notarile, cit.* , p. 46 e ss.; LASAGNA, *Il notaro e le sue funzioni*, Genova, 1974, Ill, P. 1107 e ss.; GIRINO, voce *Sordo, muto e sordomuto*, in *NSSDI*, XVIL, 1970, p. 914; DI FABIO, voce *Notaio*, in *Enc. dir.* , Milano, 1978, p. 602 e ss.

法》主要涉及各个种类公证文书各自的"指示"和"说明"的主要规则。

为此,我们首先来研究《公证法》第三章第一节(第 47 条至 60 条)。这部分明确规定了"公证文书的形式",包含了文件形成和文件撰写活动的规则,然而,仅适用这部分法条尚不够完备,还必须由《公证法》的其他条款(如第 68、69、71、72 条)以及其他法律渊源加以补充。

关于公证文书形式的法律渊源众多,因此需要解决它们之间的协调问题,立法者意图用《公证法》第 60 条来解决这一问题,根据该条文,《公证法》第三章第一节中的规定也适用于遗嘱和其他行为,只要这些规定不违反《民法典》《民事诉讼法典》或意大利其他法律的规定,相反,其可以构成对这些法律的补充规定。

《公证法》第 60 条确立的原则并不能理解为绝对从属性(与其他法律中的"不同"规范内容之间),而是所谓的"附条件"不相抵触的从属性。因此,只要在形式方面没有"相抵触的"(而不仅仅是"不同的")规定,就必须适用《公证法》的规定(例如,在公证遗嘱的问题上,不仅必须适用《民法典》第 603 条关于遗嘱形式的规定,还必须适用《公证法》第 51 条及其后关于公证文书的规定)。

该原则远不能解决《公证法》规则与其他法典和特别法中规定的大量规则之间的所有协调问题。事实上,甚至有人认为第 60 条在充当《公证法》与民事法律之间的桥梁方面是无甚效果的。唯一确定的似乎是该原则对形式规则的说明,但是,即使其仅限在对形式规则说明这一领域,也可能会出现以下问题:例如,所谓混合形式规范文书(股份公司特别股东会纪要、聋人、哑人、聋哑人、盲人、不懂意大利语者签署的私文书的认证、实物报价记录等)仍不容易解决,除了需要明确的立法解决方案外,仍有待理论界和司法界进行更深入的讨论。

通过上述探讨,我们继续考察为公证文书所规定的主要"形式要求"[7],主要根据《公证法》第 47 条及其后条文所列举的框架进行分组,涉及以下主题:在当事人在场的情况下接收需要公证的文书;见证人的参与;核实当事人的身份;公证文书的具体内容;脚注;不懂意大利语者、聋人、哑人、聋哑人、盲人、囚犯参与的特殊情况;旁注;副本、节本、证书;电话或电报方式的文书;私文书上签名的认证;公证文书(形式上)无效的情形。

这些规则对于从事公证职业至关重要,因为不遵守这些规则既影响文书的有

---

[7]　现行法规直接源于优士丁尼的《民法大全》(特别是其中的《新律》第 44 条和第 73 条)中所载的原则,尤其是书记员在起草文书时必须遵守的手续,包括说明已确定当事人的意愿、书记员和当事人在起草文书时持续在场、见证人和缔约各方必须签名等。

采用拉丁公证模式的其他国家的公证法也直接或间接地继受了同样的原则;我们可以对这些国家现行的公证形式规则进行比较研究,参见 SAVRANSKY, *El Acto notarial publico*, in *VI Congrès International du Notariat latin*, II, Montreal, 1961, p. 7 e ss.

效性,也会导致公证人承担相应的民事、刑事以及纪律责任。

最后,我们必须牢记,规定特定形式必须由哪些内容组成的规则是关于形式本身的规则,因此,根据形式自由的一般原则,这些规则属于特别规定,必须严格解释适用。当然,形式自由的一般原则,无论是否写入法律条文(例如《民法典》第 1325 条),都可以被视为意大利法律制度的一个假定前提。

这一原则当然不会导致禁止在公证文书/文件中"指示"或"说明"法律未明确要求的"形式"要素,但它确实会将"指示"或"说明"限制在它们真正有用的情形下,这样做的目的是不过度解读形式主义。

第二节　当事人在场的情况下接收文书

《公证法》第 47 条规定除非当事人(以及第 48 条规定的见证人)在场,否则公证人不能接收申请公证的文书。这是一条非常重要的规定(即使《公证法》没有规定需要"说明"),因为根据《公证法》第 58 条第 4 项的规定,不遵守该规定将导致公证文书无效,而且违反它的公证人将被处以停职处罚(6 个月至 1 年:《公证法》第 138 条第 2 款)[8]。

同一条款还规定,由公证人了解当事人的意图并亲自指导文书整体的书写(经修订的《公证法》第 47 条最后一款;另见《公证法》第 67 条)。

2005 年通过的所谓的《简化法案》第 12 条删除了《公证法》第 47 条中的副词"仅"和"亲自",这并不意味着可以将有关当事人意思调查的活动委托给他人,只是意味着可以将文件材料准备工作委托给协办者,但始终应在公证人的指导下进行,因为调查当事人意思意味着公证执业活动的资格问题,与《公证法》第 28 条第 1 项规定的合法性审查同时适用(《公证活动议定书》第 2 号条例)。

公证人对私文书的当事人意思的调查和对合法性的审查责任与他在起草国有控股公司的公文书时承担的责任并无不同。

因此,在《公证法》第 47 条的规定中,可以对公证文书形成的不同阶段进行区分,即,确定当事人的意思、起草文件、赋予文书公证之性质[9]或对私文书的认证。

权威观点认为,只有在宣读文书时,法律才要求所有当事人同时在场[10]。笔者认为,在之后当事人和公证人签字时也必须按照这一要求,因为只有履行了这

---

⑧　可以推定这种失职的证据,包括在对意愿进行必要调查过程中公证文书数量过多,以及宣读文书的时间等因素(Cass. 21 novembre 2011, n. 28023, in *Vita not.*, p. 906 e ss.)。

⑨　D'ORAZI FLAVONI, *Valutazioni specifiche del comportamento notarile in due suoi aspetti particolari*, in *Scritti giur. cit.*, II, p. 887 e ss.

⑩　ANSELMI, *op. cit.*, p. 72 e s.

一手续,公证人才可以说是"接收"了文书(事实上,在公证人签署后,从公证人处被赋予公信力的文书将排除当事人的可使用性,并由保管该文书的公职人员"接收",即"占有保管的事实")⑪,不是以其自身名义,而是代表国家的名义,并在其执业活动结束时将其移交给国家。

当事人必须同时在场是一项普遍性规则,尤其适用于实质意义上的当事人,即合约直接或间接指向的对象,也适用于形式意义上的当事人(法定代理人或委托代理人、法定代表人、商业实体和公司的机构代表)。

然而,该规则也考虑到了某些特殊条款的规定,主要包括:汇票或支票拒绝承兑报告(《汇票法》第71条和《支票法》第63条);起草真实报价报告(《民法典实施细则》第74和75条);公证人在收到遗嘱人死亡消息后立即开封并公布秘密遗嘱(《民法典》第621条);遗嘱人将自书遗嘱存放在公证人处时(《民法典》第620条第4款);股份公司股东大会(完全)弃权的会议纪要;房地产拍卖流拍报告;私文书的签名需要单独的认证证书(参见《公证税费》第13条;2001年5月29日第283号立法令)。

在现代技术允许的情况下,当事人在场应当可以是虚拟的。理论和裁判⑫认为是可行的,即使在修订后的《民法典》第2370条明确规定之前,也可以通过电话会议或视频会议等方式对会议(尤其是股份公司或有限责任公司的会议)通过的决议制作纪要,特别是在以下方面:

(1)股份公司董事会的决议,前提是:

—所有与会者身份均可确定;

—他们可以跟踪讨论情况并实时参与有关议题的讨论;

(2)上述公司股东大会的决议,条件是:

—会议召集通知中标明了股东可以在不同空间参加会议;

—总部与上述地点之间存在有效联系;

—主席确保所使用的远程方式的有效性;

—会议记录人员证明其在整个会议期间都在使用远程设备。

---

⑪ LENZI, *Il Notaio e l'atto notarile*, Pisa, 1950, p. 38.

⑫ Trib. Udine 19 dicembre 1997, in *Dir. fall.*, 1998, II, p. 955; Trib. Roma, 24 febbraio 1997, in *Soc.*, 1197, p. 695; Trib. Milano, 15 marzo 1996, ined.; Trib. Sassari, 19 maggio 2000, in *Soc.*, 2001, p. 209 e ss.; BONOMO, *Collegialità dell'organo amministrativo di società per azioni e modalità particolari di espressione del voto*, in *Fisco*, 1996, p. 7237 e ss.; CARRAS, *L'assemblea in videoconferenza nelle società di capitali*, in *Vita not.*, 2001, p. 575 e ss.

关于在其他法律领域使用这些手段的情况,参见宪法法院1999年7月22日第342号关于刑事领域的判决;1998年3月31日第501号总统令第20条和第5条关于各方听证和为保护个人数据在担保人处举行会议的规定;《民事诉讼法典》第837条关于仲裁员对裁决的审议。

在这种情况下,会议应被视为在主席和会议记录人员所在的地点举行,主席和会议记录人应在会议记录中记录上述条件是否满足。

第三节 见证人的参与

根据 2005 年第 236 号法律修订前的《公证法》第 47 条规定,接收公证文书时,除了双方当事人外,还必须有两名[13]见证人在场;然而,该法允许在某些情况下不需要见证人在场,某些情况下排斥见证人在场;现在,根据 2005 年第 236 号修订,只有在法律明确规定的情况下,见证人才有必要在场。

《公证法》没有对见证人的职能做出规定,仅规定在"接收"文书要求见证人在场。

关于这种"在场"的理解,回顾上文关于当事人在场的情形,我们可以将见证人在场的必要性限制同样理解为在宣读和签署文书的时刻[14],除非法律或文书的性质要求他们在其他阶段也提供协助。因此,在遗嘱事务中,遗嘱人必须在见证人在场的情况下向受理制作遗嘱的公证人声明他的遗愿(《民法典》第 603 条),遗嘱人必须在见证人在场的情况下将装有其秘密遗嘱的信封交给公证人(《民法典》第 605 条);同样适用于公证文书的内容并非当事人的声明的情形,比如由公证人执行其他操作或保管的情形(存放自书遗嘱、公布秘密遗嘱、加封或拆除封条、真实报价)。

支持这一观点的不仅有权威的理论和裁判,见证人本身的功能也能提供佐

---

[13] 对于不识字的哑人、聋人或聋哑人的公证遗嘱,需要四名见证人。

1985 年 4 月 5 日第 135 号法令规定,意大利公民或意大利公司以前在原意大利主权领土和国外拥有的财产被财产所在国无偿征用,如需支付赔偿金,需要四名直接了解事实真相的意大利公民的声明,证明他们的所有权是众所周知的(1994 年 1 月 29 日第 98 号法令第 1 条第 3 款);但需要注意的是,这种情况中的证人并非《公证法》意义上的见证人,而是"证明人",就像多人作证文书中的"证明人"。

多人作证文书证明人(法律上是这样称呼他们的,但事实上,即使在这里他们也是见证人)的人数也从四人减少到了两人(1990 年 8 月 7 日第 241 号法令第 30 条第 1 款)。

[14] MICHELOZZI, *op. cit.*, p. 191;MOSCATELLO P., *op. cit.*, Palermo, 1901, p. 231.

相反,目前的主流意见认为,在宣读文书时有见证人在场即可(《公证法》第 51 条第 8 项明文规定),参见 SOLIMENA, *Commento alla legislazione notarile italiana*, Milano, 1918, p. 138 e ss.;ANSELMI, *op. cit.*, p. 72 e s.;BARTOLINI, *Manuale del notaio*, Bologna, 1947, p. 61;GIRINO, voce *Testimoni e fidefacienti*, in *NssDI*, p. 277;MORELLO A., FERRARI e SORGATO, *op. cit.*, p. 405;FALZONE e ALIBRANDI, voce *Testimoni nell'atto notarile*, in *Diz. enc. not.*, vol. III, p. 901 e ss. Conforme Cass. 28 aprile 1939, n. 1463, in *Giur. it. Rep.*, 1939, voce *Notaio*, n. 29.

另一方面,有学者认为,从当事人表达意愿的那一刻起,在接收文书的所有操作中,见证人都必须在场,参见 LASAGNA, *op. cit.*, III, p. 1115 e SANTARCANGELO, *op. cit.*, p. 39 e ss.,但这一论点不仅与《公证法》第 47 条的明确规定相悖,与《民法典》第 603 条相比,这一论点毫无道理地将见证人的职能扩大到"书面与声明之间",但法律可能并未要求见证人这样做。

证。见证人的功能并不在于在未来展示证据或记忆,以确保其所了解或知道的文书的签订情况 ,而是通过他们的签名优先保证此份文件在某一背景下的真实性[15],除了上文提及的例外情况,也不是为了保证其形成过程的真实性[16]。

根据《民法典》第 363 条的规定,在形成监护清单时,需要有见证人在场(以前是不可放弃的),这一点已得到确认,即使他们的参与是在法律规定之外被要求和执行[17]。

法律(《公证法》第 50 条)规定了证人的某些积极和消极条件,其中的先决条件是具备履行该职能的身体或法律能力,另一些要求则在于必须确保该职能本身的公正性:

(1)积极要件——见证人必须:

—为成年人(年满 18 周岁)[18]:《民法典》第 609 条规定了一些例外(在传染病流行区或者由于灾害或意外事故而订立的遗嘱,见证人年龄不低于 16 周岁即可);

—是意大利公民,或居住在意大利的外国人(居住应理解为在该国存在经常居所,这一规则是为了在必要时便于找到见证人):对欧盟公民没有规定例外情形[19];

—有相应行为能力:特别排除禁治产人(民事和司法)、无行为能力人、被监护人、破产人[20];

—与文书没有利害关系[21]。

(2)消极要件:不适合担任见证人的人(《公证法》第 50 条)——《公证法》第 28 条所规定亲等内的亲属,一方或另一方当事人的配偶:

---

[15]　MICHELOZZI, *op. cit.*, p. 191; FALZONE e ALIBRANDI, *op. ult. cit.*, p. 901.

[16]　在 2005 年第 246 号法令修订之前,最高法院已确认,在起草股份公司的股东会议纪要时,需要有见证人在场或明确说明放弃见证人在场,在没有根据《民法典》第 2375 条制订具体规则的情况下,有关公证文书形式的一般规则也适用于该文书(Cass. 12 febbraio 1998 n. 1401, in *Riv. not.*, 1998, p. 713 e ss.)。

[17]　Cass. 4 novembre 1997, n. 10801, in *Giust. civ.*, I, p. 1369 e ss.

[18]　1976 年 5 月 10 日第 334 号法令消除了之前存在的法律冲突,修订前的《公证法》第 47 条将作为自书遗嘱公布笔录的见证人的年龄要求定为“21 岁以上的人”,即使 1975 年 3 月 8 日第 39 号法令已经确定 18 岁为成年年龄,并且《民法典》第 774 条也明确年满 18 岁的人具有处分其财产的完全行为能力。

[19]　如果外国公民是参与意大利驻外领事起草文书的见证人,则无需满足在意大利居住的要求(2011 年 2 月 3 日第 71 号立法法令第 28 条第 3 款)。

[20]　GIRINO, *Testimoni e fidefacienti nell'atto notarile*, in *Noviss. Dig. It.*, XIX, Torino, 1973; SOLIMENA, *Commento alla legislazione notarile italiana*, Milano, 1918, sub art. 50; LENZI, *Il notaio e l'atto notarile*, 2a ed., Pisa, 1950, p. 21; FALZONE e CARUSI, *Dizionario del notariato*, 4a ed., Notariato e archivi notarili, in *Nuovo Dig. It.*, VIII, 1939, p. 1072; CAPPELLANI, *Piccola enciclopedia notarile*, Milano, 1959, p. 881.

[21]　App. Genova 20 agosto 1947, in GIANFELICE e TRECCO, *op. cit.*, p. 448, n. 5079.

　　—盲人、聋人、哑人(未涉及聋哑人这一类别,但肯定是涵盖了这一类别,因为立法者(2006 年 1 月 20 日第 95 号法令第 1 条第 1 项)将聋哑人与聋人等同对待);

　　—公证人和当事人在《公证法》第 28 条规定的亲等内的血缘亲属和姻亲,但在监护财产清单情形下除外,在这一情形下,见证人最好从该家庭的亲属和朋友中选择(《民法典》第 363 条)。

　　根据《民事诉讼法典》第 772 条第 2 款,公证人不能依法办理其兄弟作为缺席者代表参与的清算,即使受法院委托,这一缺席者代表也可能被认为具有代理人身份(《公证法》第 28 条第 2 款);

　　—不会签名或不能签名的人。因此,见证人并不要求具备读写能力,也不必具备除签名以外的书写能力[22]。

　　另一方面,不识字甚至不能签名的见证人,在传染病流行、公共灾害、意外事件等情况下,可以参与接收遗嘱;在这种情况下,必须说明未签名的原因(《民法典》第 609 条第 2 款)。

　　《公证法》既不要求公证人认识见证人(除非见证人作为担保人,见下文),也不要求公证人说明他们的"适格性":毫无疑问,公证人对这种适格性负责,但考虑到核实某些条件(特别是国籍和亲属关系)的困难,公证人仅限于在正常的专业范围内负责(《民法典》第 2232 条)[23]。

　　如前所述,2006 年第 236 号法令[24]之前的立法允许在某些情况下免除见证人在场,但某些文书是严格排除这种免除行为的。如果免除是可能的并且已经实施,则该文书视同在见证人见证的情形下完成的[25]。

　　下列情形同时满足时,可以免除见证人在场:

　　(1)必须是生者之间行为(《公证法》或其他法律法规的例外情形除外):因此遗嘱行为不能免除见证人在场;

　　(2)所有当事人必须懂得阅读与书写:一般认为这个表达应该被理解为所有当事人都知道并且实际能够阅读和书写[26];

---

　　[22]　这种情况虽然没有完全排除这些人作为见证人对文字和声明的审查能力,但确排除见证人的其他必要职能(见上文),见 SOLIMENA, *op. cit.*, p. 167.

　　[23]　关于所谓涉外遗嘱的立法(意大利通过 1990 年 11 月 29 日第 387 号法令加入《华盛顿公约》)构成例外:公证人必须在证书中说明他已确定立遗嘱人和见证人的身份及法定要件。

　　[24]　根据裁判观点(App. Bologna 12 gennaio 1940),公共文书适用《公证法》第 48 条;私文书的认证适用 1943 年 4 月 2 日第 226 号法令。反对的观点见 MORELLO A., *Notorietà (atto di)*, in NssDI, X,他认为那些参与多人作证文书的人,即使在实践中他们被称为证人,也不会是见证人,因此是证明人,因此要求他们不是利害关系人及上述人员的亲属即可,不需要满足《公证法》第 50 条的其他要求。

　　[25]　我们的立法模式反映了一种现实,即见证人协助的必要性,除因为可以监管文件的接收之外,这也是鉴于《公证法》颁布时文盲率很高的原因,幸运的是,这种时代已经过去。

　　[26]　ANSELMI, *op. cit.*, p. 71; SANTARCANGELO, *op. cit.*, p. 51 e s.

(3)免除见证人到场必须得到所有当事人(第48条第1款)和公证人(《公证法》原第 48 条第 3 款)的同意;

(4)公证人必须在文书开头明确提及免除见证人在场(在双方当事人出席之前或之后,但在协议开始之前)。

不管是法律修订之前还是之后,《公证法》及其他法律都规定以下行为中不能免除见证人在场:

(1)遗嘱行为(《公证法》第 48 条第 1 款):包括所有类型的遗嘱,无论是普通遗嘱还是特别遗嘱,其中公证人的参与是必要的或可能的(公开遗嘱、秘密遗嘱、自书遗嘱的存放笔录、自书遗嘱或秘密遗嘱的撤回笔录、根据《民法典》第680条通过遗嘱以外的行为撤销遗嘱);在传染病流行区因灾害或意外事故原因接收特别遗嘱(《民法典》第 609 条:如上所述,在这种情况下,见证人可以不满 18 岁,但必须年满 16 岁)。

(2)赠与(《公证法》第48条第1款):这包括根据《民法典》第1392条赠与的代理(不包括接受赠与)。

几乎一致认为,形式上的严格性(也即公证文书的强制性)仅适用于典型赠与,而不适用于所谓慷慨行为,因此慷慨行为只要符合法律规定的形式,即具有完全效力[27];赠与形式上的严格性是否适用于家庭契约的制定(第 768 条之二及以下)尚存疑问,至少将公司或公司股份转让给一个或多个晚辈亲属而言是如此[28]。

(3)婚姻协议(《公证法》第48条第1款):包括 1975 年 5 月 19 日颁布的第151 号法令对家庭法进行的改革、《民法典》现行规定中的婚姻协议及其随后的修订,以及和与这些行为有关的授权书。

(4)不懂意大利语的人参与且公证人不懂该参与人语言的文书(《公证法》第55 条:见下文)。

(5)自书遗嘱的公布笔录(《民法典》第 620 条)。

(6)秘密遗嘱的公布笔录(《民法典》第 621 条)。

(7)未成年人和禁治产人的财产清单的编制(《民法典》第 363 条)。

(8)确认不动产登记处保管人拒绝办理手续的纪要(《民法典》第 2674 条第 1款最后一句)。

在《公证法》第48条被2005年第246号法令第12条取代之前,关于自书遗嘱的交存笔录,与所有的死因契约一样,是否必须有见证人在场是存在争议的,因

㉗ Cass. 23 dicembre 1992, n. 13630, in *Dir. fam. e p.*, 1994, I, p. 112; Cass. 28 novembre 1988, n. 6416, in *Giur. it.*, *I*, 1, p. 1897; BONILINI, CONFORTI e GRANELLI, *Codice civile ipertestuale*, Torino, 2000, p. 994.

㉘ 谨慎的做法是倾向于肯定的,因为在立法准备工作中的讨论文本中提到了"赠与"。

为被废除的文本允许生者之间的所有文书都可以免除(拒绝)见证人在场,因此该交存文书目前并不属于现行《公证法》第 48 条或其他法律规定的要求有见证人在场的文书范围。

(9)任一方当事人不会读写或不能读写的情形。

(10)任一方当事人或公证人要求见证人在场的情形。

另一方面,下列行为在过去和现在都不要求有见证人在场(显然,根据以前的立法,既不要求申请也不必提及免除/拒绝)(《公证法》第 47 条第 2 款以及 1937 年 7 月 14 日颁布的第 1666 号皇家法令第 1 条):

(1)自愿管辖权的起诉;

(2)多人作证的证书(其中,所谓的见证人实际上是证明人);

(3)接受遗产,并享有遗产清单利益;

(4)司法机关委托加盖和移除封条、制作财产清单(我们已经看到,根据《民法典》第 363 条无行为能力人的财产清单除外)、拍卖和司法分割等行为;

(5)生存证明;

(6)普通证券、可背书转让的商业证券和公债券的签名认证;

(7)放弃继承权;

(8)商业账簿的认证;

(9)经宣誓的庭外专家意见、外文文件或著作的翻译;

(10)文件和商业账簿的副本和节本;

(11)公证文书交存笔录[29]的原件或副本,即使该公证文书是在国外起草的;

(12)拒绝承兑汇票和银行支票;

(13)根据 2000 年 12 月 28 日第 445 号总统令(该法令前身是 1968 年 1 月 4 日颁布的第 15 号法令)对签名进行认证(所谓的行政认证);

(14)基金会的成立不需要见证人,信托基金赠与契约,以及根据《民法典》第 2645 条之三签订目的限制信托协议也不需要见证人,上述情况尽管具备无偿性的特征,但这些情况下行为的目的不是赠与,而是出于某种目的指定财产转移[30]。

见证人不到场(包括在规定情形下未声明免除见证人)会导致文书无效(《公证法》第 58 条第 4 项)以及公证人暂停执业 6 个月至 1 年的处罚(《公证法》第 138 条第 2 款)。

㉙　另一方面,在 2005 年第 246 号法令生效之前,如果保管涉及私文书、公共文书之外的文书和文件,则需要见证人的参与,或者需要拒绝/免除见证人的参与(1937 年 7 月 14 日第 1666 号皇家法令第 1 条)。

㉚　Cass. 4 luglio 2017, n. 16409 ined. ; A. AVANZINI, L. IBERATI, A. LOVATO, *Formulario degli atti notarili*, 24ª ed. , Milanofiori Assago, 2009, p 77, nt. 3.

第四节　当事人个人身份的核实

　　经 1976 年 5 月 10 日第 333 号法令修订的现行《公证法》第 49 条第 1 款指出"公证人必须确定当事人的身份,在审查时,可以通过评估文书的各种要素来增强此等确信度"[31]。

　　上述修订旨在纠正以前的规定所产生的严重弊端,根据以前的规定,"公证人必须亲自确认当事人的个人身份":由于对这种确定性的适当证明是《公证法》第 51 条第 4 项所规定的需要特别"说明"的内容,当文书所涉人员的身份与公证人指明的身份不符时,公证人除了承担民事和纪律责任外,还要承担认识错误的刑事责任、这是一种纯粹的行为犯,通说认为,在其中故意是"推定的(in re ipsa)",其存在既不要求时间的可预见性,也不需要考虑对结果发生的主观意愿[32]。

　　这些弊端源于以下事实,现行司法判例将第 49 条旧条文的规定与之前 1879 年《公证法》文本("公证人必须亲自了解当事人")相等同,将"确定性"与"了解"相等同,赋予后者客观性,因此,如果公证人在文件起草前不了解当事人(所谓事前了解),则在其证明不真实的情况下,将承担刑事责任[33]。

　　上述 1976 年 5 月 10 日第 333 号法令确认,公证人必须确定当事人的身份;但删除旧法第 49 中"确认"的副词"亲自",同时明确规定,确定性的获得也可以在审查时通过评估能够形成其确信的所有要素(如身份证件、他认识的人的陈述)来实现,从而对以前的规定做出重大修正。

　　上述修正否定了法院支持的所谓"事先了解"的可疑论调,并引入了评估公证人行为的标准,该标准应能有效避免认识错误所产生的后果,因为该罪行被认定为故意犯罪,排除了审查过失责任的可能性。从本质上讲,这一修正将身份的

　　[31]　PUNZI A. , *La deformazione dell'identità come eclissi della differenza. L'homme machine e il post-umano a confronto* , e SAVARESE, *Identità e normativa*：*modelli a confronto*, in AA. VV. , *Il corpo deformato. Nuovi percorsi dell'identità personale* , Milano, 2002, rispettivamente p. 53 e ss. E 69 e ss.

　　[32]　ANTOLISEI, *Manuale di diritto penale* , vol. I, Milano, 1960, n. 248；BRICOLA, *Dolus in re ipsa* , Milano, 1960, p. 55 e ss.

　　[33]　Cass. 20 giugno 1960, n. 1621, in *Riv. not.* , 1960, p. 509 e ss；Cass. 21 giugno 1965, in *Giust. civ. Rep.* , 1966, voce *Falsità in atti*, n. 51, p. 1221 e in *Riv. not.* ,1966, p. 827；Cass. 2 aprile 1968, in *Giust. pen.* , 1968, II, p. 929；contra, Trib. Roma 24 gennaio 1962, in *Rep. Foro it.* , 1962, voce *Falsità in atti*, n. 57；Trib. Roma 12 ottobre 1966, in *Arch. pen.* , 1968, II, p. 64；FALZONE e ALIBRANDI, voce *Identità personale delle parti* (certezza e accertamento della) , in *Diz. enc. not.* , vol. II, p. 565；PALERMO, *Falsa attestazione di identità personale. Note a margine degli articoli 41 e 51 della legge notarile* , in *Riv. not.* , 1976, p. 477 e ss.

确认与主观确定性进行了结合㉞。

然而,无论是修正前还是修正后,如果公证人本人不能(或者说,公证人不认为他能做到)确认当事人身份,他必须通过两个当事人认识的证明人/担保人来确定这一点,这两个人也可以是见证人㉟。

应当指出,关于公证人对证明人的"了解",《公证法》不仅没有像确认当事人身份那样规定必须说明证明人的情况,只要求公证人了解他们(而不要求公证人确定他们的身份)。

公证法还规定了证明人的一些必要条件,指出他们必须具备与见证人相同的条件,但他们不受《公证法》第50条规定的关系和资格的消极条件约束,也不受他们不知道或不能签名的事实的阻碍,具体如下:

(1)具备以下条件的人是合适的证明人:年满18周岁,意大利公民(未对欧盟公民作例外规定),如果是外国人,须居住在意大利,具备完全行为能力,与文书没有利害关系;

(2)这些人也是适格的证明人:具备(1)项下的必要条件,但属于盲人、聋人、哑人、聋哑人、《公证法》第28条规定亲等内公证人或当事人的亲属或姻亲以及这些人的配偶、那些不知道或不能签名的人(针对最后这一类别学界不乏对立法者的批评)㊱。

显然,如果证明人也具有见证人资格,那么他们也必须具备法律为见证人规定的必要条件,因为这两种职能是独立的,即使它们可能集中于同一主体身上,它们仍然是相区分的。

违反确定当事人身份和指定证明人的规定并不会导致公证行为无效㊲;但会导致公证人被暂停执业6个月至1年(《民法典》第138条第2款)。

2000年第253号法令第1条第2款规定,在拒绝承兑汇票和本票(不包括银行支票)的证书中,必须标明被拒付的债务人的姓名、住所、出生地点和出生日期,应认为这一规则并不要求公职人员履行确认身份的义务,但可以基于身份的不确定拒绝继续出具该证书㊳。

㉞ AQUILECCHIA, *Personalità della certezza o certezza della personalità?*, in *Riv. not.*, 1969, p. 741 e ss.; RAMACCI, *La falsità ideologica nel sistema del falso documentale*, Napoli, 1965.; NELLI, *Atto notarile e identità personale delle parti*, in *Riv. not.*, 1976, p. 714 e ss.

㉟ GIRINO, *Testimoni e fidefacienti*, cit., p. 274 e ss.; Cass. Roma 13 febbraio 1906, in *Foro it.*, 1906, I, p. 269.

㊱ ANSELMI, *op. cit.*, p. 75.

㊲ 但是,该行为可以因缺乏主体而被宣布无效,根据一般原则,该行为还可以在法律规定的情况下阻却公示的转录或进行。

㊳ FALZONE e ALIBRANDI, Voce "*Protesto*", in *Diz. enc. not.*, V, Roma, p. 553 e ss.

《公证法》要求公证人必须对当事人的身份有确凿的把握,并在文书中说明这种确定性(第49条和第51条第4项),"当事人"仅指实质参与公证文书形成的主体(自然人);因此,该规则不适用于通过代表参与的其他主体以及可以介入文书本身的人,例如见证人、证明人(如上所述,法律仅规定公证人必须认识他们)、翻译人员、盲人协助人、专家,对于这些人,公证人只需通过了解或根据所提供的文件加以识别即可。

特别是对于参与股份公司股东大会决议的人,公证人必须记录:

(1)关于与会者,他们的身份必须载入会议纪要,即使是作为附件,但公证人没有义务确认其身份;

(2)类似的还有赞成、反对或弃权的股东,以及要求在会议纪要中记载其声明的股东(《民法典》第2375条);

(3)另一方面,确认对于股东大会的主持者和在会议过程中具有"当事人"身份的人的个人身份和相关说明是必须的。例如,未行使因宣布认购而增资或投入资产的优先权或放弃该优先权,尤其是此类情形下股东大会人员之外参与的人。

事实上,在所有这些情况下,股东本身的干预并不是为了形成(或合作形成)集体意志,而是为了保障其个人利益和权利。

第五节　公证文书的标准内容

《公证法》第51条规定了公证文书的标准内容:该规定是详细和完整的,但有时必须进行调整,有时必须进行补充,以适应文书的特殊性质(如公证遗嘱、股份公司特别股东会纪要、公证遗嘱和秘密遗嘱的公开记录)以及《公证条例》或其他法律的特别规定。

一般来说,修订后的《公证法》第51条可以分为如下三个部分,每份公证文书均须包含[39]:

1. 文书起始部分(protocollo iniziale):抬头、日期、人员、当事人身份确认声明或证明人查明当事人身份的声明;

2. 正文或具体条款;

3. 文书最后部分(protocollo finale),落款(escatocollo)或结尾(chiusa):文书宣读人、撰写人、总页数和书写页数、时间(如有)、签名、加盖印章。

在这些部分中,文书起始部分和最后部分一般是固定不变的;中间的正文或条款则根据文书(法律行为)的性质和内容来调整。

---

[39]　ANSELMI, *op. cit.*, p. 68 e ss.

关于规定的"指示(indicazioni)"的书写位置,如果法律没有明确规定,则不一定要遵循《公证法》第51条的次序。

现在让我们按照《公证法》第51条的规定,来具体审视公证文书标准内容的各个要素,这些要素不仅受到其他相关规定的补充或修订,而且还受到所谓的文体或惯例的补充或修改[40]。

(一)文书起始部分

公证文书的第一个部分包括以下数据:

1. 目录表编号:如下文所述,公证人有义务将其收到的所有文书(包括可以签发的原件和必须由他保存的文书)都登记在专门的登记簿(文书目录表)中,并用一个渐进的编号来区分每一份文件。

虽然没有规定必须在文书上标明该编号,但通常在第一行或第一页的旁白处标明该编号已成为惯例。

2. 文集号(或卷宗号):公证人还有义务(见下文)按时间顺序将法律规定或应当事人要求必须保存在公证人处的文书装订成册,并在每份文书的页边注明一个顺序号(所谓的文集号或卷宗号)。

然而,由于该编号是目录表的一部分(在目录表的第二栏中注明),因此应认为标明该编号是强制性的[41],在实践中通常与目录表编号一起标明。

应当注意的是,在遗嘱文书中,由于目录表编号与卷宗号一致(因为,正如我们将看到的,公证遗嘱不可能签发原件),因此在此类文书中标明编号(包括目录表编号和卷宗号)不管怎样都是强制性的。

未标注文集号不会影响文书有效性,但公证人将被处以5欧元以上45欧元以下的罚款(《公证法》第137条)。

3. 标题:与文书性质相关(如,买卖、借贷、公司成立)。1879年《公证条例》第56条已对此作出规定,但现行《公证法》第51条并未包含此规定[42]。

即使这部分标注不再具有强制性,但因其在实践中的普遍存在以及直观的实用性而未被禁止,特别是考虑到它与目录表编号和文集号一样,大多位于公证书"正文"之前[43],而公证文书无疑是以"正文"开头作为起始;

4. 抬头:由《公证法》第51条第1款规定,标明"REPUBBLICA ITALIANA(意

[40]　ANSELMI, *op. cit.*, p. 78.

[41]　SANTARCANGELO, *op. cit.*, p. 109.

[42]　参见《公证法》第64条和65条以及1879年《公证条例》被废除的第56条;MORELLO A., FERRARI e SORGATO, *op. cit.*, p. 380 e nota 35.

[43]　正如之前说到的《公证条例》第56条(1879年11月23日第5170号皇家法令颁布,经1881年11月10日第479号皇家法令修订)。

大利共和国)"(所有字母大写:参见 1946 年 6 月 19 日颁布的第 1 号国家临时元首令,经 1947 年 1 月 24 日颁布的第 33 号国家临时元首令修订)[44]。

缺少这部分(在任何情况下均无关紧要,当然也包括用小写字母标明)并不意味着文书有任何缺陷,也不意味着公证人需要接收任何的惩罚。

5. 日期:根据《公证法》第 51 条,日期需要:

(1)以文字标明收到文书的年、月、日(实际日期);用阿拉伯数字重复日期的做法并非必须,但也不被认为是禁止的;相反,为了方便(更容易阅读),用阿拉伯数字重复标注日期是惯常做法。

这种标准应理解为,日期必须包含完整的年、月和日,因此如果缺少其中一个要素,就会导致日期的缺失,日期由此未确定会导致文书的无效[45];在 20 年的法西斯时期,日期中须标注是法西斯时代,1943 年 8 月 2 日颁布的第 204 号皇家法令废除了这一标注的要求;

(2)所在市镇和接收文书地点的说明:后者是指所谓的地点(*locus loci*),不仅是指住宅(如《公证法》修订前规定的那样),还泛指该地点本身在市镇所处的位置,如上文所述,该地点无论如何都必须在上诉法院的管辖范围内,而公证人的属地权受上诉法院限定[46]。

法律将时间的标注锁定在接收文件的时刻,如前所述,接收文书通过宣读和签名来完成。因此,如果文书的起草是在某一特定日期和地点进行,但宣读和签名是在另一天或另一地点进行,则无论如何都必须注明后者,而只有在特殊文件(例如清算笔录、股份公司股东会纪要)中才有必要注明最初记录的日期或地点[47]。

通常,在注明日期的同时也要注明具体时间,因为时间既可能涉及公证行为的开始,也可能涉及公证行为的结束;虽然《公证法》第 51 条第 11 项对于遗嘱签署时间有明确规定(见下文),但目前并无任何法律条款对其他文书具体签署时间作出规定[48]。

此外,现行《公证税费细则》(2001 年 11 月 27 日的部长令)第 11 条似乎提到了指明开始时间的可取性,按照这一规定,除了固定费用外,为了完成某些文书(公司、协会、财团、机构的会议记录;合议机构会议记录;清算、确认、真实报价、加

---

[44] LENZI, *Il notalo e l'atto notarile*, Pisa, 1939, p. 92.

[45] Cass. 30 marzo 2011, n. 7264, in *Vita not.*, 2011, p. 1081 e ss.

[46] SANTARCANGELO, op. cit., p. 117.

[47] FALZONE e ALIBRANDI, voce *Luogo in cui è ricevuto l'atto notarile (indicazione del-)*, in *Diz. enc. not.*, vol. II, p. 951.

[48] 《公证条例》第 90 条为确定每小时酬金的目的而注明起始时间,该条已被 1954 年 11 月 22 日第 1158 号法令废止;该酬金已不再规定,但该规则适用于须注明接收时间的文书。

盖和移除封条的笔录;协会和未确定或无法确定出资额的财团的成立文书),在开始后的每小时或不足 1 小时收取 28 欧元的费用。事实上,如果行为的开始和结束没有以某种方式记录在案[49],则没有理由享有这种报酬权。

总之,没有法律禁止注明起始时间,不管是在当事人要求或公证人认为合适时[50],还是公证行为的特定职能必须发挥作用时。例如,股份公司股东会议记录中可以注明开始时间以证明会议举办的规律性,或者会议本身的无组织性;另一种情况是,在机动车转让的认证中,需要标明责任(罚款、事故等)转移至已买受车辆的购买者的确切时间。

最后,法律不再要求标明《公证法》修订前作出规定的其他内容,例如星期或省份的说明[51]。

未注明日期和市镇将导致文书无效(《公证法》第 58 条第 5 项),首次违反的公证人将被处以 30~240 欧元的罚款,二次犯者("累犯")将被停职 1~6 个月,再犯(第 3 次)将被免职(《公证法》第 137 条第 2 款、第 138 条第 5 项、第 142 条)。

未指明地点(所谓的 *locus loci*)不会影响文书效力,按照上列条款中对《公证法》第 51 条第 1 项的一般性说明,该行为将受到与上述行为相同的处罚。

6. 现场人员:包括所有参与文书形成(或者换种更为正式的表达"缔约现场")的人的一些个人资料[52]。

需标明所有在场人员的身份验证信息,首先是公证人的身份,公证人身份需要指明以下内容(《公证法》第 51 条第 2 项):

(1)名字和姓氏:可以添加学术或荣誉称谓;不允许标明父子关系(1955 年10 月 31 日颁布的第 1064 号法令和 1957 年 5 月 2 日颁布的第 432 号总统令),父子关系应在公证印章中注明,此外,也没有必要标明出生地和出生日期;

(2)注明所在地(residenza):所在地指的是公证人被指派的公证席位地,而不是他的登记居住地或他的办公室,当然后面这些也可以注明,这也是公证文书中的惯常做法,但无论如何都不能代替所在地的标注;

(3)注明其注册的公证人协会:有些人认为[53],该标注应与公证人所登记的名册(席位)有关,另外一些人则认为这是直接依据 1940 年 5 月 27 日颁布的第 707号法令第 15 条的规定;前者应该更为可信,因为后一规定援引的另一规定曾废除

---

[49] A. G. (Andrea Giuliani), in *Riv. not.*, 1960, p. 591.

[50] CARUSI, *op. cit.*, p. 84.

[51] ROSSI COSENTINO, *Saggio elementare sulla scienza e sull'arte notarile*, Napoli, 1820, p. 111 e ss.

[52] MORELLO A., FERRARI e SORGATO, *op. cit.*, p.394.

[53] MOSCATELLO F., *Nozioni di notariato*, Roma, 1974, p.51.

公证人协会和委员会,这些协会和委员会后又被重新成立[54]。不过,应该指出的是,这些说法之间并没有根本分歧,因为正如我们所看到的,将公证人列入执业名录由公证人协会负责。

如果文书是由助理公证人接收的,则必须注明其姓和名(如果是执业公证人,也可以注明他注册的公证人协会和所在地),助理公证人身份,受助公证人根据《公证法》第51条第2项规定的全部信息,以及任命的详细信息,即任命主体(公证委员会主席、公证委员会或司法部)和任命日期;不能也不得注明原因(《公证法》第46条:同样适用于保管人公证人或受托公证人)。

缺少上述全部或部分信息并不影响文书有效性(遗漏的信息可以由印章中信息补充)[55],但会对公证人处以5~45欧元的罚款(《公证法》第137条第1款)。

7. 现场人员(包括参与文书的人员)的所谓一般情况说明。

特别是,对当事人、见证人、证明人规定需要注明以下信息(《公证法》第51条第3项):

(1)姓名(即"名字"和"姓氏":《民法典》第6条第2款)。

名字和姓氏的使用由公民身份制度(参见经修订的1939年7月9日第1238号皇家法令第71条及后续条款,特别是2003年11月3日第396号总统令关于修订和简化公民身份制度的规定)以及《民法典》和特别法中的一系列规则予以规范,但这些规则并不总能解决可能出现的所有情况。尤其要注意的是:

——在使用双名或双姓的情况下,必须标明所有姓名的全称,而不能缩写;

——不禁止使用笔名,但不能用假名代替户口登记的姓和名[56];

——对于宗教人士,必须标明本名和姓氏,同时注明教名(也)是可以的,并不禁止;

——法律规定某一自然人使用他人的姓氏,将其加入或替换自己的姓氏时,必须始终注明新的姓氏(在增加姓氏的情况下,除了原姓氏外还需要注明新姓氏)[57]。因此,私生子女标注先对其进行认领的生父或生母的姓氏,在父母同时认

---

[54]　参见 D'ORAZI FLAVONI, *Problemi giuridici notarili*, cit., p. 811 e s.,他指出,1944年7月20日第209号法令废除了法西斯地区工会和法西斯全国公证人工会,恢复了委员会和协会被1940年5月27日第707号法令取缔之前的职能,该法律修改了《公证法》第51条第2项,不再要求注明工会(因为它已被取缔),而是公证人登记的"公证辖区"。事实上,与通常情况一样,第209号法令并没有明确废除1940年的法律,尽管根据1940年第707号法令以前的规定,已经归属于法西斯地区工会的职能"重新"归入公证人协会和公证委员会的权限(第4条)。另参见 Procuratore del Re di Torino 23 maggio 1914, in *Mon. Trib.*, 1914, p. 77 e 276。

[55]　LENZI, *op. cit.*, Pisa, 1950, p. 98.

[56]　Cass. 6 novembre 1978, in *Riv. not.*, 1979, p. 155 e ss.

[57]　FALZONE e ALIBRANDI, voce *Costituzione di soggetti intervenuti nell'atto notarile*, in *Diz. enc. not.*, vol. I, p. 841 e ss.

领的情况下,私生子女采用生父的姓氏。在亲子关系嗣后得到了生父的承认或者生父在生母之后也进行了认领的情况下,私生子女可以在生母的姓氏中加入生父的姓氏或者用生父的姓氏取代生母的姓氏(《民法典》第 262 条),同样的规则也适用于判决认领的情况(《民法典》第 277 条);准正子女在法官宣告准正的情况下(在 2012 年 12 月 10 日第 219 号法令废除《民法典》第 280 至 290 条之前),采用先准正的父母的姓氏,在嗣后结婚的情况下,采用父亲的姓氏(《民法典》第 284 条);被普通收养(adozione ordinaria)的子女,如果不是未被承认的亲生子女或仅被生父或生母一方承认,采用养父母的姓氏并将其添加到自己的姓氏中(《民法典》第 299 条,该条还对可能出现的其他情况做出了规定),而在特别收养(adozione straordinaria)的情况下,被收养人用养父母的姓氏代替自己的姓氏(1983 年第 184 号法令第 271 条);相反,被领养人(affiliante)保留其姓氏,除非领养人要求被领养人采用他的姓氏(因此并非添加到被领养人的姓氏中,而是替代被领养人的姓氏),并且领养法令允许这样做(《民法典》原第 408 条,已根据 1983 年 5 月 4 日第 184 号法令废除);妻子在她自己的姓氏后加上丈夫的姓氏,在孀居期间保留姓氏直至再婚(《民法典》第 143 条之二);夫妻分居期间也保留姓氏,除非司法机关作出不同的判决(《民法典》第 156 条之二);在婚姻解除或婚姻民事效力终止时则可去除丈夫姓氏(1970 年 12 月 1 日第 898 号法令第 51 条);

——对于国外民事主体,应标注的姓名是各自国家法律规定的姓名表现方式。最好真实再现原始拼写(例如,标注英文 Louis 而不是意大利文 Luigi,标注英文 Albert 而不是意大利文 Alberto),除非在书写方式特别不同的情况下必须用拉丁字母誊写[58];

——一种特殊情况是,有些人属于特别条款(如 1999 年 12 月 15 日第 482 号法令第 2 条和第 3 条)承认的少数语言群体,其姓氏在这些条款生效前已被更改,或过去曾被阻止使用少数群体语言书写其名字,他们要求恢复其姓氏的原始形式。毫无疑问,在这种情况下,当事人的姓氏就是恢复后的姓氏,但有必要解决标注新姓氏可能带来的问题。例如,在不动产公示方面,如果卖方需要转让他用以前的姓氏购买的不动产,在公证人接收的文书中注明姓氏的变更是适当的,甚至是不可或缺的,但在誊写新文书时,还需要在原文书旁白处注明姓氏的变更。

关于 1999 年 12 月 13 日第 482 号法令第 11 条第 3 款(即市政当局和"其他行政管理部门"的其他登记机关,包括清单和姓名登记机关可以依职权对市政当局公民身份办公室作出的登记进行更正的规定)是否也适用于土地登记办公室(其前身是技术税务办公室和不动产登记处)的登记,这一点值得怀疑:

---

[58]　DI FABIO, *L'acquisto immobiliare dello straniero*, *cit.*, p. 210 e ss.

——对于自然人以外的主体,必须注明名称、公司商号或字号,不能使用缩写或改变单词顺序,这是为了在不动产登记簿或其他公示形式中准确执行转录手续;对于股份公司,根据《民法典》第 2250 条(1969 年 12 月 29 日第 1127 号总统令修订)的规定,必须注明在公司登记处的注册号(在登记处成立之前是在商业注册处登记);对于这些公司,必须根据实际缴纳的金额(因此无需标明认缴的金额)和最新财务报表中的金额来标明资本(《民法典》第 2250 条第 2 款);如果是清算中的公司,必须指出公司正在进行清算(第 2250 条第 3 款);如果是一人公司(股份有限公司或有限责任公司)也必须注明(第 2250 条第 4 款)。

有学者认为,以非法方式或在任何不规范的情况下使用名字和姓氏,如果与当前的个人身份相符,则不涉及公证人的责任,但可能会在公示和土地登记义务方面造成不便[59]。

在所有商业公司(《民法典》第 2295、2328、2454、2463 条)以及合作社和相互保险社(《民法典》第 2521 条和第 2547 条)的公司章程中都必须注明国籍,便于核实互惠条件(关于国籍的规定,参见 1993 年 10 月 12 日第 572 号总统令)[60];

(2)出生地点和日期:根据 1955 年 10 月 31 日第 1064 号法令,注明出生地点和日期取代了父子关系的说明。该法明确禁止在公证文书中说明父子关系。然而,至少存在两种例外情形,分别与时间上的法律继承和空间上的法律冲突有关:

①第一种情况,在 1955 年第 1064 号法令之前委托书公证,如果该公证文书只包含亲子关系的说明,那么标明委托人的亲子关系是合法的[61];

②从另一个角度,我们可以考虑以下情况:在国外起草的委托书公证,只包含亲子关系的说明;或在意大利办理的公证文书,但打算用于国外的诉讼程序(尤其是不动产相关的程序),而国外法律要求注明亲子关系。上述这些情形受 1995 年 5 月 31 日第 218 号法令第 60 条规定的替代性标准约束,并且不适用所谓的国际公共秩序限制[62]。

需要注意的是,就形式而言,在国外签发的委托书必须包含意大利法律规定的所有要素(例如公职人员须证明当事人是在他面前签名,并且事先已核实签字

㊾ FALZONE e ALIBRANDI, *op. ult. cit.*, p. 842.

㊿ 至于原本居住在属于意大利国家的领土,后来根据《和平条约》(1947 年 2 月 10 日,巴黎)和 1975 年 11 月 10 日《奥西莫条约》(伊斯特拉、菲乌梅、达尔马提亚地区)移居南斯拉夫的意大利公民,以及属于此类主体仍保留意大利语言和文化的子女或后裔,意大利公民身份可以得到承认,但根据 2006 年 3 月 8 日第 124 号法令的条件和规定,这一身份不是自动获得的。

㉑ Trib. Milano 29 gennaio 1960, in *Riv. not.*, 1960, p. 691.

㉒ DI FABIO, *op. ult. cit.*, p. 216.

人的身份)才能作为有效的诉讼委托书[63],因为根据 1995 年第 218 号法令第 12 条,意大利诉讼程序中使用的委托书,即使是在国外签署,也受意大利程序法(第 83 条)管辖,但这种情形不适用于合同行为,合同行为应适用《民事诉讼法典》第 60 条;就形式而言,如前所述,规范实质内容的法律或其生效国法律认为其有效,则授予代理权的行为有效;并且众所周知,如果这两项法律适用结果不同,则优先适用对行为有效性认定更有利的法律[64]。

关于出生地(市镇)的标示,必须牢记,对于出生在根据和平条约割让给其他国家领土上市镇的意大利公民,一般文件、证书、证明和声明仅须注明出生地市镇的意大利语名称,无须提及所属国家,以适用出生事件与其发生的时间和地点保持一致的原则,除非是为了解决同名情况外,不必注明出生市镇所属国家或相关省份(1989 年 2 月 15 日第 54 号法令;1999 年 8 月 5 日内政部第 15 号通函)。

另一方面,如果一个人在办理公证时拥有外国国籍,而不是意大利国籍,虽然另一个国籍在我们的法律制度中没有意义(1995 年第 218 号法令第 19 条第 2 款),但表明国籍不仅是适当的,而且是必要的,否则无法核实是否存在该法令第 16 条规定的互惠条件。

注明国籍也适用于岛屿或所谓的边境地区的不动产文书的转录(1935 年 6 月 3 日第 1095 号法令及 1976 年 12 月 24 日第 898 号法令的修订),因为现行立法禁止不动产登记处和土地登记处的登记员在没有规定授权的情况下转录契约,而这对于向没有意大利国籍的人的转让行为而言是必须的(第 898/796 号法令第 18 条)[65]。

至于出生日期的填写,没有规定必须用字母和全称填写(也不能适用《公证法》第 51 条第 5 项的规定,该项涉及的是文书的内容而不是主体)。因此,我们认为可以用阿拉伯数字来表示,但月份除外,月份必须用意大利文填写,这也是该要素的格式结构所要求的[66]。

除自然人以外的其他公司或组织作为股东参与的股份公司的设立文件,根据最近公司法修订的规定,也有必要注明这些实体的成立日期和状态(修订后的《民法典》第 2328 和 2463 条);

---

[63]　Cass. 26 aprile 2005, p. 8933, in *Riv. dir. int. priv. proc.*, 2006, p. 744 e ss. ; BALLARINO, *Diritto internazionale privato*, Padova, 1989, p. 741. ; Cass. 2 luglio 2019, n. 17713, in *Il Sole 24 Ore*, 3 luglio 2019.

[64]　TONOLO, *Obbligazioni non contrattuali*, in *Commento alla riforma del diritto internazionale italiano*, di Conetti, Tonolo, Vismara, Torino, 2001, p. 324.

[65]　对没有获得授权的外国公民的买卖行为也一样,即便是欧盟的公民,也符合欧盟法律的规定(Trib. Napoli 27 maggio 1998)。

[66]　Conf. nota del Ministero della Giustizia 23 febbraio 1960, n. 7/13913, in *Riv. not.*, 1960, p.189.

③住所或居所:意大利《民法典》(第43条)规定了相关的概念,标注住所或居所时,都需要标明市镇名称,可能还有区、街道和门牌号[67]。

另一方面,不再需要标明"个人状况":这一术语指的是某一自然人在其所处环境中的社会地位,特别是他所从事的专业、行业或职业,根据2005年第236号法令无须再说明上述情况,但如果涉及反洗钱条例的规定则可能仍然需要(见下文)。

至于法律并未规定的其他标注,除非法律明确禁止,原则上视为允许,特别是:

(1)在意大利和在国外获得的荣誉称号和学术头衔(参见1958年3月13日第262号关于专业学术头衔等的授予和使用的法律),只要有助于确定主体的身份,都是允许的;

(2)贵族头衔也是如此,自然是在《宪法》第14条过渡条款允许的范围内。1922年10月28日之前存在的所谓"家族头衔"不再属于贵族头衔的范围,根据上述法律规定,现在允许外国人在各自法律制度允许的情况下使用贵族头衔[68],如果是教皇授予的贵族头衔,也允许使用(虽然1929年2月11日《协约》第42条明确规定了上述内容,但1985年3月25日第121号法令对上述《协约》所作的修订后并未再出现该内容)。

办理不动产登记或转录过程中,涉及婚姻财产或依据设立文件代表非法人组织和简单企业(合伙)的人员的详细信息,(《民法典》第2659和2839条);对于抵押转录和登记,也要求注明上述信息;可以合理地认为,对于非法人组织和合伙企业,必须说明其现任代表的详细情况,即使这些情况与(原始)企业设立文件中的情况不同。

根据《公证法》第51条第3项,标明的详细信息不准确或不符合法律规定,或者因无法找到完整信息而导致出现问题,据认为:

①不准确(特别是:个人信息与所注明的不符,尤其是出生日期)或不正确的使用(特别是姓名的不合法使用),无论导致的公示和土地登记手续方面的阻碍是否具有民事可归责性,不准确或不正确使用的情况下如果既不影响个人身份的识别也不影响主体资格的认定,并且可以根据文书中的其他要素进行补全识别,则公证人不承担任何责任(尤其是刑事和纪律责任)[69];

---

[67] 有一种情况,虽然不寻常,但并非完全不可能,即某个主体没有固定住所,他必须选择住所。的确,内政部建立了国家无固定居所人员登记册(1954年12月24日第1228号法令第2和第4条,经2009年7月15日第94号法令第3条第3款修订),由内务和领土事务部-中央人口事务局保管,但只有内政部才能通过特定的搜索功能查阅登记册,以便掌握和保存登记册。

[68] BISCOTTINI, *Diritto amministrativo internazionale*, vol. I, Padova, 1964, p. 383 e ss.

[69] FALZONE e ALIBRANDI, *op. ult. cit.*, p. 842.

②无法找到某些数据,特别是没有公民身份记录的某些国家(如阿拉伯地区)的公民、在国外出生的意大利公民、外国公民、无国籍人士,也可以通过标明能够识别当事人身份的其他要素,如性别、婚姻状况、公民身份等来补足[70]。

如上所述,《公证法》第51条第三项规定的要素的说明是针对当事人、见证人和证明人的。

要求在一系列文书和文件中标明税号的法律规定,无论是一般性的还是针对具体情形的[71],并未规定公证人有此项义务,虽然在电脑记录原件以及随后在转录和登记的说明和申请的表格中都会自动插入税号。

对于所谓形式意义上的当事人(委托代理人、法定代理人、机构代理人)而言,《公证法》第51条第2款第3项规定,代理人和被代理人(所谓的实质当事人)参与文书也必须同时遵守前述规定。

在委托代理的情况下,同一规则规定,委托书必须以原件或副本保留在公证文书的附件中,除非该委托书已在商业登记簿中公布(2012年10月18日立法令第36条第5款第3项),除非在公证人起草的公证文书中已包含授权代理的委托书原件或副本(在这种情况下,即使法律没有要求,公证人也应该说明)[72]。这是一种"强制性附件"的情形,其规则也不适用于其他法定代理或机构代理人的情况;有必要强调这几种情形的区分,有时会被混淆,被不恰当地表述为公司或其他实体的法定代理人[73]。

除非该委托书已附于同一公证人之前出具的公证文书中,否则需要履行将授权书附于公证文书中的义务。最近许多机构尤其是信贷机构的私有化措施以及随之而来的向股份公司的转型,引起了理论界对这一义务是否也涉及"机构授权"问题的关注,比如,这些机构向其职员颁发授权书的情形。对此应予以否定,因为公司的代理权完全是一个公示问题,通过在公司注册处登记或企业家提交的文件(如具有签字权的职员名单)来实现[74]。

---

⑩　DI FABIO, *op. loc. ult. cit.*

⑪　《民法典》第2659条和2839条,经1985年2月27日第52号法令修订。

⑫　SANTARCANGELO, *op. cit.*, p. 141.

⑬　术语的不当使用和几类代理之间的区别受到最高法院的指责,根据最高法院的观点,根据《民事诉讼法典》第299条和第300条的规定,因其死亡而导致诉讼程序中断的法定代理人,仅指在判决中代替无行为能力人的人,而不包括代理实体机构行事的人(Cass. 13 agosto 2004, n. 15735, in *Giust. civ.*, *Rassegna della giurisprudenza di legittimità*, vol. LV, II, *Il diritto processuale*, Supplemento al n. 11/2005, p. 40)。

⑭　CASU, *L'atto notarile tra forma e sostanza*, Milano-Roma, 1996, p. 189; MARCHETTI, *I poteri di rappresentanza dei direttori di banca*, in *CNN Studi e mat.*, 1986, p. 83 e ss.; LICHINI, *Atto notarile e ausiliari dell'imprenditore: l'aspetto formale e documentale della rappresentanza commerciale*, in *Riv. not.*, 1991, p. 407; CO. RE. DI di Trentino, Alto Adige, Friuli, Venezia Giulia e Veneto 3 ottobre 2012, in *Notariato*, 2013, p. 230; 例外的情形见 Cass. 24 luglio 2012, n. 12991, in *Giust. civ.*, 2013, p. 1451。

在授权书的有效性一种特殊情形下存在一定争议,即委托(合同)如果涉及受托人(代理人)的利益,则不因委托人的撤销、死亡或丧失行为能力而失效(《民法典》第 1723 条第 2 款),这一规则是否也适用于代理权的授予(单方行为:《民法典》第 1387 条),也即我们法律制度是否承认"不可撤销"的授权问题[75]存在争议。

关于见证人,正如我们所看到的,在有必要拒绝(免除)时,应在文书开头说明;但法律并没有确定,在法律要求见证人必须在场的情况下在文书中标注见证人信息的位置;之前的普遍观点是,虽然在必须有见证人在场的情形下需在文书的开头表明他们的存在,但可以将见证人具体信息的说明置于文书的结尾[76];现在,2005 年第 236 号法律规定,见证人具体信息的说明也应在文书的开头注明。

至于其他可以参与公证文书制作的人,例如《公证法》第 55 条和第 57 条规定的翻译人员,法律没有规定其个人信息的标示。有些观点认为只需注明其姓名即可,相较该观点,更为可取的观点是,为了完整识别公证人接收文书中出现的上述主体,也应对这些主体标明《公证法》第 51 条第 3 项规定的全部事项[77]。

缺少上述事项或不准确标注要素,不构成公证文书无效的理由(参见《公证法》第 58 条);但公证人将被处以 5~45 欧元的罚款(《公证法》第 137 条第 1 款)。

8. 现场参与人员的确认以当事人身份确定声明或者证明人查明当事人身份的声明来完成(《公证法》第 51 条第 4 项)。

在第一种情况下,1976 年 5 月 10 日第 333 号法令生效后,公证人不再有必要声明他"本人亲自"确信当事人的身份,这类表述可能相当于对当事人身份"事先了解义务"的体现,而上述法律规定这种声明不再有必要,因为可能会影响公证人在公证时做出判断,而现行法律又再次允许公证人作出此种声明[78]。

在第二种情况下,考虑到证明人的参与,法律并未规定公证人对证明人了解程度的说明,尽管这种说明可能是适当的。

违反上述规定不会导致文书无效,但会受到金钱处罚。会对公证人处以 5~45 欧元的"罚款"(《公证法》第 137 条第 1 款);应该注意的是,如果缺少(某些要素的)说明,可能会影响在不动产登记簿(参见《民法典》第 2674 条)或公司登记簿中对文书的转录。

---

[75] Trib. Trento 4 maggio 2009, in *Il Notaro*, 2009, p. 82 e ss.

[76] ANSELMI, *op. cit.*, p. 73.

[77] 反对的观点见 SOLIMENA, *op. cit.*, p, 176; BARTOLINI, *op. cit.*, p. 65; LASAGNA, *op. cit.*, 1969, p. 113.

[78] NELLI, *op. cit.*, p. 725; Cass. 2 ottobre 2003, n. 14675, in *Giust. civ.*, 2004, p. 657 e ss.

法律不要求公证人声明他已确定文书当事人的行为能力,除非是特殊情形下,例如,要求以他人名义进行记名的证券或者将新证券授予他人的人,必须通过公证人或证券经纪人出具的文件来证明自己的身份和处分证券的能力(《民法典》第 2022 条),此时,这里的处分证券的能力还涉及合法性问题;如果证券记名未解除,公证人还必须确定股份公司股份受让人的能力(1942 年 3 月 29 日第 239 号皇家法令第 12 条)和国债持有人在转让或交换情况下的处分能力(1957 年 8 月 12 日第 752 号法律第 8 条),但没有明确规定公证人必须在认证书或者公证文书中说明这一点。

当然,虽然没有规定公证人必须说明对行为能力的核实,但公证人并不是没有义务这么做,因为根据规定,公证人不得接收未经授权或需接受协助的当事人的文书(《公证条例》第 54 条),并且公证人有调查当事人的意愿(应理解为"了解"当事人的意愿)的义务(《公证法》第 47 条)。

然而,即使公证人在文书中声明他已确认当事人的行为能力(这并不被禁止,但有时会被某些主体滥用,如银行机构要求公证人在订立贷款合同时提供),可以认为这种声明不属于公信力的范畴,因为公信力有且仅涉及负责起草文件的公职人员来源的文件、当事人的声明以及公职人员证明在其面前发生或由其做出的其他事实(《民法典》第 2700 条),即使有些观点想将行为能力的确认也包括在上述"其他事实"中,此时的公信力也只能涵盖声明形式本身,而不包括声明确认的结果。

(二)文本或正文

如前所述,公证文书的文本或正文既没有固定的内容也没有固定的模板,而是根据公证行为的性质来调整。

从体系的角度来看,可以分为叙述部分和正文部分;前者尤其适用于具有一定复杂性的文书,或者通过回顾以前的事实以便于更全面的说明或理解文件(例如,在财产分割中注明原所有人,说明交易前的事实和司法事件),可能涉及前提、声明和因果关系;正文部分包含文书本身的主题,因此与叙事部分不同,无论其范围和性质如何变化,这部分都不可能缺失。

公证文书的文本部分,除了《公证法》第 51 条规定的某些说明外,还需涉及专为公证遗嘱规定的各个重要事项:遗嘱人在见证人在场的情况下向公证人声明其遗愿[79],并由公证人亲自将遗愿以书面形式表述(《民法典》第 603 条:公证遗嘱);遗嘱人在见证人在场的情况下向公证人声明,信封中装有其秘密遗嘱(《民法典》

---

[79]　向公证人出示由法律顾问起草的载有遗嘱处分的记录是不够的,而需要立遗嘱人在见证人在场的情况下向公证人口头提出。

第 605 条)。

特殊程序是为所谓的涉外遗嘱规定的[80]。

意大利法律规定,有权接收涉外遗嘱的主体是公证人,并且程序必须符合《公约》第 10 条的规定,其中包括:

①遗嘱需要具备以下要件:

—以书面形式起草,不必由遗嘱人亲自起草,可以采用任何语言和方式;

—遗嘱人在公证人和见证人在场的情况下声明该文件是当事人本人的遗嘱并且当事人了解其内容;

—文件的签名:由遗嘱人签署,如果文件已经签署,则检查并确认签名;

—如果遗嘱人无签名能力,则应向公证人说明原因,公证人应在"证书"中说明;

—见证人和公证人在文件上签名,并注明日期;

—如果文件有多页,必须进行编号并在每页附上文书持有人的签名;

—根据意大利法律保存文件。

②由公证人填写的"证书",一式两份,一份附在遗嘱后,另一份交给遗嘱人,其中必须包括:

—日期和地点;

—公证人(姓、名)、遗嘱人和见证人的个人详细信息;

—注明遗嘱人的声明,即该文件包含其遗嘱,遗嘱人了解其内容并已签署,或他承认其已签署,若其无法签署,则需要说明原因:

—公证人核实遗嘱人和见证人的身份,并确认他们符合法定资格要件。

如果遗嘱符合法律要件,无证明或证明不规范不会影响遗嘱的有效性。

至于"证书"的形式,一般认为它并不是必须采用笔录(公共文书)的形式,还可以采取证明书(certificato)的形式。

《公证法》第 51 条规定的关于公证文书文本的说明事项如下:

9. 用文字完整写明日期、标的额以及作为文书客体的物品的数量,至少在公证文书中第一次出现时应当如此(《公证法》第 51 条第 5 项)。

这一规定的目的,正如人们常说的那样,不仅是为了确保文书中的主要数据不容易被篡改[81],而且也是为了防止公证文书中被过多的意大利文数字填满,还会增加阅读的难度。

---

[80]　意大利通过 1990 年 11 月 29 日第 387 号法令加入《华盛顿公约》,并于 1991 年 11 月 16 日起对意大利生效。

[81]　FALZONE e ALIBRANDI, voce "*Date pesi e misure nell'atto notarile (indicazione di)*", in *Diz. enc. not.* , vol. II, p.11.

事实上,用意大利文完整书写的规则仅在下列情形必须适用:

——日期、标的额和标的物数量:因此它不能适用于"与日期、标的额和标的物数量无关的数字",例如,土地登记数据、登记号码、抵押贷款号码、门牌号码以及参与文书人员的出生日期。如上所述,后面这些数字与公证文书的主体有关,而与公证文书的内容无关;

——作为文书内容的日期、标的额和标的物数量(例如,公证文书中授权撤销的日期、更正公证文书中当事人的出生日期、嗣后撤销公证文书中标的之决议日期、买卖合同的价款、借款和抵押的金额、捐赠的数额、转让债权的数额、出售土地的面积)。如果这些要素并不构成文书的内容,则不必用文字完整注明(例如,在财产分割和买卖中货物来源文件的日期;规定税收优惠法令的生效日期;为登记注册所支付的金额);

——构成文书内容的日期、标的额和标的物数量是首次标明的:因此,如果这些"数字"在整个文书中重复出现,就没有必要重复标明,只要"至少是首次"标明即可(该表述似乎意味着在其他时候做出完整文字标注也可能符合法定的要求,即便其并非是公证文书文本中"首次"出现)[82]。

标的额和标的物数量的标注必须符合法律规定,此外还可以附加其他地方通行或按照传统注明的方式[83]。

不禁止在用意大利文数字标识后再用阿拉伯数字表示。

违反该规则不影响文书的有效性,但会对公证人处以 5~45 欧元的罚款(《公证法》第 137 条第 1 款)。

10. 准确标明构成文书标的物的名称,以免被调换;当文书涉及不动产时,尽可能标明其性质、所在市镇、地籍编号、所在地的地籍测绘图及其边界,以便确定该动产的"身份"(《公证法》第 51 条第 6 项)。

需要注意的是,根据权威的法学理论,在文书标题或附注中遗漏或不准确标注上述信息将导致不动产登记或抄录无效(《民法典》第 2569 条第 4 项、第 2826 条和第 2839 条),这种无效不应理解为以多个标注的遗漏或不准确为前提的,而应理解为即使是一项标注的缺失或不准确即会导致其无效,但无需标注对不动产的确认。

根据最高院的解释,不动产地界的说明对于其他证据特别是对于地籍数据具有决定性及主导性的意义,而地籍数据不仅是技术性的,更是为履行税收职能而

---

[82]　反对的观点见 SANTARCANGELO, *op. cit.* , p, 153.

[83]　SOLIMENA, *op. cit.* , p. 186;Cass. Firenze 22 gennaio 1881, in *Mon. not.* , 1881, p.139.

预先设定的,但在公证文书的标注中仅具有辅助性[84]。

但可以看到,目前不动产登记处的信息化公示系统主要是在备注中标注地籍数据,而不认为标明地界是必要的,人们可以标明地界数据,但此数据不应和其他产权信息和要素一样必须在所谓的"税收申报表 D 号表(其他收入申报表)"中注明。

事实上,为了产生对抗第三人的效力,必须特别注意转录(或注册)备注中的内容,因为备注本身所包含的信息必须能够毫无疑问地确定其所指的财产或人,而不能仅从提交或存档的所有权证中提取要素。与此相反,1985 年 2 月 27 日第 52 号法令规定的信息备案系统在此并不适用[85]。

与此问题相关的是,在出现这种不准确或不精确的情况下,对文书进行更正的问题,因为有必要且必须让所有曾出现在待更正文书中的当事人参与进来。尤其是在不动产登记电子化之后,地籍数据的更正难度变得更大。

为了克服这些困难,根据《公证法》第 59 条之二的规定(2010 年 6 月 2 日第 110 号立法令第 1 条第 1 款 f 项新增),如果在起草文书之前就存在与信息(特别是地籍和个人信息)有关的重大错误或遗漏,在不损害第三人权利的情况下,公证人有权通过起草的公共文书来证明,并对包含此类错误或遗漏的公证文书或经认证的私文书进行更正[86]。

更正也可能涉及另一公证人制作的公证文书或私文书。

该规则的目的显然是为了避免在确定文书标的物时出现任何不确定性[87];只要该标的物在任何情况下都是可以确定的,也可以通过其他关系进行说明。

据认为,公证人对必须由当事人提供的信息的准确性不承担任何责任,除非该信息与需要他直接了解的事项相关,或与当事人委托他(或未明确表示免除他)检查的信息有关[88]。

就不动产而言,《公证法》要求标明的要素,与其他法律(如《民事诉讼法典》第 775 条第 1 项和《民法典》第 2826 条)规定的要素大致相同。法律规定这些要素并非不可或缺,而是用了"尽可能"一词,这一事实可能会使人得出这样的结论,即使文书并未具备这些要素,公证人也可以接收文书。然而,不应忘记的是,

---

[84]　Cass. 19 novembre 2004, n. 21885, in *La proprietà edilizia*, Suppl. al n. 1-2, 2005, p. III; Cass. 14 maggio 2004, n. 9215, in *Imm. e dir.*, 2005, p. 94 e ss. FALZONE e ALIBRANDI, voce *Oggetto dell'atto notarile*, in *Diz. enc. not.*, vol. III, p. 157.

[85]　Cass. 8 marzo 2005, n. 5002, in *Riv. not.*, 2006, p. 822 e ss.

[86]　即使地籍数据和不动产登记数据有出入,在修改标注中也只能注明正确的地籍数据而不包括不动产登记数据。

[87]　AURICCHIO, *La individuazione dei beni immobili*, Napoli, 1960, p. 100.

[88]　FALZONE e ALIBRANDI, *op. loc. ult. cit.*

在某些情况下,根据其他的法律规定,缺乏相关信息将不能进行文书备案或转让(参见《民法典》第 2659 条;1972 年 10 月 26 日第 650 号总统令第 4 条);而有时则禁止公证人接收合同原件(例如,与尚未在土地登记处登记或预告登记的建筑物转让有关的合同:1969 年 10 月 1 日第 679 号法令第 4 条);不能忽视的情况还有,《公证法》可以追溯到 1913 年,当时还没有强制要求备案,地籍调查也还没有在全国范围内完成。

各个法律都有可以补足《公证法》所要求标注的规定:例如,《民事诉讼法典》第 769 及后续条文规定,对于动产,应在遗产清单中注明由执行人指定的评估师的估值;对于金银物品,应注明重量和品牌;对于钱币,应注明数量和种类;《民法典》第 782 条规定,动产的捐赠需要在捐赠人、受赠人和公证人签署的单独备注中说明并标注价值(以及根据《公证法》第 51 条第 12 项的规定,见证人至少需要在注释的旁白处签名,才可被认为是完成了《民法典》规定的义务);1972 年 10 月 26 日第 650 号总统令第 4 条要求注明财产分割的方式。

公证文书正文中应包含正式交存公证人保存并供将来公布的自书遗嘱以及秘密遗嘱相关的说明(在公证遗嘱的情况下,如果一份文书从遗嘱的目录表中转移到生者间文书的目录表中,必须在后一目录表中注明该文书在前一目录表中的编号,反之亦然:《公证法》第 62 条第 5 款)。

另一方面,自书遗嘱和秘密遗嘱的公布笔录必须包含(《民法典》第 620 条第 3 款和第 621 条第 2 款):

①对遗嘱状态的描述(材料、一致性、任何磨损痕迹、擦除痕迹等);

②如果遗嘱是在未启封的状态下提交的,则应说明启封情况(如果仅从简单封口的文件袋或信封中取出,则无须说明);

③遗嘱内容的复制件[89];

④附上书写遗嘱的原件以及死亡文书摘录(非死亡文书证明)。

在以下情形中,可能会出现特殊问题:

(1)遗嘱不是写在"纸"上,而是写在其他材料上:墙上、门上、蛋壳上,实践中都曾出现过;在这种情况下,可以在笔录中附上写有遗嘱载体的照片;

(2)遗嘱用外语书写,或用速记或表意符号书写,或用图画指代各种遗产[90]:在这种情况下,内容的抄录不能再是复制文本(即使有可能存在翻译人员、专家或被指定的人的介入,但这一情况在公证文书规定中没有明确说明),而是通过意大

---

⑧⑨　遗漏复制遗嘱背面难以辨认且毫无意义的标记的情形,可以排除公证人的刑事责任,即使在纪律层面上也是如此(Cass. 24 luglio 2012, n. 12995 in *Giust. civ.*, 2013, p. 1062 e ss.)。

⑨⓪　这一情形绝不是假想出来的,1600 年的一份遗嘱,其中各种遗嘱处置由立遗嘱人绘制的小插图与图表来表示(Appendice, in LIVA, op. cit.)。

利语翻译或描述的版本,除非公证人自己能够进行翻译;否则将需要专家的参与,此处不应适用《公证法》第 55 条,而应适用《公证法》第 68 条的规定[91]。

违反《公证法》第 51 条第 6 项的规定不会导致公证文书无效,但会导致公证人遭受 5 欧元到 45 欧元的罚款(《公证法》第 137 条第 1 款)。为确保地籍数据和平面图符合实际状况,特别法针对相关不动产契约作了进一步规定(见第九章)。

11. 标明公证文书中涉及的凭证和字据(《公证法》第 51 条第 7 项):该规则的对象是所谓的"插入件"或"附件",可包括任何种类的文件:公共或私人文件、信件、电报、笔记、图纸、策划,即使并非所有这些类型在语言学上都可纳入"凭证"或"字据"的范畴[92]。

标明的内容需要一项操作("插入"或"连接"=关联起来),该操作可能是因为法律的要求[93],也可以是为了更好地理解文件的含义或保留授权的证据所必须的,它包括对附件的性质和内容、作者和日期以及其他要素的说明,除非法律另有规定(例如,在公布自书遗嘱的情况下,《民法典》第 620 条要求在笔录中对所附遗嘱的状况进行说明)。

根据《公证法》第 61 条,每份附件必须带有与其所在的文书相同的累进编号,并用拉丁字母来对附件进行排序:即使没有明确的法律义务,也应在公证文书中指明字母顺序。

如果附件的数量超过了字母表中的字母数量,则可以用数字(或用两个字母)代替。

"附件"的一个特殊情况是,关于股份有限公司(意大利《民法典》第 2328 条)或股份两合公司(意大利《民法典》第 2454 条)以及合作社和相互保险社(意大利《民法典》第 2521 条)的章程(公司法改革后不再包括有限责任公司的章程)的规定,在新《公司法》(2003 年 1 月 17 日颁布的第 6 号法令)生效前后产生了一些变化,主要涉及以下方面:

——附件的性质,有些人认为它应具有与公证文书相同的要求与目的;

——是否可以附加附件,须考察附件是否满足了形式和实质上的要求,并且是与原件"相关的":赞成此观点的学者认为,与捐赠动产的文书类似,根据《民法

---

[91] EBNER, *op. cit.*, p. 156, 他认为只有翻译成意大利语,公证人才必须宣读它。

[92] BERLIRI, *Le imposte di bollo e di registro*, Milano, 1964, p. 98 e ss.; FALZONE e ALIBRANDI, voce "*Allegati all'atto notarile*", in *Diz. enc. not.*, vol. I, p. 80 e s.; ANSELMI, *Dizionario pratico del notariato*, Viterbo, s. d., p. 109.

[93] 授权书是法律规定必须作为附件的,除非它已经出现在公证文书当中(《公证法》第 51 条第 3 款);还包括有限公司的章程(《民法典》第 2328 条)、共有的不动产物权的转让、设立或放弃文书的土地规划证明(2001 年 6 月 6 日第 380 号总统令第 30 条)以及自书遗嘱的原件、遗嘱人死亡证明摘录(《民法典》第 620 条)等事项。

典》第782条的规定,捐赠动产须提供单独的说明,其中需要包含动产的规格和价值,而这份说明文件无疑是一份附件;

——不能忽视对附件的宣读,因为附件也属于公证文书的一部分。

鉴于目前学说并不统一,法院裁判也缺乏统一的方向,在制定公司设立文件的情况下,公司章程的文本最好直接插入设立文件本身,而在包含公司章程修改的会议纪要中必须写明修改后的条款内容,因为它们也属于必须公示的内容。但根据《民法典》第2436最后一款的规定,公司章程的修改文本必须在公司登记处存档,如果需要,可以作为普通附件的一部分,也可以直接将其插入会议纪要当中,但并不是强制的[94]。

对于在证券交易所上市的公司,国家证券交易委员会(CONSOB)规定在股东大会(因此也包括必须由公证人参与的股东特别会议)的会议纪要中,除其他内容外,应注明亲自出席或委托代理人出席的股东名单,同时应注明其各自持有的股份份额,并将其作为一份单独的文件,与会议纪要副本同时送交国家证券交易委员会,并附有会议主席的声明,证明名单的有效性以及弃权和反对股东的姓名和票数(1974年第216号法令第1条第3款c项以及国家证券交易委员会发布的1981年3月12日第Prot. 81/02348号报告)。

对于已登记的文件,现行《登记法》(1986年4月26日第131号总统令第65条)规定,即使是公共文书或经认证的私文书,也有义务注明登记事项(文书中的说明也必须遵守同样的规则),这与以前的登记规定不同[95]。

对于来自国外的文件,适用于向公证人交存的国内此类文件相同的规则,这些文件需要翻译,如果公证人懂外语,则由公证人翻译并签名,或由翻译人员翻译,这两种情况下,译文构成必须注明的附件[96]。

违反该规定不影响文书的有效性,除非附件被认为是后来添加的,但会导致

---

[94] CASU, *Atto costitutivo e statuto dopo la riforma del diritto societario*, in *Gazz. Not.*, 2004, p. 55 e ss.; TRINCHILLO, *Breve nota di commento allo studio di Giovanni Casu su "Atto costitutivo e statuto dopo la riforma del diritto societario"*, ibidem, p. 140 e ss.; MARMOOCHI, *La discussa natura dello statuto allegato*, in *Riv. not.*, 2004, p. 811 e ss.

[95] 原来的规定包括:1972年10月26日第643号总统令第62条以及1923年12月30日第3269号皇家法令第120条。

[96] GIACOBBE, *Deposito notarile di atti e documenti*; *regolamentazione formale e pubblicità immobiliare*, in *Riv. not.*, 1977, p. 86 e ss. V. anche p. 922; Cass. 3 agosto 1962, n. 2322, in SERPI, *op. cit.*, p. 166 e ss. Cass. Torino, 25 gennaio 1923, ibidem, p. 168 e ss. e dell'App. Torino, 9 gennaio 1961 in *Riv. not.*, 1963, p. 161; GIULIANI, *Sulla redazione dell'atto notarile in lingua italiana e sulla omessa traduzione di formule legalizzartici dei documenti allegati*, ibidem, 1963, p. 162; CASU, voce *Allegati (all'atto notarile)*, in *Diz. enc. not.*, V, Roma, 2002, p. 20 e ss.; Ministero della Giustizia 23 maggio 1980, n. 250433, in *Notiziario del Consiglio Nazionale del Notariato*, 1980, p. 291 e ss.

公证人被处以 5~45 欧元的罚款(《公证法》第 137 条第 1 款)。

《职业道德守则》中也规定了文书内容的规则,其中第 48 条规定,公证人必须确保文书文本"通常"能够呈现以下内容:

——事项的完整法律性质,并指明通过各方当事人的直接意愿或法律规定或合同惯例产生的最为重要的法律效果,正如对格式条款的权威审视一样;

——对文书涉及的现实法律背景进行必要的说明:例如,权利出处,必要手续和不利负担(对此说明很大程度上取决于公证人是否有义务进行所谓的事先审查评估);

——有助于准确识别相关资产和权利的要素,可以通过附加图文资料来说明;该规则的措辞似乎并未将其作为强制义务,因为该规则规定附加资料只是识别方法之一(而不是唯一的方法);

——需要说明契约或文件的性质,详细说明其出处:这一要求是来自法律的直接规定。

当然,不遵守这些规定,与不遵守《职业道德守则》的其他规定一样,就惩罚方面而言,只能对不遵守职业道德的行为适用所谓的"一般性"纪律处罚(警告、公开责备)。

法律不要求公证人声明他已查明参与文书的当事人的行为能力(除了明显的例外情况,例如,要求以他人名义进行证券记名,或者将新证券给与他人,必须通过公证人或证券经纪人出具的文件来证明自己的身份和处分证券的能力(意大利《民法典》第 2022 条:在这种情况下,需审查的处分能力涉及的是合法性问题)。

当然,虽然没有规定公证人必须对行为能力进行核查,但公证人并不是没有义务这么做,因为根据规定,公证人不得接收必须获得授权或必须接受协助的当事人的文书(《公证条例》第 54 条),并且公证人有调查当事人的意愿的义务,当事人的意愿显然必须理解为自治的意愿(《公证法》第 47 条)。

然而,即使公证人在文书中声明他已确认当事人的行为能力(这并不被禁止,但有时会被某些主体滥用,如银行机构要求公证人在订立贷款合同时提供),可以认为这种声明不属于公信力的范畴,因为公信力有且仅涉及负责起草文件的公职人员来源的文件、当事人的声明以及公职人员证明在其面前发生或由其做出的其他事实(《民法典》第 2700 条),即使有些观点想将行为能力的确认也包括在上述"其他事实"中,此时的公信力也只能涵盖声明形式本身,而不包括声明确认的结果。

有人对 1982 年 8 月 12 日第 802 号总统令的规定是否适用于公证执业活动提出疑问,该总统令是为了执行欧盟第 80/181 号指令,规定了新的"法定"计量单位,用于表示量值(如时间、长度、质量、电压),以取代旧法(经 1928 年 12 月 13 日第 2886 号法令修订的 1897 年 8 月 23 日第 7088 号皇家法令);从 2000 年 1 月 1 日起,此类法定计量单位应作为唯一计量单位使用。

根据该法第 2 条,该法调整经济行为、公共卫生和安全领域的行为以及行政管理行为:因此,公证行为被排除在外,特别是在公证文书中应包含的相应说明方面(日期、单位、金额和数量:《公证法》第 51 条第 1 项、第 5 项)。

当公证的事项缺少部分当事人或可能没有当事人,公证文书的标准内容可以有所调整,这些事项包括:

①支票(《支票法》第 63 条)和汇票(《汇票法》第 71 条)的拒付;

②债务人向债权人的有效给付(《民法典》第 1208 条及后续条文);

③检验报告;

④委托公证人进行的强制拍卖的密封报告和权利人未行使优先权的不动产拍卖报告(1996 年第 104 号法令和 2001 年第 410 号法令);

⑤秘密遗嘱应当由公证人在获悉遗嘱人死亡的消息后启封并公布(《民法典》第 621 条);

⑥受司法机关委托,在民事和商事领域中加封和移除封印及制作财产清单(《公证法》第 1 条第 1 款第 4 项 a 和 b 目);

⑦《公证法》第 59 条之二规定的更正文书(所谓的证明书)。在这种情况下,如果当事人没有到场,除了标注到场当事人的身份信息、作出确定身份及确认签名的声明外,无须宣读文书(除非见证人在场并且公证人认为需要宣读)。

(三)结尾或落款。公证书的最后部分包括:

①说明公证人是应当事人的要求行事;法律虽然没有明确要求说明这一点,但多次规定行使公证职能必须受到当事人要求的约束(见《公证法》第 26 条第 2 款和第 27 条第 1 款),且这一说明在实践中已成为惯例;

②所谓的文书公示,即公证人在当事人(以及如果有见证人)在场的情况下宣读文书,正如后文将看到的那样,《公证法》对此有详细规定;

③公证人询问双方当事人文书是否符合他们的意愿,并收到肯定的答复。这里《公证法》也未明确规定需要特别说明,但对所谓的“询问”作了多次规定(见《公证法》第 47 条最后一款以及《公证条例》第 67 条第 1 款);

④标明公证文书的书写人,以及公证文书的总页数和书写的页数;

⑤加盖所谓的生效标记,包括签名(声明不知道或不能签名并说明了原因的除外)和盖章[57]。

《公证法》第 51 条明确规定了这些事项的说明。

---

[57]　G. FLORIDI, *L'Archivio notarile di Guarcino*, *Guarcino*, 1968, p. 66

12. 对公证文书及其涉及的字据和凭证向当事人进行说明并宣读(《公证法》第 51 条第 8 项)。

根据该条,公证文书:

①必须由公证人宣读,或者只有在公证文书完全由公证人手写或其用机械方法[98]书写的情况下,由公证人信任人的人宣读,公证人本人必须在场。宣读公证遗嘱和秘密遗嘱接收笔录时,第二种情况永远不会出现,因为无论如何都必须由公证人宣读(根据《公证法》第 60 条,《公证法》这一规定不影响《民法典》中有关遗嘱规定的适用,如,《民法典》第 603 条和第 605 条);

②必须向当事人当面宣读,因此显然不能是单纯的"自我宣读"或"默念";

③如果存在见证人,则必须在见证人在场的情况下向当事人宣读:向当事人"和"见证人分别宣读不符合法律要求,因为这不仅不符合"和"字的文义,也违反了《公证法》第 47 条第 1 款的规定[99]。虽然法律没有规定必须在证明人在场的情况下进行宣读,也未规定必须在其他参与公证事项的人(翻译人员,专家)在场的情况下进行宣读,但如果他们参与公证事项并且尚未离开(见下文),并不禁止他们在宣读的现场;

④除公证文书外,宣读还必须涉及插入其中的字据和凭证;但同一规则例外规定了对上述字据和凭证宣读的免除,条件是(所有)当事人都知道如何(并且根据主流观点,当事人需要能够实际)阅读和书写[100],还需当事人明确表示不需要宣读字据和凭证等内容并由公证人作出明确说明。

早期一位学者[100]认为委托书应当不能适用上述免除宣读的例外。

当然,只要文件本身适合宣读,宣读也是可以的。但平面图和图纸则不然,虽然对它们进行文字或字母(例如"图例")的宣读似乎极不可能(而且在任何情况下毫无意义),但也不应排除参与者"看图"[102]或由公证人"展示"并对其进行说明的要求,这无疑是适当的,但并不是强制性的。

对于没有当事人在场的文书(见上文第 2 项),则既无须宣读也无须进行说明。

对于不遵守《公证法》第 51 条第 8 项规定的后果,这里有一种情况可以清楚

---

[98]　MOSCATELLO F. , *op. cit.* , p. 70. 相反的观点见 FALZONE e ALIBRANDI, voce Lettura dell'atto notarile e degli allegati, in *Diz. enc. not.* , vol. II, p. 872 e ss. ; LASAGNA, *op. cit.* , III, 1974, p. 1129; GALLO ORSI e GIRINO, *op. cit.* , p. 372; App. Milano 16 novembre 2005, in *Giur. merito*, 2006, p. 2410 e ss。

[99]　GARETTI e BIANCOTT, *Manuale del notaio*, Milano, 1944, p. 44.

[100]　ANSELMI, *Principi di arte notarile*, cit. , p. 79.

[101]　SOLIMENA, *op. cit.* , p. 200;CAPPELLANI, *Piccola Enciclopedia Notarile*, Milano, 1959, p. 74.

[102]　MOSCATELLO F. , *op. cit.* , p. 63; SANTARCANGELO, *op. cit.* , p. 167 es.

地说明宣读和说明之间的区别：就文书而言，如果有见证人在场（有见证人参与）的情况下不宣读公证文书本身（不包括其中涉及的字据或凭证），则文书无效（《公证法》第 58 条第 6 项），而不说明已经宣读并不影响文书的效力[103]。

关于对公证人的处罚，未宣读和未说明都将被处以 30~240 欧元的罚款，如果二次触犯，则可能面临 1 至 6 个月的停职，3 次屡犯将被免职（《公证法》第 137 条第 2 款、第 138 条第 1 款 a 项、第 142 条 b 项）；如果未说明当事人允许省略对附件宣读的意愿，鉴于上诉规则涉及《公证法》第 51 条第 8 项的"全部"行为，所以适用同样的处罚。

13. 说明公证文书是由公证人或其信任之人书写，并注明公证文书的总页数和书写页数（《公证法》第 51 条第 9 项）[104]。

在 1957 年 4 月 14 日第 251 号法令生效后，公证文书的书写手段除了手写以外，也可以使用打字机，只要所使用墨水属于不可擦除的即可（1962 年 8 月 3 日总理令）；而 1968 年 1 月 4 日第 15 号法令第 12 条（已被 2000 年 12 月 28 日第 445 号总统令废除）规定的原件印刷方式并不可行，因为该条最后一款规定实施所需的总理令一直未获签署。

不需要说明书写手段是手写、机械方法或电子书写，更不需要说明是用不可擦除的墨水打印的。

这是就写作手段而言；至于书写字体，《公证法》第 53 条（见下文）规定，公证文书原件的书写必须以清楚无误的字体书写，并且应当容易阅读。

该标准特别要求：

①说明该公证文书（完全）由公证人书写，或（完全）由"其信任的"某人或某些人书写，但不需要说明该人或某些人的详细个人信息[105]。对于公证遗嘱，《民法典》要求有更详细的说明，这一点不能与遗嘱本身的内容相混淆，而是应当补充说明公证遗嘱由公证人本人制作笔录或监制（《民法典》第 603 条）[106]；

②标明公证文书总页数[107]。如果使用有印花税戳的公文纸或贴了印花税票的纸，纸张通常由 4 页或 4 面组成；在单张纸的情况下，如果文字占据纸张的背面，则应视为 2 页，而不是纸张数和书写页数相同；

③标明书写页数（或面数）：一种比较可取的观点认为，标明页数必须根据公

---

[103] App. Cagliari 12 maggio 1958, in *Rass. giur. sarda*, 1958, p. 55.

[104] 按照旧做法，记名公债券变更登记的认证必须由公证人亲自进行。

[105] FALZONE e ALIBRANDI, voce *Scritturazione dell'atto notarile*, in *Diz. enc. not.*, vol. III, p. 700; SANTARCANGELO, *op. cit.*, p. 178 e ss.

[106] CICU, *Testamento*, Milano, 1945, p. 123 e ss.

[107] 这一规定有其历史渊源：它起源于羊皮纸时代，公证人因为纸张的成本会非常谨慎地选择足以包含整个文书的纸张尺寸。

证文书整个文本做出,包括封面,但不包括公证文书宣读后可能进行的附注和签名页[108]。

法律未规定但也不禁止标注行数(一般出现在最后一页未写满的情况)。

如果公证书在纸张最后一页的最后一行结束,则签名将被置于下一页的纸张上,但前几张纸的旁白处也需要一并签名。

不遵守这一规定不影响公证文书的效力,但公证人将被处以 5~45 欧元的罚款(《公证法》第 137 条第 1 款)。

14. 说明文书签署的时间,即所谓的"最后时间"(《公证法》第 51 条第 11 项):法律在签名的规定之后提到了这一要素,哪怕只有片刻时差,时间的说明也必须置于签名之前而非之后,所以事先论述比较合适。

必须作出以下说明:

①对于遗嘱(《民法典》第 603 条),不仅包括明确规定了签名时间的公证遗嘱,还包括秘密遗嘱的接收笔录(《民法典》第 605 条),以及《民法典》第 680 条规定的明确撤回遗嘱条款的撤回文书,其与针对遗嘱内容的规定不同,尽管《民法典》对签署时间的说明未作规定,但作为遗嘱行为,应根据《公证法》第 60 条,受《公证法》的调整[109];

②如果应当事人要求或公证人认为适当的情形下,其他文书中可以标注起始时间(《公证法》第 51 条第 11 项第 2 句)。

在司法分割、动产拍卖、加盖印章、清算程序中,必须注明执行程序的时间,而不是签署笔录的时间(《公证法》第 60 条)。

法律没有规定时间必须用意大利文标明,因此用阿拉伯数字标明是合法的;如果时间并非指签署时间时,有必要标明分钟,以免与接收文书时间混淆[110]。

国家公证委员会在《职业道德守则》(2006 年 12 月 15 日)中规定,自 2007 年 2 月 1 日起,公证人有义务在其保管的所有公文书和私文书中注明时间;当然,不遵守这一规定丝毫不会影响文书的有效性,只会使公证人受到纪律处罚;2007 年 1 月 18 日国家公证委员会向各个地方公证委员会主席发送了一份解释性说明,明确指出要标明的签名时间为各方当事人的签名时间,而在经认证的文书中,

---

[108]　Cass. Torino 23 marzo 1889, in *Giur. tor.* , 1889, p. 359. ; CARUSI, *op. cit.* , p. 94; BARTOLINI, *op. cit.* , p. 71; LASAGNA, *op. cit.* , 1974, p. 1132. Contra, MOSCATELLO F. , *op. cit.* , p. 70.

[109]　Cass. Torino 27 gennaio 1919 e 15 gennaio 1918, in *Foro it.* , 1919, I, p. 594 e 1918, I, p. 169; App. Genova 16 gennaio 1917, Cass. Roma 10 maggio 1917; App. Perugia 25 maggio 1916, in *Foro it.* , 1917, I, pp. 281, 741, 484;反对的裁判观点见 Trib. Savona 6 agosto 1915, riformata da App. Genova sopra *cit.* , Trib. Spoleto 24 agosto 1914, in *Foro it.* , 1915, I,p. 123。

[110]　Cass. 7 maggio 1957, n. 1553 in *Mass. giur. it.* , 1957, p. 341; Cass. 5 agosto 1940, n. 2876, in *Foro it. Mass.* , 1940, p. 531.

如果各个当事人签名时间不一致,则应标明各方当事人的签名时间⑪。

根据《公证法》第 58 条第 4 项,不遵守公证人制作遗嘱(公证遗嘱以及接收秘密遗嘱笔录)的时间规定,可能会造成公证文书无效,但根据《民法典》第 606 条,此法律后果已转变为"可撤回"(或根据一些人的说法,称为"相对无效");前面提到的撤回文书一定是一份有关身后处置的文书,因此属于《公证法》第 51 条第 11 项的规定范围,但它不是一份遗嘱,但如果是根据《民法典》第 680 条的规定通过新遗嘱来撤回旧遗嘱的内容则非如此。

公证人不履行上述规定将被处以 30~240 欧元的罚款,如果构成"累犯",则处以 1 至 6 个月的停职处罚,3 次再犯,则将被免职(《公证法》第 137 条第 2 款、第 138 条第 1 款 a 项、第 142 条 b 项)。

15. 当事人、证明人、翻译人员、见证人和公证人的名字和姓氏⑫的签署(《公证法》第 51 条第 10 项):这是最终签名,即在文书末尾的签名,而骑缝/旁白处签名则由另一特殊规则予以规定(见下文)。

签名的重要性在于它不仅认可了文书的内容,而且将文书视为自己的文件(所谓的"作者");因此,缺乏签名(如果是不会或不能签名,《公证法》第 10 条最后一款以及《民法典》第 603 条对此作了特别规定),即使有正当理由,也意味着文书不存在。

具体而言,可能会出现以下几种情况⑬:

①有当事人在其他当事人已经签名的情况下拒绝签名,则公证人既不能以说明当事人拒绝签名的方式来结束文书,也不可能就此起草一份特别报告,即使是应其他当事人的请求;因为这一报告实际上属于包含当事人声明的证明报告,而该报告被视为保留给司法机关的证人证言(见上文);

②公证人拒绝签名:可能有正当理由拒绝,例如,已签署文书的一方当事人要求公证人不予签名;这不包括未缴纳酬金或费用的抗辩,这些酬金和费用的请求应在当事人和公证人缔约前提出。

《公证法》第 51 条第 10 项规定了证明人在签名后,在其他当事人最后签名前离开的可能性,并对其中一方当事人或证明人无法签名的情况进行了规定;但这一规定必须与其他规则的规定(特别是有关公证遗嘱的规定)相协调适用。

---

⑪　2005 年第 246 号法令将导致越来越多使用经认证的私文书。

⑫　Cass. 22 luglio 1966, n, 1999, in *Foro it.* , 1967, I, p.305.

⑬　SANTARCANGELO, *op. cit.* , p. 184 e ss. ; GIULIANI, *Sottoscrizione e disponibilità del documento notarile*, in *Riv. not.* , 1960, p. 558 e ss. ; Cass. 18 gennaio 1946, in *Riv. not.* , 1947, p. 45; BOERO, *op. cit.* , p. 51 e ss.

签署必须完整、清晰⑭，这不仅是因为《公证法》在这里的用词是"签署（sottoscrizione）"一词，而不是像其他地方使用的是"签名（firma）"一词（例如，《公证法》第51条第2款第12项的最后一句）⑮，还因为法律要求注明"名"和"姓"，而对于骑缝/旁白处的签名（见下文），只签写"姓"即可。因此为了确定"名"和"姓"两个要素的存在，签署必须在某种程度上清晰可见；特别是，在双名或双姓的情况下，签名必须包括所有姓和名且不得使用缩写；在添加或替代姓氏的情况下（见上文），必须注明最后的姓名，而不是之前的⑯。

在某些情况下可能会出现特殊问题。例如，当事人不能（或不愿）用自己的名和姓清晰地签名，也许当事人会辩称清晰的书写姓名就"不是他的签名（涉及笔迹的问题）"。毫无疑问的是，使用"大写字母"书写签名是满足条件的（而且是必要的），法律并不禁止这种情况⑰，因为在任何情况下，即使没有规定（但并不禁止）文书结尾包含"已向签署文书的各方宣读"的表述，当事人已经签名的事实已由公证人随后的签名加以佐证。

不过，一直以来，人们都认为签名不清晰或不完整并不会导致文书无效，但无疑违反了《公证法》的规定，从而导致公证人承担相关纪律责任⑱。

另一方面，从签名的归属和防止伪造的功能来看，一个可能不完整或不完全清晰但符合当事人通常习惯的签名显然要比一个精致的书写签名更有价值，但这并不意味着可以忽视《公证法》第51条第10项的规定。

最后，必须牢记的是，签名必须由当事人本人完成，在任何情况下都不允许他的书写（包括某些残疾人可能会使用嘴或脚签名）全部或部分由他人引导进行⑲。

随着国际关系的不断加深，另一些越来越常见的情况是，当事人无论是否懂意大利语，也无论当事人属于能读意大利语但不能书写意大利语这一奇怪但并非不可能的情形，但都由于他使用拉丁字母以外的字符而无法有效签名（例如西里尔文、中文、日文、阿拉伯文、希腊文、库法文、印度文等）⑳。

---

⑭　SATTA S. e C. PUNZI, *Diritto processuale*, 12ª ed., Padova, 1996, p. 31.

⑮　这两个术语虽然不同，但在使用上是等同的，有时在各种规范中混杂出现，如《民法典》第2703条中对签字的认证的规定。

⑯　Cass. 26 ottobre 1960, n. 2905, in *Riv. not.*, 1941, p. 92; Cass. S. U. 7 marzo 2005, n. 4810 in *Prop. ed.*, 2005, p. 51 e ss.

⑰　BIANCA, *Il contratto*, Milano, 1998, p. 293.

⑱　DONÀ, *op. cit.*, p. 184; BOERO, *op. cit.*, p. 51; 反对的观点见 Trib. Reggio Emilia 15 dicembre 2005, in *Vita not.*, 2005, p.1815 e ss.; e in *Riv. not.*, 2006, p. 1546 e ss。

⑲　Trib. Pescara 23 maggio 1956, in *Riv. not.*, 1957, p. 431.

⑳　SPREAFICO, *Stampatello, corsivo e arabo*, in *Fedenotizie*, 2003, p. 193 e ss.

如果当事人不能使用拉丁字母,可能会出现两种情况:

①当事人不能用拉丁字母签名。公证人别无选择,只能适用以下规则,即如果当事人不能或不知道如何签名,由于签名须清晰可辨,因为意大利语使用的是拉丁字母,他必须声明阻却其签名的原因(在这种情况下,理由为不懂拉丁字母),公证人必须说明这一点(如果是公证遗嘱,须在宣读文书之前说明,《公证法》第51条第10项、《民法典》第603条及其后条款,见下文);

②当事人可以使用拉丁字母签名。如果当事人希望在拉丁字母签名外再加上一个与拉丁字母不同的其本国文字签名,也没有问题。事实上,不应忘记的是,如果公证人不懂外语,因此也不懂外语的文字,有翻译人员在场,或者如果公证人本人懂外语,有公证人本人的干预,就可以保证两个签名的同一性,即使它们是用不同的文字书写的。

最后,对于用拉丁字母以外的字符书写的姓名的音译(先不论其含义)的准确性是有必要的,正如某些建议解决这一问题的国际公约所规定的那样(参见1973年9月13日的《伯尔尼公约》,意大利通过1980年7月23日第508号法令加入该公约)。

必须指出的是,所有当事人的签名必须同时进行。因此,如果其中一方当事人在不同的地点和不同的时间签名,或在其他当事人签名之前离开,都会违反前述规则[21]。

该规则可以从上文讨论的文书"接收"与签字时间的相关性(《公证法》第47条第1款)中推导出来,并在所讨论条款(《公证法》第51条第10项)的第2段中得到确认,该段仅规定了证明人在最终签名之前离开的可能性。

证明人在核实当事人的身份并作出声明后可以离开(《公证法》第51条第4项)。在这种情况下,证明人必须在作出声明后立即签名,公证人也必须说明这一点。

如果证明人在公证书制作完毕前离开,在他们不在场的情况下,不得对他们所核实的主体的身份进行更改或补充(《公证法》第53条第3款);法律使用的措辞似乎允许证明人再次"返回"并对当事人身份进行更改或补充并再次签名。

有观点认为,必须遵守《公证法》确定的签名顺序,但这当然只适用于公证人的签名,因为公证人的签名必须放在最后(参见《公证法》第53条第4款)[22]。

法律规定,如果任何一方当事人或任一证明人不能签名(这一情况不适用于见证人,因为根据《公证法》第50条他们必须会签名并能够签名;也不适用于翻译

---

[21]　Cass. 17 gennaio 1936, in FALZONE, *op. cit.*, p. 783.

[22]　GIULIANI, *Sottoscrizione e disponibilità del documento notarile*, *cit.*, 1960, p. 558 e ss.; SANTARCANGELO, *op. cit.*, p. 188.

人员,因为根据《公证法》第55条,翻译人员必须具备作为见证人的条件),他们必须声明妨碍他们签名的原因,并且公证人必须说明这一声明(《公证法》第51条第10项最后一句)[123]。

法律所考虑的情况是那些不会或不能书写的人,而不是那些会书写或只会签名的人(然而,文盲也能够书写自己的名字,即使是根据范本复制的签名)。在这种情况下,只要不影响见证人否认的权利,则无须说明;另一方面,如果上述文盲只能部分签名(例如,已婚妇女只知道用婚前的姓和名来签名),则需要声明并说明妨碍完整签名的原因。

原因声明必须来自当事人或证明人,而且必须明确。也就是说,公证人的直接查明原因是不够的,即使这是他肯定可以查明的事实(例如,没有肢体或者肢体上有石膏)。

对原因的说明,尤其是病理原因的说明,不一定要有医学证明(除非当事人是医生或有此能力),但也不能过于笼统,以至于影响事后核实的可能性。

关于说明的位置,《公证法》没有任何具体规定,因此可以适用一般规则,即可以插入公证文书的任何位置(在文书开头、在当事人组成部分或在文书正文当中,甚至在文书宣读说明前后皆可)。但公证遗嘱除外,《民法典》第603条明确规定,公证遗嘱的说明必须在宣读遗嘱之前进行,因此说明必须置于宣读说明之前[124]。

《公证法》只规定不能签名的情况,但对于公证遗嘱,《民法典》还规定了另一个特殊的阻却原因,该原因并非由"无签署能力"导致,而是签名"确有困难",并规定在出现这种情况时,公证人必须说明(《民法典》第603条)。

这一规则的含义不是指遗嘱人在任何情况下都必须签名,而是指如果遗嘱人声明他"仅能"在"严重"困难的情况下才能签名,则可以证明笔迹不规范是合理的。并且遗嘱人可免于签名,但公证人必须说明这一情况。这也是为了避免特殊情形下(例如患病)遗嘱人的状况更加恶化而制定的规则[125]。

应该牢记的是,根据权威的理论和主流裁判观点,不准确或不完整地说明妨碍签名的原因,以及在任何情况下不遵守法律在此方面的规定(《公证法》和《民

[123] ARANGIO RUIZ, *Fontes Juris Romani Antejustiniani*, *Pars tertia*, Florentiae, 1968, p. 425, 517, 588.; Cass. 30 gennaio 1998, n. 950, in *Giust. civ.*, 1998, p. 2627 e ss.

[124] MOSCATELLO P., *La legislazione notarile italiana*, I, Palermo, 1901, p. 272.

[125] App. Bologna 29 maggio 1879, in *Mon. not.*, 1880, p. 152 e ss.; App. Genova 15 dicembre 1879, *ivi*, 1880, p. 76; Cass. Roma 6 marzo 1880, *ivi*, 1881, p. 317; Cass. 23 febbraio 2012, n. 2743, in *Riv. not.*, 2012, p. 1208 e ss.; CICU, *op. cit.*, p. 38; BIANCA, *Istituzioni di diritto civile*, 2, Milano, 1981, p. 512; Di FABIO, *La (mancata) sottoscrizione del testamento per atto di notaio se il testatore dichiari di poterlo fare solo con grave difficoltà*, in *Riv. not.*, p. 1210 e ss.

法典》），都等同于没有签名[126]。

在 1975 年 2 月 3 日第 18 号法令生效（该法律对盲人做出了特别规定，见下文）之前，上述规则适用于任何不会或不能签名的主体参与公证的情形，因此，除文盲、因疾病等原因而无法签名的人之外，同样也适用于盲人参与公证的情形。

声明存在"签名不能"（impossibilità），或在公证遗嘱制作过程中，遗嘱人声明签署确有困难（这是独有的情况，所以该规定中使用了"仅"（solo）这个副词）。当事人向公证人作出（且必须正式作出）声明并由公证人在公证书中明确说明这些声明。只有确认情况属实时才能以声明替代签名，否则，这种情形可能（单独或与法官无法免予查证的其他情况共同）被认定为声明人缺乏有效意愿以及实质上拒绝认同该文书[127]。

显然，在这种情况下，即使文书被宣布无效，也不能将责任归咎于公证人，因为他在收到声明时不可能确定其真实性。

对于遗嘱以外的公证文书，只有在当事人不具备签字能力的情况下，才能免除签署的正式要求，在签署确有困难的情况下也不能免除。

遵守最终签名的规定非常重要，因为即使上述人员（当事人、证明人、翻译人员、见证人、公证人）之一未进行最终签名，都会导致公证文书无效（《公证法》第58 条第 4 项）[128]，并对公证人处以 30~240 欧元的罚款，如果再次出现此类情形，则停职 1~6 个月（《公证法》第 137 条第 2 款以及第 138 条第 1 款 e 项）。

作为一般遗嘱形式的公证遗嘱如果认定无效，只要符合法定要求并由公证人接收，则仍可能构成特别遗嘱而继续有效（意大利《民法典》第 609 条）。

16. 每页旁白处的签名：《公证法》第 51 条第 12 项规定了"旁白处"（marginale）的签名[129]：

①旁白处的签名必须：

——如果公证文书包含多页，必须在每一页的旁白处签名，但需要最终签名的那一页除外。需要最终签名的那一页（意味着包含所有需要签名的各方主体的签名）不需要在页面旁白处签名[130]；

——公证文书中附着的字据或凭证的每一页均需签名，认证书、公共文书或注

---

[126] AZZARITI, *Successione testamentaria*, in *NssDI*, XVIII, 1971, p. 830; Trib. Agrigento 2 agosto 1955, in *Mon. trib.*, 1955, p. 387.

[127] Cass. 23 ottobre 1978, n. 4781, in *Riv. not.*, 1979, p. 221, e 22 maggio 1969, n. 1809, in *Foro it.*, 1969, I, p. 2191.

[128] Cass. 18 gennaio 1946, in *Riv. not.*, 1967, p. 45: Contra, Andrea GIULIANI, ibidem, in nota.

[129] NOTARI, *Delega di firme e allegati*, in *Riv. not.*, 1951, p. 86; SANTARCANGELO, *op. cit.*, p. 208.

[130] MICHELOZZI, *Delle sottoscrizioni marginali*, in *Mon. not.*, 1879, p. 322.

册文件除外⑬；

②旁白处可以仅签署姓氏；

③当事人、翻译人员、见证人和公证人均需签名（因此未明确要求证明人在旁白处签名，但并不禁止其签名），但有两个涉及当事人以及公证人的例外情形（不包括其他参与公证的主体）。

第一种例外情形：如果知道并能够签名的当事人超过 6 人，由各利益方的代表在每一页的旁白处签名，而不是由所有当事人（全部）来签署（《公证法》第 51 条第 12 项第 3 段）。

这种可能性也适用于某些当事人不会或不能签名的情况。应当认为，委托不仅在所有当事人利益一致（例如协会或财团设立文件）或一方由多个参与人组成（多个买方或卖方）下是允许的，而且在各方利益不尽相同的情况下也是允许的⑫：事实上，《公证法》似乎没有明确要求"各自"代表不同利益，在这种情况下似乎也不会出现《民法典》第 1395 条所指的利益冲突。最后，在公证文书中明确说明委托代理关系是适当的，即使法律并未明确要求说明⑬。

第二种例外：这涉及公证文书完全由公证人手写的情况。在这种情况下，最后签署页之外的页面不需要公证人的签名（《公证法》第 51 条第 12 项最后一段）；但是这一例外不适用于附件，即使附件是由公证人亲笔所写⑭。

其他法律对于"旁白处"签名问题的规定导致了一些特殊问题，尤其是在自书遗嘱的公开、动产的赠与以及认证方面⑬。

比如，《民法典》第 620 条第 3 款规定，在公布自书遗嘱时，必须将遗嘱文书附在相关笔录之后，每页纸上（《公证法》明确写明是在每页纸的旁白处）都必须有见证人和公证人（未提及遗嘱呈交人）的签名。在这种情况下，因结合《民法典》和《公证法》的规定，也需要呈交人进行签名（一般都是在旁白处）⑬。

对于动产赠与文书所附的票据，我们也倾向于采用类似的解决方案，这一点前文已经讨论过（见上文，《公证法》第 51 条第 2 项）。

⑬ FALZONE e ALIBRANDI, voce *Sottoscrizione finale e marginale*, in *Diz. enc. not.*, vol. III, p. 801; ANSELMI, *Principi di arte notarile*, cit., p.59 e ss.; SANTARCANGELO, *op. cit.*, p. 207.

⑫ MICHELOZZI, *op. ult. cit.*, p. 325; 相反的观点见 LENZI, *op. cit.*, p. 136; SANTARCANGELO, *op. cit.*, p. 209 e ss。

⑬ Cass. 24 febbraio 1937, in *Mass. Foro it.*, 1937, p. 128; Cass. 28 gennaio 1937, in Rolandino, 1937, p. 127.

⑭ GALLO ORSI e GIRINO, *op. cit.*, p. 373.

⑬ FALZONE e ALIBRANDI, voce *ult. cit.*, p. 801 e s.

⑬ REGGIANI, *Rapporti fra Codice civile e legge notarile*, in *Arch. giur.*, XV, p. 168; Andrea GIULIANI, *Pubblicazione di testamento olografo e adempimenti notarili*, in *Riv. not.*, 1969, p. 415.

不遵守"旁白处"签名的规定不会影响公证文书的效力,但会导致公证人被处以 30~240 欧元的罚款,构成"累犯"将处以停职 1 至 6 个月,第三次出现该情形公证人将被免职(《公证法》第 137 条第 2 款,第 138 条第 1 款 e 项和第 142 条 b 项)。

17. 印章:公证人在公证文书末尾的签名必须加盖其印章(《公证法》第 52 条)。

从该条文的措辞中可以清楚地看出,任何要求在正本或副本的中间页上加盖印章的主张都是毫无根据的,更不用说在公证人的声明、其他书面材料或未采取公证文书形式的信件上了,尽管几乎所有的文件上都加盖印章已成为惯例。也不能说法律在这方面毫无禁止性规定,更重要的是,印章是国家赋予公证人权力的正式体现,只有公证人才能使用,并应当负责规范印章的使用。

缺少印章并不影响公证文书的效力(尽管印章构成了所谓的"生效标志"),甚至不会导致对公证人的任何具体的惩罚[137],但它可能会导致对该文件是否来源于公职人员的制作的严重质疑(《民法典》第 2700 条),尤其是在进行公示时。

第六节　公证文书的书写和变更(注释)

为了确保公证文书的确定性和长期保留性(公证文书的价值在于证明意愿并随着时间的推移使其外在表现形式长期存在),法律规定了旨在确保上述两项要求的具体规则(《公证法》第 53 条以及《公证条例》第 69 条);这些规则必须与其他法源,特别是《民法典》(关于遗嘱)和经修订的《行政文件及签名合法化和认证规则》(2000 年 12 月 28 日第 445 号总统令)相关规则相结合。

"明确性"这一要求涉及公证文书中的书面形式必须具备的特征;"长期保留性"要求涉及可能需要对书面形式进行更改的规定(所谓的加注释)[138]。

(一)书写。——公证文书的书写规则涉及书写的手段(mezzi)和方式(modalità)。

关于书写手段(mezzi),我们已经提到,公证文书不仅可以用笔[139]也可用打字

---

[137]　Cons. Stato 9 ottobre 1997, n. 1459 e 21 marzo 2000, n. 1544, in D&G, *La professione notarile*, Supplemento al fascicolo 8/2004, p. 23.

[138]　SANTARCANGELO, *op. cit.*, p. 224 e ss.; FALZONE e ALIBRANDI, voce *Abbreviature*, in *Diz. enc. not.*, I, p. 6; ID., voce *Postille nell'atto notarile*, ivi, III, p. 313 e s.; ID., voce *Redazione dell'atto pubblico notarile*, ivi, III, p. 472 e ss.; FIORELLI, *Notariato e lingua italiana*, in *Le Scuole di specializzazione per le professioni legali*, cit., p. 55 e ss.; MARMOCCHI, *Il linguaggio dell'atto pubblico*, ivi, p. 113 e ss.; MIRTARA GARAVELLI, *L'occhiale del linguista su testi notarili*, in *Riv. not.*, 2006, p. 13 e ss.

[139]　1936 年 12 月 19 日第 2380 号皇家法令第 6 条;Ministero della Giustizia con Circolare n. 7/13807 del 17 febbraio 1960.

机(还不能用打印机打印,副本除外):

法律不要求注明书写方式:例如,用不能擦除的墨条、刻录光盘、激光制作的公证文书,因为这种注明不仅无用,而且危险,因为它们将由公证人在公证文书中证明,但前提是公证人有能力确定某些条件(如墨条的不可擦除性)。

该领域立法的发展非常明显:从 1913 年《公证法》规定的手写原件和手写副本的义务,到现行《公证法》规定的仅手写原件的义务,再到禁止使用打字机(1936 年 12 月 19 日第 2380 号皇家法令),而 1957 年 4 月 14 日第 251 号法令又重新允许使用打字机,最后变成可以打印、手写或打字机书写,或者混合书写(1968 年 1 月 4 日第 15 号法令第 12 条第 4 款)以及"任何能够保证文件长期保存的适当手段"(2000 年 12 月 28 日第 445 号总统令第 7 条),包括使用电子工具,由于该规定,因此计算机现在是公证人的笔,但工具与书写者之间的关系没有改变。

关于方式(modalità),法律规定公证文书原件(但根据《公证法》第 68 条的明文规定,还包括副本、节本和证明书)必须以清晰且易于阅读的字体书写[140],不应保留除了行间距之外的间隙(书写区域内的空格)或空白(例如书写结束后的空白),公证书文本中没有缩写、更正、替换或添加,并且没有刮擦(《公证法》第 53 条第 1 款);与此基本一致的是 1968 年 1 月 4 日第 15 号法令第 13 条的规定,其中,根据 ANSELMI 在很久以前表达的观点,允许使用常用的缩写,但缩写词的含义不得有任何歧义[141];2000 年第 445 号总统令第 7 条对此有明确规定,允许在所有公证文书中使用缩写词、首字母缩略词或惯用外语表达。根据最早一批作者的观点,下列情况也视为缩写:

①不仅是单词,还有以前使用的所谓的"省略列举规定";

②用数字而不是字母来表示数字;

③其字形上不同于正式签署的签名[142]。

然而,从对法律采用的表达的分析来看,虽然其中一些要求,如,文字清晰和易读性、没有缩略或更改,均是为了确保文本的确定性,但其他一些要求似乎是为了确保长期保留性的目的,特别是有关非行间距的空格和空白、更正和刮擦的规定。

---

[140] 这条规定现在被这样一个事实所取代,即写作不再是手写完成的,而是通过机械手段完成的,并且毫无疑问后者更为清晰。

这一规定在过去并非毫无用处,因为在那不勒斯的一些城市,公证人创造了一种特殊的文字,混合了希腊文和拉丁字符,只有他们能够解读,以至于当局不得不一再禁止它,见 PERTILE, *Storia del diritto italiano*, Vol. II, Parte 1ª, Ristampa A. FORNO, 1968, Bologna, p. 308 e ss.。

[141] ANSELMI, *Dizionario*, *cit.*, p. 21.

[142] ANSELMI, *op. ult. cit.*, *loc. cit.*

但是,无论如何,法律所要确保的是公证书文本的无可争议性(incontrovertibilità):事实上,正如我们稍后将看到的那样,如果更正的方式能够使人在任何情况下都能读出所更改的文字,那么这种更正是允许的。

特别是在行间进行修改,主流观点认为这一修改在各方签字之后才有效,且不涉及附件[143]。

关于印花税的法律规定了特殊的书写限制(参见 1972 年 10 月 26 日第 642 号总统令第 9 条)。

不遵守《公证法》第 53 条第 1 款的规定不影响公证文书的效力,但以法律规定以外的方式所进行的添加或更改本身无效(见下文),且会对公证人处以 5~45 欧元的罚款(《公证法》第 137 条第 1 款)。

为阐明 1997 年 3 月 15 日第 59 号法令第 15 条第 2 款规定的适用标准和程序而颁布的《电子签名条例》,将彻底改变文书和合同的订立和签署的方式。

根据该新法规:

①文书和合同可以用电子形式书写和签署;

②正式形成并带有数字签名的电子文件,对签署人产生与私文书相同的法律效力;

③规定将私人"密匙"交由公职人员保管;

④在电子文件上使用数字签名将取代任何种类的印章、打孔、标记或戳印或商标;特别是公证人的数字签名将不再与加盖公证人的印章联系在一起;

⑤公职人员的"公共密匙",因此也包括公证人的"公共密匙",在法律法规规定的范围内自主认证和发布[144]。

(二)注释(postille)。法律允许删除、更改或添加一些文字(这一表述没有限制,因为它也可以指许多文字或者整页文字),但仅限于公证人尚未签字完善文书之前,并且需要遵守特定的规则,这些规则会根据因删除、更改或添加的时间而不同(注释规则)[145]。

(1)如果要在当事人、见证人、翻译人员和证明人签名之前,以及在宣读文书之前(即在说明宣读之前,实质上是在所谓的文件"结尾"之前[146])加注释,公证人必须:

①划掉要删除或更改的字词,以便仍然可被阅读,该术语的字面意思是使用

[143]　MOSCATELLO F., *op. cit.*, p. 81; LENZI, *op. cit.*, p. 90.

[144]　ROSETTI, *La responsabilità del certificatore nel sistema della firma elettronica*, in *Giust. civ.*, p. 491 e ss.

[145]　ABIGNENTE, *op. cit.*, p. 59.

[146]　FALZONE e ALIBRANDI, voce *Postille nell'atto notarile*, *cit.*; SOLIMENA, *op. cit.*, p. 237; LENZI, *op. cit.*, p. 81.

"删除符号"或删除线⑭;

②将更改或添加的内容放在公证文书末尾,即签名之前。由于《公证法》规定了放在公证文书末尾的位置,但又规定(见下一项)将注释放在宣读文书说明之前,因此似乎可以推断出,注释的位置不允许紧靠"结尾"(chiusa)的位置。

《公证法》没有对文本的注释规定特定的参考体系。《公证法》并没有规定注释必须与正文相对应,根据 2000 年第 445 号总统令第 7 条的规定,在需要对文本进行修改时,应使之前的文字清晰可辨,但不管是这一最新的规定,还是被废除的 1968 年 1 月 4 日第 15 号法令第 13 条第 2 款(它提到了"脚注"),都没能解决太多问题,因为前者没有明确规定"注释"的"方式",后者也没有规定"注释"的内容规范。因此,任何方式都是允许的,从比较复杂的和比较简单的或者所谓描述性的,包括在加注中指明公证文书文本(包括页、行、字)的参照点,到较为简单和在实践中更为广泛使用的,即在加注中标明字母或数字(最好使用数字),这些数字在连续使用时有助于标明法律规定的加注数量,也可以只使用阿拉伯数字,因为我们探讨的问题不属于《公证法》第 51 条第 1 至第 5 项规定的需使用文字写明的事项⑭。如果需要多次重复同一注释,则允许每次使用相同的参考标记,也即只提及一个注释⑭,但必须注明使用的次数;

③在公证文书的末尾和签名之前说明划掉的语词以及注释的数量(《公证法》第 53 条第 2 款),并且在划掉多个语词的情况下,只抄写第一个和最后一个单词(《公证条例》第 69 条);没有必要标明增加语词的数量,因为法律没有这方面的明文要求,也不必标明所有被删除的字数总和,而应在每个注释中标明被删除或更改的字数⑭。

(2)如果注释在签字之前,但在文书被宣读之后(即在相关说明之后,实际上是"结尾"之后签名之前),除了上述第(1)项中的要求,还必须在见证人在场的情况下(如果有),说明向当事人宣读注释(《公证法》第 53 条第 2 款)⑭;在实践中,习惯上还会说明在场各方对注释的认可,尽管没有法律规定,也并不禁止这种做法。

法律要求在这种情况下宣读注释,并不意味着在前一种情况下不要求宣读注

---

⑭　ABIGNENTE, *op. cit.*, p. 59.

⑭　Trib. Milano 5 aprile 1963, in *Vita not.*, 1965, p. 376; LENZI, *op. cit.*, p. 80 nota 2.

⑭　Cass. 26 ottobre 1960, n. 2905, in *Vita not.*, 1961, p. 80.

⑭　Trib. Firenze 28 settembre 1955, in *Riv. not.*, 1955, p. 666; Cass. 20 ottobre 1960, in *Riv. not.*, 1961, p. 91; FALZONE e ALBRANDI, voce *Postille nell'atto notarile*, cit.; contra: SANTARCANGELO, *op. cit.*, p. 229.

⑭　Cass. 24 febbraio 1937, n. 538, in *Notaro*, 1937, p. 66; LENZI, *op. cit.*, p. 84; GIRINO, *Testimoni e fidefacienti*, cit., p. 427.

释。只是在这种情况下,对注释的宣读必然包含在文书的宣读中,而文书的宣读则在注释完成之后。

一种比较可取的观点认为,对注释的宣读必须在各自的参考点上进行,而不是在宣读文书之后单独进行[152]。

(3)如果添加注释是在当事人和见证人签字之后,但(总是)在公证人签字之前进行,则公证人必须:

①通过专门声明添加注释;

②在见证人(如有)在场的情况下宣读;

③说明上述宣读;

④重复(所有)签名(《公证法》第53条第4款)。

尽管该条款的措辞仅提到"增加"和"更正",但毫无疑问,删除也应被包含在"更正"中[153]。

人们一致认为,该规定既适用于所有当事人和见证人(可能还有证明人和翻译人员,尽管法律没有提及)都已签名但仅缺少公证人签名的情况,也适用于仅有一方当事人签名的情况[154]。

在公证人签名之前,是否可以"撤回"文书,由公证人本人提出合法理由(如突然发现当事人无行为能力)或者基于当事人同意[155]而"撤回"文书,这一点还存在争议;然而,在公证人签字之后,除非随后另行签订修改协议,否则不得撤回或更改文书[156]。

在上述三种添加注释的情况[(1)(2)和(3)]中,如果更改或添加涉及须由证明人确认的主体的身份,则在证明人不在场的情况下不得进行更改或添加;因此,如果证明人在按照《公证法》第51条第10项签名之前已经离开,则不得进行添加注释。

最后需要注意的是,《公证法》和其他关于添加注释的规定的法源位阶关系的问题,特别是关于遗嘱的规定以及《行政文件法》相关规定的问题。

首先是公证遗嘱的规定,对于添加注释是否只需适用意大利《民法典》第603条规定的全部或部分手续,还是只需遵守《公证法》中所载的上述规则,存在一些

---

[152] BARTOLINI, *op. cit.*, p. 91; LENZI, *op. cit.*, p. 86; GIRINO, *op. ult. cit.*, p. 428.

[153] FALZONE e ALIBRANDI, *op. ult. cit.*, p. 314.

[154] FALZONE e ALIBRANDI, *op. ult. cit., loc. cit.*; Trib. Milano 5 aprile 1963, in *Riv. not.*, 1965, p. 939.

[155] CNN Studi, *Ritiro dell'atto pubblico dopo la firma delle parti e prima di quella del notaio*, VIII, p. 81 e ss.

[156] ANSELMI, *Principi di arte notarile*, cit., p. 82.; CNN Studi, *In tema di rettifica di atto pubblico*, p. 121 e ss.

争议⑤；后一种观点似乎更可取，因为《民法典》并未对添加注释事项作出规定，而遗嘱中需要加入的说明内容仅是《民法典》对《公证法》明确规定的补充说明。

现行关于行政文件的规范（2000 年 12 月 28 日第 445 号总统令，该总统令废除了 1968 年 1 月 4 日第 15 号法令），它非常简单地规定了"如果有必要对文本进行修改，须使以前的内容保持可读性"：因此就出现了这些规则与《公证法》及《公证条例》所载规则之间的关系问题。可以认为，2000 年第 445 号总统令中的规则不能改变《公证法》相关规定的效力：首先，在没有明确废除的情况下，《公证法》仅涉及公证公共职能行为（特别法），优先于规范所有公共行为的行政文件法规（一般法）；其次，《公证法》第 60 条所确立的补充标准，可以得出这样的结论，即《公证法》第 53 条及《公证条例》第 69 条中的细化规定肯定不是"相冲突"的，而是对公证文书规范非常好的"补充"，即 1968 年第 15 号法律中模糊定义为"脚注"，以及 2000 年第 445 号总统令第 7 条中"删除先前的版本，需使其仍然可读"的操作要求。

"我觉得如此表述更为妥当"或"我更正"等短语不是加注，而是公证文书的一部分，因此上述内容必须在副本中出现。

不遵守添加注释的规则并不影响公证文书的效力，但可能造成间接影响，即注释的不规范导致缺少必要的元素时，注释无效。"未按规定方式以及经过同意"的注释事实上"被视为没有作出"（《公证法》第 53 条最后 1 款）；公证人将被处以 5~45 欧元的罚款（《公证法》第 137 条第 1 款）。

第七节　不懂意大利语的人、聋人、哑人、聋哑人、盲人、囚犯参与公证行为

某些主体（不懂意大利语的人，聋人、哑人、聋哑人、盲人、囚犯）参与公证行为的法律规定（除了包含在《公证法》、《民法典》中之外，也包含在其他特别法中）较大改变了上述标准公证文书的形式，我们必须对此类规定予以特别注意，尤其是因为不遵守这些法律规定可能导致公证文书无效（根据《公证法》第 58 条第 4 项的规定，不遵守《公证法》第 54、55、56 条和第 57 条所有或某项规定都可能导致这一后果！）。

（一）不懂意大利语的人。法律规定公证文书必须用意大利语书写，《公证法》第 54 条的规定考虑了两个例外情况，此两种例外同样由法律规定，涉及所谓的双语制度地区：

---

⑤　SANTARCANGELO, *op. cit.* , p. 354.

1. 瓦莱达奥斯塔地区(Valle d'Aosta),在该地区法语与意大利语同等使用,公共文书可以用法语或意大利语起草(《瓦莱达奥斯塔大区条例》第38条;司法机关的公共文书除外,它必须用意大利语起草);

2. 特伦蒂诺-上阿迪杰地区(Trentino-Alto Adige),如果当事人提出要求,公证文书最初可以用德语书写,但条件是见证人和公证人以及当事人都通晓该语言。在这种情况下,德语原件必须辅以意大利语译文,并由公证人本人证明译文与原件相符(1960年1月3日第103号总统令第13条;1971年11月10日第1号宪法文件第1条);

这一规则被宣布违宪,因为它不允许讲德语的公民使用自己的母语,只要上述人员中哪怕只有一人不懂德语(宪法法院1961年3月11日第1号)。

因此,通过1988年7月15日第574号总统令(2005年6月13日第124号立法令对其进行了修改和补充:在博尔扎诺省(Bolzano)的刑事和民事程序中使用意大利语和德语的规定),在特伦蒂诺-上阿迪杰地区德语被置于与作为国家官方语言的意大利语平等的位置,在公共文书、公证文书及其他同等文书中也是如此(第1条)⑱。

在博尔扎诺省,公证文书,包括认证书和需要公示的文件及其附件,由当事人选择用意大利语或德语撰写公证文书;此外,如果当事人要求,文件可以用两种语言撰写,一种语言文本在另一种语言文本之后或者一种语言文本在另一种语言文本旁边,并且只需在包含两种语言的公证文书底部签名一次;来自国外并以两种语言之一起草的文件,如果附于公证文书上,则无须翻译成另一种语言,除非当事人另有要求,如果文件仅以德语起草,但必须在意大利本国领土的其他地区使用,在这种情况下,必须附有意大利语译文(由公证人或其他有能力翻译的公职人员翻译:第30条)。

1999年12月15日第482号法令规定的规则并不能减损上述规定的效力,该法令规定了"保护少数群体语言和历史的规则",意大利共和国打算通过该规范保护阿尔巴尼亚人、加泰罗尼亚人、日耳曼人、希腊人、斯洛文尼亚人和克罗地亚人以及讲法语、普罗旺斯语、弗留利语、拉丁语、奥克语和撒丁语的群体的语言和文化(第2条);当然,保护的对象是常住人口(第3条第2款)。

"皮埃蒙特语"未被纳入保护范围,因为对此作出规定的2009年4月7日第11号《皮埃蒙特地区法》被宣布违宪(宪法法院2010年5月13日第170号判决)。

---

⑱ 这一规则的先例是,巴勒莫法院大法官办公室的希腊公证人、撒拉逊公证人或拉丁公证人可以用三种官方语言起草文件,参见SALERNO, Il notariato nella storia e nell'arte, Roma, 1958。

事实上,该地方立法规定,在第 3 条所述的市镇(该条规定了领土和市镇级以下区域环境的划定程序)中,市议会和其他行政机构合议庭的成员可以在这些机构的活动中使用受保护的语言(第 1 条第 1 款);如果合议机构的一名或多名成员声明他们不懂该受保护的语言,则必须保证立即将其翻译成意大利语(第 7 条第 3 款),如果供公众使用的文书是用两种语言起草的,则只有用意大利语起草的文书和决议才"产生法律效力"(第 4 条第 4 款);但是,制定特别法规的地区以及特伦托和博尔扎诺自治省的现行保护规则不受影响(第 18 条)。

因此,不能认为该法律可以对公证文书的规则进行改变,公证文书是否可以根据《公证法》第 54 和第 55 条制定,取决于公证人是否懂或不懂法律保护的语言,以及当事人是否声明他们不懂意大利语[⑲]。

同时,被法律承认需要保护的语言与意大利语并不等同(如瓦莱-达奥斯塔地区、特伦蒂诺-上阿迪杰地区和博尔扎诺省的情况),这既是因为 1999 年第 482 号法令不涉及公证行为,也因为其所考虑的(行政性质的)文书,也重申了用意大利语起草的文本的排他性法律意义[⑳]。

然而,各地公证委员会的决议不得使用意大利语以外的语言(《公证法》第 278 条)。

另一个例外是使用某些不属于意大利语(尤其是拉丁语、英语、法语)中的单词或短语,但这些单词或短语是常用语,因此容易理解,有时不方便或很难准确翻译成意大利语(例如 *infra*、*supra*、*ipso jure*、*trust*、*factoring*,*leasing*,*traveller's chèque* 等单词)。

现在,尽管从理论上讲,在公文书中避免使用不属于意大利语词汇的任何单词或表达方式是可取的,特别是考虑到《公证法》第 58 条第 4 项所规定处罚的严重性(如果整个公证文书不是用意大利语起草的,就会导致文书无效的后果),使用不属于意大利语的表达方式和词语的合法性似乎得到了肯定(前提不会使其他意大利语的表达产生变化或歧义),至少在所采用的词语不会让人们怀疑其词义的情况下是如此;2000 年第 445 号总统令第 7 条对此有所启发,其允许在公共文件中使用通用的外语表达。现在不仅有意大利语词典,还有那些被收录现已成为通用语言的外来词汇词典,甚至在立法文本中也有使用,参见信托(*trust*)的有关规定[㉑]以及公允价值(*fair value*)的有关规定(意大利《民法典》第 2427 条之二)。

---

⑲　1986 年 4 月 26 日第 131 号总统令(登记法)第 11 条第 5 款的规定不适用于此法生效前向本国领土内允许使用外语的地区办事处(现为税务局)提交的文件。

⑳　2006 年 4 月 4 日第 178 号立法法令第 1 条。

㉑　SALAMONE, *Atto notarile "Tout court" monoglotta?* in *Gazz. not.*, 1991, p. 625 e s.; *Grande Dizionario Italiano Dell'uso* del DE MARCO, ed. UTET.

除这些情况外,当事人(甚至是其中一方)不懂意大利语的情况在《公证法》中有不同的规则予以规定,这取决于公证人是否通晓当事人所使用的外语;但这些规则并未涵盖目前可能发生的所有情况。

习惯上此规则适用于"外国人"参与制定的公证文书。然而,法律规定的并不是当事人没有意大利公民身份,而是他声明自己不懂意大利语,这种情况也可能发生在那些不是"外国人"的情况中(例如,已取得意大利国籍的外裔公民、出生并一直居住在国外的意大利公民或只讲自己方言的人)[162]。这一声明的作出是《公证法》第 54 条和第 55 条两种规定适用的共同前提。

不懂意大利语的声明不构成法定说明的对象,因此声明本身的存在暗含于公证人以《公证法》第 54 条或者第 55 条规定的程序接收文书这一事实中。[163]

声明可能涉及所有当事人,也可能仅涉及部分当事人。在第一种情况下,所有在场当事人都懂意大利语,也可排除适用《公证法》第 54 条和第 55 条。特别是在当事人(也)懂意大利语,但打算用外语来接收文书的情况下,这主要是为了使文件更容易在国际上流通[164]。在第二种情况下,主流学说认为上述条款的适用不但是最优理论的体现,也是逻辑所要求的[165]。

法律没有明确规定排除适用《公证法》第 54 条和第 55 条所需的意大利语掌握程度,但在"声明不懂意大利语"的要求上,法律似乎交由作出声明的人自行判断。

现在让我们来研究一下《公证法》规定的情况,以及那些不受法条约束,但仍可能会出现的情况。

1.《公证法》第 54 条考虑了公证人知晓外语的情况,指出了前提条件并对其进行了规范。

在该规则的前提条件中,除了当事人声明不懂意大利语外(如前所述),还包括公证人、其他在场人员以及《公证法》第 54 条规定的见证人也须通晓该外语。

在这方面,法律也并未规定通晓程度,但可以说,这种通晓程度应使参与制作公证文书的所有当事人都能充分理解其内容。

至于见证人,我们认为,《公证法》第 54 条中对见证人的明确说明将其在场视为必要,但根据一般原则(第 47 条和第 48 条),当事人(已经)可以放弃见证人在

---

[162]　CARUSI, *op. cit.*, p. 166.

[163]　FALZONE e ALIBRANDI, voce *Traduzione fatta dal notaio negli atti notarili*, in *Diz. enc. not.*, vol. III, p. 921; App. Milano 20 settembre 1961, in *Riv. not.*, 1961, p. 901; App. Milano 26 maggio 1962, ivi, 1962, p. 782; contra, Cass. 11 aprile 2014, n. 8611, in *Riv. not.*, 2014, p. 303 e ss.; SOLIMENA, *op. cit.*, p. 239 e ss.

[164]　FALZONE e ALIBRANDI, voce *ult. cit.*, *loc. cit.*

[165]　GILIANI (A.G.), *nota critica a Trib. Milano*, 12 gennaio 1962, in *Riv. not.*, 1965, p. 935 e ss.; contra, FALZONE e ALIBRANDI, *op. loc. ult. cit.*; SANTARCANGELO, *op. cit.*, p. 263.

场,目前,公证文书中无须说明该放弃(2005 年第 236 号法律),因为他们应该履行的审查职能不是排他性的,而是与公证人的职能并存的⑯。

对于这种情况的规定包括:

①公证人以外语接收文书。法条用词是指用外语"公证"的文书,这一术语既包括文件的实质形成,也包括根据《公证法》第 47 条最后一款对当事人意愿的调查;

②意大利语译文位于原件前面或后面的位置。尽管使用了两个不同的术语,原件和译文,但他们共同构成了整个文件;尤其是译文,不能被视为附件(事实上,法律规定了译文的签署,而不仅仅是空白处签名),因此《公证法》规定的所有文件接收规则也适用于译文,尤其是公证人对原文和译文的宣读⑯。

至于由"原件和译文"组成的文件的"排列",有两种可能性:原件与译文并排(accanto)或一个位于另一个后面(di seguito)⑱;即使法律没有明文规定,译文也不能是公证人的作品;

③《公证法》第 51 条规定了原件和译文的签名。这两种情况下指的都是最终签署(第 51 条第 10 项)以及在原件和译文都由几页组成的情况下的页边签名(第 51 条第 12 项)⑲。

如前所述,即使仅违反《公证法》第 54 条规定中的一项,都会导致公证文书无效(《公证法》第 58 条第 4 项),并且对公证人处以停职 1~6 个月的处罚。

2. 公证人不懂某一外语的情形下适用《公证法》第 55 条,具体如下:

①有翻译人员参与,翻译人员必须:

—由双方当事人选定。法律并不限制不懂意大利语的当事人的指定⑳;

—符合作为见证人的必要条件。尤其不能属于《公证法》第 28 条规定范围内公证人或当事人的亲属或姻亲,不属于公证人或当事人的配偶;正如我们将看到的,该规则并没有规定聋人、哑人或聋哑人的手语翻译的例外情况;

—须从见证人和证明人以外的人中选择。这是由于翻译的特殊职能,他不仅限于(最终)核实(如见证人的情况)或确定身份(如证明人的情况),还包括作为当事人意愿的传递者(trasmettitore di volontà)㉑;

⑯ SOLIMENA, *op. cit.*, p. 242 ss.; DI FABIO, *L'acquisto immobiliare dello straniero, cit.*, p. 227; Trib. Milano 8 dicembre 1961, in *Riv. not.*, 1963, p. 175.

⑯ FALZONE e ALIBRANDI, voce *ult. cit.*, *loc. cit.*

⑱ Trib. Milano 29 gennaio 1960, in *Riv. not.*, 1960, p. 688).

⑲ SANTARCANGELO, *op. cit.*, p. 254; contra, LASAGNA, *op. cit.*, III, p. 1137; LENZI, *op. cit.*, p. 170.

⑳ FALZONE e ALIBRANDI, *op. loc. ult. cit.*

㉑ CARUSI, *op. cit.*, p. 114.

——在公证人面前宣誓,忠实地履行其职责。不要求使用宣誓程序(如意大利《民事诉讼法典》第238、243、251条中规定见证人的决定性宣誓或补充性宣誓),使用《公证法》规定的程序即可(类似于意大利《民事诉讼法典》第122条对翻译人员宣誓的规定);

——用外语翻译公证文书,译文必须置于原始文件的前面或后面。在这种情况下,译文不同于公证人根据《公证法》第54条制作的翻译,不能被视为公证文书的组成部分,甚至不构成公证文书的简单附件(从下文我们讨论的特殊边缘签名可以看出);因此,它不属于《公证法》第51条规定的范围,特别是由翻译人员而不是公证人来宣读,尽管《公证法》对此未作规定[172];

——在每张原件和翻译件的末尾和空白处签名。该条款的唯一作用是,除了《公证法》第51条规定的其他签名(当事人、见证人、证明人和公证人的签名)外,翻译还必须在每张纸的"末尾和空白处"特别签名[173];

②公证文书中说明翻译的宣誓(第55条第2款最后一句);按照法律规定,应认为说明必须包括宣誓的事实及其目的(忠实履行职务)以及在公证人面前宣誓的情况;

③至少一名见证人(不能是翻译人员)通晓该外语,如果当事人不会或不能签字,则需要两名通晓该外语的见证人在场;一般认为,法律的规定包括两个以上见证人参与的情况,《民法典》第603条规定的也无法阅读的聋人、哑人或聋哑人的公证遗嘱即为如此。

法律间接要求见证人或至少其中一些人在此种情况中确保能够实施特定检查的职能,该职能不是对公证人职能的替代,而是对公证人职能的补充,涉及调查陈述中包含的意愿和回应。因此,不能选择放弃见证人在《公证法》第55条规定情形中的协助[174];

④很明显,由公证人(或他信任的人)用意大利语起草文书,公证人(或他信任的人)按照翻译人员的报告("译文")中体现的双方的意愿制作成文书。无论如何,这一文书属于公证文书原件,这与《公证法》第54条规定的情形不同,意大利语译文放在被翻译的外语之前而不是之后;事实上,不能误解该原件是经翻译的事实,因为在任何情况下都需要公证人专业性的干预,即使这种干预,如前所

---

[172]　A. G.（Andrea GIULIANI）, *Ancora a proposito degli atti bi- o plurilingue*, in *Riv. not.*, 1962, p. 790; DI FABIO, *op. loc. ult. cit.*; FALZONE e ALIBRANDI, voce *Interprete negli atti notarili*, in *Diz. enc. not.*, vol. II, p. 699 e s.

[173]　LASAGNA, *op. loc. ult. cit.*; SANTARCANGELO, *op. cit.*, p. 165.

[174]　与《公证法》第54条规定的情形不同的案例参见 Trib. Milano 8 dicembre 1961, in *Riv. not.*, 1963, p. 175。

述,由于明显的不可抗力原因,必须经过调整;

⑤原件和译本均须按照《公证法》第51条的规定进行签名,包括末尾的签名和每页旁白处的签名。签名的主体主要包括当事人、证明人、见证人和公证人,而翻译人员的签名则受特殊条款的约束,在上文已进行了探讨(不仅需要在文书末尾以及每页旁白处签名,签名的文件还包括原文和译本)[175]。

如果公证文书附有文件,则应考虑这些文件也必须翻译,要么由懂该门外语的公证人翻译(根据《公证条例》第68条),要么由翻译人员翻译,因为整个文件(公证书+附件)不能存在不被他人理解的部分(即使是第三方,因为它是公证文书)[176]。

不能遵守《公证法》第55条的各项规定将导致公证文书的无效(《公证法》第58条第4项),并对公证人处以停职1~6个月的处罚(第138条第1款b项)。

3. 至此所讨论的《公证法》第54条和第55条的规则并未涵盖目前实践中可能发生的所有情形,这是因为,原《公证法》颁布的年代(1913年),外国人或不懂意大利语的人参与公证行为的情形并不常见。如果法律法规另有规定的适用其他法律法规的规定。

后者包括《公证条例》第68条规定的情形,该条文规定公证人有权接收在外国制作的文书原件或副本,这些文件的交存应通过特别报告的方式进行,必要时须经过再认证(或"加注")程序;第68条还规定如果这类文书是用外语起草的,则必须附有意大利语译文,如果公证人知晓文书起草或书写的语言,则由公证人翻译,否则由(要求交存文书的)当事人选定的翻译人员来翻译,除非这些文书是由法律允许使用外文的地区的公证人来接收的(见上文);此外,该条没有规定公证人翻译必须经过宣誓。由于这是针对此类文书的特殊规定,并且公证人并不是根据《公证法》第47条和《公证条例》第67条的规定来接收文件,而仅是出于保管目的的接收,因此,那些认为《公证法》第55条的规定也适用于此种情形的观点值得商榷[177]。

---

⑩ 在原本和译本上都必须单独签名,哪怕是在连续不中断地相互接连的两个部分(原文和译文)上签一个名字也是不够的(Cass. 16 aprile 2013, n. 9177, in *Giust. civ.*, 2013, p. 2025 e ss.)。

⑯ 相反观点的案例见 Trib. Udine 8 febbraio 1995, in Vita not., 1995, p. 182; Trib. Udine 1 marzo 1995, *ivi*, 1995, p. 182; CASU, voce *Lingua (dell'atto notarile)*, in FALZONE e ALIBRANDI, *Diz. enc. not.*, Roma, 2002, p. 330.

⑰ NAVARRA, *La pubblicazione dei testamenti*, Milano, 1979, p. 33; GIULIANI P., *Sulle formalità di pubblicazione del testamento redatto in lingua straniera*, in *Riv. Not.*, 1963, p. 383 e ss.; GIULIANI A., *Questioni in tema di testamento olografo*, *ivi*, 1956, p. 133; DI FABIO, *Della forma dei testamenti*, in *Commentario del Codice civile diretto da E. GABRIELLI, Delle successioni*, a cura di V. CUFFARO e F. DELFINI, Artt. 565-712, Milanofiori Assago, 2009, p. 434 e ss.; DI GIROLAMO, *Deposito e pubblicazione di testamento olografo in lingua straniera*, in *Vita not.*, 2002, p. 1102 e ss.

　　至于《公证法》第 54 条和第 55 条没有明确考虑到的情况（例如，懂意大利语的人要求公证人在所收到的意大利文书附上外语译文；只有一方当事人懂意大利语或外语；各自掌握不同外语的几方当事人参与公证），一些学者们⑱提出的各种权宜之计并不总是令人信服。由于《公证法》第 58 条关于公证文书无效的规定与《公证法》第 54 条、第 55 条的规定之间始终存在模糊不清的联系，在如此微妙的问题上，只有立法者充分考虑法律生活中日益增长的国际化需求，从而进行适当的修法立法才能提供确切的规范⑲。

　　（二）聋人、哑人、聋哑人。《公证法》第 56 条、第 57 条规定了聋人、哑人和聋哑人参与的公证行为，但其适用必须与意大利《民法典》对公证遗嘱的规定相结合；聋人的情况（第 56 条）以及哑人或聋哑人的情况（第 57 条）是分开规定的。

　　最重要的是《民法典》第 603 条中的规定，根据该条规定，对于聋人、哑人或者聋哑人的遗嘱，在遗嘱人"连"阅读都无能力的情形下，需要四名见证人在场；当然，除了遵守《公证法》以及《民法典》关于遗嘱形式的各种规定之外，也须遵循《公证法》对于聋人、哑人或聋哑人的相关规定。

　　当然，我们将探讨的规范基于如下前提，上述缺陷既不意味着资格的丧失或成为禁治产人（参见《民法典》第 415 条最后 1 款），也不意味着哪怕是暂时的无行为能力状态⑱。

　　1. 聋人：（1）前提。有关聋人的法律活动大部分规定于《公证法》中，有关公证遗嘱的规定则载于《民法典》中（第 603 条中）；其他还包括关于聋人民事法律地位的声明（2000 年 11 月 3 日第 396 号总统令第 13 条第 1 款）和在民事诉讼中对聋人的询问（《民事诉讼法典》第 124 条）的一些规定。

　　适用聋人的公证文书规则的必要前提是当事人（或至少一方当事人）"完全丧失听力"，也即完全听不见声音；事实上，《民法典》第 603 条并没有明确要求这种绝对性，但对于聋人的遗嘱，仍必须遵守《公证法》的聋人公证文书制作规则。

　　可以认为，公证人，甚至在专家来鉴定之前⑱，通常要谨慎的确定这种绝对耳聋的程度。如果未达到这种程度，则在必要时采取一切预防措施，以确保当事人在具体情况下无论如何都能够听到，并且确实听到了（近距离朗读，要求当事人重

　　⑱　SOLIMENA, *op. cit.*, p. 842; A. G. (Andrea GIULIANI), *Ancora a proposito degli atti bio plurilingue*, cit., p. 791.; SANTARCANGELO, *op. cit.*, p.152.

　　⑲　认识到这一立法需求，立法机关授权政府发布关于起草公共文件、私人文件以及外语认证的新规则（2005 年第 246 号公证法修正案第 7 条 a 项），但由于政府未在截止日期前通过，因此该法案未实施。

　　⑱　ANSELMI, *Dizionario cit.*, p. 80; FALZONE e ALIBRANDI, voce *Minorati fisici nell'atto notarile* (*intervento di*), in *Diz. enc. not.*, III, p. 74.; DI FABIO, voce *Notaio* (*diritto vigente*), cit., p. 596 e ss.; ID., *Sordo, muto e sordomuto*, (*dir. priv.*), in *Enc. dir.*, XLII, p. 1295 e ss.

　　⑱　FALZONE e ALIBRANDI, *op. ult. cit.*

复他所听到的内容,并在公证文书中说明:此种说明是非强制性的,但如此较为妥当),如果是公证人进行公证文书的宣读,最重要的是说明(非强制性,但是合适的)当事人对以下问题的回答:公证人宣读的文书是否按照《公证条例》第 67 条的规定符合他的意愿以及当事人是否完全理解和明白宣读的文书内容[⑱]。

然而,《民事诉讼法典》第 124 条、《公证法》第 50 条等法律并不要求绝对丧失听力,这些法律将聋人(未作任何说明)作为无法在公证行为中担任见证人的人员,即使他并非"完全"失聪。为了确认上述情形,应该请专家参与进来,即使不能起到决定性作用,但更为妥当。

(2)有阅读能力的聋人。关于公证行为,如果一个完全丧失听力但能够阅读的人参与公证行为,根据《公证法》第 56 条第 1 款的规定,他必须阅读文书[⑱],并在公证书中说明这一点。

无须进一步采取其他程序,即使可能被认为是适当的,例如:由聋人作出他完全丧失听力的声明;在公证文书中说明这一情况虽然也是适当的,但必须是当事人来说明,因为公证人不一定能确定这一点[⑱];根据修订后的《公证法》第 48 条,如果当事人(包括聋人)不仅能够阅读,而且能够书写[⑱],见证人在场就不再是必要的了。

聋人的阅读必须是口头朗读,即在场的人可以听到,而不是简单的内心默读("也即没有发出声音"),否则公证人将无法按照法律的明确要求进行证明[⑱]。

还应该注意的是,法律不允许(或者更确切地说,没有规定)聋人提供书面证明,聋人除了能够阅读,还能够书写,但却规定了哑人或聋哑人可以;因此,即使这种证明是可能的,也不能被视为是《公证法》第 51 条第 9 项所允许或规定的程序的替代方式(根据此条规定,公证文书必须由公证人或他信任的人撰写,但该人不能是参与公证的一方;当然,除非《公证法》本身允许这样做,例如《公证法》第 57 条规定的情况)。

此外,宣读必须在所有当事人、见证人(如果有的话)和公证人都在场的情况下进行。没有法律明文规定这一规则,但由于公证人必须在公证文书结尾和签名之前说明进行了完整宣读(否则宣读将只涉及该文书的"一部分")。而单独对某

⑱ Cass. S. U. , 15 luglio 1931, n. 2852, ined.

⑱ CARUSI, *Il negozio giuridico notarile*, cit. , 2, 1968, p. 119.

⑱ DI FABIO, *op. ult. cit.* , p. 1300.

⑱ FALZONE e ALIBRANDI, *op. ult. cit.* , p. 74.

⑱ GIRINO, voce *Sordo*, *muto*, *sordomuto*, cit. , p.511;反对的观点见 FALZONE, voce *Sordo*, in *Diz. enc. not. ed. IV* a cura di P. CARUSI, V, Roma, 1954, 779; CICU, *op. cit.* , p. 67; BOERO, *La legge notarile commentata*, cit. , I, p. 353; SANTARCANGELO, *op. cit.* , p. 269; PACINI, *Il Notaio principiante istruito*, Perugia, 1, MDCCLXXIV, p. 74.

一当事人进行宣读是无法想象的。

最后,在公证人亲自起草非遗嘱类公证文书的情形下,聋人的宣读在任何情况下都不能代替公证人或其信任的人的宣读[187];由于法律没有明确规定,因此聋人的宣读在公证人的宣读之前还是之后进行是无关紧要的[188]。

(3)无法阅读的聋人。如果聋人无法阅读,需要一名翻译人员在场,根据《公证法》第56条的规定:

①由该地区的法院院长(以前是初审法官)指定翻译人员。法律没有明确属地管辖权,但原则上应该认为是在聋人住所(domicilio)所在的地区[189]。

负责起草公证文书的公证人可以根据《公证法》第1条第2款第1项的规定,提起非讼程序诉请指定翻译人员[190]。

翻译人员的委任书(很显然是经认证的副本)不必附于公证文书中,尽管这种做法已成为惯例[190]。

将翻译的选择权交给法官,而不是有关当事人(例如由不懂意大利语的当事人选择的翻译:《公证法》第55条)在过去是有道理的,因为当事人被视为无行为能力人[192]。

②从习惯于与聋人打交道并且知道如何通过符号和动作让聋人理解自己的人中选择翻译人员。该规则没有规定前述这些表现的具体方式[193]。

③翻译人员必须具备作为见证人的条件;可以在聋人的父母和亲属中选择,但他们不能同时作为见证人或证明人。

在可被选为翻译的人员中,没有提到配偶。不包括配偶的原因可能是在《公证法》颁布的年代,已婚妇女不具备翻译人员和见证人所要求的(完全)行为能力;妇女在一系列行为方面(捐赠、不动产转让、设立抵押权、签订借贷、转让或收取资本、交易以及与这些行为有关的程序上的能力:1865年《民法典》第134条),

---

⑱　LENZI, *op. cit.*, p. 189; FALZONE, *op. loc. cit.*; AZZARITI, *Le successioni e le donazioni*, Padova, 1982, p. 408; CICU, *op. cit.*, p. 67; GAZZILLI, *op. cit.*, Roma, 1950, p. 208; Trib. Susa 23 settembre 1880, in *Not. it.*, 1882, p. 139; Cass. 9 agosto 1946, in *Riv. not.*, 1947, p. 152 e ss.; GIULIANI (A. G.) in nota a detta sentenza, in *Riv. not.*, 1947, p. 152; 相反的观点见:Cass. Torino 27 marzo 1882, in *Il not. it.*, 1883, p. 300; MESSINEO, *Manuale di diritto civile e commerciale*, I, Milano, 1952, p. 92.

⑱　FALZONE, *op. loc. cit.*; GIRINO, *op. ult. cit.*, p. 912 nt. 5; CASU e SICCHIERO, *La legge notarile commentata*, Milanofiori Assago, 2010, p. 378 e ss.

⑲　DI FABIO, *op. ult. cit.*, p. 1301.

⑲　PATERI, *Il notariato*, Torino, 1915, p. 247 e ss.; 反对的观点见:Cass. 17 ottobre 1959, n. 2911, in *Riv. not.*, 1959, p. 885; Cass. 19 febbraio 1981, n. 1038, in *Vita not.*, 1981, p. 1272 ss.

⑲　FALZONE e ALIBRANDI, *op. ult. cit.*, p. 76; GAZZILLI, *op. cit.*, p. 206; CAPPELLANI, voce *Sordomuto*, in *Piccola enciclopedia notarile*, *cit.*, p. 852.

⑲　MOSCATELLO P., *op. cit.*, p. 299.

⑲　App. Caltanissetta 29 maggio 1954, in *Riv. not.*, 1955, p. 629.

受制于婚姻授权制度(1919 年 7 月 17 日第 1179 号法令才将该制度废除);在没有"特别"立法规定的情况下,必须认为对配偶的排除仍然有效。

《公证法》第 50 条以及第 56 条第 3 款都规定了翻译必须是成年人,是意大利共和国公民或居住在意大利的外国人,具有完全民事行为能力并且与文书所涉没有利害关系[194],并排除了盲人、聋人、哑人、公证人或聋人的配偶以及不会或不能签名的人。

有争议的是,是否应完全由法官来审查翻译人员是否符合要求并进行选任而公证人不得干预,以及公证人是否有核实并向法官报告任何存在的法律障碍的义务[195]。

不过,似乎只有当公证人明确发现翻译人员不符合法律要求时,公证人才可以明确提出翻译人员不能合法参与公证文书的制作[196]。

否则,公证人可能仍会承担《公证条例》第 54 条规定的责任,根据该条规定,公证人不得对未按照法律规定的方式获得协助并受法律约束的人缔结的合同进行公证;

④翻译人员必须在公证人面前宣誓忠实履行其职责,并在文书中说明这一点(《公证法》第 56 条第 3 款:援引了《公证法》第 55 条第 2 款)。但《公证法》从未对宣誓的程序作出过规定[197];

⑤最后翻译人员必须在公证文书的末尾和每页纸的空白处签名(《公证法》第 51 条第 10 项和第 12 项:被第 56 条第 3 款最后一句援引);在这种情形以及法律规定的其他情形下(第 55 条和第 57 条),翻译人员参与公证文书制作的理由是确保公证职能的有效行使,而公证职能的本质就在于以最庄严的形式(公证文书)来呈现;无论是直接证明残疾人意愿的情况下(聋人的口头声明,以及正如我们将在下文看到的,哑人或聋哑人的手写声明),还是通过一个没有利害关系、具有行为能力并可以承担责任的翻译人员获得间接但足够可靠的证据的情形[198],除非通过证伪的复杂诉讼机制,否则其结果是无法消除的。

最后,关于翻译人员的职能,将其定性为媒介者(即意愿的传递人)的论点似乎较为可取。为了表明翻译人员参与公证文书制作过程中不同于见证人或证明

---

[194] Cass. 17 ottobre 1959, n. 2911, in *Riv. not.* , 1959, p. 885; Trib. Matera 29 aprile 1980, *ivi*, 1981, p. 187.

[195] App. Caltanissetta 29 marzo 1954, in *Riv. not.* , 1955, p. 627; Cass. 30 settembre 1948, n. 165, *ivi*, 1949, p. 33; Cass. 17 ottobre 1959, n. 2911, *ivi*, 1959, p. 885.

[196] Trib. Matera 29 aprile 1980, cit.

[197] MICHELOZZI, *op. cit.* , p. 107.

[198] Relazione De Falco, in MOSCATELLO P. , *op. cit.* , p. 298 nt. 1.

人的地位,也可以将其看作类似法定代理人,由他来充当当事人之间的媒介[199]。

除上述手续和要求外,《公证法》未作其他方面的规定,尤其是没有要求公证人说明翻译人员已履行其职责[200]。

(4)公证遗嘱。聋人作为遗嘱人的公证遗嘱[201],《公证法》包含的规则须与《民法典》(第 603 条及后续条文)规定的内容相协调,根据《公证法》第 60 条确立的原则,上述《公证法》第 3 章第 1 节的规定(关于公证文书的形式:《公证法》第 47条至第 59 条)也适用于遗嘱和其他契约,只要它们不违反《民法典》《民事诉讼法典》或意大利其他法律的规定,并且应该作为这些法律的补充[202]。

此外,对于公证遗嘱,《民法典》消除了《公证法》导致的形式瑕疵效力问题的疑惑。《民法典》明确规定,对于聋人、哑人或聋哑人,应遵守专为这些人制订的公证遗嘱的规则[203],并在上述遗嘱人无法阅读的情况下,增加了额外的程序,即,须有四名见证人在场,而不是两名(《民法典》第 603 条第 4 款最后一句)。

因此,意大利《民法典》第 603 条中没有提及《公证法》规定的翻译人员的参与这一说法似乎并不准确[204];该条进一步要求四名而非两名见证人在场,这可能是出于公证文书的严肃性和特定的立法先例的考虑[205],但四名见证人的要求只是更严格的预防措施,肯定不能替代翻译人员的出席。只需考虑一点就能明白,如果没有手语翻译人员的参与,公证人就无法向聋人宣读遗嘱,《公证法》第 51 条规定须宣读所有文书,《民法典》第 603 条也规定了须宣读遗嘱。如前所述,在聋人无法听到的情况下,公证人只能通过手语翻译人员的手语进行宣读。

需要注意的是,意大利《民法典》第 603 条的规定完全适用于失明以外的原因(文盲、精神疾病、瘫痪)而无法阅读的聋人(或哑人或聋哑人)遗嘱人的情况;在失明的情况下适用 1975 年第 18 号法令(见下文)。

遗嘱人不懂、不能或只能在十分困难的情况下才能签字时,应当声明相关原

---

[199]　CARUSI, *Il negozio giuridico notarile*, cit. , p. 115.

[200]　CARUSI, *op. cit.* , p. 117; ANSELMI, *Principi di arte notarile*, cit. , p. 412; GAZZILLI, *op. cit.* , p. 207; LENZI, *op. cit.* , p. 187; GIRINO, *op. ult. cit.* , p. 912.

[201]　TALAMANCA, *Successioni testamentarie*, in *Commentario del Codice civile a cura di A. SCIALOIA e G. BRANCA*, Libro secondo; GIRINO, *op. ult. cit.* , p. 915.

[202]　DI FABIO, voce *Notaio* (*diritto vigente*), cit. , p. 602 e ss.

[203]　Cass. 9 agosto 1946, n. 1144, in *Riv. not.* , 1947 p. 152, con nota contraria di A. G. (Andrea GIULIANI).

[204]　SOLIMENA, *op. cit.* , p. 250; FALZONE e ALIBRANDI, *op. ult. cit.* , p. 76.

[205]　与 1865 年《民法典》不同,现行《民法典》不再规定两名公证人和两名见证人为同一公证遗嘱进行公证(所谓的共同公证 corogito),而是由一名公证人和四名见证人来完成。

因,该声明是《公证法》第51条第10项以及《民法典》第603条所要求的,且声明必须在宣读文书之前说明,这一规则适用于所有形式的遗嘱,无论遗嘱中是否涉及身体残疾者。

至于秘密遗嘱,意大利《民法典》第605条并没有特别考虑到遗嘱人是聋人的情况(但我们将看到,它确实考虑了哑人或聋哑人的情况);遗嘱人无论因何种障碍而无法在公证文书上签名(只要他能够读懂文书的内容:《民法典》第604条最后一款),无论遗嘱人是否是聋人,均适用公证遗嘱的相关规定。

四名见证人在场的规则没有被提及,无论如何也不能适用该规则,因为秘密遗嘱成立的前提条件无法达到,也就是说,哪怕遗嘱人仅仅是缺乏阅读能力,也不能设立秘密遗嘱。

因此,可以认为《公证法》第56条的规定适用于(能够阅读的)聋人的秘密遗嘱的接收笔录。

2. 哑人和/或聋哑人:(1)前提[206]。关于哑人和聋哑人的具有法律意义的行为活动最统一、最具体的立法当属于《公证法》(该法对这两种残障人士在同一条款中进行了规定,因此有必要将它们一并论述:第57条),此外还包括《民法典》公证遗嘱的相关规定(意大利《民法典》第603条及以下条款),以及公民身份文书的声明、民事诉讼程序中的询问等规定中涉及哑人和聋哑人的有关规定(《民事诉讼法典》第124条)。

在《公证法》规定的情况中,除针对聋人做出特别规定外,并未规定哑人这种残疾人士,哑人可能同时伴有耳聋。当一个人发现自己无法用正常人能听到和理解的语言表达自己的想法时,就满足了残障的必要条件[207]。

因此,任何其他口头表达困难的情形,即使是暂时的、突发的或偶然的,在法律适用条件上,都视同哑人[208],例如,失语症(基于言语神经系统变化的语言障碍),无论它是否影响书写能力(书面表达能力障碍,并不属于运动器官(手/臂)的疾病,而是属于控制上述能力的大脑中枢的病变)[209]。

过去一些学者的观点依旧不可忽视,他们认为如果哑人或聋哑人学会用所谓

---

[206] 根据2006年2月20号法令第1条的修订,"聋哑人"一词改为了"聋人";尽管2006年4月2日第2号部长令可能没有参考这一修正案,因为在随后颁布的调整各类残疾人的津贴的措施第2条中再次用到"聋哑人"一词,但必须考虑到,因为如果出现在公证人面前的一方既是聋的也是哑的(即使"聋哑人"一词已被禁用),《公证法》中针对聋哑人的特殊规定仍然必须适用。

[207] ANSELMI, *Dizionario pratico del notariato*, cit., p. 78.

[208] GIRINO, *op. ult. cit.*, p. 913 nt. 16.

[209] CAPPELLANI, voce *"Muto"* in *Piccola enciclopedia notarile*, cit., p. 631; FALZONE, *Intervento di afasico nell'atto notarile*, in *Notaro*, 1948, p. 65.

的喉音发音㉑,除非公证人听不懂他们说的话,否则应排除适用残疾人的特殊规范,尤其是可以排除翻译人员的参与。

(2)既能阅读也能书写的哑人。就公证行为而言,必须搞清楚该残疾人士是否既能阅读而且还能书写。针对聋人并未特别规定书写能力,因为聋人可以自己宣读文书,而哑人或聋哑人只能以手写声明作为"阅读文书"这一法定要求的唯一替代形式,也是公证人可以直接作证的唯一形式。因此,如果哑人或聋哑人由于某种原因无法书写,即使他能够阅读,也适用他无法同时阅读和书写时的规则(见下文)。

哑人或聋哑人能够同时阅读和书写的情形(《公证法》第 57 条):

①按照《公证法》第 56 条的规定,由手语翻译人员参与公证文书的制作。手语翻译人员的参与、任命和相关程序,特别是宣誓,与不能阅读的聋人的相关规则相同;显然,不同之处不在于翻译人员对残疾人与公证人以及公证文书所涉其他各方之间的沟通职能(funzione di tramite)本身,而在于传达的具体内容。如前所述,对于聋人而言,翻译人员的沟通职能包括向其提供信息;对于哑人而言,翻译人员的沟通职能包括接收其信息;对于聋哑人而言,翻译人员的沟通职能既包括提供信息也包括接收信息。

最高法院最近就翻译人员宣誓说明的必要性所作的判决相当引人关注:最高法院驳回了下级法院对《公证法》第 56 条做出的解释,该解释认为《公证法》第 56 条针对文盲聋哑人制作文书的情形只作了"翻译人员……必须宣誓"的表述,并未要求公证人对宣誓做出说明;而只在《公证法》第 55 条第 2 款针对公证人不懂外语的情形中明确要求公证人对翻译人员的宣誓作出说明。最高院驳回意见认为《公证法》第 56 条的表述仅考虑了翻译人员的行为(宣誓),没有涉及公证人的行为(作出宣誓说明)㉑。

在任何情况下,即使上述主体具备阅读能力也不能排除翻译人员参与公证文书制作㉒;

②由哑人或聋哑人阅读公证文书并在文书末尾处(各方签署的位置之前)做

㉑ DEGNI, in *Commentario del Codice civile diretto da M. D'AMELIO*, *II*, Firenze, 1941, p. 436; GANGI, *Le successioni testamentarie nel vigente diritto italiano*, I, Milano 1952, p. 682; AZZARITI, *Le successioni*, *cit.*, p. 406.

㉑ Cass. S.U., 16 febbraio 1977, n. 692, in *Riv. not.*, 1978, p. 203; MILLONI, *Atto notarile stipulato da sordomuto analfabeta e mancata menzione del giuramento dell'interprete*, in *nota alla stessa sentenza pubblicata in Giust. civ.*, 1978, I, p. 579 e ss.

㉒ Trib. Milano 14 aprile 1961, in *Riv. not.*, 1961, p. 496 s.; PATERI, *Il notariato*, *cit.*, p. 247 e s; GIRINO, *op. ult. cit.*, p. 913.

出已经阅读且公证文书的内容符合他的意愿的说明(《公证法》第 57 条第 2 款第 1 句)。

有人指出,哑人与聋人不同,哑人能够听到公证人的宣读,但仍然要求哑人像聋人一样阅读公证文书的规定仍然难以理解[213];原因可能不在于将哑人的情况与聋哑人的情况相等同,也不在于可能很多时候难以区分当事人仅是哑的还是又聋又哑,而在于向公证人口头表述意愿的传统,以及在不可能口头表述意愿的情况下,需要用一种与其说是审查不如说是对当事人"真实意愿"的确认行为来代替[214]。

法律要求的哑人或聋哑人的阅读,在这里只能通过精神方式(默读)进行:因此《公证法》不要求公证人说明这一点(如果公证人听不到哑人所说的话,他又如何进行证明呢?),但残疾人士本人作出的书面声明则是十分必要的。

该声明不仅要证明该公证文书已由其本人阅读过,还要特别证明该公证文书符合其意愿;根据《公证条例》第 67 条的规定,所有(其他)公证文书都必须进行这种符合性确认。与《公证法》第 57 条的规定不同的是,法律并未要求公证人对这种确认(声明)进行说明,尽管在实践中公证人常常还是作了说明并得到普遍认同的。

这是一种特殊情况,也即公证文书的一部分并非来自于公证人(既不是公证人起草的,也不是其接收的)[215];然而,这个声明的特定位置,即"在公证文书的结尾并处于签名之前",似乎使人对"严格来说"它是公证文书的一部分的论断产生怀疑,因为它(在整个)公证文书正文之后[216]。

根据一些学者的观点,公证人的宣读应该在哑人或聋哑人的阅读之前,这与聋人的情况不同,因为哑人或聋哑人必须亲笔写下他已阅读并同意该公证文书的内容[217];不过,我们可以注意到,即使在这里,法律也没有规定任何顺序,因此,在宣读问题上,法律要求的是由公证人和残障人士都要宣读,至于宣读的先后顺序,这并不重要。

(3)不能读和写的哑人。另一方面,如果哑人或聋哑人不知道(或不能)读和

---

[213] LENZI, *op. cit.*, p. 190.

[214] MANDRIOLI, *Corso di diritto processuale civile* 6, I, Torino,1987, p. 339 e ivi bibliografia, e DONÀ, *Elementi di diritto notarile*, *cit.*, p. 170 e ss.; CARUSI, *Il negozio giuridico notarile*, cit., 3ª ed., I, 1980, p. 25.

[215] FALZONE e ALIBRANDI, voce *Minorati*, *cit.*, p. 76.

[216] 有关书面声明不仅需要在哑人或聋哑人签署之前,而且需要在其他当事方签署之前,见 Trib. Firenze 10 febbraio 1981, in Vita *not.*, 1982, p. 392 e s. e 1983, p. 699。残疾人的声明不需要他单独签名,他在文书上的签名就足够了。

[217] GIRINO, *op. ult. cit.*, p. 912 nt. 5.

写(这两种可能性被认为是不可分割的),则必须有两种选择(《公证法》第 57 条第 2 款):

①其手语不仅能被翻译理解,而且至少能被一名见证人理解;

②或者,根据《公证法》第 56 条的规定,在制作公证文书过程中,有另一名(第二名)翻译人员参与。

在第一种情况下,即其中一名见证人也懂手语,法律没有规定见证人必须宣誓(与第二种需要翻译的情况不同,见下文),也不要求见证人或公证人说明。

然而,鉴于公证人不可能进行核实(公证人懂残疾人的手语的情况除外,虽然不能排除这种可能,但肯定不常见),这种情况似乎应该由见证人作出陈述并载于公证文书当中,其真实性始终可以由翻译人员进行核实[218]。

这里的见证人也可以是一个不经常与残疾人打交道的人,只要他懂手语即可[《公证法》使用的术语是"符号"(segni),而对于翻译人员来说,则是"符号和手势"(segni e gesti),这似乎无关紧要]。至少有一个见证人具备此项能力是一个不可忽视的论据,可以肯定在哑人和聋哑人参与的公证行为中见证人在场的必要性,没有见证人在场绝无可能[219]。

在法律规定的另一种情形,即有第二个翻译人员参与的情况下,《公证法》第 56 条头两段内容使人相信,第二个翻译人员也必须遵守为第一位翻译人员规定的所有程序,尤其是宣誓和在公证文书中的说明。

两名翻译人员可以是彼此的亲属或姻亲(但不能是当事人或公证人的配偶),也可以是残疾人士的亲属或姻亲[220]。

在这两种情况下,如果哑人或聋哑人有能力,尽管他不能书写,也不必(当然也不禁止)由他来阅读公证文书[221];当然,这种情况没有法律意义,公证人也不必(我们认为也不能)作出说明。

(4)公证遗嘱。至于哑人和聋哑人的公证遗嘱,《民法典》第 603 条重申了《公证法》所载规则的有效性,并进一步要求如果遗嘱人无法阅读,还必须由四名而非两名见证人参与[222];至少从历史的角度来看,这里的提法比聋人的提法更有

㉑　关于该说明的必要性,参见 Cass. 17 luglio 1941, n. 2178, in GIANFELICE e TRECOO, *op. cit.*, Milano, 1954, p. 404, n. 4568。

㉒　SOLIMENA, *op. cit.*, p. 253, e FALZONE e ALIBRANDI, *op. loc. ult. cit.*;反对的观点见 LENZI, *op. cit.*, p.188.

㉓　GIRINO, *op. ult. cit.*, p. 913.

㉔　参见 App. Caltanissetta 29 maggio 1954, in *Riv. not.*,1955, p. 627, che richiama Cass. 20 settembre 1948, n. 1653。

㉕　Cass. giugno 1983, n. 3939, in *Giust. civ.*, 1983, I, p. 2628 e ss., con nota di AZZARITI, *Sul testamento del muto, o sordo, o sordomuto, e che sia anche incapace di leggere.*

意义,因为在过去,人们认为哑人或聋哑人不能立公证遗嘱,因为他无法向公证人"表明(dichiarare)"他的意愿[23]。

另一方面,在秘密遗嘱的情况下,知道并能够书写的哑人或聋哑人必须在见证人在场的情况下写下他的遗嘱并将其密封,如果遗嘱由其他人代书,他还必须以书面形式声明他已阅读过该遗嘱(《民法典》第605条第2款)。

一些作者认为,《民法典》第605条所要求的这种具体而详细的声明会使翻译人员的介入变得没有必要,因为翻译人员必须履行的职能并不明确[24];有人可能会反对说,同样根据《公证法》第60条规定的原则,此处残疾人士的书面声明不能被视为对翻译人员的参与具有排他性,正如哑人或聋哑人的声明(与之规定近似),即,如果遗嘱是由他人书写,遗嘱人已经阅读,并且承认该遗嘱符合他们的意愿,但这并不排斥翻译人员的参与。

由哑的或聋哑的遗嘱人在接收笔录中亲笔书写的这一声明,构成了公证人以外的其他人对公证文书进行书写的另一种情况,但它与《公证法》第57条的规定存在很大差别,因为:

①声明的书写必须在见证人在场的情况下进行(但是,这种情况无须公证人在公证文书中说明,声明本身也无须说明);

②此项具体声明的目的不是公证文书的宣读(在这种情况下,是记录收到该文书并证明文书符合当事人的意愿,因此此种情形必须独立完成),而是纸张上承载着其本人的遗嘱,以及他人代书的遗嘱已经本人阅读;

③意大利《民法典》第605条未指定该声明在接收笔录中的确切位置,这与1865年意大利《民法典》第786条的规定相反,根据该条规定,声明必须置于"交付的公证文书之前"[25]。

该声明是公证文书的一部分,因此不必像过去所认为的那样需要独立的签名[26]。

因此,在哑人或聋哑人的秘密遗嘱中,当事人有两份亲笔声明,分别由《公证法》第57条和《民法典》第605条第2款规定,二者都是必要的:第一份(根据《公证法》第57条)涉及笔录文本和其中所载的唯一公证行为声明;另一份(根据《民法典》第605条)以表明遗嘱(如由他人代书)已由遗嘱人阅读并符合他的意愿。

鉴于《民法典》第605条规定的手写声明的必要性,对知道并可以阅读但不知

[23] 1865年《民法典》第786条;GAZZILLI, *op. cit.*, p. 208 e s。

[24] GIRINO, *op. ult. cit.*, p. 914 e s。

[25] 两种不同的程式参见 *Mon. not.*, 1876, I, 320 e in AVANZINI, IBERATI e LOVATO, *op. cit.*, formula n. 19.4.11, p. 168 e ss。

[26] PIATTI, *Osservazioni sulla formula del testamento segreto del sordomuto*, in *Mon. not.*, 1876, I, p. 333.

道或不能书写的哑人或聋哑人是否可以制订秘密遗嘱存在争议㉗；鉴于《民法典》规定的形式要件的不可替代性，否定观点似乎更可取；也不能认为两名翻译人员的介入，即，其中一名见证人理解手语的情形下，足以弥补法律只对该特定行为（秘密遗嘱）有确切要求且必须以手写形式作出该声明的形式缺陷。

（5）签名认证。最后，在签名认证方面，在 2005 年第 236 号法令生效之前，哑人或聋哑人（当然，对于聋人来说，这个问题并不存在）可以通过任何方式表达放弃见证人协助的可能性，因为主流观点认为《公证法》第 57 条对于认证并不适用㉘。

自然，就所谓的行政认证（2000 年第 445 号总统令第 21 条）而言，问题并不存在，因为它既不需要见证人在场，也不需要声明放弃见证人的协助。

3. 盲人：

（1）前提条件。

与上述其他残疾人士相比，目前有关盲人（"看不见的人"）㉙的法律规定无疑是特殊的。

根据立法者的观点，这些人是指完全失明，或通过最终矫正，双眼视力剩余不超过 1/20 的人（根据 1962 年 2 月 10 日第 66 号法令第 8 条），或在某些情况下，通过矫正双眼残余视力超过 1/20 但低于 1/10（1954 年 8 月 9 日第 632 号法令第 4 条）；该立法是否适用于那些虽然没有临床意义上的失明，但由于暂时且非文盲的原因，在物质上无法看见和/或阅读的人，这一点值得怀疑。

事实上，对于盲人，与其他主体不同的是，我们另一个关于盲人的法律文本无疑呈现出更加体系化的特征：1975 年 2 月 3 日第 18 号法令（《盲人法》）㉚。

（2）《盲人法》。这部法律很简短（仅有四个条款），而且正如我们将看到的，有时并不精确，但它规定了：①盲人具备完全行为能力；②即使没有任何辅助，盲

㉗　DEGNI, in *op. cit.*, p. 456; DE RUGGIERO e MAROI, *Istituzioni di diritto civile*, I, Milano, 1945, p. 418; CARUSI, *Il negozio giuridico notarile*, cit., p. 98; ANSELMI, *Principi di arte notarile*, cit., p. 120; GIRINO, *op. ult. cit.*, p. 914; GANGI, *op. cit.*, p. 202 n. 140; CICU, *op. cit.*, p. 105.; GANGI, *op. cit.*, p. 206 e s.

㉘　CAPPELLANI, voce *Autenticazione*, in *op. cit.*, p. 146; LASAGNA, *op. cit.*, p. 310; GIRINO, *op. ult. cit.*, p. 915.

㉙　"视力障碍"或"不可视者"的表达代表了术语的演变，30 年来，盲人获得了更广泛的行动能力和更大的保护，参见 COLOMBO, *Ciechi civili*, (*Sicurezza sociale*), in *NssDI*, App., 1980, p. 1153 e ss.

㉚　关于这些不同的文本，可参见 SANTARCANGELO, *op. cit.*, p. 182 e ss. e nt. 1; *Relazione al progetto di legge De Luca*, in *Atti Parl. Sen.*, IV legislatura, Stampati n. 1054; CONSIGLIO NAZIONALE DEL NOTARIATO, Legge 3 febbraio 1975 n. 18, *recante provvedimenti a favore dei ciechi*, in *Notaro*, 1976, p. 34 e ss.; DE SALVO, *La legge a favore dei ciechi e la legge notarile*, in *Riv. not.*, 1975, p. 1308 e ss.; RICCA, *Provvedimenti*, "*a favore*" *dei ciechi*, ivi, p. 452 e ss.; SERPI, *I provvedimenti a favore dei ciechi e la legge notarile*, ivi, 1980, p. 977 e ss.; GIRINO, Voce *Cieco*, in *NssDI*, App., 1980 p. 1157 e ss.; SCARDULLA, *Perplessità in ordine ad una legge sui ciechi ad uso di coloro che vedono*, in *Dir. fam. e p.*, 1984, p. 212 e ss.

人在任何文书上的签名也是有效的;③盲人在履行或起草文书时有权得到他所信任的人的帮助;④如果盲人无法签名,辅助人有义务进行协助;⑤一些程序和特别情况说明。

A. 无论是先天失明还是后天失明,只要不属于《民法典》第 414、415 和 416 条(第 1 条)规定的禁治产人或准禁治产人,也不属于现行《民法典》第 404 及其后续条款(这些条文已根据 2004 年 1 月 9 日第 6 号法令第 2 条进行修订)规定的受扶养管理的人(amministratore di sostegno),法律明确承认其完全行为能力。

在盲人属于禁治产人的情况中,可以适用《盲人法》,尽管必要时需要保佐人在场;在为盲人指定扶养管理人的情况中,如果扶养管理人不是盲人的专属代理人(《民法典》第 409 条第 1 款),同样可以适用该法。

这一规范的效用和实际内容引起了一些争论,因为它只不过是对法律制度中已经生效的法律原则的重复,因此仅具有纯粹"观念"层面的内容[20]。

我们更赞同那些更简单地认为《盲人法》第一条只是明确了《民法典》第 415 条第 3 款中已有的原则的观点,即成年人即使先天或非先天失明,也有完全民事行为能力[22]。

不过,主张该原则的实际理由似乎要温和得多,这是因为需要避免第三方可能拒绝接受来自盲人的文书,例如,担心盲人虽然不否认自己的签名,但日后可能会就所签署文件的人的身份或内容提出障碍性错误或其他例外情况;在这方面,该规则不仅保护盲人,而且优先保护那些通过书面文件与盲人建立关系的人,这一点从立法报告中的明确说明和其第 2 条的内容都可以看出[23]。

另一方面,也有不少人认为法律提到了协助盲人的见证人和参与起草文书的人,甚至在某些情况下(第 4 条)要求在这些人的协助下完成文书(原文如此),这只会使盲人成为"减等行为能力人"(minus habens),这与立法者宣称的"有利于"盲人的意图背道而驰[24]。

B. 法律规定盲人在没有任何帮助的情况下,为履行义务和相关责任而在任何文件上签名均属有效,但意大利《民法典》第 604 条规定的禁止情况除外,即确

---

[20] Corro, *La posizione del cieco (profili applicativi della legge n. 18 del 1975)*, in Vita not. , 1975, p. 881 e s. ; RICCA, *op. cit.* , p. 453.

[22] PESCARA, *I provvedimenti di interdizione e inabilitazione e le tecniche protettive dei maggiorenni capaci*, in *Trattato di diritto privato diretto da P. Rescigno*, IV, Torino, 1982, p. 726 e ss. , p. 727; GIRINO, *op. ult. cit.* , p. 1158; DELLI VENERI, LAZZARDI e MARINARO, *Osservazioni sulla legge 3 febbraio 1975 n. 18, contenente "Provvedimenti a favore dei ciechi*, in Vita not. , 1975, p. 884.

[23] DE SALVO, *op, cit.* , p, 1308. ; CORTO, *op. cit.* , p. 882. ; GIRINO, op. loc. ult. cit.

[24] ALLEGRETTI, *Considerazioni sulla legge n. 18 del 1975*, in *Notaro*, 1976, p. 44. GIRINO, *op. ult. cit.* , p. 1159. 随着该法引入了文书起草参与者,似乎缩小了盲人的自主能力范围。

认盲人不能设立秘密遗嘱(第 2 条)。

毫无疑问,如果如前所述,立法者起草该法的意图确实非常有限,实际上是为了消除盲人在签署支票和邮政汇票时的"道德劣根性"[235],那么这一意图并未照搬进规则中,该规则明确提到了盲人签署的任何文件[236]。

也不能对"为履行义务和相关责任"这一表述赋予任何特定价值,因为仅从字面上来衡量会导致荒谬的后果,例如排除其对权利的取得,特别是物权的取得[237]。

另一方面,毫无疑问盲人具有完全行为能力,他不仅可以签署任何公共或私人文书[238],而且还可以起草一份有效的自书遗嘱[239],毫无疑问,这种行为既不承担义务,也不承担责任。

事实上,失明并不是无能力设立自书遗嘱的原因(参见《民法典》第 591 条,其与《撒丁岛法典》第 753 条和《帕尔马法典》第 734 条的规定不同);当然,书写必须使用正常文字(而非盲文),否则不符合法律要求的亲笔书写的要求。

回过头来再看下面与《公证法》有关的问题,我们可以注意到,在这种情况下,立法者通过简单地重新确认《民法典》第 604 条的禁止性规定来解决所有问题,很可能错过了根据医学科学技术的最新和较近期的发现成果来重新考虑盲人设立秘密遗嘱可能性的机会[240]。

C. 法律规定盲人有权明确要求得到他授予必要信任的人的协助,该人可以:

—或协助他完成文书

—或在当事人指明范围内参与起草文书内容(第 3 条第 1 款)[241]。

有些人认为,法律仅允许两个主体之一参与文书,即协助人或其他参与者,这

[235]　CONSIGLIO NAZIONALEDEL NOTARIATO, *Legge 3 febbraio* 1975 *n*. 18, *cit*., p. 34.

[236]　SERPI, *op. ult. cit.*, p. 977.

[237]　CORTO, *op. cit.*, p. 881.

[238]　如果盲人只能用叉号"签名"或不能签名,那么新法允许盲人订立私文书的说法是不准确的(NIUTTA, *Provvedimenti a favore dei ciechi*, in *Notaro*, 1975, p. 55),至少还需要两名证明人的参与,以及符合《盲人法》的形式要求。

[239]　GAZZILLI, *op. cit.*, p. 210; GALLO, voce *Cieco*, in *NssDI*, III, 1959, p. 224.

[240]　使用盲文字符、激光设备等手段;参见 DE SALVO, *op. cit.*, p. 1309; LASAGNA, *Il notaio*, *cit.*, 1974, p. 286 ed autori ivi citati; BARTOLINI, *op. cit.*, Bologna, 1957, p. 99, 此文似乎倾向于肯定盲人制定秘密遗嘱的能力,只要盲人已经具备了借助科学技术阅读的能力即可。FALZONE, *Cieco*, *cit.*, p. 148; D'AVANZO, *Delle successioni*, II, Firenze, 1941, p. 828, 此文认为,知道如何用正常笔迹书写的盲人可以立下秘密遗嘱,遗书由他亲自书写和签名,通过对《民法典》第 604 条的解释,可以认为盲人仅在不知道如何书写的情况下,需向公证人声明他已阅读遗书的内容。

[241]　SERPI, *op. ult. cit.*, p.983; RICCA, *op. cit.*, p. 463. 此外,有关条款中所载的"明确请求"与其说是协助人在场的条件,不如说是排除在没有明确请求的情况下协助人在场的必要性,这是盲人按照《盲人法》第 2 条能够"在没有任何协助的情况下"承担权利义务的合乎逻辑的结果。

也可从第3条的文义中推导得出㉒。

这一限制不适用于盲人无法正常签名的情况(参见第4条),此外似乎没有任何规定禁止两类主体行使相同职能,或者两类主体行使不同职能;换句话说,无论是第3条还是第4条的情况,法律的规定仅具有"最低限度"的价值。

有些学者希望区分第一种情况下的纯粹声明活动和第二种情况下的补足法律行为活动,因为"见证人"将被动地协助盲人实施法律行为,而"文书起草参与人"将以各种形式和方式介入,例如审查文件、技术咨询和法律建议等㉓。然而,人们可能会怀疑这种明确的区分是否符合实际情况,因为一方面,协助盲人填写文书的协助人须由盲人授予必要的信任,而盲人自己无法控制文书内容,因此该协助不可能仅为被动,这至少意味着协助人对文书及其附件的内容可以行使审查权;另一方面,参与文书起草也很可能仅限于撰写。

理论界一直在努力界定这些"协助人"与盲人之间的关系㉔。

一些学者认为,在不区分见证人和起草文书的参与人的情况下,这种关系在法律上被定性为一种委托,尽管这种委托具有特殊性,因为它必须在委托人在场并与委托人合作的情况下进行㉕。

针对这一论点,人们可以认为盲人的协助人,特别是在协助完成文书的情况下,并非为了盲人利益(《民法典》第1703条)或以其名义(《民法典》第1704条)作出法律行为,恰恰是因为该行为可由盲人有效作出,这一点可以从1975年第18号法令第1条和第2条的规定中推断出来,且不论盲人是否在个别情况下没有签名的情形;协助人唯一和必要的签名也并非决定性论据,因为根据《公证法》见证人、证明人的签名以及翻译人员的签名也是公证文书有效的必要条件(《公证法》第58条第4项)。

另一方面,这些盲人协助人的角色似乎更接近于仅具有部分行为能力主体的保佐人(根据《民法典》第392条解除亲权的未成年人的保佐人,或根据《民法典》第424条准禁治产人的保佐人)或根据2004年1月9日第6号法令中规定的扶养管理人㉖。

㉒ GIRINO, *op. ult. cit.*, p. 1160; DELII VENERI, LAZZARDI e MAARINARO, *op. loc. ult. cit.*; NIUTTA, *op. loc. ult. cit.*

㉓ SERPI, *op. ult. cit.*, p. 981.

㉔ RIOCA, *op. cit.*, p. 462; NIUTTA, *op. cit.*, p. 55 e ss.; FRASSOLDATI, *Impressioni sulla legge per i ciechi*, in *Notaro*, 1975, p. 76; CARUSI, *I ciechi*, in *Rassegna di giurisprudenza, dottrina e legislazione*, ivi, p. 48.

㉕ SERPI, *op. ult. cit.*, p. 981 e ss., 从盲人必须明确请求其信任的人协助,并在盲人指定的限度内提供协助等方面来看,可以将协助人排除在代理人之外,因为它不以有关人员的名义取代他参与该行为; RICCA, *op. loc. ul. cit.*; NIUTTA, *op. cit.*, p. 56.

㉖ CONSIGLIO NAZIONALE DEL NOTARIATO, *Legge 3 febbraio 1975 n. 18*, cit., p. 35; RICCA, *op. loc. ult. cit.*; CARUSI, *op. loc. ult. cit.*

最后,一些学者对协助人和参与人的职能进行了区分,前者不能等同于保佐人,因为他不能用自己的意愿来补足当事人声明的意愿,因此可以将其比作技术证明人,但不能将其与技术证明人混为一谈,因为他缺乏证明人的被动公正性,而后者可以被定义为事实保佐人[247]。

最后,还有人认为,在协助人存在的情况下,以下表达方式具有特殊价值:

——立法者有意采用"文书的完成"这一表述来表示文书本身的结束阶段,这与签名的阶段相吻合[248]。针对这一观点,有人反对说,无论这一表述在当下具有何种含义,人们都会怀疑在最后一刻干预的人向盲人提供帮助的有效性[249]。

然而,法律的文字和精神似乎既不要求也不排斥见证人,甚至可以允许见证人仅在签字的最后阶段进行干预。盲人所信任的协助人所承担的审查义务的程度以及审查过程中所需的信息取决于文件的内容、价值和复杂程度;

——"协助":有人认为它仅作为及物动词(协助某人),而不是不及物动词(协助做某事)[250];关于此观点有人持反对意见,认为应将词意的选择交由盲人自行决定[251]。

仔细观察该词,我们认为,在这种情况下,协助不可能不包括这两种形式,因为对于盲人的协助(及物动词)必然在执行某项行为中,因此"协助者"不能不协助(不及物动词)。

法律未规定这些人需具备的条件:根据他们必须协助或参与起草(书面)文书,并在签名时注明某些字样("见证人"或"参与起草文书者")这一事实,可以推断出他们必须会阅读和书写,而不仅仅只是会签名。

另一方面,由于未明确援引,《公证法》(第 50 条)规定的无见证能力的所有理由都应排除在外。一些人认为,如果上述两种功能在同一主体身上集合,那么这些原因也会适用[252],但大多数学者都排除了这一情况(见下文);因此,只要盲人给予协助人必要的信任,(即使)不具备完全行为能力[253],例如未成年人,只要他们对文书的内容和性质有理解能力和意思能力[254],也可以任用:《民法典》第 1389 条

[247]　GIRINO, *op. loc. ult. cit.* ; AVANZINI, IBERATI e LOVATO, *op. cit.* , p. 22 nt. 1.

[248]　FRASSOLDATI, *op. loc. ult. cit.* ; SANTARCANGELO, *op. cit.* , p. 304 e ss. , 315 e ss.

[249]　GIRINo, *op. ult. cit.* , p. 1160 nt. 24.

[250]　NIUTTA, *op. loc. ult. cit.*

[251]　GIRINO, *op. loc. ult. cit.*

[252]　DE CESARE, *La sottoscrizione di atti in genere da parte di persone prive della vista*, in *Vita not.* , 1975, p. 355.

[253]　相反的观点参见 DELU VENERI, LAZZARDI e MARINARO, *op. cit.* , p. 888; GIRINO, *op. ult. cit.* , p. 1161; CARRUBBA, *Osservazioni sulla nuova normativa a favore dei ciechi*, in *Rolandino*, 1975, p. 152 e ss.

[254]　这无异于消除了 GIRINO(op. ult. cit. , p. 1161 nt. 32)所担心的将法律文件和法律行为的有效性交给儿童或精神不健全者来协助的担忧。

明确规定了关于代理人的规则,代理人可以单独从事民事法律行为,似乎更适用于我们所讨论的情况,在这种情况下,某主体与另一主体合作并为后者的利益行事[23];外国人(即使是非意大利居民,如有必要,也应遵守《民法典实施条例》第16条规定的互惠原则);不能完全行使公民权利的人(也许不包括法律上剥夺资格的情况:《刑法典》第32条);能读写的聋人、哑人以及聋哑人(只要他们也能与盲人交流)。

至于《公证法》第50条为公证行为规定的其他排除原因,必须考虑到第28条第2项和第3项规定的理由仍然适用[24],即盲人自身的原因(盲文书写的文件可能会被排除)和与文书没有利害关系的其他原因(由于《民法典》第1395条规定了关于利害冲突的一般原则,因此除非盲人明确授权或契约的内容已经事先确定,否则必须适用该一般原则)[25]。

有一种独特的观点认为,在选择协助人时,盲人有权(视力正常者无权)选择公证人或其他当事人不满意的人作为见证人[26];然而,即使对于普通见证人,法律似乎也没有规定公证人或其他当事人有否决权。

D. 在盲人不能签字或仅用"×"来签字时,必须由上面提到的两个人介入并签字;这一义务是为"完善文件"的目的而明确要求的(《盲人法》第4条第2款)。

法律没有规定参与起草文件的人的介入,因为哪些人的介入取决于盲人,而盲人也可以在一份文书的空白处做出授权[27]:事实上,无论盲人的选择范围有多广,可授予的权利多么有限,也无论是起草文书的参与者还是见证人的介入,都必须由盲人来行使选择权,至少在1975年第18号法令(《盲人法》)第4条第2款的规定中是如此。

可以认为,由于法律没有明确规定这两个被指定的人的职权范围,他们可以被要求行使法律规定的任一项或两项职能,即在利害关系人确定的范围内协助或参与文件的起草[28]。

至于未能遵守"文件"的"完善"这一规则的后果,法律似乎允许对文书的有

---

[23] NIUTTA, *op. loc. ult. cit.*; MORELLO A., FERRARI e SORGATO, *op. cit.*, p. 281 nt. 17; CARRUBBA, *op. cit.*, p. 153;因此,关于年龄限制不适用于这些见证人的说法似乎过于笼统(CONSIGLIO NAZIONALE DEL NOTARIATO, Legge 3 febbraio 1975 n. 18, loc. ult. cit.)。

[24] SERPI, *op. ult. cit.*, p. 982;相反的观点见 GIRINO, *op. ult. cit.*, p. 1161。

[25] 相反的观点见 RICCA, *op. loc. ult. Cit*。

[26] GIRINO, *op. ult. cit.*, p. 1160 nt. 27.

[27] GIRINO, *op. ult. cit.*, p. 1159.

[28] 相反的观点见 DELLI VENERI, LAZZARDI e MARINARO, *op, loc. ult. cit.*,认为只有在盲人不能签名的情况下才会承认这一点,而如果盲人能够签名,只需有一个人就足够了。公证遗嘱的类似情形可参见 CAPOZZI, *Successioni e donazioni*, t. 1, Milano, 1983, p. 451。

效性以及文件的有效性作区分解释(《盲人法》第 1 条);文件的有效性需要考虑相关原则以及是否要求严格书面形式,除非在这种情况下人们不愿意考虑立法机构用语的精确性[20]。

但必须指出的是,根据法案说明报告,该条款完全符合立法者所考虑的情况,比如,盲人为领取养老金而签署支票、汇票和授权书的情形。

无论文书和/或文件最终有效或无效,涉及绝对权还是相对权,《公证条例》第 54 条为上述法律规定提供了进一步保障,因为公证行为本身无疑也是对盲人的一种具体帮助[22]。

E. 最后,法律规定了以下程序和特别说明:

——协助盲人完成文书的人必须在盲人签名后附上自己的签名[23],并在签名之前加上"见证人"一词(《盲人法》第 3 条第 2 款);

——参与起草文书的人必须在盲人签名之后附上自己的签名,并加上"参与起草文书者"字样(《盲人法》第 3 条最后 1 款);

——如果盲人无法签名(如果他能够签名,就必须签名),他可以用叉号标志进行签名(《盲人法》第 4 条第 1 款)[24];

——如果盲人甚至不能用叉号标志签名,则由他人在文件上注明"无法签名"(《盲人法》第 4 条第一款)。

法律没有规定其他程序,但是不能认为其他程序都是被禁止的,例如,盲人可能对其协助人的活动施加限制,这在协助人(可能或最终)滥用授权的情况下也是一种有用的说明[25]。因此,在没有具体法律规定的情况下,可以认为,虽然第 3 条提及的两个人(如有要求或有义务)未到场和未签字可能导致文件(如果属于"要式"的情形下,也许还可能导致合同)的"瑕疵",上述说明的缺乏,可能的瑕疵(例如,在书面材料的任何其他位置签名而不是将签名置于协助人签名之前,但前提是这两者之间存在毋庸置疑的联系)不会影响契约或文件的有效性,反而会导致必须承担举证责任,证明这些要求已得到核实(证明有人作为见证人或作为参

<hr>

[20] 不遵守《公证法》和《民法典》本身的规定的后果非常不同;因此,例如,违反《公证法》第 58 条的规定,无论对公证人的纪律处罚如何,都会导致公证文书无效。

[22] NIUTTA, *op. loc. ult.*, cit.

[23] 能够签名的盲人是必须签名的,特别是盲人立遗嘱人,其失明本身并不是无须签名的理由,即使在过去也是如此,见 MELUCCI, *Il testamento*, Napoli, 1914, p. 116; CICU, *op. cit.*, p. 163 e ss.; PACIFICI e MAZZONI, *Codice civile italiano*, II, *Delle Successioni*, Torino, 1928, n. 25; 相反的观点见 LOSANA, *Delle successioni testamentarie*, in *DI*, XXII, 1893-1902, 219, p. 91 s.; 持怀疑态度的学者见 VITALI, *Delle successioni legittime e testamentarie*, I, Torino, 1923, n. 272 e 273.

[24] 这是立法者考虑叉号签名的罕见情形之一;另一种情况是,一项不再有效的规则规定的数额不超过 10 万里拉的土地汇票签名的情形(见下文)。

[25] GIRINO, *op. ult. cit.*, p. 1163.

与者参与了文书的起草,证明盲人甚至不能用叉号标记进行签名)[26]。

事实上,根据《盲人法》第4条最后1款,文件的完备性仅取决于第3条所指的两人的参与和签名,而不取决于第3条第2款和第3款以及第4条第1款规定的在文件中进行说明的义务是否完成。

最高上诉法院曾对《盲人法》是否适用于公证文书作出裁决,起初持肯定态度,后来则明确否定;该法生效二十多年后,尽管理论界有修改该法的广泛愿望,但该法一直没有修订;相关案例在极少数情况下依据该法来裁判,其是否适用于公证行为的裁决仍相互矛盾[26]。

但最高法院认为,正是《盲人法》指出,法律制度赋予盲人签署任何文书的完全行为能力,但并不认可盲人和不能签名的主体等同的推定。因此,有人因视力缺陷而无法签署文书做出声明后,并不妨碍其他人质疑(并证明)该声明不真实的权利[26]。

F.《公证法》和《盲人法》规定的公证文书。

这个问题主要涉及普通见证人(《公证法》第48条)是否有必要介入(即使法律有规定)文书的完成过程,盲人信任的一个或多个人参与文书的起草以及《盲人法》与《公证法》规定的程序之间的协调[26]。

见证人的介入:无论《盲人法》规定的协助人是应盲人请求或法律规定参与文书制作,或不参与文书制作(例如,因为盲人知道如何签名并已经实际签名,所以并未请求协助人参与),都不能认为《公证法》第48条规定的见证人在场的必要性已经不复存在[27]。

---

[26] GIRINO, *op. loc. ult. cit.*

[26] Cass. 12 dicembre 1994, n. 10604, in *Riv. not.*, 1995, p. 982 e Cass. 9 dicembre 1997, n. 12437, *ivi*, 1980, p. 230 e ss, nonché in *Giust. civ.*, 1997, I, p. 2979; Trib. Palermo 19 aprile 1985 in *Gazz. not.* 1986, p. 73; Pret. Roma 20 gennaio 1987, in *Riv. not.*, 1987, p. 369;反对的裁判观点见 App. Palermo 5 luglio 1985, in *Gazz. not.*, 1986, p. 77; App. Trieste 25 novembre 1988, *ivi*, 1989, p. 1319. 主流的学术观点更偏向于认可该法律适用于公证文书,但论点不同,参见 DE SIMONE, *op. ult. cit.*, p. 987; DI FABIO, voce *Sordo*, *muto e sordomuto*, *cit.*, p. 1295 e ss.

[26] Cass. 9 dicembre 1997, n. 12437 *cit.*. 从本质上讲,如果声明受到质疑,应由实质审理案件的法院确定是否存在不予认可的理由;然而,调查并非没有困难,特别是因为盲人无法核查自己的叉号签名与文书的对应性,尤其是位置(特别是他无法验证他的“签名”是否写在文件“之上”)。

[26] CONSIGLIO NAZIONALE DEL NOTARIATO, *Legge 3 febbraio 1975 n. 18*, cit.

[27] 关于原本能够读写后来失明的盲人可否放弃见证人参与的问题,参见 Cass. 24 gennaio 1938, n. 234, in *Foro it.*, 1938, p. 1980, con nota di LABOCCETTA, *Una questione sull'art. 48 della legge notarile: il non potere leggere e scrivere come causa impediente la rinunzia all'assistenza di testimoni*; SERPI, *Il notariato nella giurisprudenza*, cit., Padova, 1972, p. 130 e ss.

关于两类见证人共同参与的必要性问题,参见 Pret. Roma 20 gennaio 1987, in *Riv. not.*, 1987, p. 369 e ss.; conf. Cass. 12 dicembre 1994, n. 10604, in *Riv. not.*, 1995, p. 982 e ss.; 相反的观点见 Cass. 9 dicembre 1997, n. 12437, in *Riv. not.*, 1998, p. 230 e ss.

这种说法的依据是,《公证法》规定的见证人以及《盲人法》规定的协助人承担的职能不同;事实上,后者的职能是协助盲人完成文书或参与起草文书;这种职能显然是有偏向性的,其履行是义务性的,并且完全是为了残疾人士的利益而履行。

另一方面,《公证法》规定的见证人的职能并不在于为将来备忘而做阐述,而更多地在于通过他们的参与和签名,既保障盲人的利益,还保障文书所涉的所有当事人的利益[21];然而,如果是这样的话,在单方面公证行为(同意登记或取消抵押、收到付款、承认债务、遗嘱)的情况中,该论点就失去了意义[22]。

更令人信服的观点是,《公证法》所要求的见证人所履行的职能与其说是为了一方或所有当事方的利益服务,不如说是为了文书本身的利益,所以在法律允许的情况下,为了放弃见证人的参与,根据《公证法》第48条,仅根据2005年第236号法令有当事方的同意是不够的,还需得到公证人的同意[23];正是由于公证人即使在2005年第236号法令生效后,仍有权在其认为必要时要求见证人介入,所以该放弃见证人的规定可能没有什么实际意义[24]。

以下论据进一步证实了盲人(即使可以签名),也不能放弃《公证法》规定的见证人这一论点。如果认为盲人可以放弃见证人,那么因不识字而无法阅读或因其他暂时原因(疾病、瘫痪、事故)而无法签名的人也能放弃。从监护的角度来看,这是一个不可接受的后果,因为在后一种情况下,主体保留了一种视觉把控,对人、地点、某人完成文件的事实本身的把控,而盲人没有这种把控能力,因为盲人不仅是不能阅读[25],而且是完全看不见。

盲人根据《公证法》可以放弃见证人的反对观点似乎找不到依据,主要是对于该法第2条包含的"没有任何协助"一词的解释,即根据《公证法》不需要见证人,因为当盲人和非盲人都能够签名时,盲人与非盲人是平等的[26];即使是权威学者的反对观点中也承认,新法律作出了正确的解释,废除的不是《公证法》第48

---

[21] CONSIGLIO NAZIONALE DEL NOTARIATO, *Legge 13 febbraio* 1975 *n.* 18, cit.

[22] 与此相关的是关于"功能不兼容"的讨论(CONSIGLIO NAZIONALE DEL NOTARIATO, Legge 13 febbraio 1975, n. 18, cit.; contra, DE CESARE, op. cit., p. 356); MICHELOZZI, *Il notariato secondo la nuova legge*, cit., p. 191; FALZONE e ALIBRANDI, voce *Menzione negli atti notarili*, cit., III, p. 901.

[23] DE SALVO, *op. loc. ult. cit.*; SERPI, *I provvedimenti a favore dei ciechi*, cit., p. 982; DE SALVO, *op. cit.*, p. 1312; FRASSOLDATI, *Impressioni*, cit., p. 76; CARRUBBA, *Osservazioni*, cit., p. 152 e ss.; GIRINO, *Sordo e sordomuto*, cit., p. 1160.

[24] ALLEGRETTI, *op. cit.*, p. 44, che, 因此,所得出的结论将与立法机关所宣称的"有利于"盲人的意图背道而驰。

[25] DE VENERI, LAZZARDI e MARINARO, *op. cit.*, p. 882.

[26] Corro, *op. loc. ult. cit.*

条,而只是排除对规则的一种不太恰当的解释㉗。

针对这一观点,有人提出反对意见,认为《公证法》规定在法律允许的情况下可以要求当事方知晓如何阅读和书写,以便使见证人可以不在场(原来为了放弃见证人参与):

——不能无视目前行使该权能的实际的可能性,这些权能是审查公证文书内容的合法性基础㉘;

——完全不要求当事人具有一定程度的文化水平㉙,即使文化水平也不一定与阅读和书写能力正相关;

——公证人或其他任何人都无法确认盲人在参与公证文书时,是否(或曾经)能够阅读(这种可能性无疑与书写有关,在某种程度上可以审查,但并非总是如此,例如,盲人已经"阅读",但由于失明以外的暂时障碍而无法书写和/或签名)。

另一方面,人们几乎普遍认为,文盲的盲人不能根据《公证法》放弃见证人㉚,这既是出于体系的考虑,因为《盲人法》第2条提到的协助显然是转致接下来的第3条和第4条的特殊和具体规定,也因为虽然是文盲但可以签名的盲人有可能在没有见证人的情况下签订一些文书(赠与,婚姻协议),对于这些文书,众所周知,见证人的参与始终是必要的(在过去,是不可放弃的)㉛。

G. 根据《盲人法》第3条第1款,由盲人信任的一人或多人参与起草公证文书属于应予排除的情形。

这一论断的依据不仅是基于公证人提供的无可置疑的协助的保障,更重要的是,即使公证人将公证文书交由其信任的人撰写(《公证法》第47条最后一款,《公证条例》第67条第一款),公证人也必须"自始至终"审查当事人的意愿并"亲自"指导公证文书的"整体"撰写,它们构成了公证职能的核心。而且,在不同的情况下(民事、刑事、纪律、财政),专业责任与公证职能的正确履行相关㉜。

㉗ GIRINO, *op. ult. cit.*, p. 1163; GALLO, *Cieco*, cit., p. 282, ed autori ivi citati; SANTARCANGELO, *op. cit.*, p. 51; DE CESARE, *op. cit.*, p. 457 e s.; RICCA, *op. loc. ult. cit.*; 反对的观点见 CONSIGLIO NAZIONALE DEL NOTARIATO, *Legge 3 febbraio 1975 n. 18*, cit.; NIUTTA, *op. cit.*, p. 55.

㉘ 关于见证人在场的情况下是否有必要赋予其审查当事方陈述与文件中所载内容的对应关系的权力,可参见 *Relazione FANI al disegno di legge sull'ordinamento del notariato*, in GIANFELICE e TRECCO (a cura di), *L'ordinamento del notariato italiano nelle sue leggi costitutive*, Milano, 1955, p. 58.

㉙ Cass. 23 gennaio 1967, n. 203, in *Giust. civ.*, 1967, 1, p. 490.

㉚ GIRINO, *op. ult. cit.*, p. 1164; DELU VENERI, LAZZARDI e MARINARO, *op. cit.*, p. 888; DE SALVO, *op. cit.*, p.1312; Corro, *op. cit.*, p. 883; 相反的观点见 De CESARE, *op. cit.*, p. 355; RICCA, *op. cit.*, p. 457e ss.; NIUTTA, *op. loc. ult. Cit*。

㉛ GERVASIO, *Ancora sulla legge a favore dei ciechi*, in *Notaro*, 1975, p. 76; CONSIGLIO NAZIONALE DEL NOTARIATO, *Legge 3 febbraio 1975 n. 18*, cit., e soprattutto SERPI, *op. loc. ult. cit.*

㉜ CONSIGLIO NAZIONALE DEL NOTARIATO, *Legge 3 febbraio 1975 n. 18*, cit.; DE SALVO, *op. cit.*, p. 1311; SANTARCANGELO, *op. cit.*, p. 312 e s.

　　针对这一论点,有人认为,在公证文书程序中,所有到场当事人都间接参与了文书的起草(起草的意思是文本的表述,而不是书写的物质化活动),也就是说,他们贡献了思想内容(初级口头形式除外),而把用法律上最适当的书面形式覆盖这些内容的任务留给了公证人;在这种参与下,任何形式都不妨碍当事人在起草生者间文书时得到其他人(专业人士、亲属、熟人)的协助,即使是间接协助,这些人补充了他们的声明,以便更好地向公证人表达当事人的知识和意愿信息;这种情况正属于《盲人法》第3条盲人指定参与起草公证文书的人的情况。因此,该参与人将承担真正意义上的当事人职能,并承担所有后果(不可能与《公证法》规定的证明人或见证人的职能相合并,需要公证人确认身份并在文书中说明这一事实,《公证法》第50条不适用于起草文书的协助人,《公证法》第28条第2项规定的禁止性规定则具有相关性)[283]。

　　针对这一论点,可以提出以下反对意见:在任何情况下,间接参与都不会像直接参与人那样被写入公证文书;确定的思想内容是当事人必须传达给公证人的内容,以至于公证人有义务在审查结束时询问当事人,文书包含的内容是否符合其意愿,而不是他的间接参与的协助人的意愿;最重要的是,公证人的任务不仅是"以书面形式"承接向其传达的思想内容,而且还肩负着更为复杂的任务,并且在法律上专属于公证人:他们需要遵守强制性规定,在最符合经济效益的情况下,向当事人提供尽可能符合当事人预期结果的手段("方式"),并通过一系列说明和履行义务,将"起草"文书(《民法典》第2699条中规定文书起草也适用于一般公职人员)转变为一种更复杂的产品,它最终属于公证人,因为他"接收"了文书,也就是说,公证人在制作自己的文书(参见《公证法》第1条)。

　　当然,在不影响当事人向公证人所作声明的私人属性的前提下,允许顾问、专业人员以及受信任的人的间接参与,这显然是在当事人所希望的范围内,在当事人声明之前还是在声明期间并不重要。

　　因此,无须赘述以下情况,即盲人给予必要信任的人可能同时是《公证法》第51条第9项规定的公证人信任的人,也即承认其以双重身份参与公证文书的制作。另一个理由是,《公证法》第51条第9项所指的人并不参与文书起草(更不用说接收了),而只是在公证人的指导下进行书写,不可能进行控制,更不可能进行严格审查,而这无疑是《盲人法》第3条规定的"文书起草的参与者"所固有的特征。

　　因此,在有签名能力的盲人[284]明确要求下,或根据法律规定,在盲人不能签名

---

[283]　GIRINO, *op. ult. cit.* , p. 1162.

[284]　法律的程式不承认"口头表达"盲人知晓法律赋予他的权利并自愿放弃使用这些权利的观点(NIUTTA, *op. cit.* , p. 56)。

或仅可画叉签名的情况下,根据《盲人法》指定两人介入是必要的,他们只具有"协助完成文书"的职能,而不具有"起草文书的参与者"的职能。

《盲人法》规定的程序与《公证法》规定的程序之间的协调。就公证文书而言,除了《盲人法》中并未规定由于程序遗漏或不完善所导致的后果,它们之间的协调似乎不会引起重大问题。

我们已经提到公证人在任何情况下都有可能会违反《公证条例》第54条的规定,并因此承担相应的纪律责任;因此,如果说在违反《盲人法》规定的程序的情况下,无论对文书的有效性产生何种后果,公证人只需承担民事责任,而无须受纪律处分[285],这种说法是不准确的。

特别是,关于对"见证人"的说明,"毫无疑问"必须置于协助人签名之前。这是一种未被《公证法》规定的程序,但实践中经常适用,也不会构成任何困难;这里无须赘述另一种"参与起草文书"的说明,因为如前所述,它涉及公证文书以外的情形。

不过,更值得考虑的是,如果盲人无法签名或只能用叉号签名,则必须在文件上中注明"无法签名"。

根据《公证法》的规定,那些不知道或不能签字的主体必须声明阻却其签名的原因,公证人必须说明这一声明(《公证法》第51条第10款第3项)。可以看出,《公证法》的规定更为完整,其主观化的说明不仅未违背反而完善了《盲人法》的规定[286]。

并且,该说明更为可取,这不仅是因为它更完整(指明未签名的原因),还因为它需要注明要求其出处(来自当事人),可以解决公证人无法核验客观上是否存在障碍的问题[287]。

当然,公证人只要对当事人发生的情况作出说明后,就可以免除任何责任,而仅在公证文书中使用"无法签名"的表述,就可能具有由公证人本人的确认和证实的意思。

最后,我想就公证文书中这些协助人的构成,他们的签名顺序以及所谓的盲人使用叉号签名等问题提出一些看法。

公证人有必要在公证文书中确定这些协助人的身份,即标明他们的个人信息

---

[285] GiRINO, *op. ult. cit.*, p. 1166; SANIARCANGELO, *op. cit.*, p. 317.

[286] DE CESARE, *op. loc. ult. cit.*; GIRINO, *op. ult. cit.*, p. 1165.

[287] NIUTTA, *op. loc. ult. cit.*; SERPI, *op. ult. cit.*, p. 984; Cass. 23 ottobre 1978, n. 4781, in *Riv. not.*, 1979, p. 211;反对或质疑的观点见 CONSIGLIO NAZIONALE DEL NOTARIATO, *Legge 3 febbraio 1975 n. 18*, cit.

(如《公证法》第 51 条第 3 项所列内容)[288];标明他们的个人信息并非是为了让公证人根据《公证法》第 49 条第 1 款以及第 51 条第 4 项第 3 条证明他们个人身份的确定性,因为法律未对协助人作此要求[289],而是为了明确记录他们在公证文书制作中的介入。

关于签名的顺序,人们认为《公证法》第 51 条第 10 项确定的签名顺序,即当事人、证明人、翻译、见证人、公证人,具有强制性[290],但《盲人法》改变了这一顺序,即文书协助人的签名(与参与起草文书的人的签名一样)必须"在盲人签名之后";然而,这一表述似乎是对盲人的任何文书,即使是非公证文书的一般性规定,可以排除在盲人签名之前的签名,但不能排除在盲人和其他人签名之后的签名[291]。

最后,关于叉号签名,这只是一种形式上的签名,并不重要,因为《盲人法》从需要两名协助人干预的角度,将该情况等同于非正常签名[292]。

必须认为,如果盲人能够签名,他就不能选择是否签名而是必须在公证文书上进行签名,即使是使用叉号签名;得出这一结论与其说是根据必须始终指导公证活动的审慎标准,不如说是根据《盲人法》第 4 条的明确规定,根据该条规定,如果盲人无法签名,"他应当用叉字符进行签名"[293]。

但必须指出的是,使用叉号并不免除说明无法签名的必要性,这既是《公证法》的规定,也是《民法典》对公证遗嘱的规定[294]。

关于公证文书的宣读,《公证法》规定的说明已经足够;另一方面,相反的观点认为,在协助人介入的情况下,说明的内容必须表明宣读是在他们在场的情况下进行的,因为他们(也)是见证人,而在起草文书的参与者介入的情况下(我们认为对于公证文书而言应排除这一情况),说明的内容必须表明宣读是向当事人

---

[288] CONSIGLIO NAZIONALE DEL NOTARIATO, *Legge 3 febbraio* 1975 *n.* 18, cit.

[289] DELL VENERI, LAZZARDI e MARINARO, *op. cit.*, p. 888; GIRINO, *op. ult. cit.*, p. 1161; 反对的观点见 AVANZINI, IBERATI e LOVATO, *op. cit.*, p. 22; NIUTTA, *op. cit.*, p. 55 e ss,此文认为公证人必须确定见证人(或起草文件的参与者)以及协助人的个人身份,因为他将是"当事人的一部分",代表"盲人的眼睛"。但是,无论是《公证法》第 48 条规定的见证人,还是聋人、哑人或聋哑人的翻译人员,都不需要为其出具这种证明,这些残障人士用替代的方式可以分别被视为他的"嘴巴"或"耳朵"。

[290] GIULIANI, *Sottoscrizione e disponibilità del documento notarile*, cit., 538 ss.

[291] DE SALVO, *op. cit.*, p. 1312; SERPI, *op. ult. cit.*, p. 983; DELLI VENERI, LAZZARDI e MARINARO, *op. loc. ult. cit.*

[292] SERPI, *op. ult. cit.*, p. 984.

[293] SERPI, *op. ult. cit.*, p. 985,此文认为,该情形下叉号签名等同于签名,根据《公证法》第 58 条,没有交叉签名可能导致公证文书无效。

[294] 反对的观点见 DELLI VENERI, LAZZARDI e MARINARO, *op. loc. ult. cit*; GIRINO, *op. ult. cit.*, p. 1165; Cass. 9 dicembre 1997, n. 12437, in *Riv. dir. civ.*, 1998, p. 230 e ss.; Cass. 4 dicembre 2001, n. 15230, in *Vita not.*, 2002, p. 491 e ss。

和他们进行的㉕。

除了考虑上述补充说明宣读的适当性之外,有理由反对的是《盲人法》或《公证法》都没有规定上述说明的义务;如果认为协助人是见证人,尽管是"特殊"见证人,在见证人在场的情况下进行宣读的说明就被《公证法》规定的宣读说明吸收了,无论这些协助人是单独介入,还是与"普通"见证人一起介入。

另一方面,鉴于《公证法》第51条第8项的明确规定,在任何情况下都不能省略对附件的宣读,因为盲人显然无法阅看㉖。

H. 公证遗嘱

鉴于上述考虑,可以说在公证遗嘱方面,不仅现在探讨的《公证法》有关规则仍然有效,并且必须与《盲人法》的规定相协调,而且《民法典》第603条中有关公证遗嘱(现行立法规定公证遗嘱是盲人可以订立的唯一遗嘱形式)的规则也依然有效;其中某些方面仍然值得考虑。

①根据《民法典》第603条第4款的规定,如果遗嘱人不能签名或只能在严重困难的情况下签名,他必须声明原因,公证人必须在宣读文书之前说明此声明,这意味着在盲人的公证遗嘱中:

——如果遗嘱人很难签名,即使他能够签名,也没有必要签名;事实上,只有在即使使用叉号也无法进行签名情况下,才有义务注明遗嘱人很难签名,而不是在仅签名困难的情形下㉗;《盲人法》第4条没有考虑这一情况,它仅规定了不能签署的情况,但对于公证遗嘱的情况,我们必须做如上理解;

——必须在宣读文书之前说明盲人未签名;众所周知,现行判例认为不遵守这一规定等同于遗嘱人未签名,这构成了《民法典》第606条规定的公证遗嘱真正无效的少数情况之一㉘。

②《民法典》规定遗嘱人是哑人、聋人或聋哑人且无法阅读的情况下,应由四名(而不是两名)见证人参与(当然是在公证遗嘱中)的规则,不论他是否能用全文或用叉号签名,也不论是否存在《盲人法》规定的根据盲人的要求或根据法律规定介入的两名协助人,见证人数量的规定应被视为也适用于同样患有此类残疾的盲人。

③《民法典》第590条(确认和自愿执行无效遗嘱)规定遗嘱效力恢复的特殊的可能性,即无论出于何种原因导致遗嘱无效,明知遗嘱无效原因的人在遗嘱人

㉕ GIRINO, *op. loc. ult. cit.* ; DE CESARE, *op. cit.* , p. 356.

㉖ 反对的观点见 GIRINO, *op. loc. ult. cit.*

㉗ Cass. 4 luglio 1953, n. 2123 *ined.*

㉘ Cass. 7 dicembre 1971, n. 3552 in *Giust. civ. Rep.* , 1971, voce *Successione testamentaria*, p. 75; 相反的判例见 Cass. 5 febbraio 1959, n. 538, in *Foro pad.* , 1959, p. 406 e ss.

死亡后,确认遗嘱效力或自愿执行了遗嘱,则不得再对遗嘱主张无效。它也适用于任何不遵守《盲人法》的情况,特别是两名协助人未介入的情形,而根据《盲人法》第 4 条,这对于文件的完善是必要的。

I. 签名认证。

必须根据盲人是否知道并能够完整签名(而不仅仅是叉号签名)加以区分。

①如果盲人不能完整签名或仅能以叉号签名,在不影响文书的有效性和文件的完善性的情况下,一旦遵守《盲人法》的规定,则排除进行公证认证的可能性[299]。

事实上,无法对不存在的签名进行认证,而对叉号进行认证就等于对不存在的签名进行认证。与汇票签名认证相关规定相反,这既是因为《盲人法》没有对此作出规定[300],也是因为该法甚至没有规定对辅助文书制作或参与起草的人的签名进行认证的可能性[301]。

也不能说这种情况与所谓的行政认证(见下文)相似,因为它在法律规范方面显著区分于行政认证。

②在盲人能够正常签名的情况下,根据《盲人法》第 4 条的规定,在盲人的明确要求下,见证人以及参与文书起草人都可以参与,但不是强制性的。

然而,根据 1943 年 4 月 2 日第 226 号法令第 1 条的规定,即使在这种情况下,似乎也不能放弃《公证法》要求的普通见证人的参与。与此相反的观点[302]似乎与《公证法》第 48 条(由 2005 年第 246 号法令第 12 条第 c 项确认)相矛盾,《公证法》第 48 条排除了当事人不懂(也不能)读和写的情况下放弃见证人的可能性[303]。

唯一可以接受放弃见证人参与的情况是,文书是以盲人能够阅读的盲文字符书写的私文书;然而,这一情况意味着需要翻译人员或公证人本人进行翻译,如果公证人能够根据《公证条例》第 68 条进行翻译的话,可以类推适用。

尽管根据《盲人法》的规定有协助人在场,但根据《公证法》还必须有见证人在场,这也是出于履行不同职能的要求;事实上,必须指出的是,在此情况中,两种规范之间并无干涉,这些人员以我们所知的两种不同方式协助盲人在私文书领域履行了他们各自的职能。

---

[299]　DE SALVO, *op. cit.*, 1310, 此文认为,在这种情形下,不仅《公证法》第 72 条和《公证条例》第 86 条以及《盲人法》第 4 条之间没有联系,而且根据《公证法》第 60 条对这些条款进行实质修改也是不可想象的,因为第 60 条是该法第一章第三编所载的规定,而第 72 条是第四章的一部分。

[300]　Cass. 6 giugno 1957, n. 2066, in *Giust. civ.*, 1957, I, p. 1914; LASERRA, *La scrittura privata*, Napoli, 1969, p. 196; Cass. 21 maggio 1992, n. 6133, in *GI*, 1993, I, 1, p. 1550; Cass. 14 maggio 1994, n. 4718 (MANDRIOLI, *op. cit.*, II, p. 203, nt. 6).

[301]　DE SALVO, *op. cit.*, p. 985; 反对的观点见 SERPI, *op. loc. ult. cit.*; GIRINO, *op. ult. cit.*, p. 1166。

[302]　CONSIGLIO NAZIONALE DEL NOTARIATO, *Legge 3 febbraio 1975 n. 18*, cit.; GIRINO, *op. loc. ult. cit.*

[303]　AVANZINI, IBERATI e LOVATO, *op. cit.*, formula n. 1.3.16, lett. o, p. 22.

因此,排除了公证人在随后对这类文书进行认证时必须说明这些协助人的参与、他们的职责、他们的详细个人信息或认证他们的签名的可能性[304]。

然而,根据权威观点,公证人有权利也有义务审查盲人对协助人的合法指定及其限制,即使公证人无义务说明或证明协助人的地位(作为协助人还是起草文书的参与者)[305];但这一说法没有得到任何法律规则的支持,也不属于签名认证规则的范畴,该规则并未对公证人附加除了内容合法性审查(《公证法》第 28 条)[306]和核实签名人身份(《民法典》第 2703 条)之外的其他审查义务。

J. 其他文书。

一些特定情形规定在特别规范当中。

①根据 2000 年 12 月 28 日第 445 号总统令作出的声明,经修订后包含了关于行政文件和签名的合法化及认证的规则。这些声明可替代证书(第 2 条),暂时替代(第 3 条)或替代有关事实、状态和个人情况的多人作证的证书(第 4 条)。关于这些,第 20 条之二(起源于 1971 年 5 月 11 日第 390 号法令第 5 条)规定,如果声明是由不知道或不能签名的人作出的,则必须在声明人在场的情况下,由 2 名合适的见证人根据《公证法》第 47 条的规定在声明上签名,公职人员(在向公共行政部门提出申请的情况下,除公证人外,还可以是负责接收文件的官员、市政秘书或市长指定的其他官员)在说明妨碍利害关系人签名的原因的声明后,对见证人的签名进行认证[307]。

在因失明而无法签字的情况下,就会出现上述法规与《公证法》之间的协调问题。

首先,似乎可以排除《公证法》的不适用性,因为《盲人法》涉及民事领域(而非行政关系),因为其第 2 条规定了与盲人签名相关的义务和责任后果。如果提到的义务具有明显的民事色彩,那么承担责任后果的规定(没有进一步界定)在文义上与法律(2000 年 12 月 28 日第 445 号总统令)是相一致的,尤其是提到了该总统令第 76 条规定的刑事制裁,这是公职人员违反该总统令第 48 条第 2 款可能引致的刑事制裁[308]。

---

[304]　反对的观点见 SERPI, *op. ult. cit.*, p. 982,此文认为私文书协助人的签名也必须经过认证,因为他是该行为的(正式)当事方;支持的观点认为,协助人的参与是有效完成私人行为的一项要求,但随着其签名已经达到效果,法律不要求对其再进行认证。

[305]　GIRINO, *op. loc. ult. cit.*

[306]　Cass., S. U. 28 febbraio 1990, n. 2720, in *Notaro*, 1990, p. 36;但这一文本在 2005 年第 246 号法令对《公证法》第 28 条进行修正后,不再具有实际意义。

[307]　这就是所谓的行政认证,它不同于《民法典》第 2703 条第 2 款、《公证法》第 72 条和《公证条例》第 86 条规定的认证,也不同于来自公证人以外的公职人员的注册、登记和盖章行为。

[308]　FALZONE e ALIBRANDI, voce *Minorati*, cit., p.77.

由此看来,即使是 2000 年第 445 号总统令规定的声明,在盲人知道并能正常签名的情况下,不再需要其他手续,包括《盲人法》以及《公证法》规定的手续,因为《公证法》规定的见证人到场或放弃见证人参与的情形,并不包括在上述总统令第 21 条所载的此类认证的详尽手续清单中。

另一方面,如果盲人尽管知道如何完整的签名,但要求他信任的两名协助人(可以是完成文书的协助人,也可以是起草文书的参与者)的参与,则这两人的协助和签名将是必要和充分的,他们的签名须满足《盲人法》第 3 条规定的内容,但没有必要在随后的认证中说明他们的参与或他们的详细个人资料。

如果盲人不知道如何签名或不能签名(或只能用叉号签名),则必须由《盲人法》规定的其信任的两名协助人以及《公证法》规定的两名见证人参与;还必须由公职人员对《公证法》规定的见证人的签名(而不是《盲人法》规定的协助人的签名)进行认证,公职人员必须在认证文本中说明当事人就不能签名的原因所作的声明[209]。

在这种情况中,《盲人法》规定的两名协助人的存在并不会使该法第 20 条之二所规定的两名见证人变得多余,因为该法特别规定的不是起草声明的正式程序,而是声明的认证;如今这个问题已不复存在,因为该法已被废除,2000 年 12 月 28 日第 445 号总统令第 4 条仅规定公职人员需证明声明是当事人在有签名障碍的情况下向他作出的即可。

②一项特殊的规定涉及无法签名的人签发金额不超过 10 万里拉的农业汇票的情形(1927 年 7 月 29 日第 1509 号皇家法令第 7 条,经 1949 年 12 月 1 日第 918 号法令修订)。

该特别规定提到,汇票由不知道或不能签字的人使用叉号签名,然后由两名符合公证文书参与要求的见证人的签名,但他们的签名必须由公证人进行认证。

然而,随着 1993 年 9 月 1 日第 285 号法令的颁布,上述规则与包含该规则的整部法律一起被废除,新的法令规定,农业信贷和渔业信贷业务可分别以农业汇票和渔业汇票的方式进行,汇票必须注明融资的目的和融资担保以及融资发起的地点(第 43 条)[210]。

③转让或交换公债券的情形下,如果当事人不能签名,则必须在两名见证人的参与下制作公证文书(1957 年 8 月 12 日第 752 号法令第 91 条)。

在此,特别法也未对盲人作出规定,因此,如果盲人可以签名,尽管是叉号签名,则该情况完全由《盲人法》予以规范;如果连叉号签名也不能作出,需要在该

---

[209]　这里应该指出,与《盲人法》的规定相反,2000 年第 445 号总统令第 4 条与公证法的规定类似,要求声明直接来自利害关系人方。

[210]　叉号签名是由 1940 年 4 月 18 日第 629 号邮政条例所规定的。

特别法明确要求的两名见证人以及《盲人法》规定的两名协助人的参与下制作公证文书。

4. 残疾和特殊情况的并存

(1)同时是盲人的聋人、哑人或聋哑人。对于同时患有一种以上残疾或处于特殊情况和条件下的残疾人,可能出现各种相关规则竞合情况。涉及同时也是盲人的聋人、哑人或聋哑人的主要情况如下[311]:

①如果他们能够正常签名,并且不需要《盲人法》规定的他们信任的人的参与:

—如果是私文书,则适用《盲人法》的规定;

—如果是公证文书,除《盲人法》的规定外,还必须适用《公证法》以及《民法典》的规定,后两者是对前者的补充(因此,在公证遗嘱的情况下,需要四个而不是两个见证人)。

②如果他们能够签名,但根据《盲人法》需要可信任的人的协助,或如果他们只能用叉号签名,或即使通过上述方式仍不能签名,则《公证法》以及《民法典》规定的手续,以及《盲人法》规定的手续均适用。

③当事人是不懂意大利语的残疾人。与迄今所研究的情况不同,特殊情况涉及上述不懂意大利语的残疾人参与制作公证文书。

众所周知,《公证法》第 55 条规定,如果公证人不懂当事人使用的语言,则需要翻译人员的介入[312]。

与聋哑人、哑人或聋人的情况类似,《公证法》第 55 条规定的翻译人员的介入,均须履行法律为上述残疾人的翻译人员规定的相同手续(宣誓和说明宣誓);但与后者不同的是,翻译人员必须由当事人选择,并且必须在原件和译本的末尾以及每页的空白处签名(第 55 条最后一句)。

在残疾人既不懂意大利语且公证人不懂其语言的情况下,不能排除同一个人可以同时履行这两项职能;但在这种情况下,此人似乎必须同时由当事人选定并由地区法院院长(之前是治安法官)任命。

5. 被拘禁者。1931 年 6 月 18 日第 787 号皇家法令第 96 条规定了一种特殊制度,规定接收公证文书过程中涉及被拘禁者的情况。该条规定,候审被告人未经司法当局的授权以及服刑人员未经监狱管理当局授权的情形下,禁止被拘禁者订约;该条还规定,根据不同情况,缔约须在典狱长或警卫长办公室或医务室内签订,且必须有监狱管理部门的一名雇员在场。

---

[311] SERPI, *op. ult. cit.*, p. 980.

[312] 《公证法》还规定,除了见证人的强制性干预外,如果当事人知道并且会写,则要求至少一名见证人通晓该外语;如果当事人不知道或不能签字,则需要两名见证人都知晓该外语:《公证法》第 55 条第 3 款。

　　这项立法引起了一些争议,比如上述授权是否影响文书和公证的效力,是否应将授权书附于公证文书中,以及上述管理部门雇员是否应参与该文书制作等[313],现已被 1975 年 7 月 26 日第 354 号法令及 1976 年 4 月 29 日第 431 号总统令批准的实施条例所取代。

　　事实上,这些规定仅涉及会见当事人的可能性和方式(因此也涉及必须从被拘禁者处接收文书的公证人),因为在任何情况下任何会面都必须获得许可(2000 年 6 月 30 日第 230 号总统令第 37 条),但它们既不影响缔约权(以前禁止,现今允许),也不影响文书的形式[314]。

第八节　认　　证

　　对公证人而言,公证行为无疑还包括对私文书中签名的认证[315]。

　　事实上,《公证法》没有明确列出公证人职能中的签名认证(第 1 条),但它在该法第 72 条(由《公证条例》第 86 条进行补充)中作出规定。这种情况是由认证制度的历史演变决定的。认证制度最初是作为一种工具诞生的,仅适用于某些单方法律行为(例如票据背书),1875 年《公证法》首次在法律中提及该制度[316],自1913 年《公证法》规定了认证制度的体系和实质性内容以来,其主体内容几乎保持不变。

　　尽管存在比较保守的观点以及该制度可能被滥用的可能性,但认证制度的演变,是在公证文书和经认证的私文书各自结构的兼容且平等的意义上发展的。事实上,后者很可能凭借其更大的灵活性和简易性[317],可以作为拉丁法律体系与盎格鲁-撒克逊法律体系的"认证"文件之间的共通点。

　　除了狭义上的认证外,各种规范还规定了更简易或简略的认证形式,例如,所谓的行政认证以及所谓的"次级认证"或称"签名真实性"认证。

---

　　[313]　App. Messina 27 gennaio 1958, in *Riv. not.*, 1958, p. 254 e ss.; MIGLIORI, *La giurisdizione volontaria e il notaio* (*Dispense per la Scuola A. Anselmi*), Roma, s. d., p. 63 e ss. CNN Studi, *Contratti stipulati dai detenuti*, VIII, p. 62 ess.

　　[314]　MIGLIORI, *op. ult. cit.*, p. 64 ss.

　　[315]　认证可能涉及法律没有规定其它更严格形式的合法交易 (参见 BELLI, voce *Autenticazione*, in *NssDI*, I, p. 1549 e ss.);关于自书遗嘱签名认证的可能性见 ANSELMI, *Dizionario*, *cit.*, p. 323 e ss; Cass. Napoli 10 ottobre 1908, in *Corte di Napoli*, 1909, p. 22; 相反的观点见 *Not. it.*, 1915, p. 47。

　　[316]　"经公证人认证的签名将被法律认可,前提是已经核查了所有缔约方的身份,但公证人不会在他和两名见证人不在场的情况下认证签名(第 66 条)。"关于这些历史可以参见 FALZONE e ALIBRANDI, voce *Autenticazione di sottoscrizioni*, in *Diz. enc. not.*, vol. I, p.247。

　　[317]　多个签名的认证可以在不同的地点和时间由不同的公证人完成,参见 FALZONE e ALIBRANDI, *op. loc. ult. cit.*。

（一）认证。狭义的认证有其专门的法律定义（意大利《民法典》第 2703 条），即由公职人员证明签字是当着他的面完成的；同一规则还规定，他必须事先审查签字人的身份（类似于《公证法》对公证文书签名人身份审查的规定）。

因此，认证的功能是将其作为一种元素赋予私文书（"这里指的是一种广义上的载体，私人文书自由撰写中形成的书写和签名"）优先效力[318]。

另外，在公证人认证的情形下被赋予优先效力的事项不仅包括签名人身份的核实和公职人员作出的签名是在他在场的情况下完成的声明，还包括：

（1）需要进行内容合法性的事先审查，以确保文字不包含明确违反法律或明显违背公共秩序和善良风俗的内容[319]；

（2）为文件的制订确定一个确切日期，先不论日期的此种确定性是否能够或应当通过登记加以确认；

（3）按照不同的公示形式为私文书确立适当的抬头[320]；

（4）还可以根据最近《民事诉讼法》的改革，赋予私文书中约定的金钱之债以强制执行力（2005 年 12 月 28 日第 263 号法令，自 2006 年 1 月 1 日起生效）。

除了《民法典》第 2703 条，《公证法》第 72 条以及《公证条例》第 86 条规定了狭义的公证认证的程序；从这些规范的综合内容来看，认证包含在书面文件末尾起草的声明中；签名须在公证人在场的情况下签署，必要时还需要证明人及见证人在场，并注明签署日期和地点。

具体而言，包括如下强制性程序规定：

①声明签名是在公证人在场的情况下签署的，某些情况下还需要证明人和见证人在场；

②书面文件的中间页的旁白处加上公证人和各方当事人的签名；

③日期；

④地点；

⑤如果书面文件有多页组成，证明中间的每页均已签名（不包括末尾签名的那一页）；

⑥见证人在场（无须再说明各方同意放弃见证人的情况）。

1943 年 4 月 2 日第 226 号法令第 1 条修订之后（根据 2005 年第 246 号法令

---

[318]　LASERRA, *op. cit.* , p. 70 e 287 e ss. 众所周知，认证是法律规定的确保专业领域法律证据无可争议的手段之一；另外两种方式是签字方的明示承认或所谓的默示承认（《民事诉讼法典》第 293 条第 3 款）。

[319]　按照学界的观点，即使是 2005 年第 246 号法令对《公证法》进行修订之前，《公证法》第 28 条也适用于认证，见 Di FABIO, voce *Notaio*, *cit.* , p. 604。

[320]　例如：不动产登记处（Conservatorie Dei Registri Immobiliari；用于转录、登记、加注）；商事庭（Camere di Commercio；用于公司的登记注册，以前是在法院登记处登记）；税务局（Agenzia delle Entrate；用于声明家族企业的存在）。

第 12 条第 3 项修订），在私文书的认证中，（仅）在公证人认为必要或一方当事人提出要求时，见证人才有必要在场；这一规定的效力通过《公证法》第 48 条（同样根据 2005 年第 246 号法令修订）再次得以确认，因此排除了签名人不会或不能阅读（例如，因为签名人暂时失明或为属于文盲）但能够签署自己姓名的情况下见证人在场的必要性。

如果见证人参与，首选的解决方案是，他们必须在公证人签名之前在认证书上签名，而不能仅在当事人签署的私文书上签名[21]。

我们可以探讨《公证法》第 51 条关于公证文书一般规定的部分或全部内容是否可以作为此处法定程序的补充。

事实上，《民法典》第 2703 条的列举并未"完全"和"充分"的确定认证的要素，规则没有明确规定公证人在认证中需要列明的信息，比如公证人的居住地、公证人所在地区（维持公共职能人员地域管辖权所必需的信息），当事人的基本信息、公证人对签署人个人身份的确定性说明等。

可以肯定地说，即使在没有明确规定的情况下，认证书的存在和含义本身也隐含了一些说明要求：特别是关于公证人和当事人基本信息的说明以及对签署人个人身份确定性的说明（如果不是首先由公证人按照法律规定核实了当事人的身份，怎么能说是该当事人当着公证人的面签字的呢？）。

按照主流理论和裁判体现的观点，除了法律明文规定以及认证书的必要格式要求之外，无须完全按照法律对于公证文书的更细化的要求来认证，比如，标题必须注明意大利共和国；所谓的住所地说明（《公证人职业道德守则》也有此要求，参见第 48 条第 50 条），写明到市镇一级即可；宣读（《职业道德守则》也作出要求：第 47 条 a 项）；委托人的基本信息、委托书附件、撰写文书人的说明（在这种情况下，显然是认证书文本）及其包含的页数；以及《公证法》第 54、55、56 条和第 57 条的适用情况[22]。

另一个问题是，《公证法》第 51 条规定的公证文书的"程式"要素要求是否也适用于认证。对于这个问题必须给出否定的答案，一方面是因为认证的规定是在《公证法》第 51 条之外的另外一节（第四节）中予以规定；另一方面《公证法》之后颁布的《公证条例》第 86 条明确规定，认证声明的作出"除了根据《公证法》第 72 条规定的形式外，无须按照其他形式"。

例如，《公证条例》第 72 条规定了认证日期的标明，也是所有文件中必须标明

---

[21]　ANSELMI, *Principi di arte notarile, cit.* , p. 100 e ss. e nota 2; FALZONE e ALIBRANDI, *op. loc. ult. cit.* 特别是关于用外文起草的私文书上签名的认证，有必要按照公证人对内容的可理解性来区分，以便根据《公证法》第 28 条进行调整（FALZONE e ALIBRANDI, op. loc. ult. cit. , p. 249）。

[22]　AVANZINI, IBERATI, LOVATO, *op. cit.* , p. 24 e ss.

日期的合法依据㉓；根据权威观点，当事人的签名可以采用缩写形式进行，前提是这是签名人的通常做法㉔。

为了认证私文书中的签名，前文已提及，《职业道德守则》规定一些新要求，根据该规定（第47条）：

①公证人必须审查书面内容的合法性（已有的法律已经作出规定）以及它是否符合当事人的意愿（虽然之前没有明确规定，但并无争议）"以及在签名前向当事人宣读"；最后这一要求的规定不太明确，似乎将宣读作为进行审查的一种方式，但并未规定说明已进行宣读的义务（如同公证文书的要求那样）；当然，在签字人不识字的情况下，该规定可以保护签字人，因为在这种情况下的签名也是合法有效的㉕。

②对于不动产或商业公告之外的文书，公证人必须核实当事人是否需要退回经认证的书面文件，"但需要在认证书中说明"；这里似乎推翻了迄今为止在学说和裁判中坚持的原则，即经认证的私文书必须由公证人退还给当事人，除非（在书面内容本身、认证或特别报告中）当事人希望由公证人将之与公证文书保存在一起；但是，按照2005年246号法令修订的《公证法》，经认证的属于不动产或商业公告的私文书不能退还（第12条第1款e项）；

③认证书和登记册中须注明文书认证时所在的市镇（所谓的注明地点）。

这些规定被人们质疑其法律依据，因为法律明确规定文书形式的规则制定专属于国家机关，因为国家是所谓认证权的专属享有者，该权力可授权他人行使，比如，公证人可以按照（国家）要求的形式来行使（见《民法典》第2699条），但这些形式要求不能被其他非国家机关主体修改或补充。

关于公证人需宣读经认证的私文书（这与审查其内容的义务不同）的规定，同样引起了人们的困惑，最重要的是，在2005年第246号法令对《公证法》修订之前，除非当事人另有要求，对于涉及不动产关系的私文书保管的规定颠覆了原《公证法》第72条第3款的规定，而这一规定原本是作为主要法源的。

自书遗嘱签名的认证可能性是一个老问题。否定论点基于这样一个事实，即法律没有规定所谓经认证签名的自书遗嘱形式，赞同的论点则认为，在自书遗嘱

㉓　DI FABIO, *A proposito della datazione nell'autentica di scrittura privata*, in *Riv. not.*, 1970, p. 825 e ss.; FALZONE e ALIBRANDI, voce *loc. ult. cit.*; DELLA VALLE, *Appunti di dottrina e giurisprudenza notarile*, in *Mon. not.*, 1876, p. 164; Trib. Roma 4 febbraio 1971 e Trib. Roma 25 febbraio 1971, ined.; App. Milano 25 febbraio 1890, in *Not. it.*, 1890, p. 150; Cass. 3 luglio 1954, n. 2320, in *Giur. it.*, 1955, I, p. 92 e ss.; contra, LASAGNA, *op. cit.*, 1969, p. 308; App. Roma 24 settembre 1971, in *Riv. leg. fisc.*, 1974, p. 335.

㉔　ANSELMI, *Dizionario pratico del notariato*, *cit.*, p. 314 e s.

㉕　Cass. Napoli 17 gennaio 1891, in *Foro it.*, 1891, I, p. 1118; contra, Cass. Roma S. U. 28 dicembre 1892, *ivi*, 1893, I, p. 359.

文本之上添加一个或多个证人的签名或经公证人认证,自书遗嘱不仅不会改变其性质,反而会确保亲笔签名的证据效力,除非出现伪造签名的情况⑳;经认证签名的自书遗嘱有效与否暂且不论,没有充分理由排斥这种认证,在任何情况下都应在遗嘱文书登记册中注明,并免征印花税和登记税。

(二)所谓的行政认证。一种特殊的认证形式(所谓的行政管理的),目前由2000年12月28日第445号总统令对其进行规定,该法令废除并取代1968年1月4日颁布的第15号法令,后者首次对这种认证形式进行了规范。

根据现行立法,所谓的行政认证的必要领域已极大缩减,因为(参见2000年12月28日第445号总统令第21条):

①如果是向公共行政机构和公共服务管理人提出替代多人作证证书(atti di notarietà)的请求或声明,须保证按照法律规定的程序(同上第38条)签名,即,在所涉及雇员在场的情况下签名或者提交签名人身份证件复印件(无须认证)并签名;

②如果向不同于上述第38条a项所涉主体提交或者虽然向上述同一主体提交替代多人作证证书的请求或声明,但为了从第三方获得经济利益,需要由公证人、登记员、市政秘书、指定接收文件的雇员或市长任命的其他雇员通过以下方式进行认证:

——证明在认证人在场的情况下进行签名;

——核实声明人的身份,并说明识别方法;

——注明日期和地点;

——认证人的姓名、资格、签名和印章(对于公证人来说需要公证人印章)。

一种特殊情形涉及特殊多人作证证书的替代性声明,其声明对象是在买卖中支付对价的支付方法,以及如果当事人申请了调解员,其注明的调解费总额、支付方式,不动产中介的增值税编号或税号(2006年7月4日第248号立法令第35条第22款)。

如果认证是由公证人参照《公证法》的一般规则来进行的(不考虑其他单纯的形式差异,比如,认证者资格说明、"签名"、加盖"公章"等),有以下特别之处:

①注明识别签名人身份的方法(第21条);换句话说,并未规定公证人必须确定签名人的个人身份,而是明确承认公证人可以在认证中使用其他身份识别手段(第35条)(例如明确列举了身份识别证件:身份证、护照、驾驶证、船艇执照、养老金手册、供暖系统操作许可证、武器许可证、由国家行政部门签发(但这不包括国家公证委员会签发的公证人身份证明文件)的其他身份识别证明(但须有照片

---

⑳　Cass. Roma, 4 aprile 1895, in *Foro it.*, 1895, I, p. 645.

和印章或其他有效签名,或公证人认识的其他人的知情声明,但未规定见证人的参与);但是,必须标明身份识别手段似乎也意味着在适当情况下表明了个人身份的确定性;

②说明《公证法》第 76 条规定的关于文书造假和虚假声明可能产生的刑事责任(前 1968 年第 15 号法令的文本则使用了"告诫"一词)及其处理结果通知义务(1996 年 12 月 31 日第 675 号法令第 10 条);这些规则适用于填写各行政机关的替代性声明表格的情形(第 48 条),但这些规则应当也适用于公证人的认证。

③对于多人作证证书以及认证书的替代性声明的签名,除了免征印花税以外[62],还应免除其在登记册上登记的义务(1971 年 5 月 11 日第 390 号法令第 1 条)。

关于申请"公民投票"(referendum)所附签名的认证,根据 1970 年 5 月 25 日第 352 号法令第 8 条,必须标明每一张票选签名的日期,也可以将一张张票选集合在一起来标注日期;在这种情况下,除日期外,还必须说明表格中签名的数目(第 8 条)。因此,可以对同一天进行的所有签名进行一次认证,如果在同一表格上存在不同日期的多个签名,公证人将在每天最后一个签名之后对当天的所有签名进行认证,因此有可能在同一张纸上出现多个对签名的(集中)认证。

根据该法,与拥有有限地域管辖权的市政秘书和法院书记员不同,公证人可以认证居住在意大利任何城市的选民的签名。

选民签名的认证必须按照 2000 年 12 月 28 日第 445 号总统令第 21 条第 2 款和第 3 款所述的方式进行;在候选人票选截止日期 180 天前的认证及被认证的签名无效(1990 年 3 月 21 日第 53 号法令第 14 条第 2、3 款,后经 1998 年 4 月 28 日第 130 号法令修订)。

关于对候选人名单进行虚假认证的问题,1960 年第 570 号总统令第 90 条对此规定了相应罚则,该条后来由 2004 年 3 月 2 日第 61 号法令第 1 条第 2 款取代,因为该情况属于纯粹刑事违法行为,但上述法规对此仅处以财产性质的罚款,而并未像《刑法典》第 476 条和第 479 条对其他虚假行为案件规定了完全不同的更严重的处罚。对此,佩斯卡拉法院于 2004 年 5 月 20 日提出了上述法规的违宪问题。

关于多人作证证书的替代性声明的认证所需的程序,过去由 1968 年 1 月 4 日第 15 号法令(已被 2000 年第 445 号总统令废除)第 4 条予以规定。该法被废除之后,上述认证书无须再说明以下内容:公职人员对虚假行为将承担刑事责任以及该声明的法律依据。

---

[62] 2000 年第 445 号法令第 37 条。

这种替代声明还可以涵盖声明人直接了解的与其他主体有关的状态、事实、个人资格(第 47 条第 2 项),还需说明副本与正本相一致。

可以作"临时"替代性声明(1968 年第 15 号法令第 3 条首次提出)的具体情形,由 1995 年 5 月 22 日第 431 号部长令(1998 年 4 月 28 日第 130 号法令修订)来确定。

1997 年 5 月 25 日第 127 号法令使公共行政部门颁发的证书在有效期过后继续有效成为可能。按照该规定,公共行政部门颁发的证书到期后,可以通过颁发机关在文件底部作出声明,表明过期证书中所载的信息没有改变即可。这一法令没有对此种声明的认证做出规定。

首次规定替代签名认证的 1968 年 1 月 4 日第 15 号法令第 2 条第 2 款已被废除(通过 1997 年第 27 号法令第 3 条第 10 款);根据上述 1997 年第 27 号法令的规定可以得出,向公共行政部门提出的申请不需要进行签名认证,即使这些申请中包含临时替代签名的声明。

该问题后来受到财政部、生产力指数分析中央办公室联合发布的第 1999 年 5 月 14 日第 107/S/6395/UCOP/99 号[209]文件调整,根据这一文件第 403 页的规定,不会或不能签字的人的声明,在确定声明人的身份后,由公共职能主体(因此也包括公证人)留存,且必须在声明后说明缺乏签名的原因。

2000 年第 445 号总统令第 77 条取消了对认证书和多人作证证书的替代性声明底部的签名认证。但从刑事角度来看,这种效果并不影响该总统令第 76 条的实际适用范围,因为经"自我证明"的声明等同于"向公职人员作出的声明"。

到目前为止,上述关于起草公证文书和经认证的私文书的规范都必须加以简化,包括用外语起草或者有聋人、哑人或聋哑人等主体参与的文书,政府已通过一项措施加以简化(2005 年第 246 号法令第 7 条,次年生效)。

关于自我声明(关于声明人个人状态和资格的声明,这是由于简化行政程序而产生的:依据 1968 年 1 月 4 日第 15 号法令和 2000 年 12 月 28 日第 445 号总统令)以及超脱了纯粹的程序范畴的私人契约的规定(例如,1985 年 2 月 28 日第 47 号法令第 40 条以及 1990 年 4 月 27 日第 90 号立法令第 3 条第 13 款之三关于不动产豁免的规定,后来该法被废除)产生了一列问题,主要体现在以下方面:

①是否有必要在文书中说明虚假声明或真意保留声明将会产生的刑事责任(1968 年第 15 号法令第 26 条规定)。鉴于 1968 年第 15 号法令整体已被废除,应认为在任何情况下都无须在认证书中专门对此作出说明,即便这种情形可能仍然存在于认证程序中。

㉙　In *Riv. leg. fisc.*,1999, p. 1402 e ss.

②自我声明是应列入文书正文,还是单独提交一份文件。这应当是无关紧要的。

③如果自我声明未采用公证文书的形式,而是采用经认证的私人文书,则可以包含在认证书中。虽然存在部分否定的观点,但并不是主流观点[329]。

根据非合同或非财产性的私文书的行政认证的特点,公证人不可将行政认证用于公共登记处登记动产的文书(转让、设立担保等);只有市政办公室和驾驶人远程信息处理办公室的负责人才有可能完成这种认证,他们和公证人一样也被授权对此类文书进行认证(2006 年 7 月 4 日第 223 号法令第 7 条第 1 款)。

(三)所谓的签名真实性认证。关于所谓的次级认证或"签名真实性"认证,也即简单地证明签名属于特定人,这是公证人作出的一种证明。一方面它并不需要表明签名是在公证人在场的情况下作出,公证人也无须进行签名人身份识别;另一方面避免了《公证法》或有关行政法规的程序。有些学者认为公证人只有在有特别规定[330](330)的情况下才能诉诸次等认证这种形式,这显然站不住脚,比如:关于公共行政部门职员竞聘的法律规定了竞聘申请需要签名认证;所谓的公司股票成交量签名认证[331](331);当地习俗认可的继承通知(现为"声明")上的"签名"认证;还有一种特殊情况涉及经授权的公证人在公债管理总局或大区政府公债交易中心进行的交易签名认证,该认证必须查验签名人的身份和行为能力,但根据司法部的一项比较老的规定(1880 年第 40 号规章)也可以使用签名证明(visto di firma)进行,且无须在登记册中登记。

但是,如果人们想要试图跳出某些明确的规定之外,认为所谓的"次等认证"属于补充法律的一种习惯(consuetudine praeter legem),将次等认证与狭义认证并列,由此会引发两种形态适用的难题;在这方面提出的最可接受的解决办法是,只要文书具有法律行为性质,即,引发了相应种类的法律关系时,就应排除次等认证的适用,以及当文书中附加了对声明人的强制义务时应排除次等认证的适用[332]。

(四)数字签名。电子文件符合相关条例(1997 年 11 月 10 日总统令第 513 号)规定的要件,并使用数字签名签署,根据意大利《民法典》第 2702 条,该电子文件具备私文书效力,也应当完成第 2704 条所设定的义务[333]。

㉙ CASU, voce *Autocertificazione* (*modalità dell'*), in *Diz. enc. not.*, V, Roma, 2002, p. 31 e ss.

㉚ D'ORAZI FLAVONI, *L'autentica minore*, in *Scritti giuridici*, cit., II, 899 e ss.

㉛ Cass. 21 ottobre 1975, in *Vita not.*, 1976, p. 107 e ss.

㉜ D'ORAZI FLAVONI, *op. loc. ult. cit.*; Cass. 23 maggio 1962, in *Foro it.*, 1963, II, p. 106; CNN Studi, *Considerazioni sull'autentica minore, con particolare riguardo ai riflessi in sede penale*, I, 1969, p. 5 e ss.; Cass. 21 ottobre 1975, *cit.*

㉝ GRAZIOSI, *Premesse ad una teoria probatoria del documento informatico*, in *Riv. trim. dir. proc. civ.*, 1998, p. 481 e ss.; FERRARI, *La nuova disciplina del documento informatico*, in *Riv. dir. proc.*, 1999, p. 129 e ss.

第九节　副本、节本、证明书

副本是文件的完整复制件;节本是文件某一部分或多个部分的完整复制件;证明书是文件内容的摘要。

(一)副本是代表另一份文件(正本)的文件,因此构成次一等级的证明方式[34]。

公证人可以为其保管的文书出具电子数据形式副本,即使正本是以电子数据形式制作的;同样,即使正本是电子数据形式的,他也可以出具纸质副本。

如果法律对副本应采取的介质没有规定,也无特别要求,公证人可以就其保管的文书根据请求人的要求提供相应介质的副本。电子数据形式的文件与原本或副本的一致性由公证人通过审查电子签名予以确定(《公证法》第68条之三)。

然而,只要符合某些手续(《民法典》第2714条及以下条文),法律仍然赋予公证文书或私文书(即使私文书并未经过认证)的副本与正本相同的效力;但是:

①公证文书的副本,必须由公职人员出具,他们必须是公证文书的保管人且被授权出具副本,副本的出具必须符合规定的手续。

②私文书的副本,其原件须存放在公共保管机构,或由被授权主体出具副本。

应该注意到的是,上述原则适用于公证领域时,则公证人即为被授权主体:

①公证人可以出具他所收到的文书的副本、节本和证明书(《公证法》第1条),只要他在同一管区并且没有停止执业(《公证法》第67条);这是一项专属权限,通常没有例外[35]。

签发"混合"文件(文件内容部分是节本,部分是证明书)是可能的。

如果公证人转移到另一管区或终止执业,副本将由转移管区或终止执业的公证人存放文件的地区公证档案馆的登记员来出具;如果只是暂停执业,则由被任命的另一公证人或根据《公证法》第44条规定的委托公证人负责出具副本。

②向公证人提交的文件、商业票据以及登记簿的副本和节本的签发(1937年7月14日第1666号皇家法令)。

虽然公证人的这种权能在法律中被设置为一种权力(见《公证法》第67条),但它也具有义务的性质,这在《民事诉讼法》第743条中被明确确认[36],除了以下情况:

---

[34]　CARNELUTTI, *La prova legale*, Roma, 1947, p. 315. ; FALZONE e ALIBRANDI, voce *Copia, estratto e certificato di atto notarile*, in *Diz. enc. not.* , vol. I, p. 818 e ss.

[35]　CNN Studi, *Formalità per il rilascio di copie*, VIII, p. 25 e ss. ; ANSELMI, *op. ult. cit.* , p. 192.

[36]　GALLO ORSI e GIRINO, *op. cit.* , p. 381; LENZI, *op. cit.* , p. 262; GAZZILLI, *op. cit.* , p. 248.

①公证人可以拒绝出具相关证书(给任何人),如果相关人员并未支付全额的报酬、附加税费以及必要支出;

②本身不得出具副本的情形:

——在强制登记的情况下,不得在文书登记之前出具副本(为办理抵押登记和不动产登记手续而出具的副本除外(《民法典》第 2669 条和第 2836 条,1986 年 4 月 26 日第 131 号总统令第 65 条中再次提及);

——在遗嘱文书的情况下,遗嘱人尚在世时,不得向遗嘱人以外的人包括具有经认证的特别授权的人出具副本(《公证法》第 67 条)。

当然,没有任何证明标记的"副本"(如简单的复印件)不受任何规定的约束。当然,公证人甚至并无义务出具这些没有证明标记的"副本"。

出具副本的方式涉及复制手段和出具时应遵守的程序。

关于复制手段,副本可以采取手写、机器打印、印刷以及其他保证可以忠实和稳定地复制文件的机械手段,如摄影、摄像或 X 光成像技术(2000 年第 445 号总统令第 18 条)。

至于程序方面,包括:

①忠实地复制原件。这一要求不要求但也不排除完全照搬文书,并附上原来的相应旁注内容(根据这一规则,任何加注或变化都必须复制在副本当中,而不是通过新的旁注来注明:《公证法》第 68 条),还可以同时对原件进行拍照复制[⑨];副本也必须包括附件,除非申请人放弃复制这些附件(《公证法》第 69 条),但委托书在任何情况下都必须复制到副本。此外,提交给不动产登记中心的副本必须包含所有附件(1897 年 12 月 23 日第 549 号法规第 8 条)。

②在复制过程中,字体应清晰可辨,没有空隙或空白,没有缩写、更正、擦除、替换、添加(《公证法》第 68 条关于副本的规定实际上援引了《公证法》第 53 条)。

③在与原件相符的声明中应注明副本出具日期,公证人须在末尾和中间页上签名(《公证法》第 69 条);不再注明费用、税款和报酬(2005 年第 246 号法令第 12 条);如果文书由多页组成,还需声明除了最后签名页之外的其他页面也都已签名(《公证条例》第 86 条最后一款);不需要公证人证明他在当事人出示正本时检查了原件,尽管这是一种惯例[⑩]。

④注明文书登记的相关信息,除非属于法律规定的例外情形(《民法典》第 2669 和 2836 条);

⑤注明《民事诉讼法》规定的其他程序,特别是寄送可执行形式文书的副本

[⑨] Circ. Ministero della Giustizia, Direzione Generale degli Affari civili e delle libere professioni, Uffici Archivi notarili, prot. C/175 del 26 gennaio 1968.

[⑩] Cass. 9 settembre 2004, n. 18177, in *Giust. civ.*, 2005, p. 655.

（《民事诉讼法》第 475 条）⑲。

关于上述副本的出具，法律还规定了以下形式：

①副本必须在抬头处写明："意大利共和国——以法律之名"（Repubblica Italiana—In nome della legge）。

②结尾处必须以"执行"形式完成："兹命令所有被要求的司法官或责任主体执行本文书，公诉人提供协助，警方人员根据法律规定给予配合"（《民事诉讼法》第 475 条）。

执行形式文书的副本只能寄送给当初缔结债权合同的受益方或其继承人（债权人的继承人或受让人），并在文书页面底部写明接收人（《民事诉讼法》第 475 条第 2 款）。

向同一当事人发送的可执行文书副本不得超过一份；若要获取额外副本，必须向文书制作地区的法院院长提出请求（《民事诉讼法》第 476 条第 1 款和第 2 款）；违反第 476 条的行为将被处以 1000~5000 欧元的罚款（第 4 款）。

发出额外副本的相关程序涉及自由裁量权的问题，因为它是通过裁决发出的（《民事诉讼法》第 476 条第 3 款），因此可以提出异议（根据《民事诉讼法》第 739 条）；再者，它必须通知申请人，一旦超过异议时效，由法院书记员证明当事人并未提出异议，除非是紧急情况下立即生效的裁决（《民事诉讼法》第 741 条）。

当然，发布符合要求的可执行文书的副本并不违反该裁决，根据《民事诉讼法》第 148 条的规定，这可能是通知送达所必需的。

在 2005 年 3 月 14 日第 35 号法令的改革之后，公证人目前不仅可以为包含金钱债务的公证文书的副本出具可执行文书（《民事诉讼法》第 474 条），而且还可以出具：

①包含此类义务的经认证的私文书。

②公证文书的副本，包括那些为实现交付或发放而进行强制执行的公证文书（例如，在与不动产有关的文书中，买卖合同存在不动产交付时限以及租赁合同中存在指定交付时限）⑭。

1924 年 10 月 23 日第 1737 号皇家法令第 61 条废除了在正本上注明副本收件人和出具的第一份副本的日期的义务（《公证条例》第 84 条第 1 款）。

针对遗嘱包含的金钱债务是否可以出具可执行副本存在争议，当然，可能可行的前提也是该遗嘱已经公开；另外肯定的观点认为，可以直接适用公证遗嘱的规定，因为目前《民事诉讼法》第 474 条第 2 项的规定不再仅限于合同原因（如以

⑲　BOERO, *op. cit.*, II, p. 471. ; CNN Studi, *op. loc. ult. cit.*

⑭　SATTA S. -PUNZI C., *Diritto processuale civile*, *Appendice*, Padova, 2007, p. 70.

前的《民事诉讼法》第 554 条第 3 款），而是用"法律行为"来替代，但不包括自书遗嘱或秘密遗嘱，因为仅仅复制后两种形式的遗嘱的文书内容，不足以使其内容具有公证文书的性质，甚至达不到经认证的私文书的性质[341]。

含有公职人员出具的公证文书、私证书和一般文件的副本或复制件的电子文件，如果带有出具该文件的公职人员的数字签名，则完全有效；也允许对最初起草在纸质上的文件或非在计算机上起草的文件进行电子信息化复制，只要与原件的一致性通过了公职人员的数字签名验证即可（1997 年 11 月 10 日第 513 号总统令批准的条例第 16 条）。

最高法院规定，只要按照法律规定的方式起草[342]，文书的公证、认证（包括副本）即具有公信力，除非有人声称其正本是伪造的。

申请人核对副本与正本是一项真正的主观权利（《民事诉讼法》第 746 条）。

（二）前面已经提到，文件的节本包括对文件的部分复制，也即正本部分内容的副本。因此，上文探讨的有关副本的规则也适用于节本。

节本的内容也可能与目录表上的注释有关[343]。

（三）在证据体系中，只有《公证法》规定了证明书（certificato）而《民法典》对此并未规定；它体现为文书的摘录，已被承认具有公证文书的性质[344]；然而，证明书不能提及文书的基本内容（1954 年 11 月 22 日第 1158 号法令第 20 条第 4 款，并不应认为该条款已被 1973 年 3 月 5 日第 41 号法令废除）：这其实是一个意义不明的规定[345]。

前述关于签名、印章和登记的规则都适用于证明书。

一种特殊类型的证明书，即公证人可以根据《公证法》第 71 条的规定，通过电报或传真（电话）传送的摘录（见下文）。

证明书和节本有时可能指代同一份文书。

有人认为公证人有义务出具副本和节本，但不包括证明书[346]。

关于副本、节本或证明书的出具，政府已根据 2005 年第 246 号法令采取简化措施。

---

[341] GHIBERRI, *Il testamento come titolo esecutivo*, in *Riv. not.*, 2000, p. 308 e ss.; App. Brescia 17 settembre 1869, in *Annali*, III, p. 120.

[342] Cass. 22 luglio 2002, n. 10676, in *Vita not.*, 2002, p. 1628 e ss., 其中单独规定，认证书必须包含登记册的累进编号、当事人姓名和公证费用。

[343] EBNER, *op. cit.*, p.231.

[344] 土地登记簿法规涉及的继承证明书具有不同的性质：它必须经过认证，且不得作为自愿管辖行为在注册表或集册中登记。

[345] TENTOLINI, voce *Certificati ed attestati*, in *NssDI*, III, p. 129 e ss.

[346] ANSELMI, *Principi di arte notarile*, cit., p. 98.

随着 2000 年第 445 号总统令的颁布,副本的认证可由出具正本或存放正本或有义务出示文件的公职人员进行,公证员、书记员、市政秘书或市长任命的其他官员也可以进行认证(该总统令第 18 条),由此出现了这些规则与《公证法》的协调问题。有学者认为,上述规则不能改变《公证法》的规定;另一些学者则认为,新规定可能已经废除《公证法》第 67 条的规定。

几乎没有争议的是,适用 2000 年第 445 号总统令第 18 条的先决条件是当事人为了获得副本向公职人员出示正本,这将使《公证法》第 67 条的规则保持不变[347]。

第十节 通过电报或传真(电话)传递文书

《公证法》对通过传真(电话)或电报传输公证文书的内容规定了特别的规则(《公证法》第 71 条和《公证条例》第 85 条)[348]。

文书的概要或内容可以通过传真(电话)或电报传送。除非有相反的证据,否则应当推定以上述方式进行传送的内容与文书正本一致(《公证法》第 71 条最后一款)。

(一)电报概要由公证人完成。公证人在当事人在场的情况下起草一份特别报告,并将概要录入特定的电报表格,公证人先用文字写明文书目录表的编号,随后签名盖章;发送方电报局必须向接收方电报局保证,该电报确实是由公证人发送。电报表格必须在发报方电报局保存 1 年,1 年后交由管区公证档案馆保存。

(二)通过电话方式进行传递必须各由两名公证人亲自发送和接收,他们必须向(公共)电话局说明他们的身份和传送的主题;接收公证人将通话转化成书面形式,并与传输公证人进行核对,将转录的文件保存于他的档案中,并可以出具副本(不包括节本和证明书),同时也不影响传输文件的公证人发出副本、节本和证明书的权利。

上述行为的性质类似于出具副本、节本或证明书。这一点可从以下事实中得到验证:对于上述类型的传输,参照节本和证明书的费用进行支付(而不是参照副本:见 1980 年 12 月 30 日部长令第 18 条)。

1997 年 3 月 15 日第 59 号法令第 15 条第 2 款规定了通过远程网络快速传输具有法律效力的电子文件的新可能性。

该条款规定,由公共行政部门和私人通过计算机和远程工具制定的文书、数

---

[347] ROTETTI e DI ZENZO, *op. cit.*, p. 293.

[348] FALZONE e ALIBRANDI, voce *Trasmissione per telegrafo e per telefono del contenuto o del sunto di atti*, in *Diz. enc. not.*, vol. III, p. 940 e ss.; SCARDACCIONE, voce *Scrittura privata*, in *NssDI*, XVI, p. 816.; Ministero di Grazia e Giustizia: Div. V, 14 maggio 1915, in *Not. it.*, 1915, p. 216.

据和文件,以同样形式签订的合同,以及它们的归档和传输,具有完全的法律效力和关联性。

为了落实这一点,意大利公共管理局(AIPA)已经制定了一部具体条例,并得到了内阁会议的批准。

毫无疑问,这项旨在"废除纸张和印章文化"并以所谓的"电子签名"取而代之的规定,至少从长远来看,必然将适用于公证行为当中。

然而,这一创新可能会深刻影响公证人的证明职能,而公证人的证明职能受到专门职业法律的严格规范,因此有必要在立法中进行适当协调。

第十一节　再　认　证

再认证(legalizzazione)是指对另一个国家机构出具的文书、证明书、副本和节本上的签名的真实性以及当局或公职人员的资格的正式证明[49]。

公证文书以及其副本、节本和证明书,当其必须在公证管区之外使用时,也要履行这一手续[50]。

目前,这个问题已经由法律重新规定,它规定从国外提交以及在域外使用的文书和文件须进行再认证,但法律或国际条约规定的豁免除外,这也是因为国际法律对标的增多以及公证文书的效力正逐渐扩展到国家领土之外的原因[51]。

最后,1961 年 10 月 5 日在海牙通过且意大利已经签署的《关于废除外国公证文书再认证的公约》于 1978 年 2 月 11 日开始生效[52];根据该公约,再认证制度被"加签"(appostile)制度(出具公证人签名、身份和印章的真实性证明)所取代,在意大利,就公证文书而言,"加签证明"的出具被授权给文书起草地管辖法院的检察官(见国家公证委员会 1978 年 3 月 14 日第 583 号通知的附件 C[53])。

"加签"与普通再认证不同,因为后者需要重复操作(外国当局的再认证必须反过来由文件使用国的当局来认证:对于意大利而言,则是领事机构或外交部进

---

[49]　2000 年第 445 号总统令第 1 条 1 项;ABBONDANZA (a cura di), *Il notariato a Perugia, cit.*, p. 94.

[50]　原《公证法》第 73 条被 1957 年 8 月 2 日总统令第 8 条废除。

[51]　Relazioni e le discussioni sugli argomenti nei Congressi internazionali del notariato latino (specialmente, *Atti del V Congresso internazionale del notariato latino*, Roma, 1958; *Ponencias presentadas por el notariado espanol a los congresos internacionales del notariado latino*, II, Madrid,1975).

[52]　迄今为止,已经批准该《公约》并开始对其本国生效的国家有:阿尔巴尼亚、安提瓜和巴布达、奥地利、巴哈马、比利时、博斯特瓦纳、塞浦路斯、斐济、芬兰、法国、德国、日本、希腊、毛里求斯、以色列、意大利、洛索托、列支敦士登、卢森堡、马拉维、马耳他、挪威、荷兰、葡萄牙、英国、塞舌尔、斯威士兰、西班牙、美国、苏里南、瑞士、汤加、土耳其、匈牙利、南斯拉夫。

[53]　意大利依据 1966 年 12 月 1 日第 1253 号法令授权,于 1977 年 12 月 13 日向荷兰政府提交了《公约》批准书。

行认证),而前者可以在《公约》缔约国接收和使用时,不再需要接收国当局的任何(进一步)认证。

　　1990 年 4 月 24 日第 106 号法令批准了 1987 年 5 月 25 日在布鲁塞尔签署的《关于取消欧洲共同体成员国文件再认证的公约》;另外,《公约》将在欧洲共同体所有成员国公开签署并向比利时外交部交存之日起 90 天后生效(第 6 条);当然,交存批准书的国家也可以明确声明将对所有批准公约的国家立即生效;迄今为止,意大利、冰岛、法国、丹麦和比利时就属于这种情况[54]。

　　那么对下列国际公约的缔约国而言,任何形式的再认证(因此也包括"加签")可能都不再必要:

　　①奥地利(《罗马公约》,1971 年 11 月 16 日)。

　　②捷克斯洛伐克(1922 年 4 月 6 日在罗马签署)。

　　③法国(1955 年 1 月 12 日在罗马签署)。

　　④德国(德意志联邦共和国 1969 年 6 月 7 日在罗马签署;德意志民主共和国 1984 年 7 月 10 日在柏林签署);

　　⑤圣马力诺(1939 年 3 月 31 日在罗马签署)[55]。

第十二节　旁　　注

　　《公证法》第 59 条规定,除非法律有明确规定,否则禁止公证人在公证文书上做旁注。旁注,即在"注释"中以书面形式做出的、与文书有实质联系的说明、参考、补充和评论。

　　对这一禁令的解释是,在文书上添加评论或说明是不合适的[56](356),也包括带有临时性质的注解(例如用铅笔)。

---

　　[54]　2010 年 12 月 14 日,欧盟委员会发布了绿皮书,旨在通过废除再认证及"加注"来促进欧盟内部公共文件的自由流通。

　　[55]　关于意大利境内另一个"国中国"梵蒂冈发布的文书,1929 年与意大利政府签订的《条约》明确承认其效力(特别是教会实体有关的文书),但是鉴于其没有签署上述任何公约,特别是海牙关于"加注"的《公约》,并且它不属于欧盟成员国,因此存在一些特殊之处:

　　——意大利 1871 年 5 月 18 日第 214 号法令第 16 条废除了 1929 年《条约》(第 16 条)关于教皇和罗马教廷的特权以及教会与意大利国家关系的法令(所谓的保障法),取消了对其领事许可、教皇许可以及其他形式的教皇国文书的公示和执行。

　　——《罗马教廷和意大利共和国关于修改拉特兰条约的协定》(1984 年 2 月 18 日)第 2 条第 2 款规定:"罗马教廷、意大利主教大会、区域主教大会、主教、神职人员和信友之间的相互通信自由,出版和传播与教会目的有关的行为的自由都将得到保障"。

　　令人怀疑的是,这项规定是否排除了再认证的必要性,因为再认证不涉及文件的出版和传播自由,而是官方证明签名人的法律资格和签名本身的真实性(2000 年 12 月 28 日第 445 号总统令第 1 条第 1 款 e 项)。

　　[56]　ANSELMI, *Dizionario, cit.*, p. 146; FALZONE e ALIBRANDI, voce *Annotazioni sugli atti notarili*, in *Diz. enc. not.*, vol. I, p. 103 e s.

关于旁注的位置问题,有人指出由于不可能在文书中插入注释,因为根据《公证法》第 53 条,不允许有非行间的空格或留白,剩下的只是纸张的边缘(侧面、顶部和底部)以及签名后剩余的空间[57]。

《公证法》第 59 条规定了某些注释是"经授权"做出的;然而,同一法律或其他法律的一些规则规定了其他类型的注释;因此,可能存在强制性注释和选择性注释两种类型。

强制性注释情况包括:

(1)转录和登记("依法委托公证人的情形":《公证法》第 59 条;1924 年 10 月 23 日第 1737 号法令第 23 条。转录属于公证人的当然义务(意大利《民法典》第 2671 条);登记则只有那些涉及法定抵押权(意大利《民法典》第 2817 条)的情况才属于公证人的强制性义务。

违反这一规定将被处以 8~24 欧元不等的罚款,每次违反都要全额缴纳,这种罚款不是刑事处罚,而是一种纪律性的行政处罚,即使在《公证法》规定(刑事)罚金的情况下也需要同时处罚(1924 年 10 月 23 日第 1737 号皇家法令第 23 条,经 2006 年 8 月 1 日第 249 号立法令第 50 条进行修订)[58]。

(2)在所保管的公证文书的旁白处注明渐进式编号(所谓的保管或档案编号),并在文书本身的每个附件上按顺序注明字母(《公证法》第 61 条)。

(3)归还存放在公证人档案中的文件(《公证条例》第 71 条)。

(4)婚前或婚后对婚姻协议的修改(意大利《民法典》第 163 条;在 1975 年第 151 号法令之前的文本中使用的词语是"变更"(mutazioni))。这是一个特别重要的注释,因为它决定着此种修改对第三方的效力。

(5)取回存放于公证人档案处笔录中的秘密遗嘱或自书遗嘱(《民法典》第 608 条)。

(6)关于授权向外国公民出售位于边境地区的不动产的省府规定的说明(1935 年 10 月 20 日部长令及随后的修订)[59]。

---

[57]　ANSELMI, *op. ult. cit.*, p. 147.

[58]　RUOTOLO, *Annotazione sugli atti degli estremi di trascrizione e iscrizione*, in CNN *Studi e mat.*, 1/2003 p. 301 e ss.

[59]　1976 年 12 月 24 日关于服兵役新规定的第 898 号法令生效后,用"授权"一词取代了先前立法中的"批准"一词,并将原边境地区的财产特别规定扩大到其他一些岛屿(托斯卡纳群岛、庞廷、弗莱格里、卡普里岛、特雷米蒂、埃奥利安、乌斯蒂卡、埃加迪、潘泰莱里亚、佩拉吉、马达莱纳群岛、阿西纳拉、塔沃拉拉、圣彼得罗和圣安蒂奥科)。

目前,边境地区指代这些岛屿(不包括西西里岛和撒丁岛),因为陆地边界是指整个欧盟,尽管作为欧盟成员国的公民也需要获得授权。

意大利加入欧盟后,陆地边界的概念失去了重要性和意义,因为境外边界即整个欧盟的边界 (见 DE NICTOLIS, in *Commentario dell'ordinamento militare*, II, Bari, Roma, 2010, p. 360 ss.)。

（7）法院判决宣布公证文书无效，并已成为不可撤销的决定（根据《公证法》第 59 条，此种注释是可选的，但根据第《公证条例》第 70 条，此种注释是强制性的）㉚。

（8）合并在一卷中的文书的每一页编号（《公证条例》第 72 条）。

过去在这个列举清单上还可以加上一类注释，即在文书的末尾或旁白处说明已被登记的事实；当文书的正本必须交付给登记处，必要时须一并提交用于估价和地籍转让的副本时，这种注释是由登记处自己在正本上加注的（1986 年 4 月 26 日第 131 号总统令第 16 条第 4 款）；随着使用数字签名的计算机模式的逐步应用，不动产销售契约适用该模式开始变成强制性的（2003 年 4 月 18 日的行政法规），公证人根据登记处退回的登记说明进行注释。

不再需要对公证费用和税费进行说明（所谓的特殊注释）（《公证法》第 77 条，已被 2005 年 11 月 28 日第 246 号法令第 12 条第 1 款 f 项所废除）。

以下情况属于可选注释㉛：

①批准：应排除或至少值得怀疑的是，法规中提到的批准涉及股份公司改革之前的制度，原本是针对制订或更改股份公司及合作社公司的章程，此类批准被 2000 年 11 月 24 日第 340 号法令第 32 条第 2 项所废除，但对《民法典》第 2436 条规定的其余情形（不涉及公证）仍然有效；原来涉及批准的制度还包括家庭或监护委员会的批准（1865 年《民法典》第 301 条和第 319 条）、配偶的自愿分居（1865 年《民法典》第 158 条）、债务人与大多数债权人在暂停偿债后达成的一致协议（1882 年《商法典》第 825 条）；似乎"批准"这一术语本身可能还包括"许可"的含义㉜。

②《民法典》第 1723 条规定的对委托授权的明示撤销（同样也适用于撤回）（《公证法》第 59 条）。奇怪的是这一注释并不是强制性的，尽管人们对注释这一信息的必要性并无争议，这一加注可以避免授权书副本的出具，无论是撤销还是撤回，都会产生直接的效果㉝。

有些问题仍然存在一定的争议，例如注释的旁注、非强制性抵押登记以及可执行文书副本的签发㉞。特别是对于最后这一种情况，令人困惑的是，立法者似

㉚　ANSELMI, *op. ult. cit.*, p. 143；FALZONE e ALIBRANDI, voce *ult. cit. loc. cit.*

㉛　ANSELMI（*op. ult. cit.*, p. 140）认为，注释的可选择性质必须理解为，在有关当事方提出请求或主管当局下达命令的情况下，加注等同于义务；在此情形下，公证人必须主动添加注释，并且不能要求支付相关费用。

㉜　ANSELMI, *op. ult. cit.*, p. 140,

㉝　SOLIMENA, *op. cit.*, p. 267.

㉞　此种添加注释的义务在前《民事诉讼法典》第 557 条便已经规定了；反对的观点见 EBNER, *op. cit.*, p. 229。

乎忘记了明确规定这一注释的强制性,这甚至不属于"委托事项"之列,尽管可执行文书的副本,尤其是第二份副本的签发受到相当多谨慎措施的限制(《民事诉讼法》第 476 条)。尤其是,公证人在某管区停止执业后,如果有人申请向该管区档案馆获取可执行文书副本,那么并附有旁注记录可能是不可或缺的条件。

更加令人困惑的是,如果公证档案馆(停止执业或转入另一公证管区的公证人的文书存放于此)负责签发可执行文书的副本,档案馆负责人必须在正本的边缘注明这一点,并注明日期以及以谁的名义发送这一副本(1959 年 12 月 12 日部长令第 20 条第 2 款)。

关于旁注的方式,一般认为旁注必须包含公证人注明日期并签名的声明[365];然而,这一观点并未得到《公证法》或《公证条例》的任何规定的支持。

最后,关于在文书副本中复制注释的问题,以下观点似乎更让人信服:只有公证人有权在副本中复制正本的注释,并且只有那些影响文书法律效力的注释才须在副本中复制(即需让第三方注意到注释的内容:包括文书已做出修改或已归于无效)[366]。

第十三节　公证文书无效的原因

公证文书形式上的争议在《公证法》中已有定论,《公证法》第 58 条还列举了文书无效的理由[367]:

(1)根据《公证法》第 24 条,公证人在列入公证协会名录之前接收的文书。

(2)已停止执业的公证人在《政府公报》上公布其停止执业后接收的文书;也有观点认为有效与否的时间节点应理解为停止执业的日期,该日期约在《政府公报》公布时间的前两个月;

(3)公证人的"妻子"(=配偶)、任何亲等的直系亲属和三亲等以内的旁系亲属作为当事人(还应包括当事人的代理人、监护人、管理人)的文书;

(4)文书中存在涉及公证人、上述第(3)项中的利害关系人或受其保佐的人的条款无效,但不是由公证人或上述第(3)项中提到的人起草并由遗嘱人密封后交付给公证人的秘密遗嘱除外。在这种情形下,仅部分条款无效而非整个公证文书无效。

---

⑥⑤ FALZONE e ALIBRANDI, voce *ult. cit.*, p. 104;相反的观点见 ANSELMI, *op. ult. cit.*, p. 147。

⑥⑥ ANSELMI, *Dizionario cit.*, p. 146 e ss。

⑥⑦ GIULIANI, *Per un diverso regolamento delle nullità formali dell'atto pubblico*, in *Riv. not.*, 1949, p. 415 e ss.;CALLERI, *Redazione e nullità dell'atto notarile*, Firenze, 1972.;SATTA S. e PUNZI C., *op. cit.*, p. 332)。

（5）未遵守《公证法》第 26 条的规定，在公证事务所所在管区之外执业（所谓的地域管辖权）。

（6）未遵守《公证法》第 47 条的规定，在当事人不在场的情况下接收需要公证的文书，或者法律规定需要两名见证人在场时见证人未出席（法律有特别规定时见证人可能多于两名）；公证人没有调查当事人的意思，也没有亲自负责检查文书的整体书写。这是一个通常被忽视的情况，但《公证法》第 58 条准用了《公证法》第 47 条，第 47 条规定了公证人的典型职责，其中包括上述调查和检查职责。

（7）未遵守《公证法》第 48 条的规定，在法律明确规定的情况下缺少见证人的协助（显然不再讨论见证人的放弃/免除，这一内容已经被 2005 年第 246 号法令废除）。

（8）未遵守《公证法》第 50 条的规定，参与文书的见证人或证明人不符合法定条件。

（9）未遵守参与文书的当事人不懂意大利语时（但公证人通晓当事人的语言）的有关规定（《公证法》第 54 条）。

（10）未遵守参与文书的当事人不懂意大利语时（且公证人不通晓当事人的语言）的有关规定（《公证法》第 55 条）。

（11）未遵守关于聋人的规定（《公证法》第 56 条）。

（12）未遵守关于哑人和聋哑人的规定（《公证法》第 57 条）。

（13）未遵守关于当事人、证明人、翻译人员、见证人以及公证人签名的有关规则（《公证法》第 51 条第 10 项）。

关于对《公证法》第 58 条第 4 项的解释（根据该条，如果不遵守《公证法》第 51 条第 10 项的规定，则公证文书无效，即"带有当事人、证明人、翻译人员、见证人和公证人'姓''名'的签署"），将难以辨认的签名等同于自始没有签名是不符合逻辑的（随之而来会产生文书无效的效果以及公证人承担《公证法》第 28 条规定的责任及其他民事责任）。有人认为，从目的解释出发，当事人签署自己的习惯性签名体而不是用正式字体来签名会更好地体现上述规则的效果[98]；然而，无论对文书的形式要求作出何种解释，都并不能意味着直接废除这些要求，无论这些规则是多么不合时宜或在逻辑上不合理，在它们被废除或修改之前仍然是有效的。

（14）缺乏遗嘱签署时间说明的遗嘱文书（《公证法》第 51 条第 11 项）。

---

[98]　BOERO, *op. cit.*, p. 320; DI GIROLAMO, *Omessa sottoscrizione e responsabilità disciplinare del notaio*, in *Federnotizie*, 1998, p. 237 e ss.

（15）缺少日期和公证人所在市镇信息（不包括具体地点）标注的文书。

也许是因为第15项这种情形在司法实践中几乎没有出现过，因此，我们还不清楚缺乏这两个要素的其中一个法官是否会认定文书无效；从文义解释出发（同样的连词"和"也出现在《公证法》第58条的第2和第4项，它无疑是在区分两种完全不同的情况），因此，即使缺乏任一要素（日期或公证人所在市镇信息）都足以导致文书无效。

（16）没有向当事人宣读文书以及在见证人参与的情形下没有在见证人面前宣读文书（如上所述，仅仅没有说明已经宣读并不引起无效）[59]。

上述清单是穷尽式列举的，正如《公证法》第58条最后1款明确指出的那样（"在这些情形之外，公证文书是有效的，但违反其他法律规定的公证人将受到相应的处罚"）。

这一规则确认，虽然违反相关禁止性规定但没有明确规定其无效的文书不能被宣布为无效。

这里所考虑的无效也只涉及公证文书本身，即它们影响的是公证文书，而不是其中所公证的其他文书/文件，法律另有规定的除外，即法律明确规定了必须采用公证的形式作为文书的形式要件（例如：在公证遗嘱、捐赠、股份公司公司章程、婚姻协议、家庭协议等情形中），或者因为违反了形式要件之外的规则而导致契约无效，也将带来严重的后果。

第一个后果是，该文书将缺乏《民法典》第2700条所规定的公信力，而且不适用于不动产登记、在公司注册登记备案等公示目的[60]。

第二个后果是，公证文书所公证的文书/文件/契约本身可能无效了，但只要它有可能转化为私文书，并且仍然符合交易的形式，不论是实质性的还是程序性的原因导致原公证文书无效，所公证的内容都可能不受影响。为此，公证的文件在任何情况下都必须有当事人的签名（"由无履职能力或不称职的公职人员起草的文件，或未遵守规定手续的文件，如果已由当事人签署，则具有与私文书相同的证明力"，当然，《民法典》第2701条以及《公证法》第58条明确规定了其适用的例外）。

应该指出的是，这里文书类型的转化（所谓的正式转换），虽然看起来与《民法典》第1424条所规定转化规则相似，但两者还是有其差别，因为前者只影响到

[59]　无效的另一个原因涉及两名公证人接收同一个相同的遗嘱（所谓的"共同公证 corogito"），原《公证法》第29条：该条款已经被废除，因为现行《民法典》与1865年《民法典》不同，不再规定两名公证人为同一遗嘱公证的可能性（《民事诉讼法》第772条第2款也不再两名公证人参与的共同公证制度）。

[60]　SOLIMENA, *op. cit.*, p. 262. FALZONE e ALIBRANDI, voce *Nullità dell'atto notarile*, in *Diz. enc. not.*, vol. III, p. 139 e ss.

文件层面,不包括《民法典》第 1424 条所规定的主观要件(即"当事人在知道契约无效时仍想要该契约产生其他的效力")⑤。

《公证法》第 58 条规定的无效以及公证文书基于其他事由导致无效的具体后果是:

①在有权司法机关对文书作出无效的终决裁判时在文书上进行旁注(《公证法》第 59 条)⑥;

②当文书因"可归咎于公证人的原因"而无效时,除了需要赔偿当事人损失外(《公证法》第 76 条),公证人不能获得任何报酬、不能要求支付税费还需返还相应费用(即使已经支付)。

⑤　MONTESANO, *Sull'efficacia probatoria dell'atto pubblico convertito in scrittura privata*, in *Riv. dir. proc.*, 1954, I, p. 102 e ss.; FALZONE e ALIBRANDI, voce *Conversione dell'atto pubblico nullo*, in *Diz. enc. not.*, vol. I, p. 720.

⑥　在这种情况下,公证委员会主席在传达判决书后,确保在公证人处或在公证档案馆(如果契约在那里)进行注释(《公证条例第 70 条》)。

第九章　公证职责的履行

第一节　公证文书和公证法律行为

公证文书具有典型的形式证明功能,作为一类特殊的公共文书,《公证法》大部分的规定都涉及它(尤其是第51—60章)。公证文书还涉及了公证人能够接触到的世界范围内最为经典、复杂的案例。这些案例不仅涉及形式证明的层面,还包括民事、刑事、行政、税收、公共事务、金融等方面。它在法律领域作为一种特殊的"产品"而存在,因而公证行为又被权威地定义为"公证法律行为"①。

从这方面来看,"公证法律行为"准确地展现出其作为公共管理介入私法领域的特性,这种介入被定义为"私法的公共管理"②。

事实上,可以清晰地看到,公证行为的介入总是及时且准确的。其包括法律行为文本的书写和证明、公证文书的发放、税收(地籍册、税收登记、增值税)的"确保"、对不完全民事行为能力人的辅助、公司不动产的核查,还包括本国和其他国家立法机关政策法规的详细现状[比如,意大利建筑工业领域已颁布或已改变的各项措施;所谓"欧洲合伙(societas europaea)"共同市场中的制度规范]③。

有必要指出意大利立法者以及《民法典》(以下皆以数字代表《民法典》的具体条文)是如何精确地规定各项具体的法律行为的:

(1)公共文书(可选择公证的文书):赠与(782条),婚姻协议(162条),非婚生子的认领(254条),接受继承(475条),股份公司设立文件(2328条),股份公

---

① CARUSI, *Il negozio giuridico notarile*, *cit.* p. 23;调整公证行为的法律规则以及所涉利益如此不同。例如,公证职能、财税职能、复杂的行政组织所涉利益不仅有个人利益还包括国家利益。因此,必须从各个维度来考虑公证行为,而一般的理论对此无法充分解释;ID. , *op. cit.* , ed. 1968, p. 20 e ss. e ed. 1994, p. 20 e ss.

② HANEL, *Die Verwaltung des Privatrechts*, Leipzig, 1892, p. 169-192;对这一理论和定义的坚定支持的观点可见ZANOBINI, *Sulla amministrazione pubblica del diritto privato*, in *Riv. dir. pubbl.* , 1918, 1, p. 168 e ss. ;此外还有将其表述为"私人利益的公共管理", 见 VITTA, *Diritto amministrativo*, 1, Torino, 1933, p. 283.

③ BALZAC宣称:"大自然在贝壳的长成上花费了如此多的时间和精力,而这种被称为'公证'的迭代产物,它超越了文明。";GIULIANI谈到在公证文书中涉及越来越多的公证以外和民事以外性质的内容,他将之比喻为"珊瑚的形成过程"。

司股份募集书的保管(2333 条),股份公司,有限责任公司以及合伙企业出资额的折算(2500 条),公司合并重组的合股文书(2501 条),有限责任公司的合股文书(2463 条),不动产登记证书副本(2657 条)以及抵押登记证书(2821 条、2835 条以及《航海法典》第 41 条)等上述私文书经过司法鉴定或有权机关(如司法部、驻外领事)认证之后,可以作为公证文书的替代方式,比如1971 年 10 月 22 日第 865号法令中的地上权、家族财产契约(契约当中涉及的财产给付视为一种赠与:768条)以及家族财产契约的解除(768 条第 2 款规定,家族财产契约的解除如果没有通过公证人来证明,则可能不被现行法律所认可);

　　(2)公证文书(强制公证的文书):公证遗嘱(603 条)、秘密遗嘱(604 条和605 条)、自书遗嘱的公开(620 条)、秘密遗嘱的公开(621 条)、详细记录保管遗嘱的专门文件册和目录表,转移到一般文件册和目录表的过程(《公证法》第 61条)、对遗产清单提出异议情况下的清算(498 条)、剩余遗产清算(499 条)、向债权人和受遗赠人交付遗产(507 条)、秘密遗嘱和自书遗嘱的取回(608 条)、临时股东大会的纪要(2375 条)、记录共同代理人缺席时债券抽签的运作(2420 条)、按照遗产份额的配置规则进行遗产交付(730 条)、保管箱的强制开启(1841 条)、遗产清算(《民事诉讼法》第 769 条和第 770 条)、授权遗产分割(《民事诉讼法》第790 条)。在上述情形中,公证人的参与是具有法定排他性的。

　　立法者对于公证活动的这种"干预",具体化为一系列附加于公证人的履行义务。为方便起见,将根据规定这些义务的法源的性质,或其运行的范围和方式来进行考察。

第二节　公证法律规范中公证职责的履行

　　(一)文书的保管和文书原件的出具

　　在法律规定的各项公证职责履行类型中,接受生者间法律文书以及遗嘱保管的义务(《公证法》第 1 条)是公证人最重要的职责之一。这类职责的履行除了通过保障文书的存在、内容以及后续的保存,来实现其本然的证明功能外,还需要从纷繁复杂的公证法条文及其相关法律法规中,确定其运行的规范④。

　　严格禁止将存放或归档在原公证管区的文书或资料转移出去,哪怕是临时的转移(参见《公证法》第 6 章第 1 节以及 2000 年 11 月 24 日 340 号法令第 28 条)。

---

④　保存法律文书的重要性在古代就已被知晓,正如上面提到的《旧约》所证明的那样(耶利米预言,第 32 章:"把这些文件,即密封的买卖契约和这张打开的副本放在陶器花瓶里,这样它们就可以保存很长时间"。)保管义务还源于这样一个事实,即公证人是保存人,而不是文书的所有者,文书一旦形成,就成为公共财产的客体。见 DE LORENZI, *op. cit.* , p. 2; ROSSI COSENTINO, *op. loc. cit.*

公证人的义务不仅仅只涉及上述文书(《公证法》第61条),公证人还必须保管相关的目录表和登记册(《公证法》第62条)。

当前,还出现了一些新问题,公证人的保管义务是否还涉及所谓"电子信息文档"。并且,可以明确发现的是,当前保留电子信息文档就意味着保留形成该文档的程序。因为查看该文档就需要一些必要的操作,也必须动用那些储存电子信息的工具⑤。

这是一个不容易解决的问题,是由于技术的不断变化而产生的。对此,只能等待立法者颁布一个更为完善但可能也不是完美的规则。此外,2005年第246号立法法令颁布,其中包括普遍使用的电子信息系统和程序。但是,公证人最微妙和最困难的问题是在履行公证职责的同时,还要兼顾保障其真实性、安全性和正确性(《公证法》第7条c项)。

一般规则中,公证人必须依法或应当事人的要求,将其收到的文件(包括保管清单和司法工作记录)准确、安全地保存,并附上相关附件。

为此,这些文书必须按时间顺序装订成册⑥,且必须在每个文档的边缘放置一个累进编号(这就是所谓的整理编号或档案编号)。如此,每个附件都将具有相同的文件累进编号和区分它的字母。

特别规则主要涉及遗嘱(正式或以信托的方式存放在公证人处的公证遗嘱、秘密遗嘱、自书遗嘱)。为了达到对秘密遗嘱的绝对保障(根据《公证法》第67条和第83条的规定,不仅遗嘱的内容不能透露,而且如果不出示立遗嘱人的死亡证明单,遗嘱的存在也不能透露),《公证法》专门为这些文书设置了一种目录表(参见上文)。法律针对这些文书的保管规定,在它们被开启或被公开之前,将被保存在单独的档案之中。在遗嘱人死亡后,才会将遗嘱从特别档案和目录表中"移出",归置于生者间文书的普通档案和目录表之中。

为了确保遗嘱(不仅是遗嘱的内容,还包括遗嘱是否存在的信息)的绝对保密,司法部及其直属部门通过了正式或者持续封闭文书的情形的规定(1996年1月5号第115号部长令第4条),明确排除了1990年8月7日第241号法令规定的查看遗嘱人生前的遗嘱及其相关目录表、登记册、索引以及一般性的登记表的权限。同一条规定中确认了公证档案馆中存放的公证目录表和公证登记册的非公开性。

但是,仍然存在很多文书的例外保存规则,这些规则主要是文书返还给当事

---

⑤ NASTRI, *Informatica per disinformati - Spunti sulla conservazione del documento informatico*, in *Federnotizie*, 2006, p. 84 e ss.

⑥ 每卷的书脊厚度不超过10cm(1959年12月12日部长令第17条第2款)。

人的情形。这些文书(所谓的文书原件)⑦如下(《公证法》第 70 条和第 72 条以及 1937 年 7 月 14 日 1666 号皇家法令):

(1)诉讼代理授权委托书,不区分一般诉讼还是特别诉讼;

(2)同意⑧并授权代理实施某一事项⑨;

(3)代为行使选举权的授权文书;

(4)法院调解的异议申请书;

(5)领取养老金和其他需要国家扶养人员的生存证明;

(6)多人作证的民商事证书;

(7)商业公示认证书;

(8)法庭外鉴定、文书翻译和外文书写的宣誓保证书;

(9)文书、文册或者商业公示登记簿的复印件或者摘录;

(10)以下文书的签字认证:

——私文书,当事人可以申请将私文书存放在公证人处,需要进行不动产和商事公示的私文书除外;

——记名证券、商业证券、背书转让证券、公债券;

向公共行政机关以及公共服务机构(即使是以向第三人获取经济利益为目的的公共服务机构)以外的主体送达"多人作证的证书(atti di notorietà)"的替代判决或宣告(2000 年 12 月 28 日第 445 号总统令第 21 条)。

关于私文书,在 2005 年第 246 号法令改革之前,《公证法》第 70 条的这些规则与《职业道德守则》所载的相反的纪律规定之间存在出入。根据《职业道德守则》(第 47 条)的规定适用于不动产和商事公示的文书,公证人应当确定当事人是否愿意返还经认证的文书,并在认证中予以说明。在任何情况下都可以认为《公证法》的规定更具优先性,它具有更高的法源位阶(法律)。因而,在《职业道德守则》中有关当事人要求返还的真实性意愿的指示规定是多余的,说明此规定会影响形式要求。而国家已经在《民法典》第 2699 条规定了(公证文书)的形式要求。当然,考虑到当事人的利益,私文书最好保留在公证人处。

---

⑦　保存文件和签发文件之间的区别,让人想起它所对应的古代文件,即草拟文书(即原件保留,而将副本出具给当事人)和敕书文件(以"敕书"或"证书"的形式发给当事人)(Rossi, *Formulario teorico-pratico degli atti notarili più frequenti*, Napoli, 1819, p. 164)。

⑧　"同意"一词必须理解为构成行为补充要素的"同意",特别是家庭法规则规定的"同意"(例如《民法典》第 90、297、405 条),但不包括不同性质的单方法律行为的表示,例如房地产抵押登记的同意行为(参见 CNN Studi, *Osservazioni sugli atti che si rilasciano in originale*, VI, 1968, p. 129 e ss.)。

⑨　以前法律的规定需完成登记义务的,是为完成单一事务而授权的委托书(1978 年 10 月 26 日第 634 号总统令第 6 条),现行法律则表述为执行单一行为而签发的授权书(1996 年第 131 号总统令),这表明,应排除对多个行为(例如卖方承诺和买卖契约)授权的登记。

因此,这一矛盾被上述最新的规则所化解(2005 年第 246 号法令第 12 条第 5 项)。该规定明确了不动产和商事公示的私文书的保存义务(因此需要确定归还意愿的规定变得无效)。

为此,其他经过认证的私文书申请保存变成一种可选择方式,具体包括:

①该文书的正文;

②认证书;

③公证文书中手稿保存的正式记录。

(11)汇票或者支票的拒绝承兑证明;

按照学界通说,这两种规定(《公证法》第 80 条的"可以出具";1937 年第 1666 号皇家法令的"应出具")的不同表述,并不意味着对发放有关文件这一义务的不同态度,除非当事人明确要求将文件保存在公证事务所[10]。

除上述情况外,《公证法》第 70 条还规定了另外两种情况:有保留地接受继承和放弃继承。然而,根据学界的主流观点[11]和相关判决,应该被排除在那些没有提前保存的情形之外。事实上,之后颁布的规范(《民法典实施细则》第 52 条)明确规定了有保留地接受继承和放弃继承的声明书的注册登记手续,要求必须先出示真实有效的文书副本,而文书副本只有在原件被公证机构保存,或至少可以向公证人出示的情况下才能出具。

还必须考虑到这样的情况:法律规定了保存文件,但有可能(或有责任)应有关方面的要求归还文件。

①存放在公证人处的文件(《公证条例》第 71 条):存放文件的人有权申请要求将其归还,只要文书存放只是为了他本人利益,并遵守以下手续:

—由公证人起草一份返还记录,在记录中对被返还的文件进行全文抄录(如果交存的文件不是纸质的,如照片、电影、DVD 等,可以只对其进行描述);

—由公证人保管存单;

—在存单和目录表中(在"备注"栏中,见下文)标注文件已被取回的事实。

②有关秘密遗嘱接收记录中的信封,或存放在公证人处的自书遗嘱(《公证法》第 66 条第 4 款)的取回手续的规定如下:

—由遗嘱人、两名证人和公证人签字的返还记录;如果遗嘱人无法签字,则记录在案(《民法典》第 608 条如此规定,《公证法》第 66 条引用了此条;《公证法》第 51 条第 10 项和《民法典》第 603 条未作相应要求,因此不要求遗嘱人声明并说明

---

⑩　参见 CARUSI, *Il negozio giuridico notarile*, cit. , p. 61;反对的观点参见 BARTOLINI, *op. cit.* , p. 100;从某种意义上说,除非当事人要求发放原件,否则公证人可以行使保存权:ANSELMI, *Principi di arte notarile*, cit. , 1952, p. 102 e ss.

⑪　FALZONE, *Dizionario del notariato*, cit. , p. 727;*Mon. not.* ,1879, p. 153.

原因,但一般认为最好应遵循上述规则。因为至少就《公证法》第 51 条第 10 项而言,它不仅未违背《民法典》第 608 条规定,反而在一定意义上补充了相关规定)。

——在递交单或存放单的空白处或页脚注明退还的情况。

向公证人交存文件的特殊问题包括:

①标的:这些标的可以是公证文书(原件或复印件)、私文书、纸质文书和文档,也包括在国外制作的制造工艺、财产清单、图纸和策划、软件[12]。

②合法性审查[13]:存在审查义务在一些情况下意味着拒绝接收,即使是在遗嘱的情况下(见《公证法》第 28 条第 3 项),禁止接收密封的包裹,但秘密遗嘱除外[14]。

然而,必须指出的是,如果规范调整文件实质内容的法律不是意大利法律,那么这一审查可能会变得更加困难。因为根据我们的国际私法,这一审查必须考虑到可能与所谓的国际公共政策相冲突的情形(1995 年 5 月 31 日第 218 号法令第 16 条)。众所周知,这一冲突并不能毫无争议的确定[15]。

③用外语起草的文件:在这种情况下,文件必须附有翻译成意大利语的文件。如果公证人通晓文件起草的语言,则由他制作和签署,否则,则由当事人选择的翻译人员宣誓后翻译(《公证条例》第 68 条)。在这种情况下,公证人将只对文件中以其所知语言起草的部分进行宣读。

④税收规范化:根据 1986 年 4 月 26 日第 131 号总统令(《税收登记法》)第 65 条,公职人员不得接收及保存在固定期限内应予登记但尚未登记的文书。这一规则似乎要求事先登记该文件。实际上,登记了附有存单的笔录,该规定即视为已被遵守[16]。

⑤其他后续操作:如果文件是需要誊写的文件(如不动产买卖文书),只要签名经过认证,并且文书或保存笔录未缺少法律规定的事项和附件(如分区证明、城市规划纪要、给付能力证明等),就可以完成这一手续。

---

⑫　TONDO, *Deposito di atti esteri*, in *Vita not.*, 1980, p. 1050 e ss.; CALÒ, *Ammissibilità del deposito di software presso notaio*, in CNN, *Studi e materiali*, I, p. 416 e ss.

⑬　按照 BOERO 的观点,对生前遗嘱行为的合法性审查应该更为严格(BOERO, *La legge notarile commentata*, cit., I, p. 378.)。

⑭　FALZONE e ALIBRANDI, *Plico chiuso*, in *Dizionario enciclopedico del notariato*, VII ed., vol. III, Roma (1977), p. 303 e s., 正是因为公证人无法知道其内容,所以无法实施合法性审查。BOERO, *op. cit.*, p. 378 e ss.; AVANZINI, IBERATI, LOVATO, *Formulario degli atti notarili*, 19ᵃ ed., Milanofiori Assago, 2009, formula 19.4.18.

⑮　参见 LOPS, *In tema di deposito presso notaio di un atto estero*, in CNN, *Studi e materiali*, 2, p. 383 e ss.

⑯　FALZONE-ALIBRANDI, *Deposito di atti e documenti presso il notaio*, in *Diz. enc. not.*, II Roma, (s. d.), p. 75.

⑥撤回交存的文件:《公证条例》第 71 条中涉及一般文件的规定时就包括了这一情况。对存放在公证人处的秘密遗嘱或自书遗嘱,在《民法典》第 608 条中作了规定。

在秘密或自书遗嘱的情况下,有权撤回文件的是立遗嘱人,对于其他类型的文件,则是由交存人撤回,只要从交存记录来看,他是唯一的受益人即可(《公证条例》第 71 条)。

虽然对于撤回秘密遗嘱和自书遗嘱,《公证条例》的规定没有引发任何特别的争议。但对于其他类型的文件,则要求必须在退回说明中誊录整个文件。

如果当时交存的文件是以公证人不知晓的外语起草的,还需要附有翻译人员的翻译。人们不禁要问,如何才能遵守归还记录中的誊录要求,特别是如果文件是以非拉丁语系文字起草的(如阿拉伯语、中文、日文、西里尔文)。

对此,笔者的拙见是:

——不能类推适用《公证法》第 55 条,该条仅涉及意大利境内的公证文书;

——客观不能而且在任何情况下都没有规定由专业人士负责将原始文字抄录进笔录中;

——公证人似乎有可能不能宣读记录中文件原文部分内容;

——《民法典》第 620 条可能提出了一个合理的解决方案,对于公布自书遗嘱的记录(对于公布秘密遗嘱也提到了这一规则:第 621 条第 2 款),要求在记录中转录遗嘱的“内容”。这与文件的字面誊录不同,这种情况可以用原始文件的复印件连同翻译件附在归还记录中来代替。

除上述情况外,公证人不得向任何人发放文书的原件,也没有义务呈递或保存文书,除非在法律规定的情况和方式下,即,应司法机关的要求。在这个情况中,如没有其他法律规定,应符合如下手续:

(1)在文书归还之前,由公证人准备一份文书的副本;

(2)由管区公证档案馆负责人(原治安法官)对原件的副本进行核查;

(3)对过程进行记录,其副本将附在提交或存放的文书中;

(4)公证人在目录表“备注”一栏中,对应的文书登记方框内进行说明;

(5)以保管文书的副本代替原件,直到原件归还为止;

(6)在可能出具的副本中说明上述过程纪要(见《公证法》第 66 条)。

文件归还时没有规定任何手续,因此可以认为,对于交存的文件和秘密遗嘱的信封以及自书遗嘱,必须起草一份新的交存记录。对于司法机关的要求,原件代替复印件,不起草任何记录,但在“备注”一栏的注明框内说明归还的事实。

根据 1989 年 2 月 1 日的部长令,司法部下令修复因 1980 年 11 月 23 日的地震而被摧毁、丢失或变得难以辨认、不完整的执业公证人的文书、目录表和登记册⑰。

——公证人必须根据 1925 年 11 月 15 日第 2071 号皇家法令和上述部长令采取措施,在 3 个月内向公证档案馆管理人呈交上述文书的清单;

——拥有经认证的文书副本的公共办公室和拥有目录、登记册的公证档案馆,向有关公证人发放文书副本;

——如果涉及遗嘱文书,包括通过信托方式存放的遗嘱,公证人应尽快通知存放者;如果是公证遗嘱,在遗嘱人死亡后,有关各方可以要求档案馆管理员根据《公证法》第 66 条转交副本;

——在公证人停止执业或转到其他管区的情况下,由主管的公证档案馆负责。

如果文书没有存放在公共办公室(法院、商会等),唯一有权签发副本的人是登记机关(现在的国税局),使用其掌握的副本。如果这个副本被取走了,也没有其他副本存放在公共办公室,而公证人曾经向客户(或任何其他申请人)签发了副本,则可以通过这个副本抄录。

公证人申请为重新制作自己的文书而发放副本,必须通过主管的管区公证档案馆,向位于罗马的司法部公证档案馆中心办公室提出申请。

另外,关于文书的保管问题,2005 年第 246 号法令授权政府采取简化措施(第 7 条)。

(二)保存目录表、注册表、登记册、文件

1. 公证人首先必须保管法律规定的目录表,目前有 3 个⑱:

(1)生者间法律文书的目录表,其中必须记录要保存的文书和发出的原始文书,包括认证,但不包括对汇票和支票的拒付记录。该目录表还服务于征收法律规定的登记税。事实上,该目录表中的一个特殊栏,即第七栏,专门用于说明注册的细节。

根据 1986 年第 131 号总统令第 68 条的规定,该目录表必须每 4 个月向与公证事务所有关的主管登记机构提交,以供备案。对于《公证法》第 62 条第 1 款所载的这一要求,过去的解释是,根据原《公证法》的规定,那时候公证人有必要拥

---

⑰　这项规定在 1947 年 2 月 20 日部长令中已有先例,涉及因战争事件而被销毁、分散或变得难以辨认、不完整的公证文书、注册表和登记册的修复。

⑱　目录表(repertorio)的历史前身即公证人的“分类册(bastardelli)”、记事册或报纸,公证人在上面记录和回忆当事方缔结的契约(在托斯卡纳被称为“stracciafogli”,在热那亚被称为“fogliazzi”,在那不勒斯被称为“venimeco”),有时还包含整个契约的补充(ANSELMI, voce “Bastardelli”, in Dizionario pratico del notariato, cit., p. 413.)。

有两个目录表,一个根据《公证法》的要求,一个用于登记,因此要在每个目录表中进行记录。

(2)遗嘱目录表,其中除了遗嘱之外,还要记录那些虽然不是遗嘱,但被主流学说认为是遗嘱的文书[19]。

(3)拒绝承兑证书的专门目录表[20],其中必须记录对汇票和银行支票的拒绝承兑证书。

公证人还必须保存备用目录表,在其因法律的规定而无法拥有原件的时候(如检查期间),在备用目录表上记录。这些记录在取得目录表原件后必须在原件上进行登记(《公证法》第63条)。

目录表的功能是确保公证服务有条不紊地进行,并有可能进行适当的审查,特别是按时间顺序的审查[21]。公证人必须每天在其中记录所有收到的文书,不留空白或空行,直到公证人在其事务所所在的管区停止履行职责[22]。

关于它们的性质,应该指出,虽然目录表具有刑法上的公共文书的性质[23],但它们不是公共文书。虽然任何人都有权检查保存在公证人处(或在公证人停止在该管区执业后保存在管区公证档案馆)的生者间法律文书的原件,并要求提供副本、节本和证明书,但公证人没有义务出示目录表,也没有义务提供目录表的副本、节本或证明书,除非是法律授权的人、正在审理案件的司法当局或在其他情况下由法院院长提出要求(《公证法》第62条最后1款)。

最后,法律规定了目录表的样式、使用及手续。

关于公证目录表,1991年11月6日的部长令对旧法进行了修订,批准了新的目录表样式、备用表和每月的摘录以送交公证档案馆。其中,特别规定:

——在起草过程中需使用不可擦除的墨水,禁止自行复印纸张;

——也可以通过电子化系统保存目录表,其打印必须在同一天进行。在这种情况下,盖章只能在共计200页的目录册上进行,每页30行的表格记录不得超过6个条目。通过电子化系统保存的生者间文书的目录表必须附有磁盘索引(其要求已由1992年10月10日的部长令规定),其中对保管的文书应储存当事人的姓和名、日期和文书性质(使用代码),以及接收编号。此外,每月的条目副本将被呈送到公证档案馆,必须附有与当月接收的文书相关的摘录说明;

---

⑲　TALAMANCA, *op. cit.*, p. 6 e ss.

⑳　由1973年6月12日第349号法律设立,修订了拒绝承兑汇票和银行支票的规则(第13条)。

㉑　FALZONE e ALBRANDI, voce *Repertorio notarile*, in *Diz. enc. not.*, vol. III, p. 555 e ss.

㉒　如果公证人停止在该地区执业,以便在另一个地区继续行使其职能,他必须对目录表重新开始编号(《公证法》第62条第4款)。

㉓　CNN Studi, *Falsità in repertorio*, V, 1967, p. 227 e ss.; Cass. Roma 19 aprile 1880, in *Mon. not.*, 1880, p. 348.

—有可能同时通过电子化系统保存生者间法律文书和遗嘱的目录表索引；

—需要在目录表和相关的月度摘录中注明 1989 年 7 月 4 日部长令所附表格中提到的统计代码,1996 年 11 月 4 日的部长令也规定了这一义务。而表格和向公证档案馆传输数据的计算机载体的技术规范则由司法部 1997 年 1 月 22 日发布的通知予以规定。

关于使用和程序：

①首先,规定目录表在投入使用前必须进行编号,并由档案馆负责人(《公证条例》第 74 条)和公证人(《公证法》第 62 条)签名㉔。

②目录表中的条目内容必须按规定的"空白栏"记录(生者间法律文书有 13 栏,拒绝承兑证书有 9 栏,遗嘱有 9 栏),其中包括(《公证法》第 62 条)：

—生者间文书目录表：编号,文书接收编号,转移到生者间文书目录表的文书在遗嘱目录表中的编号;文书及认证日期,接收文书的地点(市镇)和文书的性质;当事人的姓名和他们的住所地或居住地;文书客体的概要说明和商定的对价(价格或价值,如果涉及房地产,说明房地产位置情况);对登记的说明,以及在需要登记的情况下所支付的税款,或税费减免的说明;对保管的、签发的或减免的文书分别收取的公证费㉕;应缴的档案费(分别向公证档案管和遗嘱总登记处缴纳);备注(如果有)和文书的统计代码;

—对于遗嘱目录表：编号;文书日期和收到文书的地点(市镇)的说明;文书的性质,当事人的姓名及其住所地或居住地;文书从生者间文书目录表转移至遗嘱目录表,须标明文书在前一目录表中的日期和编号;费用;应缴的档案费(分别向公证档案管和遗嘱总登记处缴纳);备注(如果有)和文书的统计代码。

关于汇票和银行支票的拒绝承兑证书,应当适用《公证法》规定的程序(1973 年 6 月 12 日第 349 号法令第 13 条最后一款)。1991 年 11 月 6 日部长令批准了拒绝承兑证书的新式样,其中必须注明：编号;日期和地点(市镇);票据的出示者;性质(被接受的汇票、本票或期票、银行支票或未被接受的汇票);申请人和被申请者分别的姓、名和住所;数额,并注明到期日期、欧元金额和(未付款或未被接受的)原因;拒绝承兑的权利;(任何)备注。

③范式要求：遵守空白栏的位置(禁止在每栏中写入一个以上的文书;《公证条例》第 74 条)和文件的时间顺序的要求,必须在不晚于第二天"按编号顺序"

㉔　为了保证目录表的有效性,目录表在制作之前已由公证档案馆负责人逐页编号和签名（Cass. 24 luglio 2012, n. 12995, in *Giust. Civ.*, 2013, p. 1062 e ss.）。

㉕　应将缴纳给国家公证基金会的费用进行区分：在原本旧的目录表模板中,需在其中单列一行注明;目前采用目录表新模板之后,则是在每月提交给辖区公证档案馆的目录表摘录的扉页以及付款单的特殊栏中注明。

(即连续)录入文书条目㉖。

④对目录表的任何更正必须放在说明栏中,并由公证人签字(部长令第6条)。

关于记录内容,有人认为,公证人以公职人员身份进行的全部活动都应记录在案㉗,但法律直接或间接规定的例外情况除外。这一例外情况具体包括以下内容:

①自愿管辖事务(据说,在这种情况下,公证人的公职人员身份逐渐模糊,为自由职业者的身份让路)㉘;

②生存证明;

③证人替代申明或多人作证证书的(所谓的行政)认证(2000年第445号总统令第21条);

④所谓的简易认证(签名鉴真),似乎不属于《公证法》第62条规定的范围;

⑤根据一份过去司法部长的声明(1880年第40号),公债交易中心授权的公证人对交易的签名进行认证。

还有个别观点认为上述除外情况不包括向公证人出示的公共文件的副本的情形,无论经认证的还是经登记的㉙。

在任何情况下,都明确规定了在目录表中记录的义务:收到公共文书的原件或复印件、私文书、文本和文件;放弃继承权的声明;商业账簿的签署和背书;非法律专家经宣誓出具的意见或外语书写或文书的翻译;签发所展示的文件和商业账簿或登记簿的副本或节本。违者处以5~45欧元的罚款(1937年7月14日第1666号皇家法令,被新《公证法》第137条的类似规定所取代)。

2. 除了目录表之外,公证人还必须保存登记表和登记簿。其中,《公证法》及其修订的内容对其做出部分规定,其他则由各种其他法律予以规定。

《公证法》规定的登记表是指:

(1)委托给公证人的标的财产金额和价值登记表(1934年1月22日第64号法令第6条);登记表按照为目录表规定的形式进行编号、签名、保管,公证人必须逐日记录委托给他的财产的金额和价值。这些或与在他面前缔结的契约有关(不

㉖ 2010年7月2日关于电子公共文书的立法法案第110号第1条第1款g项用"不晚于第二天(entro il giorno successivo)"取代了"每天(giornalmente)"的表述(Cass. 30 marzo 1936, in *Giur. torinese*, 1936, p. 553; Cass. 6 luglio 1955, n. 2087, in *Rolandino*, 1955, p. 164); CONSIGLIO NAZIONALE DEL NOTARIATO, *Tenuta del repertorio notarile*, Circolare 18 marzo 1974, n. 575, in *Riv. Not.*, 1974, p. 802.

㉗ FALZONE e ALIBRANDI, voce *ult. cit. loc. cit.*

㉘ SOLMENA, *op. cit.*, p. 283,它引述了司法部1916年1月28日的照会。

㉙ Cass. 23 maggio 1975, n. 2073, in *Massime*, 1975, p. 359; 反对的观点:Ministero della Giustizia, in *Mon. not.*, 1879, p. 53; ANSELMI, *Principi di arte notarile*, cit., p. 96, n. 3.

包括交给公证人用于支付文书固有费用和委托给公证人作为信托保管的金额和价值,例如,用于保证支付未缴税款或取消抵押手续的费用),或出于法院命令的结果[30]。

(2)按字母顺序排列的生者间文书当事人索引:名字和姓氏将被录入该登记表,该登记表不受任何形式的限制。该规则不再适用于承兑汇票的特别目录表(2005年11月28日第246号法令第12条第二项),也不应适用于没有特定当事人的公证文书[31];该索引将被储存在软盘中。

(3)按字母顺序排列的遗嘱文书当事人的索引:与上述文书的索引相同。

其他法律规定的登记表和登记簿包括:

(1)股份转让的背书登记(1942年3月29日第239号皇家法令第28条),必须进行首次和年度登记,其中必须记录股份转让的签名认证,并进行编号。该登记表保存后不必提交给公证档案馆进行两年一次的检查,也不必在公证人终止执业时向档案馆移交。与普遍的观点相反,该登记是强制性的,因为股份背书对公证人来说不是可选的受理事务;

(2)税法为自由职业者规定的登记簿(收入登记簿、支出登记簿、增值税登记簿)。

3.展示被剥夺资格、无行为能力或被宣告破产的人的名单的义务,在某种程度上属于审查事项范围。公证人必须在其办公室长期展示一份名单,提示在本管区每个法院或上诉法院部门被剥夺资格、无行为能力或被宣布破产的人的姓、名、出生地和日期以及职业,他们被剥夺资格、无行为能力或被宣告破产的日期以及宣告的判决(《公证条例》第56条)[32]。

为此目的:

(1)法庭、法院或上诉法院部门的书记员必须及时向当地公证委员会和当地公证档案馆转交所有不可撤销的民事和刑事判决的摘要,记录取消资格、无行为能力、宣告破产、破产者与其债权人之间协议无效或涉及法律上取消资格的判决(以及撤销取消资格或无行为能力和批准协议的判决或其他措施,以变更上述名单(1879年5月25日第4900号皇家法令,以及1879年11月23日第5170号皇家法令第45条)[33]。

---

[30]　CO. RE. DI. Triveneto 30 giugno 2011, in *Vita not.* , 2012, p. 1113 e ss.

[31]　参见 Trib. Reggio Emilia 5 dicembre 2005, in *Riv. not.* , 2006, p.1546 e ss.

[32]　履行这一义务并不总是那么容易,特别是因为《公证条例》第56条所要求的数据有时不包括在第55条的列项中。第56条规定的被取消资格、丧失行为能力或破产人员的名单,也必须永久张贴在公证委员会和公证档案馆处(1916年5月23日部长令第91条)。

[33]　刑事定罪导致的取消资格也适用于在意大利被定罪的外国公民(Trib. Venezia 6 luglio 1913, in *Giur. it.* , 1914, p.50.)。

（2）公证委员会主席将这些摘录以副本形式传达给该管区的公证人和同一上诉法院管辖地区内的其他公证委员会主席，以便他们可以将这些摘录传达给各自管区的公证人（《公证条例》第 55 条）㉞。

可以认为，即使在 2006 年 1 月 9 日第 5 号立法令颁布的改革生效后，这些义务将继续适用于破产程序，该法令废除了必须在各法院登记处保存的破产者公共登记册（该义务由 1942 年 3 月 16 日第 267 号皇家法令，即《破产法》第 50 条的规定，后被 2006 年第 5 号立法令第 47 条废除）。

（三）定期传送文件

除了保存上述目录表、登记表等，公证人还需定期执行与此相关的任务，这一主要目的是进一步审查这些文件是否被正常保管。这些任务是：

（1）每月（不迟于次月 26 日）向地区公证档案馆递交一份仅限于上个月收到的记录文书条目的目录表副本，或者在没有收到文书的情况下递交一份消极证明（《公证法》第 65 条以及《公证条例》第 77 条和第 78 条）；

（2）每季度（不迟于下一季度的第 20 天内）向公证委员会主席和地区公证档案馆负责人递交一份财产金额和价值登记表的摘录，其中包含该季度的所有条目（1934 年 1 月 22 日第 64 号法令第 7 条）㉟；

（3）每 15 天向公证人所属管区的法院院长递交一式两份的清单，也即每月不超过 7 号和 22 号，其中包括对前 15 天内开具的票据（本票和汇票）和银行支票的拒绝承兑证书，以及对未被接受的拒绝承兑证证书（《破产法》第 13 条；1955 年 2 月 12 日第 77 号法令第 2 条和第 4 条；司法部 1952 年 9 月 1 日第 106 号通知）㊱。

发送拒绝承兑清单是为了在商会的特别公告中公布这些拒兑证书（上文第 77 号法律第 1 条）。另外还规定了对于非法或错误地开具拒兑证书的公职人员，可以要求他们将拒兑证书从公告中删除（参见 1973 年第 349 号法令第 4 条，经 2002 年 12 月 12 日第 273 号法令第 45 条第 2 款修正）。

法律并未规定相关送达必须由公证人亲自进行，因此一般认为也可以通过邮寄进行㊲。

㉞　上述摘录制度有着古老的先例（这些先例认为，不管是对当事人还是对公证人本身，这些摘录的作用都是重大的）。

㉟　App. Trieste 26 febbraio 1965, in *Riv. not.* , 1965, p. 623；Cass. 9 maggio 1968, n. 1427, in SERPI, *Il notariato nella giurisprudenza*, *cit.* , p. 272 e ss.；否定的案例：Cass. 24 febbraio 1936, n. 616, in *Riv. leg. fisc.* , 1936, p. 372；Cass. 9 giugno 1939 in GIANFELICE e TRECCO, *Massimario cit.* , p.403, n.4555；Cass. 21 aprile 1964, in *Riv. not.* , 1964, p. 772.

㊱　参见 FALZONE, *op. cit.* , 652. 否定的意见；Pret. Roma 17 maggio 1965, in SERPI, *op. cit.* , 274 e s.，Pret. L'Aquila 25 marzo 1965, *ivi*, p. 275 e ss.

㊲　App. Catanzaro 1° febbraio 1979, in *Riv. not.* , 1979, p. 254 e ss. 这一判决书特别指出，如果邮件及时发货，公证人不对延误负责。

（4）向管区公证档案管递交一份使用普通纸张制作的公证遗嘱副本，该副本装在一个封闭并盖章的信封中。司法部可授权打开蜡封印章，但条件是该文书的签署日期至少已过了 100 年。

（四）提交文书、目录表和登记表以供检查

《公证法》第 128 条规定了一个特别的履职要求，即每两年在管区公证档案馆进行一次检查：

（1）对于担任公证委员会主席的公证人或受其委托进行检查工作的委员，由管区负责检查的负责人进行检查；

（2）其他公证人由公证委员会主席或其委托的委员，以及各管区公证档案馆负责人进行检查。如果公证档案馆管理员不具备管理员资格，或者出现其他特殊原因的情况下，国家公证档案馆中心办公室主任可以把任务交给另一个档案馆的管理员（《公证法》第 129 条，经 2006 年第 249 号立法令修订）。

2006 年的修订还包括，公证委员会主席或其委托的委员（不包括公证档案馆负责人）在检查中也要指出违反职业伦理的情形。也可以认为，负责检查的公证委员会主席或其委托的委员的检查员也有此义务。在这种情况下，检查员应将发现的违反职业伦理的情况通知管区公证委员会，以便采取纪律措施（《公证法》第 129 条第 2 款）。

特别是关于对已经停止执业（已死亡或因年龄原因退休）的公证人的文书进行检查。有人认为这些检查是无用的，因为在这种情况下，纪律程序将被取消，而（可能的）制裁不能再影响不再是公职人员的人。因此，有人认为，在这种情况下，可以避免采取纪律行动，并将最后一次检查的结果送交检察院。但是，报告中可能出现的事实，在纪律程序之外，可能引起刑事或民事责任[38]。

为了开展这种检查[39]，公证人在分配给他的时限内，亲自或通过特别委托，必须向管区公证档案馆[40]提交以下与前两年接收文书有关的契约和文件：

①生者间法律文书（原件）；

②生者间的文书目录表、拒绝承兑证书目录表和遗嘱目录表；

③按字母顺序排列的生者间法律文书索引和遗嘱索引；

④财产数额和价值的登记表；

⑤接收秘密遗嘱的记录（《公证条例》第 250 条）。

---

[38]　Trib. Campobasso 29 agosto 1940, e Trib. Brescia 16 dicembre 1950, in *Rep. Foro It.*, 1951, p. 1451; Cass. 12 luglio 1950, in *Riv. not.*, 1951, p. 51; DI MAIO, *Revisione degli atti dei notai cessati definitivamente*, in *Gazz. not.*, 1989, p. 1579 e ss.

[39]　检查的程序见《公证条例》第 250~253 条。

[40]　可以对公证事务所开展非常规检查（《公证条例》第 249 条）。

通过计算机系统保存目录表的公证人还必须保存一份载有所保存文书涉及当事人的索引的磁盘的副本(1991年2月6日的部长令第3条和1992年10月10日的部长令第2条)。

不一定必须提交以下内容:

①遗嘱人仍在世的遗嘱(该表述应理解为,只要公证人不知道遗嘱人死亡,他不能公布遗嘱)。

②《公证法》中没有规定的其他登记簿(背书登记簿、会计登记簿、税务登记簿)。

(五)向公证人交付(归还)文书和目录表原件

在公证人被暂停或暂时失去执业资格的情况下,公证委员会有权决定是否将文书和目录表原件留在公证人处,还是将其存放在另一位执业公证人处。另一位公证人由委员会主席指定,从同一管区的执业公证人中挑选,如果有正当理由,还可以从同一居住区或最近的居住区的执业人员中挑选(《公证法》第43条)。

出现上述情况,该过程的纪要将在委员会主席委托的(另一位)公证人的参与下,通过指定委派公证人或继任公证人的程序来起草。被暂停或被取消资格的公证人或其事务所的其他人员可以参与材料的转交[41]。

在暂停或取消资格的期限结束时,为归还原件和目录表,在公证委员会主席委托的公证人的参与下起草另一个过程纪要。

(六)将文书、目录表、登记表和印章交付给管区公证档案馆

在永久停止执业的情况下,终止执业的公证人的文书、目录表、登记表和印章的原件必须存放在管区公证档案馆,具体而言:

(1)因年龄而终止的情况下:由公证人或其特别代理人在终止日期前20天内向档案馆交付。如果在此期间,由于紧急原因,有必要签发副本、节本、证明书或对文书进行任何其他操作(如进行旁注),档案馆负责人将在公证事务所提供这些文件(《公证条例》第39条);

(2)如果由于放弃执业或变换居所到另一管区而终止执业,公证人必须在终止后一个月内向前管区公证档案馆交付(《公证法》第107条);

(3)在死亡或由判决(撤职),或由权威文书(免职、精神衰弱或其他妨碍行使职务的原因)下令最终终止执业的情况下:在公证人事务所将所有文书、目录表和文件封存,如果封条被除去,将收回文书及目录表。同时,在紧急情况下,档案馆馆长可在公证委员会主席或其代表的参与下移除封章,以便开启遗嘱、发放副本和进行任何其他操作(《公证法》第39条)。

---

[41] EBNER, *op. cit.*, p. 179 e ss.

公证员在迁往另一管区后,如果回到其原住所地或其原来所在管区的其他住所,则无权取回其(先前)已移交的文书,除非(随后的)搬迁与该管区的地域管辖变化有关,且发生在新区划实施的 3 年期限内(1924 年 12 月 28 日第 2124 号立法令第 6 条)。

关于通过信托方式委托给公证人的自书遗嘱存放在档案馆的问题,法律规定了在公证人死亡、被撤职、被免职或因病停止执业的情况下,档案馆获得这些遗嘱的方式(《公证条例》第 151 条)。如果公证人因年龄限制、应公证人的申请或因转到另一管区而停止执业,根据权威观点,该规定在这些情况下也适用[42]。但该论点不能被接受,因为只有在《公证条例》第 151 条明确规定的情况下才会附加其备案的义务。而且,由于"信托"不是以公证人的身份进行的,而是以信托受托人的身份进行的,不管他是否具有公职人员的身份。因此,只要他还活着,他仍然是存放物的持有人,当然,前提是交付没有通过起草(公证文书)存放记录来实现(《民法典》第 620 条第 4 款及以下)。

而正是在这种情况下,法律规定自书遗嘱的开启必须在保管人的办公室进行(《公证法》第 66 条第 3 款),即使遗嘱已经通过信托方式存放在公证人处,这一规则也仍然适用(《公证条例》第 82 条)。从本质上讲,我们可以认为,公证人,只有在同时起草了遗嘱存放记录的情况下,才能被视为遗嘱的保管人(即使是在信托的情形下)。

公证人有权在其有生之年查阅其存放在档案馆的文书和目录表原件,而无须支付任何费用(《公证法》第 113 条)。而对其他人存放在档案馆的文书的检查和阅读,必须经档案馆管理人允许,并支付费用(《公证法》第 112 条)。

第三节　民法规范中公证职责的履行

一系列渊源和目的各不相同的法规给公证人带来了大量的义务,越来越多地限制了他的执业自由,逐渐突出了其职能的公共性。

这种现象一方面有可能限制甚至扭曲公证人在个人和公共行政部门之间的协调职能,另一方面也非常明显地证明了公证干预在法律的微观和准确实施方面的不可或缺性。

下面的考察主要涉及那些法律规定由公证人履行的职责,德奥拉齐-弗拉沃尼(D'ORAZI FLAVONI)[43]将这些义务归入所谓的强制调整功能,以区别于作者定

---

[42]　EBNER, *op. cit.* , p. 199; Ministero della Giustizia-Ufficio centrale Archivi notarili, 23 gennaio 1982, n. 249/167 g.

[43]　D'ORAZI FLAVONI, *La responsabilità civile nell'esercizio del notariato*, in Scritti cit. , II, p. 966.

义为选择性调整的情况。选择性调整包括公证人在当事人明示或默示的要求下可以履行的一系列职责,有时在实践中已经成为习惯,但法律尚未明确作出规定(抵押登记、要求旁注、抵押和土地登记检索、执行手续、通知、向文化资产监管局通报受艺术、历史或考古限制的资产转让契约等)。

民事性质的职责包括:

1. 在商事登记处登记(原《民法典》第 100 条和第 101 条规定在法院登记处)、股份公司(《民法典》第 2330 条)、股份两合公司(《民法典》第 2464 条)、有限责任公司(《民法典》第 2475 条)、合作社(《民法典》第 2519 条)的设立文件,以及设立文件是通过公证文书签订的普通合伙企业和有限合伙企业(《民法典》第 2296 条最后一款和第 2315 条)。登记上述第一类公司的特别股东会议纪要,如果是通过公证文书签订的,还需登记合伙企业和有限合伙企业的修改文件[44]。

《民法典》中已经删除了此类文书必须申请强制认证的规定。这一规定首先被 2000 年 11 月 24 日第 340 号法令第 32 条("在公司法改革之前")中止适用,然后随着公司法改革(2003 年第 6 号立法令)被最终废除。该 2000 年的法令倾向于不委托而只保留公证人对合法性的审查。根据《公证法》第 28 条的规定,这一审查一直是公证人的职责,其他都(除了《民法典》第 2436 条第 4 款规定的剩余情况)已经属于法院的认证权限[45]。

这一改革并没有解决股份公司股东会议撰写纪要的公证职能这一棘手问题。即接受所谓的简要会议记录的观点,它不需要说明出席会议的股东[46];接受详细罗列会议记录的观点,它需要包含出席会议的所有股东的说明。这对在证券交易所上市的公司是强制性的(1998 年 7 月 1 日第 11520 号决议附录 2E 第 1 条)[47],后者被最新的司法案例认为是必要的[48]。

这个问题现在被《民法典》第 2375 条修订后的条文所解决。根据该条文,会议纪要必须表明投票的方式和结果,并且还必须通过附件(所谓的出席表)能够确认赞成、弃权或反对的股东。这一新增的要求反过来可以确认,以前所谓的简要会议记录是有效的。因为根据修订前的第 2375 条,会议记录只需要包含"会议决议"而不需要包括其他内容。

---

[44] RUSCIO, *La pubblicità delle imprese negli adempimenti notarili* (*relazione*), in *Atti del XVIII Congresso nazionale del notariato* (*Calabria*, 1970), Catanzaro, s. d., p. 193 e ss.; BOERO, *Aspetti notarili dell'istituzione del nuovo Registro delle Imprese*, in *Riv. not.*, 1995, p. 381 e ss.

[45] 关于改革的原因,请参阅 2001 年 10 月 3 日第 366 号法案关于资合公司和合伙企业组织机构改革的报告(2003 年 1 月 17 日第 6 号立法法案)。

[46] Cass. 30 ottobre 1970, n. 2263, in *Riv. dir. comm.*, 1970, II, p. 398.

[47] CONSOB 12 marzo 1981, Prot. 81/02348; art. 1/3 (c) della I. n. 216/1974.

[48] MARULLI, in Le società per azioni, II, *Giur. sist. dir civ. comm.*, Torino, 1996, p. 240 e ss.

2. 在土地登记处的登记簿中登记相关的文件(《民法典》第 2671 条)[49]。关于在土地登记处执行登记和转录的手续,1985 年 2 月 27 日第 52 号法令规定,通过使用电子设备实现服务的自动化,并在所有土地登记处逐步实施。转录、登记和注释说明最初必须在符合部际联合法令(财政部长和司法部长)批准的模板上起草。随后 1992 年 12 月 10 日的部际联合法令规定,上述相关说明可以通过电子设备传送(第 10 条和第 12 条)。

如果当事人被公证人告知他们有义务登记契约,但他们却排除了登记或安排推迟登记,即使文书中没有明确注明这一点,也必须排除公证人对因此遭受的损害承担责任[50]。

关于《民法典》第 2648 条规定的默示接受遗产的登记问题,在继承不动产所在地的每个不动产登记处都必须进行登记,但登记是强制性的还是选择性的存在争议。普遍的意见是,这种登记只是选择性的,而不是强制性的。这一点从该条文第 3 款的字面规定("可要求登记")中可以看出,在《一般公证活动议定书》(第 8 号规章)中也得到明确肯定。选择登记可能是为了登记的连续性和避免民事责任[51]。这意味着在当事人免除公证人办理登记手续的情况下,公证人将免于 1990 年 10 月 31 日第 347 号立法令第 9 条规定的税收制裁,或免于承担损害赔偿的民事责任。

至于在实行土地登记制度的地区的继承问题,则涉及 1929 年 3 月 28 日第 493 号法令规定的继承或遗赠证书。

如果已经进行了登记,在默示接受继承的文书的空白处,必须作出说明。

如果对特定所有权条款是否构成"特定事物继承规则"存在疑问,则应将其登记。

3. 有嫁妆的情况下,妻子应当进行法定抵押权的登记(《民法典》第 2832 条)[52]。

4. 涉及不动产的情况下,要求在婚姻文书以及登记的空白处注明婚姻协议及其修改内容。(如果在结婚前作出)登记时间为在结婚后 30 天内,(对于结婚后

---

[49] 《民法典》第 2671 条规定的规则不适用于与机动车辆有关的行为(App. Bari 5 novembre 1957, in *Foro it.*, 1957, I, p. 1721);相反,它似乎适用于在所谓其他省份的土地登记册中的登记(参见 1929 年 3 月 28 日第 499 号皇家法令第 11 条,1974 年 10 月 29 日第 594 号法令对其进行了修正);反对的观点见 QUARANTOTTO, *Manuale della legislazione tavolare*, Trieste, 1962, p. 40 e ss. nt. 33.

[50] Cass. 21 giugno 2012, n. 10297, in *Giust. Civ.*, 2013, p. 372 e ss.

[51] G. MARICONDA, *La trascrizione*, in *Trattato di diritto civile*, diretto da P. RESCIGNO, Vol. 9, Torino, 1985, p. 101, App. Milano 14 luglio 1959, in Foro Pad, 1, 1248.

[52] 这在现在几乎是无关紧要的:鉴于新的家庭法废除了嫁妆制度,它只适用于这项改革生效之前存在的嫁妆(1975 年第 151 号公证法案第 227 条)。

缔结的)从收到文书的日期起或在缺乏参与当事人同意书的情况下,从司法机关的批准日起 30 日内(《民法典》实施细则第 34 条之二)。显然,在前一种情况下,公证人在不知道或不应当知道其结婚的情况下可能不需要承担责任[53]。

5. 在 30 天内向省长通报按照生者间文书或(公开)遗嘱的意思表示,建立基金会或其他组织(捐赠或遗赠)的情况(《民法典》实施细则第 3 条),并在 30 天内向法人代表和法人所在地的省长,通报生者间文书或(公开)遗嘱中捐赠或遗赠给法人的情况(《民法典》实施细则第 7 条)。

有学者一直认为[54],由于法人收购授权的消失(由《民法典》第 17 条和 1997 年 5 月 15 日第 127 号法令第 13 条第 1 款规定),这些条款已被事实上废除。

然而,可以看到的是,除了收购不再需要获得授权之外:

(1)关于第 3 条,向省长发出的通知可以弥补未能指定遗嘱执行人或向其他人附加负担的情况,而且在任何情况下,对于省长能够开启他认为必要开启的文书是必不可少的,在紧急情况下,可以要求法院任命财产临时管理人(第 3 款和第 4 款);

(2)关于第 7 条,该规定涉及公证人根据《民法典》第 623 条就遗嘱处分发出通知的职责,以及在没有当场接受赠与的情况下认可赠与的接收的必要性。

6. 公布秘密遗嘱,一旦公证人收到遗嘱人死亡的消息,就需立即公布(《民法典》第 621 条)。

7. 在公证人公布的遗嘱中有指定监护人或监护监督人(《民法典》第 345 条第 1 款),或由禁治产人或准禁治产人的父母在公证文书或经认证的私文书中指定了保佐人的(第 424 条第 1、2、3 款),公证人应在 10 天内通知监护法官。

8. 向公开继承地的法院登记处(以前的治安法院)转交一份用普通纸张书写的遗嘱公开和登记的记录副本(《民法典》第 622 条)。

9. 公证人需将已公布的遗嘱,即遗嘱人死亡后的公证遗嘱,传达给他知道住所或居所的继承人和受遗赠人(《民法典》第 623 条)。

没有明确规定公证人必须通知当事人其被任命为遗嘱执行人,除非公证人知道他的住所或居所,而且遗嘱人写明了由遗产支付相关费用(《民法典》第 711 条),因为通知的履行只影响继承人和受遗赠人[55]。

如果没有关于报酬的规定,但公证人知道遗嘱执行人的住所或居所,是否通

---

[53] AA. Vv, *Commentario alla riforma del diritto di famiglia*, a cura di CARRARO, OPPO, TRABUCCHI, t. I, parte 2, Padova 1977, p. 931.

[54] VIOLA, *L'autorizzazione agli acquisti delle persone giuridiche dopo la Bassanini bis*, in *Giust. Civ.*, 1997, II, p. 541 e ss.

[55] BRANCA, *Pubblicazione dei testamenti*, in *Comm. S. B.*, Bologna-Roma,1956, p. 176.

知其担任执行人属于专业人员可选择履行的情况之一。

在任何情况下,根据《民法典》第622条的规定,法院登记处进行的公示确保了(遗嘱执行人)任命以及遗嘱的任何其他内容的可知性。

10. 在生者间文书签订后的20天内,或包含声明的遗嘱公布或登记后,将承认亲生子女的声明寄给公民身份登记处(2000年11月3日第396号总统令第46条)。

11. 在司法部公证档案中心办公室设立了遗嘱总登记处后(由1972年5月16日《巴塞尔公约》规定,1981年5月25日第307号法令批准),在签订或收到文书后的10天内,或在任何参与制定法律规定的遗嘱文书的情况下[56],通过传送特定的表格(有日期和签名)在上述登记处登记,并在遗嘱人提出请求的情况下,向上述登记处的管理员提出,向公约另一缔约国的主管机构登记的相关内容。

1984年12月18日第956号总统令颁布职责履行条例,其中规定了:

—中心登记处通过电子系统保存遗嘱;

—收集、访问、证明、更正、删除和补充数据的程序;

—公证人必须向公证档案馆递交的表格的要求[57],以及公证人在收到应在登记处登记的外国公证文书的原件或副本后,有义务在10天内将表格递交给档案馆。

这一职责也可以通过以电子方式直接向登记处传送数据来履行(2006年11月28日第246号法令第12条第7项)。

—公证人有义务在接到登记处某一文书的不可撤销的无效判决的通知后,在10天内将适当的表格转交给档案馆;

—每个公证人有义务在条例生效后的两年内,向档案馆递交一份应在登记处登记的文书的相关表格(1988年6月27日的部长令,经1991年10月16日第321

---

[56]　包括公证遗嘱、秘密遗嘱、特殊遗嘱(后两者由公证档案馆负责保管)、正式存放在公证人处的自书遗嘱、自书遗嘱的笔录、撤回正式存放在公证人处的秘密遗嘱、撤回和修改根据《民法典》第680条和第681条做出的死亡后的财产处置以及所谓的涉外遗嘱,即外国公证遗嘱文书的存放和遗嘱行为无效的声明。

在其他国家存款可以根据立遗嘱人的要求进行处置。

以下情形除外:

(1)绝大部分自书遗嘱,即:

—非正式移交给公证人的自书遗嘱(违反《巴塞尔公约》的规定);

—由立遗嘱人自己保管的自书遗嘱;

—委托给受信任的人的自书遗嘱;

(2)立遗嘱人反对登记的遗嘱。

但是,公证人因死亡、被免职、被撤职或因体弱而免除以外的原因而停止的,可以自愿登记存放在该公证人处的自书遗嘱(Ris. Min. Uff. Cent. Arch. not. , 23 gennaio 1982, m. 249/167)。

[57]　1988年3月18日部长令通过了接收表格的示范格式;1988年5月5日部长令规定公证人必须一式3份送交公证档案的电子化表格。

号法令修订;另见 1993 年 10 月 25 日第 586 号部长令);这涉及 1980 年 1 月 1 日至 1988 年 12 月 31 日的遗嘱,包括从 1950 年 1 月 1 日起所立的遗嘱(未公布的遗嘱)。

在继承声明中附上已在遗嘱总登记处登记的证明书的职责(1981 年第 307 号法令第 9 条),这一规定从未得到履行。因为规定该职责的部长令一直未获通过。该未生效的部长令规定了违反该职责情形下,对公证人处以 10000～60000 里拉的(行政)处罚,但有可能通过支付 20000 里拉来消除处罚。

12.《职业道德守则》对完成委托事项的过程提出了特别要求。第 32 条规定公证人在履职阶段必须避免任何可能影响其履职的行为,如果存在有争议的履职事项必须先经过各方当事人的同意。对于企业家(建筑商、银行家)或中介(房地产代理、信贷经纪人)的销售和抵押契约,公证人在接受任务之前必须告知另一方(消费者)上述规则,以及他在没有自愿协议的情况下指定公证人的权利。

13. 1996 年 12 月 31 日关于个人数据处理的第 675 号法令提出了影响公证人、公证委员会和国家公证委员会工作的相关问题,特别是目录表、索引和公证原件册中必然包含的"个人数据",其必须在 1998 年 2 月 8 日之前将截至 1997 年 8 月 7 日收集的个人数据处理好[58]。

认为公证人没有义务征得有关人员对处理个人数据的同意(第 11 条),并向他们提供第 10 条所述的信息。这一观点似乎是值得赞同的[59],因为第 12 条的规定列举了不需要征得同意可以处理的数据类型:

(1)根据法律法规规定的义务而收集和持有的(如应填入公证文书和目录表的);

(2)为履行信息主体基于一方当事人的合同所产生的义务所必需的(如履行登记所需的信息:如已婚当事人的婚姻状况);

(3)来自公共登记簿、清单、契约或任何人都知道的文件(在不动产登记处、税务局、商业登记处等处查阅的评估信息和数据);

唯一的一般性义务,也涉及公证事项。即保护所处理的数据,并按照最低限度的安全措施进行管控,以减少破坏、丢失或未经授权的访问的风险[60]。

14. 1993 年 12 月 29 日第 580 号法令生效,其中第 8 条规定自 1996 年 2 月 19 日起,在每个商会设立公司注册处,随后的实施条例(1995 年 12 月 7 日第 581

---

[58] STELLA RICHTER, *Appunto in tema di nuova disciplina del trattamento dei dati personali e attività notarile*, in *CNN Studi e mat.*, Ⅴ, t. 2, 1995-1997, p. 612 e ss.

[59] STELLA RICHTER, *op. cit.*, p. 613.

[60] 另见 1997 年 11 月 29 日和 1998 年 9 月 30 日关于个人信息保护和监管的规定,其中 1997 年第 4 号和 1998 年第 4 号文件授权自由职业者处理敏感数据。

号总统令)突出了法律从业者不容易解决的业务困难,其中涉及与公证人相关的事项主要包括:

(1)商会认证的可靠性;

(2)通过电子化的方法保存登记簿,要求在归档后对归档的纸质文件进行实际销毁;

(3)申请和注册之间的不同步性;

(4)登记中输入的数据与凭证上所载的数据之间可能存在差异,根据条例第11条第8款的规定,在当事人提出申请时,可以通过计算机支持的方式部分消除这种差异;

(5)如何准确地定义特殊职业也是一个问题,在这些职业中,必须登记哪怕没有明确定义的企业家类别(农业经营者、自耕农、小微企业家);

(6)与有限责任公司的商事转让和股份转让方面的规定相协调(1993年8月12日第310号法令);

(7)在法律没有明确授权公证人的情况下,公证人提出注册申请的合法化(如《民法典》第2296条第3款);

对于在国外接收或认证的应在公司注册处登记的文书,登记的时限从根据《公证法》第106条第四项应当提交的日期起算,且必须不迟于文书完成后45天内(1980年5月13日第73号法令第1条第二项)。

关于认证,1995年12月7日第581号总统令第7条第5款进行了创新,规定了:

——单独简易认证;

——对每家单独的公司的合法认证,保存在企业注册处,认证的公证人有义务在1个月内通知被认证的公司;

——认证公司对每份账目表或账目册连续编号的义务,但部门日账册(libri giornali sezionali)除外。然而,人们认为,由于没有专门检查连续性的系统,除了申请人提供的信息外,公证人没有其他手段来核实这一点[61]。

1993年8月12日第310号法令,规定了股份公司转让、公司成立以及商业权利转让的透明度规则,且对公证人规定了特别的义务:

①有限责任公司经签名认证的股权转让契约,公证人必须在30天内提交给企业注册处登记(《民法典》第2470条增加的一款)。该规则从字面上讲是指"经认证的"契约,但鉴于该条款的立法目的,也应理解为通过公证文书来完

---

[61]　《公证法》第138条之二是这方面的一个独特证明,如果公证人向企业登记机构申请登记其接收到的公司设立文书,明显缺少法律规定的条件,则违反了《公证法》第28条的规定。

成转让的契约。

对转让有限责任公司股份的私文书的签名进行认证的权力,也被授予注册会计师(2008 年 6 月 25 日第 112 号法令第 26 条第 1 款之二)。

然而,这些股权的质押和用益权,只能通过公证人的公证文书或经认证的私文书来设立。因为适用的法律是《民法典》第 2470 条第二款(股份的转让),而设立用益权和质押权(以及留置权)的契约是由《民法典》第 2741 条之二来规定的(2011 年 7 月 5 日第 0127447 号经济发展部说明)。

②对于以公证文书或经认证的私文书形式,制定的转让公司股权或收益的合同,公证人必须在 30 天内向企业登记处进行登记备案(修订后的《民法典》第 2556 条第 2 款,以前的文本规定了该义务由合同方承担)[62]。

15. 1985 年 2 月 18 日关于建筑物豁免(违法违章建筑的合法性补足)的第 47 号法律及其后的修正、补充规定设置了一些特殊义务:

(1)有义务在所有与建筑物有关的文书(不包括地役权或抵押权的设立)中注明建筑许可证的具体内容,或要求 1967 年 9 月 1 日之前开始建造的建筑物转让人根据 2000 年第 445 号总统令第 21 条作出相关声明,如果在申请豁免的不动产[63]上进行了非法工程,则有义务提及豁免申请的细节,或附上相关申请的副本及其提交细节以及支付豁免特许费用的证明,除非其已经获得所谓的"默示同意"。如果不遵守这些规定,则在完全不符合或没有许可证、特许权的情况下,该建筑物的文书无效(1985 年第 47 号法令第 40 条及随后的修正案)。如果该说明或某些文件只是形式上的遗漏,则可以由缔结合同的一方当事人进行补足。

没有义务在文书中说明转让许可的细节(2001 年 6 月 6 日关于建筑物的第 378 号立法法令),同时作出说明也并不当然意味着豁免的批准。没有这种许可,在过去意味着禁止在建筑物内居住。受到 1934 年 7 月 27 日第 1265 号皇家法令第 201 条第 5 款和第 221 条第 2 款规定的刑事制裁(1999 年 12 月 30 日第 507 号立法法令第 70 条将其责任降格为行政处罚),不会影响到文书的效力。但由于司法裁判,特别是最近的判例,认为它是不动产能够得以合法使用的基础,并因此可能影响其价值[64],最合适的做法是由公证人提醒当事人注意这一要求,并在文书中注明是否有该说明。

---

[62] 2005 年 9 月 30 日第 203 号立法令第 7 条;2006 年 10 月 3 日第 262 号立法令第 2 条第 4 款。

[63] 属于国家铁路股份有限公司直接或间接控制的不动产,如果是按照建造时的法律建造的,那么按照法律规定的详细和附带的替代声明,将产生与豁免特许权相同的效果。除非在向市政府提交声明后的 60 天内,市政府发现存在无法补救的滥用情况(2005 年 12 月 23 日第 266 号法令第 1 条第 88 项)。

[64] Cass. e del Cons. di Stato in MARZARI, Orientamenti di giurisprudenza, in Cons. imm., 1999, p. 1889 e MASCARUCCI, in Prop. ed., 2007, p. 40. 根据其中一些判决,缺乏可居住性证明甚至会导致(销售或租赁)合同标的因非法性而无效。

（2）有义务在有关土地的文书中附上市镇区划证明书，并由转让人或共有人明确指出，在原证书颁发后区划没有发生变化，或者在提出申请后 30 天内且未颁发证明书的情况下，上述各方主体声明其已提交相关申请，土地是根据现行或已通过的区划规定或其他法律规定划定的。不遵守该规定会导致文书无效并不得登记。根据该规定的文义，对证书记载的数据的持续有效性声明来自于出让人，但这并不排除买受人也可出具证明⑥。通过上述声明来确认文书效力，2005 年 11 月 28 日的第 246 号法令对此予以确认。该法令还追认了在此前制定的文书的效力，只要该文书没有被终局判决无效（第 12 条第 4 项和第 5 项）⑥。

对于在国外起草的文书，在向公证人交存时适用上述规定，为此可以制作相关的笔录（2005 年第 246 号法令第 12 条第 6 项）。

（3）有义务在制作文书的 30 天内，将面积小于 10000 平方米的土地的有关文书送交该市市长。不遵守该规定并不影响文书的效力。但根据《刑事诉讼法》第 331 条（前 2 条）的规定，其必须符合公证人免于通报义务的条件（针对可能的非法分割土地罪）。不过，2005 年 11 月 9 日第 304 号总统令废除了这一义务。该规范从 2007 年 1 月 1 日起生效，因此在此日期前公证人报告的义务仍然存在。

然而，根据 1929 年 3 月 28 日第 499 号皇家法令，在意大利境内实行土地登记制度（所谓的登记簿制度）的地区，这项义务仍然有效。而且，如果涉及黑手党犯罪的情形，财政官仍有可能要求公证人提供文书的副本。

关于继承分割的文书、直系亲属之间或配偶之间捐赠的文书，以及在建筑地籍中登记的建筑物的附属土地的文书，只要其面积小于 5000 平方米，可以豁免适用上述有关土地的规定。

1995 年 1 月 26 日第 24 号法令生效的时间不长，且上述文书的无效性问题仍然无法得到补救。且该法令的规定与 1985 年第 47 号法令第 40 条有关建筑物文书的无效性补救的规定不一致，其一度被法院认为明显不可接受⑥。最终，该问题已被上述 2005 年 11 月 28 日第 246 号法令所解决。

16. 1993 年 8 月 30 日第 332 号法令第 1 条之二规定：

（1）在林木被火烧毁或损坏的所有地区，禁止建立任何形式的建筑；

---

⑥　RUOTOLO, *Certificato di destinazione urbanistica e dichiarazione di vigenza*, in *CNN—Studi e mat.*, 1, 2003, p. 329 e ss.

⑥　如果对此进行确认，公证人的行为将不构成第 28 条规定的违纪行为（Cass. 14 febbraio 2008, n. 3256, in *Giust. Civ.*, 2009, p. 1091 e ss.）；确认文书效力的事实当然可以排除公证人的民事责任，但不能排除他的纪律责任，因为经其公证的文书事项为法律明确禁止（2001 年 6 月 6 日第 382 号总统令第 30 条第 2 款）。据此，如果缺少城市规划证明，文书"不能制作"，特别是如果对此予以确认的文书是另一个公证人制作的。

⑥　Corte Cost. 13 luglio 2004, in G. U. 4 agosto 2004, n. 30, p. 37 e ss.

（2）市长有义务在每年 10 月前编制，并向大区和环境与海洋保护部递交一份受火灾影响的市辖区位置图；

（3）在属于管辖范围内的地区和建筑物的所有销售契约中，如果因为火灾至少在 10 年内无法用作原本的用途，则必须明确说明上述限制，否则契约将无效。

17. 关于以任何理由转让所谓的文化和景观资产（2004 年 1 月 22 日第 42 号立法令），应该指出的是：

（1）如果因任何原因（有偿、无偿或继承）转让，被宣布为具有显著历史意义的档案，或个别文件的所有权、占有或持有，公证人在介入时有义务事先通知主管的档案管理员（1963 年 9 月 30 日第 1409 号总统令第 38 条第 e 项）；

（2）即使没有直接规定应由公证人承担义务，也必须牢记以下几点：

①如果资产属于文化资产，可以在文化资产与活动部给予相应授权的情况下对其进行转让。授权的条件是转让应能确保对资产价值的实现和保护，不影响公众享用，而且在该程序中须注明其用途应符合资产的历史和艺术特征，不损害其保存；

②如果是属于非营利性私法人的资产，则需要得到该部的授权，无论其取得权利时是否已经有此限制，也无论该资产是否已获取超过 50 年；

③在任何情况下，国家和其他公共实体（除了上述法律第 54 条第 1 款、第 2 款以及第 55 条第 1 款所述实体之外的大区或其他地区部门）在 60 天内享有优先购买权。为此，每份转让文书必须由各方在契约签订后 30 天内向文化资产与活动部报告，否则无效（即使已获得该部授权）。

18. 还需要记住的是，对属于神职人员支持机构、价格超过 15 亿里拉（相当于 77468535 欧元）的房地产出售契约的特殊制度。这种契约必须通知省长，以便行使优先购买权，否则无效（1985 年 5 月 20 日第 222 号法令第 37 条）。

19. 根据 2004 年 6 月 9 日的土地管理法令，从 2004 年 6 月 15 日起，所有公证人必须使用第 463/97 号立法令第 3 条之二中提到的远程程序。其不仅适用于不动产的买卖契约，也适用于不动产物权的有偿转让和签订有关的契约，继承的接受和默认的接受。2002 年 8 月 1 日的部长令（所谓的《单一信息化表格》）已经为这些文书做出非强制性规定，并对《公证法》的一些条款进行了修正[68]。

20. 1990 年 6 月 9 日关于机动车税和机动车公共登记处办公室电子化的第 187 号文件，重申在该登记处首次登记、备案和注册的手续，是有关的各方当事人

---

[68] 从 2003 年 5 月 1 日起，公证人可以在统一电子化表格上使用由国家公证委员会颁发的数字签名。数字管理代码由 2005 年 3 月 7 日第 82 号立法令规定。关于统一信息化表格的使用见 2002 年 6 月 6 日第 6/5 号通知。（参见 AA. Vv, *L'atto notarile informatico*, *riflessioni sul d. lgv. 1° ottobre 2010*, *profili sostanziali e aspetti operativi*, a cura della Fondazione italiana per il Notariato, Gruppo 24 ore, Milano, 2011. ）

的责任,而不(也)是公证人的责任(第 2 条第 2 项和第 3 项);在国家航空登记处备案的航空器私人销售协议也是如此(司法部 1982 年 1 月 18 日第 275 号说明)。对于那些在大型船舶及其零部件的国籍文书上,或在小型船舶、浮动船舶及其零部件的登记册上,登记所有权或其他物权的转让也是如此(《航海法》第 205 条)。

1996 年第 610 号总统令(《公路法》实施条例)规定了由公证人承担报送机动车转让数据的职能。目前,在部级具体措施出台之前,该职能暂缓履行。

出售需登记的动产和车辆以及在其上设立物权的文书、声明的认证权力,"同时"被授予市政办公室和 2000 年 9 月 19 日第 358 号总统令第 2 条中提到的远程机动车驾驶员信息服务平台的负责人,但其并不意味着这一职能从公证人处剥夺了(2006 年 7 月 4 日第 223 号立法令第 7 条)。这在之前的法律中是有明确规定的,它指的是在机动车公共登记处登记的车辆(因此不包括其他需登记的动产,经 2005 年 11 月 28 日第 246 号第 13 条修正)[69]。

21. 关于拒绝承兑证书的公示,公证人必须通过商业、工业、手工业和农业协会保存的电子化的拒绝承兑登记册进行。为此,有权签发拒绝承兑证书的公职人员必须向上述机构传送:

(1)每月一次,在每月结束后的第二天向商业协会提交拒绝承兑证书清单,并通过拒绝承兑电子信息登记册(2000 年 8 月 9 日第 316 号部长令批准)予以公布,载明不予承兑理由(2001 年 4 月 30 日工业部第 3512/C 号通知)。

(2)在拒绝承兑未经授权或无资金签发的支票,或在 60 天内未支付的情况下,向有关地区的省长报告,以便在轻罪非刑事化后实施行政处罚(1990 年第 386 号法令第 8 条之二)。

还应指出,《破产法》第 13 条的规定并没有被废除,即被授权发出拒绝承兑证书的公职人员,必须每 15 天向其履行职责地区的法院院长,递交前 15 天发出的拒绝承兑证书清单。赞成废除这一规则的人认为这一做法取消了法院院长在公示程序方面的权限;而赞同保留的观点则认为《破产法》第 13 条规定的通报继续存在,因为需要保护不同的利益(债务人不履行义务可能导致依职权宣告破产)[70]。

2001 年 2 月 23 日的部长令中提到的拒绝承兑证书清单,由工业和手工业部 2001 年 4 月 30 日的第 3512/C 号通知所规定。

---

[69]　以前的立法规定了"需登记的动产"(2005 年 3 月 14 日第 35 号立法令第 3 条),后来根据第 13 条第 1 款 a 项改为"在机动车公共登记处(PDA)登记的车辆",然后通过 2006 年 8 月 4 日第 248 条法令第 7 条第 1 款将该表述恢复为"需登记的动产和车辆"。

[70]　LEO, voce "*protesto*" in *FALZONE E ALIBRANDI*, *op. cit.*, p. 553; LEO, *op. cit.*, p. 552; SCUDELLARI, *Commentario Scialoja e Branca alla legge fallimentare*, Bologna-Roma, 1974, p. 389.

22. 关于电影业公共登记处的规则,规定了一种新的公示形式,特别是规定了在上述登记处备案的义务,其中就包括与电影公司修改公司章程股东大会纪要有关的公证文书的备案(条例第 3 条)。但是,没有明确规定这一义务由公证人承担。

23. 关于财产处置、物权创设以及共同财产分割,有必要:

(1)公证人事先确定地籍信息与所谓的抵押信息的对应关系(所谓的"平差")。

法律没有规定必须在公证书中提及这种确认关系,没有这样做并不影响文书的有效性。

(2)转让方和共有方声明不动产的地籍规划和相关地籍数据与实际情况相符。

不遵守这一规定将导致文书的无效(1985 年第 52 号法令第 29 条第 1 款之二),最好能在公证文书中附上与不动产状况相符的地籍图,虽然这不是强制性的要求。

第四节　刑法规范中公证职责的履行

以下是刑事法律法规规定的公证人职责:

1. 有义务向检察官或法院(以前的治安法官)报告其在履行职责过程中,或因履行职责而了解到的任何罪行(《刑事诉讼法》第 331 条)。

就非法分割土地罪而言,公证人以前负有向市镇长官递交转让(即使没有分割)面积小于 10000 平方米的地块的文书副本的义务,这一义务被废除之后,又以《刑事诉讼法》(1985 年第 47 号法令第 21 条第 2 款)第 331 条中规定的报告义务重新出现。

2. 向司法机关报告对银行支票拒绝承兑的情况,但未经授权或无资金的支票在法定时限内未承兑的情况除外[71]。

3. 毫不拖延地履行公证职责的义务:《公证法》第 27 条所载的规则实际上得到了《刑法》第 328 条的确认和核准。该条规定对公职人员不当拒绝、遗漏或拖延公务行为进行处罚。

4. 某些职责的履行与刑法相关,违反该职责可能会受到刑事制裁(2006 年 2 月 3 日第 141 号部长令第 9 条,以及 2006 年 5 月 13 日第 110 号《政府公报》:《刑

---

[71] Circ. *Ministero della Giustizia 7 giugno 1955*, n. *56711*, in *LASAGNA*, *op. cit.* , p. 417 e in precedenza circ. 11 dicembre 1946, 128-15-3443; FALZONE, *Dizionario del notariato*, *cit.* , p. 653. 将所谓的轻罪降格为行政违法,通过 1999 年 12 月 30 日第 507 号立法令实施。该法不适用于未经授权或无规定签发支票以外的签发支票的罪行。

法》第648条之二和第648条之三)。2004年2月20日第56号立法令,通过了关于防止利用金融系统洗钱的第2001/97/CE号指令(2006年2月3日第141号部长令进行了修订)。该法令规定了除其他专业人员(律师、注册会计师、审计师、审计公司、工作顾问、会计和商业专家)外,公证人应遵守的要求和行为,并规定他们有义务识别、记录反洗钱信息和报告可疑交易[72]。

特别是,2004年第56号法令第3条规定的义务,适用于公证人以其客户的名义或代理其客户达成的任何不动产金融交易,以及协助其客户筹划或进行如下交易:

(1)以任何理由(因此也可以是通过赠与)转移不动产或商业资产;

(2)资金、金融工具或其他资产的管理(也包括保证收益的存款、再投资、支付主要或额外的注册费);

(3)开设或管理银行账户、存折和证券账户(同上);

(4)为公司的成立(如为所谓的资本公司支付25%的认购资本)、公司的管理或组织进行必要的出资;

(5)公司、实体、信托或类似结构的注册、经营或管理(与法国等其他国家不同,后几项事务在意大利很少由公证人进行);

虽然反洗钱的法律没有明确要求,但是建议公证人在就任上述职务时应提供书面信息,说明他所需要的数据和处理这些数据的授权,这些信息可能或必须传达给主管公共行政当局(如财政局、省长办公室、意大利外汇管理局、税务局、土地注册处、企业注册处、市政当局等)。

还有关于公证人的如下问题:

(1)如果专业服务涉及价值(全部或分期总和)超过12500欧元或价值不确定的资产,则公证人应履行识别客户的义务。此外,对于公证人来说,这也是一项法定的义务,即对于任何文书,不管是接收的还是认证的,都要亲自确定当事人的身份,这是一项更为繁重的义务。为了更精确的识别(特别是在同名或在使用通用的大众的姓氏的情况下),2006年的法律修订还恢复了文书中应当载明"当事人情况说明"的要求(2005年第246号法令废除的),并保留一份身份文件的副本,这将有助于公证人履行其他职责。

(2)为反洗钱的目的在档案中保留数据的义务。

这些义务是通过计算机收集一系列数据(客户代码、纳入清单序号、识别日期、个人详细资料、税务代码、识别类型、提供的文件细节、开展的活动、住所、注册清单日期、目录表编号、服务描述、对价或价值的类型和金额)来完成的。

(3)在交易进行之前,一旦公证人识别到存在一些资产犯罪的因素,以及其

---

[72] 见 FERRAJOLI, *L'antiriciclaggio per i professionisti*, in *Cons. imm.*, 2006, p. 1328 e ss.

特征、程度、性质和任何其他情况而产生的可疑交易,同时考虑到该主体的经济能力和所从事的活动,那么公证人在可能的情况下就有义务毫不拖延地向意大利外汇管理局(U. I. C.)报告。意大利外汇管理局于2006年2月24日发布的命令规定了这些需要报告内容的相关程序和说明。

上述报告义务不应与违反欧元、外币现金和无记名证券流通的报告义务(当要转移的价值共计超过12500欧元时)相混淆。事实上,两种不同义务的报告机关(前者需向意大利外汇管理局报告,后者需通知经济和财政部)和制裁(对于违反向经济和财政部报告义务的行为,将给予交易金额5%至一半的行政罚款制裁,除非该事实构成犯罪;对于违反通知意大利外汇管理局义务的行为,将给予交易金额3%~30%的刑事罚金制裁)都不相同。

(4)《隐私保护法》规定的严格保密义务(1996年12月31日第675号关于保护个人和其他主体转移个人资料的法令;另参见2006年5月25日意大利外汇管理局条例)[73]。

意大利外汇管理局发布的适用于中介机构(因此也适用于公证人)的关于识别、登记和储存信息的指示,从2007年1月开始适用。

5. 最后,尽管下面这种情况本身不属于刑事犯罪,但涉及预防和制止严重犯罪(法律标题是这样写的)。即任何人转让建筑物或其部分的所有权或使用权(或出于任何其他原因允许他人在1个月以上的时间内排他性使用),都有义务在建筑物移交后的48小时内,向当地公安机关通报建筑物的确切位置,以及购买者、租户或任何接管财产使用的人的具体信息,包括身份或身份证明文件的具体信息。对于违反者,处以200000~3000000里拉的行政罚款,分别相当于10329欧元和154937欧元(1978年3月21日第59号立法令第12条)。

该义务并非由公证人承担,但他作为一个专业人员,在制作与该情况有关的文书时,提醒有关当事人注意该义务是必要的。

随后,登记合同的义务也涵盖了通知公安机关的义务(2011年5月13日第70号立法令第5条第1款d项)。

如果买方是外国人,即使属于欧盟,也不能排除法定的通知义务,对于这种情况,应当继续适用1996年7月26日第286号立法令第7条的规定(2012年6月20日第79号立法令第2条第4款予以确认)。

6. 公证人作为专业机构的负责人,也要遵守2008年4月9日第81号立法令关于在健康和卫生的环境中工作的规定。

---

[73] FALZONE e ALIBRANDI, voce *Trattamento dei dati personali* in *Diz. enc. not.*, V, Roma, 2002, p. 733 e ss.

该法律(第43条及以下)简要规定了公证人负责：

(1)组织负责急救、救援、消防和应急管理的公共服务；

(2)指定(根据事务所规模)负责执行防火和消防措施以及在发生危险时疏散工人的雇员；

(3)提醒雇员可能面临的严重和直接的危险；

(4)在发生严重和直接危险时进行组织规划；

(5)采取必要的措施,使任何雇员在遇到严重和直接的危险时,能够采取适当的行动避免该危险的后果；

(6)在严重危险持续存在的工作环境中,不得要求雇员返回工作；

(7)紧急情况下的总体组织安排；

(8)疏散人员的培训。

这些义务中的每一项都有具体的刑事制裁(拘役和罚金)。

在紧急情况下使用的电话号码,也必须在事务所和所有人都能看到的地方注明,并提醒每个雇员注意[74]。

7. 事务所内必须挂出禁止吸烟的标志,并标明负责监督禁烟遵守情况的人员(2003年1月16日第3号法令第51条及其后的执行规定)。

第五节　行政法规范中公证职责的履行

以下是属于公证人行政性质的职责：

(1)在30天内向省长通报依据生者间文书或遗嘱建立基金会(《民法典实施细则》第3条)或为法人提供捐赠、遗赠的情况(《民法典实施细则》第7条)。

(2)如果事先没有得到授权,在接收或认证涉及边境地区不动产的外国人买受合同时,公证人需在5天内向省长通报合同双方身份的全部具体信息、住所、协议的性质以及识别房地产所需的具体信息(1935年10月20日部长令第3条,经1976年12月24日第898号法令修正)[75]。

---

[74] FANTINI (a cura di), *Studi professionali*：*come gestire le emergenze (primo soccorso e antincendio)*, *Guida informatica*, E. RI. PRO.

[75] I. 1° giugno 1931, n. 886; l. 15 dicembre 1932, n. 1836; d. m. 5 aprile 1933; r. d. l. 19 aprile 1934, n. 795; d. m. 27 ottobre 1934; l. 17 dicembre 1934, n. 2236; l. 3 giugno 1935, n. 1095; d. m. 20 ottobre 1935; d. m. 10 agosto 1938；l. 7 dicembre 1939, n. 2205; l. 22 dicembre 1939, n. 2207; l. 27 gennaio 1941, n. 285.；FALZONE, *Confine (zone di)*, in *Diz. enc. not.*, p. 181; GALLO, *Situazione giuridica degli immobili nelle zone di confine*, in *Giur. it.*, 1965, IV, p. 57 e ss., e in *Riv. not.*, 1966, p. 19 ss.; DI FABIO, *L'acquisto immobiliare dello straniero, cit.*, p. 136 e ss.；I. 4 dicembre 1976, n. 898, integrata dal d. m. 20 agosto 1977.；Trib. Napoli 27 maggio 1998, in Notaro, 1999, p. 113.

(3)1993 年 8 月 12 日第 310 号法令规定,接受有关土地、商事行为的契约或认证私人契约的公证人,有义务在契约缔结后 1 个月内向不动产(和商事行为)所在地的财政官员,通报有关各方的数据、出售的财产和"标明"的价格,否则将适用《公证法》第 147 条规定的(纪律)处罚。然而,2005 年 11 月 9 日第 304 号总统令第 2 条宣布,自 2007 年 1 月 1 日起废除这项义务。但该总统令也同时确认,适用土地登记制度(所谓的登记簿制度)的城市(1929 年 3 月 28 日第 499 号皇家法令确定了适用城市的范围),公证人须向市政当局进行通报。

(4)为执行欧盟关于建筑物能源的第 2002/91/EC 号指令,2005 年 8 月 19 日第 192 号立法令规定了以下情形需附上能源证书原件或复印件的义务:

——在销售契约中(但这必须理解为有偿转让契约);

——整个建筑或单个建筑单元;

——适用于新建筑或需对外墙进行全面翻新的建筑,以及拆除或重建可用面积超过 1000 平方米的现有建筑;

——在法律生效后(2005 年 10 月 8 日起)提交建设工程许可证或施工声明的;

——已经完成的外部和内部建筑结构,以及位于其中的所有系统或技术装置;

——不包括用于文化或景观以及工业、手工业和农业的建筑,也不包括如果房间的供暖(使用燃料)是为了满足生产过程的需要,或使用该过程的能源废料,并且面积小于 50 平方米的单独建筑的情形。

根据第 4 条,该证书由有权机构颁发,自签发之日起 10 年内有效,并且必须附在契约上,否则契约将被视为无效,但无效只能由购买者主张[76]。

另外,关于建筑物设施的合规性,没有规定在转让契约上引用或附上强制性的证书,附上各方对建筑物单元和共有部分的设施状况的声明就足够了。

第六节　银行法规范中公证职责的履行

(1)与公证人的执业和他所接收的契约内容有间接但非常重要联系的规则,即,禁止以现金或等价证券来结算总额超过 1.25 万欧元(原为 2000 万里拉,经 2002 年 10 月 17 日部长令第 1 条修订)的交易,除非是通过授权的中介机构进行的。1991 年 7 月 5 日第 157 号法令第 1 条第 1 点规定了这项禁令,成为防止利用金融系统进行洗钱的措施之一。上述限额后来调整为 3000 欧元,从 2020 年 7 月 1 日起下降到 2000 欧元,从 2022 年 1 月 1 日起下降为 1000 欧元。这一限额原本只是为了打击洗钱活动,最近则是为了减少因处理纸币而产生的新冠病毒传染。

---

[76]　RIZZI, *Attestato di certificazione energetica e nullità degli atti*, in *Notaro*, 2006, p. 79 e ss.

就票据而言,规定金额超过 1.25 万欧元的邮政汇票、邮政、银行的本票和支票,必须标明收款人的姓名和公司名称(原文如此)以及限制转让的情形。

法律明文规定,限制转让的票据包括上述的普通本票。如果其金额等于或大于 1000 欧元,这种情况会使这些本票失去有价证券的特殊性和正常功能。但财政部认为,该规则只涉及构成支付手段的本票,比如,发行中心、那不勒斯银行、西西里银行发行的特别本票等(财政部 1995 年 11 月 9 日第 28 号意见)。

违反第 1 条所述规定的,将被处以票面金额 1% ~ 40% 的行政罚款(1991 年 7 月 5 日第 157 号法令)。另外,尽管公职人员在其官方职责和权力范围内,在 30 天内向财政部报告任何违反第 1 条的信息的义务已被废除(被 2004 年 2 月 20 日第 56 号立法令第 6 条废除),但仍应认为使当事人了解这些规则是公证人的职责之一。

(2)行政职责履行的一个特殊情况是货币规则所规定的。根据该规则,每次"非居民"(外国公民或国外的意大利居民)缔结涉及资本投资的契约公证时,公证人必须在缔约的 60 天内向意大利外汇管理局通报投资的情况,并说明转出的货币数以及总额。显然,所有这些都是需要当事人去申报的(1948 年 3 月 2 日第 211 号立法令;1956 年 2 月 7 日第 43 号法令;1965 年 3 月 11 日第 169 号法令)[⑦]。目前,这一义务已不复存在,不仅对欧共体成员国的国民如此,对非欧盟国家的国民也是如此。

(3)所有专业人员(包括公证人)都必须履行一项新的义务,即所谓的费用"可追踪性"(1973 年第 600 号总统令第 19 条,经 2006 年第 223 号立法令修订)。与此有关的是:

——公证人必须持有一个或多个银行或邮局账户,在其执业过程中收取的资金必须汇入这些账户,并且必须从这些账户中提取资金以支付费用;

——来自专业活动的费用必须只能通过银行支票(或银行汇票)、银行或邮政转账等方式收取,但总额低于 1000 欧元的情形除外(该限额自 2007 年 7 月起为低于 500 欧元,2008 年 7 月起为低于 100 欧元);

——即使是低于上述"可追踪"费用门槛的现金,也必须存入上述银行或邮政账户。

法律没有专门针对上述规定,制定违反的制裁措施,但一般认为应当适用会计工作的一般规定(1997 年第 471 号立法令第 9 条)。根据该条规定,凡是不按

[⑦] 参见 DI FABIO, *op. ult. cit.*, p. 236 e ss.; l. 8 ottobre 1976, n. 689 e il d. m. 7 agosto 1978; PERRUCCI e TALLARIDA, *Codice valutario*, Bologna, 1975.

照法律要求保存或保留入账记录的,将受到 1032～7746 欧元的行政处罚,涉嫌逃税行为的将受到更严重的制裁。

2008 年 6 月 25 日第 112 号立法令第 32 条第 3 款废除了这一规则。即使它不再是强制性的,但在大多数情况下,公证人更愿意保留以前立法规定的专门账户,因为它可以对费用进行追踪,而且便于提供针对税收评估的依据。

(4)同样具有货币性质的是上文提到的关于洗钱的规定,因为刑法也可以对此予以制裁。

2013 年 12 月 27 日颁布的第 147 号所谓"保障法案",第 63、64、66 条和第 67 条为公证人规定了更进一步的义务。它规定公证人必须开设一个特殊的"专用"往来账户用于款项的提存,提存的费用要精确到买卖的具体价款以及接收或认证文书的全部费用。

特别是:

①提存的价款包括公证人应收的费用、附加税费、报销费用和缴款,以及他应当缴纳或替代当事人缴纳的税款(特别是登记费用)、应缴的遗产申报费用、委托给公证人的其他须在登记册上登记的款项和任何其他费用;

②必须是不动产或商业财产所有权转让合同,或转让、设立、消灭不动产或商业财产的其他物权的合同(不包括可推迟支付的价款,这一部分在重新订立偿还债务契约时支付);

③存放在提存账户上的价款构成独立的资产,被排除在公证人的遗产之外,并且不可用于抵押;

④扣除服务费后的存款利息,应用于为中小企业补贴信贷资金的再融资;

⑤公证人在登记和出具文书后,一旦确定除契约规定的手续外不再存在其他负担,或在证明的契约中所附的条件达成或某一服务已履行,则可以从提存账户中取出价款或报酬。

公证人作为债务人的代理人(《民法典》原第 1282 条)和债权人的代位人(《民法典》原第 1288 条),以及在双方当事人授权的情况下,作为集体受托人或双方代理人的法律规定,突显了公证人的特别谨慎和勤勉特征,以及随之而来的责任。并且,公证人在买卖双方没有明确约定的情况下,是没有任何自主调整的权利的,所以会引起一些困惑,尤其是在以下方面:

①法定抵押权的登记。即使人们希望将在公证人处的提存,视为第三方已经履行,但抵押权设立文书本身最好不要省略放弃登记的内容;

②在双方明确指示的情况下,变更债务的各种问题;

③契约签署后卖方或买方的死因继承;

④卖方或买方完全或部分履约不能;

⑤在公证人停止履行职责的情况下,由管区公证档案馆代替履行仍然存在的委托;

⑥在确认不存在新的负担、契约所附条件已实现或已完成约定服务的情况下,当事人仍未交付或偿还价款,公证人是否能够拒绝继续代理[78]。

面对上述困惑,尤其是在这些方面还缺乏既定的司法判例的情况下,最好的做法是在订约时,双方在契约中尽可能地商定所有可能发生的解决方案和补救措施。

第七节 税法规范中公证职责的履行

在税收领域行使公证职能具有其独特的重要性。这种重要性在间接税领域尤为突显,在直接税领域同样不可忽视。其原因如下:

首先,必须强调的是,遵守税收规定的义务大部分给了公证人。这不仅是因为他从通常意义上作为公职人员,必须遵守包括税法在内的所有法律,还主要是因为通过公证人可以更迅速和更充分地执行税收法律法规[79]。

其次,司法判例也一再确认[80],公证人有责任注意选择最合适的文书来实现当事人的意图,从经济角度出发也是如此,以实现所谓的"合理避税"的目的[81]。

正是在这一方面,公证机构脱颖而出。事实上,各项法律制度常常被曲解或

---

[78] G. AMADIO, *Profili civilistici del deposito del prezzo*, in Deposito del prezzo: modalità operative e tecniche redazionali, Verona, 2 marzo 2018; R. ROMOLI, *Il deposito prezzo: aspetti teorici e tecniche redazionali*, ivi, CONSIGLIO NAZIONALE DEL NOTARIATO, *Prime indicazioni per l'applicazione della normativa di deposito del prezzo e delle altre somme*, (2013 年 12 月 27 日第 147 号法令第 1 条); TROIANO, *Inquadramento e modalità applicative del mandato fiduciario conferito al notaio in occasione del deposito delle somme*, in Deposito, cit., Verona 2 marzo 2018; MECENATE, *Il deposito del prezzo. Il notaio nell'applicazione del rapporto obbligatorio*, in FONDAZIONE ANSELMO ANSELMI, *70 anni della Scuola del Notariato di Roma*, Roma, 2019, p. 187 e ss.

[79] 税收义务目前是由下列法令特别批准的:如果是登记税,由 1986 年 4 月 26 日第 10 号总统令第 10 条规定;对于抵押税,则由 1990 年 10 月 31 日第 347 号立法令第 6 条(原由 1972 年 10 月 26 日第 635 号总统令第 15 条第 2 款)规定。其中规定纳税时限为 30 天,处罚为税款的 100%～200%,如果是固定税款,处罚为 103～2065 欧元;民事"处罚"由《民法典》第 2671 条规定,要求在尽可能短的时间内执行,承担因迟延造成的损害赔偿的民事责任。公证制度在担保和征税方面的职能不可谓不重要,对国家来说没有任何成本,因此与税务局征税相比节省了相当大的开支。

[80] Trib. Genova 9 aprile 1969, in *Riv. not.*, 1971, p. 647 e ss., con nota critica di TRIOLA;起草文书的公证人也必须是当事人的税务顾问? 这一点事实上是值得商榷的。该法院认为,这种税务建议将之归于"必要的"的调整职能。与上述判决观点相同的其他判决,参见 Trib. Parma 14 marzo 1958, in *Arch. resp. civ.*, 1958, p. 481; Trib. Roma 3 aprile 1958, in *Foro it.*, 1958, 1, p. 154; Trib. Trieste 22 giugno 1967, in *D&G*, 1967, p. 653;相反观点参见 Trib. Roma 3 aprile 1958, in *Arch. resp. civ.*, 1967, p. 1041, e in *Foro it.*, 1959, 1, p. 154 e ss., con nota di D'ORAZI FLAWON, *Sul contenuto della prestazione notarile*.

[81] PIETRO CARUSI, *Rassegne di giurisprudenza, dottrina e legislazione*, de Il notaro.

得不到很好适用,因为它们附带了过高的赋税㊷。这种令人担忧的现象,体现的正是财政管理部门和私主体对税收的不同态度和立场。但往往是公证人基于合法条件努力调和冲突之后,再寻找最合乎情理的纠偏,避免因税收负担带来的不经济而使他选定的法律行为失去意义。

最后,许多法定税种都将公证人作为唯一或共同的接收人,其中最为重要的有:

(1)有义务在 20 天内登记已接收或认证、交存的文书及其附件(1986 年 4 月 26 日第 131 号总统令第 10 条和第 13 条)。这种职责原本与要求当事人在订约时提供不动产增值税(Invim)登记声明的义务有关(1972 年第 643 号总统令第 18 条),目前则与要求提供税号的义务有关(1973 年 9 月 29 日第 605 号总统令第 11 条,经 1977 年 12 月 23 日第 955 号总统令修订),并要求填写所谓的文书编码登记申请表(1977 年 12 月 15 日部长令)。

在启动不动产契约税收义务的远程程序后,登记期限已延长至自契约签订之日起 30 天(2000 年 8 月 18 日第 308 号总统令第 41 条)。在此期限内,根据 1997 年 11 月 18 日第 463 号立法令第 3 条之二至第 3 条之六,通过远程程序同时履行登记、备案、注册以及在不动产登籍册中完成地籍过户的义务。

(2)履行不动产过户登记的义务(该义务不仅是民事的,而且是财税性质的)。

(3)每季度向登记处提交生者间契约的目录表,以供检查(在这方面,如前所述,该目录表也是一类税务登记簿)。

(4)有义务从税务局取回盖有特殊印章的契约副本,并在 20 天内完成,提交地籍过户申请,必要时附上先前批准的分户类型(1969 年 10 月 1 日的第 679 号法令第 3 条)。该义务与要求登记文书的义务相关。最近,大多数不动产契约的登记、备案和地籍过户,必须根据 2000 年 8 月 18 日第 308 号总统令中提到的条例,通过使用远程信息处理程序同时进行(所谓的格式文书)。

(5)应缴增值税的收支和发票登记(1972 年 10 月 26 日第 633 号总统令第 3、5、23 条;1973 年 9 月 29 日第 600 号总统令第 19 条)。2006 年 12 月 27 日第 296 号法律(财税法案)规定,2006 年涉及增值税的纳税单位(不包括个人)必须在 2007 年 4 月之前以远程传输方式完成客户/供应商登记,而自 2007 年开始(2008 年完成),这一登记规定也将涵盖个人纳税人(第 1 条,第 327 段及以下各条)。

㊷ 参见 BARBERIS e RE, *Recenti leggi e decisioni giurisprudenziali che si ripercuotono nella redazione degli atti notarili*, in Riv. Not. , 1965, p. 3 c ss. ; Diritto e pratica tributaria, relazione a cura della Commissione tributaria del Consiglio Nazionale del notariato (AILANIE M. , BADINI, GACUBBE, GALLO ORSI, JEMMA, MILONE), in *Atti del Congresso nazionale del notariato* (Sanremo, 1974), Spoleto,1976, e, *ivi*.

（6）如果资合公司（也包括合伙企业）向公证人申请了成立或变更事宜的公证，则公证人也有向税务局报告的义务（上文引用的 1973 年第 600 号总统令第 36 条）。

（7）有义务保留一个或多个银行或邮政的资金往来账户，开展业务时收到的款项和支出的必要费用都需通过该账户来存取（2006 年 7 月 4 日第 233 号法令第 35 条）。

（8）根据 2007 年《财税法案》（2006 年 12 月 27 日第 296 号法令）第 1 条第 310 款的规定，以有偿方式出售购买或建造不超过五年的不动产和农业用地，根据出售方向公证人提出的要求（因此必须在契约中说明），对其实现的财产收益适用 20% 的税（增值税），而不是适用个人所得税。在这种情况下，公证人须：

①从转让人那里收到预付款后，必须完成上述税种的支付；

②必须告知税务局与此类转让有关的数据。

（9）在转让不动产时，除了当事人有义务作出替代多人作证文书的适当的声明外（声明中包含对价款支付方式的说明、是否有中介机构，如果有的话提供中介的身份信息、增值税号、登记号、费用金额和支付方法），公证人还有义务在登记之前向主管税务局提交一份具体的报告（2006 年 12 月 27 日第 296 号法令第 1 条第 48 款）。

（10）针对某些文书的一些税法上的要求，并不直接指向公证人，但可能引发他的职业责任，因为这些要求的遗漏可能会对当事人造成相当大的损害。如：

——在不动产买卖契约或公司股权转让中，提及双方是否存在直系亲属或配偶关系，以及其他类似关系（1986 年第 131 号总统令第 26 条）。

——根据 1986 年第 131 号总统令第 26 条，在文书中提及赠与人以前向全部或部分受赠人提供捐赠的细节以及捐赠物的价值。

——根据同一条款，在赠与契约中提及是否存在亲属关系，以及以前是否有过其他捐赠或捐赠契约。

上述这些要求，曾经因为继承和赠与税条例被废除后（2001 年第 383 号法令第 13 条），已经不存在或作用减少，但后来这些税种又被恢复了（2006 年 10 月 2 日第 262 号立法令第 2 条第 48 款和第 49 款）[83]。

第八节　公证职业伦理

有学者提出，除了与行使公证职能有关的大部分技术规则外，公证人从事的任何行为都与伦理相关[84]。

---

[83]　参见 Codice Tributario di G. Di Dio e G. PEZZINGA, Piacenza 2015, e successive edizioni.

[84]　参见 SORGATO, *Le norme deontologiche*, in *Riv. not.*, 1973, p. 816 e ss.

当然，《公证法》的一个条文专门规定了与公证职能相关的致力于构建职业伦理的具体义务，尤其是为了规范所谓"专业行为"。

这条规定（第147条）事实上禁止公证人在公共或私人生活中，以任何方式损害自己或公证行业的尊严和声誉，同时禁止通过减少收费或少征附带税费的方式与同行进行不正当竞争[⑤]。

与第147条规则相关的还有委托给公证委员会的任务，即监督该管区的公证人在执业中维护尊严，并严格履行其职责（《公证法》第93条第1款第1项和第2项）。

还有人指出，这些规定本身是宪法的一部分。根据宪法（第54条第2款），"被赋予公共职责的公民有义务在履行职责之时遵守纪律、维护荣誉"[⑥]。

公证委员会主席在被任命后的第一个两年期结束时，以及此后每届5年任期结束以后，都必须向共和国总统以及上诉法院或上诉法院派出法庭的总检察官，提供在其管区执业的公证人的执业能力、勤勉状况、道德操守和声誉等信息，同时将这些信息报告司法部（1916年5月23日部长令第14条关于公证制度和公证档案秩序的指示）。

1937年7月14日第1666号法令第14条对公证人的行为作了一系列禁止性规定，但仅限于不正当竞争领域。该条规定，公证人禁止从事以下行为：

（1）以利用中间人拉业务、发布广告或其他不符合公证人职业尊严和声誉的方式，与同行进行竞争；

（2）尽管有上述禁令，但如果某地区只分配了不超过两名公证人（其中必须有一个人长期居住在当地，除非是和遗嘱相关，或需要回避，或其因疾病、休假、停职、丧失能力或失去资格而无法履行其职责的情形），则公证人可以在公共假日和集市日在另一公证人执业地履行其职责。

此外，上述规定虽然与《公证法》的其他相关条款（第28条第1款第2项）以及《民法典》相关规定（第1261条、第2233条第2款）保持一致[⑦]，但由于其内容过于模糊性和原则性，除了上述1937年7月14日第1666号皇家法令的说明，其他规定本身不足以构成真正的职业道德规范。这一问题在法院的一些摇摆不定

[⑤] 根据《宪法》第25条，该规则符合合法性原则（此外，它被认为只与刑法有关）。因为应受惩罚的行为的内容虽然没有类型化，但得到了职业道德规则的补充。因此，从特定历史时刻的共同认知中，可以推断出道德的原则，而负责事实认定的法官对相关纪律行为的具体认定结果不能由最高法院审查（Cass. 23 marzo 2012, n. 4720, in Vita not., 2012, p. 896 e ss. ）

[⑥] SORGATO, *op. loc. cit.*

[⑦] SORGATO, *op. loc. cit.*; Trib. Trapani, 2 dicembre 2002, in *Giur. merito*, 2003, p. 865 e ss.

的判决当中体现得尤为明显⑧。

自 2007 年 6 月 1 日起,1937 年第 1666 号皇家法令第 14 条被废除。

1991 年 6 月 27 日第 220 号法令明确授权国家公证委员会制定《职业道德守则》。国家公证委员会于 1994 年 2 月 24 日通过决议发布了《公证人职业道德守则》⑧,2004 年 4 月 15 日通过《公证人职业道德守则》的修正案。全文公布在 2004 年 5 月 12 日第 110 号《政府公报》第 91 号增刊上。2006 年 12 月 28 日,再次进行了修订,最近一次修订的时间为 2008 年 4 月 5 日。

该守则是在司法判例的基础上总结而来,规范公证人的职业行为和举止。

值得注意的是,关于行为的条款试图通过提供模版和范例,来解决执业区域和非法竞争的棘手问题。

关于执业区域(人们倾向于将其定义为"第二办公室"),新规则禁止公证人在事务所之外的其他地方开设受理中心,这些中心不符合"受限"组织的要求,也不符合辅助性机构的要求。新规则特别规定:

—除了符合上述要求,还应根据合法性要求⑨考虑执业区域的"非经济性因素";

---

⑧　特别是在非法竞争领域,参见 App. Torino 2 aprile 1969, in *Giur. it.*, 1970, p. 707 e ss.; LEGA, *In tema di concorrenza illecita tra notai*; Cass. 21 febbraio 1966, n. 542, in *Riv. not.*, 1966, p. 247; Cass. 28 marzo 1970 n. 865, *ivi*, 1970, p. 792 e ss.; Trib. Cassino 20 agosto 1971, *ivi*, 1971, p. 1115 e ss.; Trib. Lucca 25 ottobre 1971, *ivi*, p. 1117 e ss. 在办公地点的问题上,根据《公证法》第 26 条,禁止在公证人事务所之外设置其他办公室, Cass. 10 agosto 1963, n. 2274, in Temi nap., 1963, I, p. 519; Cass. 11 febbraio 1967, n. 355, in Foro it., 1967, I, p. 2595; Cass. 17 ottobre 1959, n. 2910, in *SERPI*, *op. cit.*, p. 354 e ss.; 反过来说,在事务所外组建办公室不仅不构成非法"引诱",而且也不违反《公证法》第 26 条。这更有利于保护公众利益以督促正常履行公证职责,而非为了公证人的私人利益,见 Cass. 11 dicembre 1939, n. 3255, in *Foro it.*, 1940, p. 392; App. Ancona 18 agosto 1951, in *Giust. civ.*, 1952, p. 304; App. Napoli 27 febbraio 1960, in *Riv. not.*, 1960, p. 127. 在任何情况下,"合法"的竞争是被《公证法》所允许的,它对以前的法律进行了深刻的革新,在更大程度上允许管区公证人之间的竞争(见 CNN Studi, *Procedura da seguire nei confronti dei notai 《recapitisti》*, IV, p. 89 e ss.)。关于通过降低费用进行非法竞争的问题,见 Cass. 5 marzo 1979, n. 1370, in *Riv. not.*, 1979, p. 652 e ss. 有人认为,公证人即使以超过规定的费用提供服务,其本身也不属于非法竞争。因为从纪律的角度来看,这种行为的相关性不再受 2006 年 7 月 4 日第 223 号法令第 2 条规定的影响,而根据 2012 年 1 月 24 日第 1 号立法令第 9 和 12 条规定的专业服务竞争规则,该行为可以适用于公证执业活动(Cass. 17 aprile 2013, n. 9538, in *Giust. civ.*, 2013, p. 2425.)。

⑧　CASU, voce *Deontologia professionale notarile*, in FALZONE e ALIBRANDI, *Diz. enc. not.*, p. 285 e ss.《职业道德守则》试图确定法律规定的禁令的各种具体情形,将《公证法》第 147 条以及之前《公证法》的第 27、28 条和第 61 条的规定纳入统一法律框架之中。

⑨　为了确定一个公证人在同一执业区域进行公证活动的合法性限制,以前的法律规定了具体的上限,即不超过前一年在该区域所有公证费用的 40%,且不超过前一年在该区域所有目录表注册数的一半。这些百分比可由公证委员会调整,幅度为 20% ~60%,甚至可以基于特殊原因而不设上限或下限。后来,新规定参考的标准不再是在执业区域所有的业务量,而是公证职责的第一要务,即所在地的公证服务质量(第 13 条)。

——公证人有义务将办公地点定期报告给公证委员会,并按要求提供平面图;

——禁止公证人开设一个以上的办公地点[91];

——公证人经常出现的其他行业或组织的办公室,视同他的办公地点。

司法判例中的一个既定观点是,如果公证人在其事务所之外,还开设了一个事实上的"事务办公室",并在后面的这个办公室有规律地接待公众,制作公证人职权范围内的文书,有固定的私人的物资和设施,有计划地(非偶然地)行使其公证职能,那么其构成对《公证法》第 26 条的违反[92]。

简言之,根据 1994 年 2 月 24 日国家公证委员会已经批准的《职业道德守则》(2004 年 3 月 25 日、4 月 15 日、2006 年 12 月 28 日和 2008 年 4 月 5 日通过的法案对其进行了实质性的修正和取代),公证人可以在分配给他的事务所以外的地方使用一个地址,该地址在功能上是附属的、非经济性的。超过这个限度,就意味着违反了《公证法》第 26 条,并根据第 137 条的规定对公证人进行相应处罚。

另外,公证人在同一地区有一个或多个办公地址是不允许的。

最后,必须牢记的是,根据最高法院的观点,对执业区域限制的目的,并不仅仅是为了满足一般的公共需求(公证职能的充分履行),也不仅仅是通过适当协调公证行业内部成员的活动来维护行业利益,而主要是为了维护每个公证人的经济状况。因此,受损害的公证人可通过《民法典》第 2043 条规定的损害赔偿责任来请求救济[93]。

关于不正当竞争,该守则列举了一系列具体且特别的预防措施规定。这些规定中,有些是《公证法》已经规定了的,但守则规定得比较详细,有些规定则来源于司法案例当中的某些典型案例,尤其是在下列情形中:未调查代表权限、当事人的合法身份以及是否违反家庭法的情况;设置免责条款(必须体系性地考虑);提供不属于公证人正常执业范围的服务;虽然禁止打广告,但允许在公证人办公地点摆放已停止执业或已调任"其他事务所"等牌匾和通知;未事先告知同一事务所的同事,便雇佣新员工或与他人合作[94];在通讯录中突显自己的名字或特定信息;未向公证委员会通报自己参加或参与的直播、电台节目、电视或新闻专栏采访

---

[91] 该禁令不违反欧盟关于机构自由流通的法律。因为各个国家立法机关可以因保护公共利益而对专业机构施加限制(Corte Giust. UE 24 maggio 2011, causa C-47/08; TAR Lazio 2 dicembre 2012, n. 10363.)。

[92] Cass. 12 novembre 1997, n. 11168, in Giust. civ., 1998, p. 1019 e ss.;关于这种行为与非法竞争行为的区别可参见 Cass. 16 febbraio 1995, n. 1698, in Vita not., 1995, p. 952.

[93] Cass. 10 novembre 2000 n. 14629, in *Corr. giur.* 2000, p. 1589 e *Riv. dir. Civ.*,2001, p. 390 e ss.; Cass. 28 novembre 2008, n. 28419, in Giust. civ., 2009, p. 307 e ss.

[94] 只有当公证人和他人已经达成雇用意愿并开始合作时,才会产生该责任。因此,公证人如果在没有通知同僚的情况下,开始和该同僚的雇员进行试探性的接触和洽谈,不会产生违纪行为(Cass. 20 dicembre 2011, n. 27767, in Vita not., 2012, p. 904 e ss. e in *Giust. civ.*,2012, p. 1484 e ss.)。

等情况⑤。

上述规则并不绝对禁止公证人之间的竞争,它隐含地承认竞争的合理性,但它禁止非法形式的竞争,因为它们有损于公证人"阶层"的尊严和声望⑯。

特别是,提供更低价格服务的公证人不再需要承担责任(根据 2006 年 7 月 4 日第 223 号立法令第 2 条以及 2012 年 1 月 24 日第 1 号法令第 9 条和第 12 条)。但从纪律的角度来看,对于不公平和掠夺性的竞争行为,以及影响服务质量的客户捆绑的系列行为,道德上的制衡并非无关紧要⑰。

但要确定某些事实并不容易。比如,人们认为没有什么可以阻止公证人在同一地区的其他地点从事专业活动。再如,继续聘用被免除执业资格、已停止执业或已被调离的公证人原本聘用的人员,如果有充分的事实可以佐证这一行为是为了获得原公证人的客户资源,则似乎可认定为不正当竞争。这意味着禁止转让公证事务所,但其并没有任何法律明确规定⑱。

国会规定,针对国家公证委员会制定的《职业道德守则》的上诉管辖权属于司法行政机构,但赋予该机构的权力不是一项确认权,而是一项自由裁量权,裁量的原则是保护公证人的合法权益⑲。

司法机关还没有就管辖权问题明确表态。直到 1996 年,最高法院才首次援引国家公证委员会颁布的《职业道德守则》,将其作为《公证法》第 147 条的补充规定⑳。

关于《职业道德守则》的性质,最高法院反复强调,它们构成了法律之外的规范或行业内部规范,而不是作为一般法律规范⑳。至于《职业道德守则》与法律的关系,人们认为,可以将守则和历史发展过程中总结出来的原则相结合,共同作为确定是否构成《公证法》第 147 条应受惩罚行为的说理性依据。因此,守则的内容

---

⑤ 按照某位法官的裁判观点,公证人不得利用其事务所进行公共活动,也不得利用其资格在社会面前展示自己,因为他的这些行为可能暗含了广告信息(Trib. Torino 24 dicembre 1997, in // Sole 24 Ore, 13 giugno 1998.)。

⑯ Cass. 23 aprile 2013, n. 9793, in *Giust. civ.*, 2013, p. XXXI.

⑰ Cass. 23 marzo 2012, n. 4720 in *Vita not.*, 2012, p. 901 e ss.; art. 31 Codice Deontologico: Cass. 4 gennaio 2010, n. 3, in *Giust. civ.*, 2010, p. 1363 e ss.

⑱ 根据最高法院的观点,可以通过介绍和传播性质的宣传,合法有效地有偿转让专业性事务所: Cass. 9 febbraio 2010, n. 2860, in *Giust. Civ.*, 2011, p. 775 e ss.

⑲ Cons. Stato 17 febbraio 1997, n. 122, in *Riv. not.*; TAR Lazio 29 marzo 1995, n. 637, *ivi*, 1995, p. 1516 e ss. e in *Notariato*, 1996, p. 381 e ss., 3 luglio 1995 n. 1147, *ivi*, 1996, p. 111 e ss., 10 agosto 1995 n. 240, *ivi*, p. 124 nt. 10; contra, TAR Lombardia 10 agosto 1995, n. 240, *ivi*, 1995, p. 107 e ss.

⑳ Cass. 24 luglio 1996, n. 6680, in *Riv. not.*, 1996, p. 1225 e ss.

㉑ Cass. 12 dicembre 1995, n. 12723 e 17 gennaio 1991, n. 401, richiamate in Cons. Stato 17 febbraio 1997 n. 122 cit.; Cass. S. U. 20 dicembre 2007, n. 26810; Cass. S. U. 30 aprile 2008, n. 10875; BUSNELLI, *Problemi giuridici di fine vita tra notaio e artificio*, in *Riv. dir. civ.*, 2011, p. 155 nt. 8.

也必须符合合法性原则[102]。

然而,根据最高法院关于律师纪律责任问题的官方解释,专业人员法定职责涵盖的道德规范无法穷尽违纪行为的类型,因此该解释也适用于公证人[103]。

《职业道德守则》(第 2 条)规定,公证人必须在专业上保持不断学习。并且,在即将进行的职业改革中,《职业道德守则》为每个需要注册登记的人规定了类似的义务。国家公证委员会也发布了《公证人职业培训条例》,根据该条例:

(1)规定继续教育的考察期为两年;

(2)规定为了履行培训义务,每个公证人必须在两年期间获得 100 个专业培训学分(CFP),根据所参加的培训活动和事项(参加培训课程、研讨会、会议、讲座、研究小组、大会以及出版作品等)获得不同的学分,并特别规定,如果不参加公证人协会的年会,将被罚 5 个学分;

(3)在每个公证委员会设立培训学分登记册,以获取相关数据;

(4)未履行两年的培训义务,构成违纪行为(2011 年第 138 号立法令第 3 条第 5 项)。有争议的是,没有在司法部《官方公报》中涉及违反培训义务,是否可以在《公证法》第 147 条第一款 b 项权限之外对公证人进行处罚[104]。对此,公证委员仍应在第 147 条的权限范围内实施制裁;

(5)规定了特定情形下的免责事由(怀孕、参加竞聘委员会、执业活动的中止);

(6)相关数据必须由公证委员会转交给国家公证基金会[105]。

1995 年 2 月 3 日和 4 日在那不勒斯举行的大会上通过了《欧洲公证职业道德守则》,1995 年 10 月 20 日和 21 日在格拉茨举行的大会,以及 2000 年 3 月 17 日和 18 日在布鲁塞尔举行的大会对该守则进行了修订,奥地利、比利时、法国、德国、意大利、卢森堡、荷兰和西班牙共同签署了该守则。

这部"欧洲守则"所包含的规定并不是要取代各成员国有关公证行业的国家法规,而是要协调公证实践的某些方面,以保证欧洲消费者在国内和跨境交易中得到平等的保护,即那些有涉外因素的交易(包括财产所在地状况、国籍、当事人的住所和经常居所、契约缔结地)。

---

[102] Cass. S. U. 12 marzo 2004, n. 5164, in *Giust. civ.*, 2005, p. 1641 e ss.

[103] Cass. 6 giugno 2002, n. 8225, in *Giust. civ.*, 2002, 1, p. 2441 e ss.

[104] App. Bologna 28 maggio 2012, *in ossequio al principio di legalità*, in *Notariato*, 2013, p. 229 e ss.;反对的观点见 CO. RE. DI. Lazio 3 ottobre 2012,它认为《公证条例》是公布在《官方公报》公证版块的,而《职业伦理守则》并不是严格意义上的法律规则,因此不能以在《官方公报》上公布作为它的生效条件(同上,第 220 页);TENORE e CELESTE, *La responsabilità disciplinare del notaio ed il relativo procedimento*, Milano, 2008, p. 97 e ss.

[105] Cass. 30 marzo 1995, n.3818, in GENOVESE e PETILLO, *La professione notarile-Legge fondamentale e stato della giurisprudenza delle Corti Italiane*, Supplemento 8 al fascicolo 8/2004 di D&G, p. 121).

《欧洲公证职业道德守则》将公证人定义为公职人员,由国家权力机构授权,确保其制作的契约的真实性,同时确保其保存、证明效力和可执行性,并规定了在行使公证职责时的相关规范:忠诚和道德操守、公正和独立、保密和执业秘密、法律和技术能力、弃权、报告、报酬、担保、争议解决等[106]。

在某种程度上与《职业道德守则》相关联的是,国家公证委员会倡议制定关于公证人在履行职责时必须遵守的《行为准则》(所谓的履行议定书),以便能够发现、制裁和消除通过可能存在的囤积客户的现象(哪怕不是非法手段囤积的)。这些协议将主要涉及:

—起草文书的格式条款;

—提及履行职责的情况;

—对是否说明履职的情况的核查;

—对反复出现或无故不遵守这些规则的行为进行制裁。

截至 2006 年 3 月 20 日,国家公证委员会下设的专门委员会已经制定了 4 项议定书内容,分别涉及一般规则、公证人在抵押和土地登记查询方面的义务、默示接受遗产与"死因"取得的备案以及虚报销售价格。

此外,还必须考虑到,道德规范在对专业人员执业过程中应当禁止的行为进行规制的局限性,可能会遇到某些难以消除的问题(过度限制或缺乏限制之间的平衡)。对《公证职业道德守则》所作的多次修正,都无可辩驳地证实了这一点。

而事实上,一方面,正如已经说过的那样,道德规范无法穷尽列举所有违纪行为的类型[107];另一方面,它们有时会被证明无力制裁那些实质上非法但形式上符合纪律规范的行为[108]。

发生这种情况的原因是,无论负责行使纪律权力的机关是否有实际执行的可能性,是否意愿去切实执行,但由于这一执行最终仍然交由它们来自由裁量,它们被要求在一个庞大的监管网下采取行动,故而其"网眼"过于稀疏,很容易受到弹性解释的影响[109]。

关于律师执业行为的规范已基本确定,这一规范的原则也可以适用于公证人,即尊重专业秩序的自主性。针对国家律师委员会做出的纪律决定提出上诉,如果只是针对违反法律的事实,其将不会被受理。即这一上诉应当针对上述决定与道德规范发生冲突的情况下所产生的问题。

---

[106] 见 *Notariato e Archivi notarili*, a cura di Casu, Roma, 2006, p. 842 e ss.

[107] Cass. 10 giugno 2003, n. 9216, in *Giust. civ.*, 2004, p. 733 e ss.

[108] ROVEDA, *Il paradosso dei protocolli*, in Federnotizie, 2006, p. 83).

[109] LEGA, *op. cit.*, Milano, 1974, p. 304.

第十章　公证人责任

第一节　民　事　责　任

公证人责任是指,公证人不遵守或不完全遵守法律等规范为其设定的复杂精细的,甚至在一定情况下富有争议的众多义务时,所应承担的责任问题。

按照传统理论,这种责任包括民事、刑事以及纪律性 3 方面;在上述 3 个类别之外,还应再加上财税责任,因为出现越来越频繁的财税责任,从其独特内涵与重要性来看,已经具备类型化的条件。

极具争议的是公证人损害赔偿的民事责任的基础问题[1],导致损害发生的原因可能是其行为违反法律法规的禁止性规定(《公证法》第 28 条和《公证条例》第54 条),也可能是不完全履行其职责(违反关于制定文书和履行相关义务的规定)[2],还可能是其无正当理由拒绝履行职责(《公证法》第 27 条):

事实上,有学者指出,《公证法》第 27 条和第 28 条在某种程度上会使公证人进退维谷。

《公证法》第 76 条规定,如果公证文书因公证人的原因而无效,则公证人不应获得任何报酬,(当事人)也不应向其支付费用及税款,除依法进行损害赔偿外,公证人必须向当事人返还已经支付的款项。由于该条款只涉及公证文书的接收,加之该条文的规定过于笼统,导致上述条款在对公证责任性质的厘清方面似乎无甚帮助,其只是对 1879 年前《公证综合法》(T. U.)第 70 条以及《法国风月法令》第 68 条的简单继受[3]。

---

[1]　公证人因不完全履行其职责而承担损害责任的观点从未受到怀疑(*Notarius qui imperite conficit instrumentum et si per hoc damnificavit partem*,*tenetur propter suam imperitiam ad interesse parti laesae*,OINOTOMUS,*Commentarii in quatuor Institutionum libros*,1799,329,p. 3);Confessionale *Defecerunt*,Assisi,Biblioteca della Chiesa Nuova,riportato in ABBONDANZA(a cura di),*Il notariato a Perugia*,*cit.*,p. 290 e ss.

[2]　参见案例: Trib. Biella 20 luglio 1998, in *Giur. merito*,1999,p. 772 e ss.公证行为的过程必须受到通知和说明义务的影响,在特殊情况下,必须在文书中进行解释(例如,在不动产买卖中缺乏可居住性证明,虽然这不会直接导致合同无效;在签订财产处分文书时须说明赠与物的来源等)。

[3]　《法国风月法》第 68 条提到了当事人应得到损害赔偿,而 1879 年前《公证综合法》第 70 条则规定了"符合理性"的赔偿。

然而,通常对这些规则的解释是排除公证人的轻微过失责任的。参考乌尔比安关于专业人士行为过程中只有故意或重大过失情况下才承担责任的古老理论(*Si mensor falsum modum dixerit*,D,11,6),这一理论在中世纪以及现代被接受并延伸到公证人群体(参见 Mon. not,1881,p. 291 e ss.);同样,还包括履职过程中遇到特别困难的技术问题的情形,可参见《民法典》第 2236 条。

公证人责任,尤其是公证人所制作的文书出现问题而应承担的责任,在性质上是合同责任还是合同外责任,一直都是理论和司法实践深入讨论的主题。理论界对此存在较大的争议,而司法实践也未能找到一个统一的裁判路径;众所周知,一项争议中观点的选择可能与举证责任的分配、注意义务的判断、时效期间特别是诉讼时效期间等因素紧密关联④。

提起损害赔偿的诉讼(消灭)时效期间也很重要。

根据《民法典》第2935条的规定,诉讼时效自请求权产生之日起开始计算。因此,必须根据赔偿损失责任是合同责任的还是合同外责任的来区分"起算节点(dies a quo)",因为在合同外责任中,诉讼时效期间从不法事由发生之时开始起算,而在合同责任的情况下,是从违反既存义务之时开始起算。

更为普遍的是,在缺乏明确规定的情形时,合同损害的诉讼时效期间存在一定争议,司法判例似乎也存在分歧:一种观点认为,应以行为造成损害事实的时间为起算节点⑤;另外一种观点则认为,从损害在外部表现出来并可被客观识别时开始计算⑥,这意味着如果在事件发生后很久才变得客观可识别,那么期限可能会大大延长。

另外,对公证行为履行的是过程性义务还是结果性义务的争议对诉讼时效的确定也有很大影响。如果是过程性义务,诉讼时效期间为成果"交付"起1年内(成果或作品存在不符合形式要求的瑕疵时,《民法典》第2226条),而如果是结果性义务,则适用一般诉讼时效的10年期限。学说和司法判例中一般采用第一种观点⑦。

当然,还有一些学者持折中的观点,他们认为,公证人责任既包含对客户的合

---

④ 参见 SIMONETTO, *Sulla responsabilità del notaio per nullità del testamento pubblico derivante da incapacità di un testimonio*, in *Foro it.*, 1948, p. 309, 根据作者的观点,损害赔偿的范围不但包括主体权利的损害,而且包括受保护的利益的损害;另参见 SCARPELLO, *Su di un caso di responsabilità per danni cagionati nell'esercizio delle funzioni notarili*, in *Foro pad.*, 1955, I, p. 83 e ss., CARRESI, *Responsabilità del notaio per la nullità degli atti da lui rogati*, in *Riv. dir. civ.*, 1956, p. 44 e ss., 他们的观点是基于对《公证法》第76条的历史解释;D'ORAZI FLAVONI 指出,最高法院关于合同外责任在历史先例中找到支持的论点是不正确的,因为即使在公证法之前的时代,也不难发现学说和判例中便已存在不同观点:App. Catanzaro 17 ottobre 1953, in *Foro pad.*, 1955, I, p. 83; Cass. 11 maggio 1957, n. 1659, in *Riv. not.*, 1958, p. 73 e ss. D'ORAZI FLAVONI(*Quesiti*, *cit.*, p. 991 s.).

⑤ Cass. 6 ottobre 2014, n. 21026.

⑥ Cass. 3 maggio 2016, n. 8703.

⑦ 例如,在 Cass. 7 novembre 2005, n. 2149 in *Giust. civ.*, 2006, p. 1223 案中,因未能表明担保额度而导致抵押权转让文书无效而产生的合同外责任从文书形成之日起计算5年时效,而不是从随后确定损害程度开始计算时效;最近的判例,参见 Trib. Pesaro 29 luglio 2005, n. 522, in *Giur. merito*, 2006 p. 916 e ss; App. Milano 19 novembre 2003 e Cass. 23 luglio 2004, n.13825.

同责任还包括对第三人的合同外责任⑧。

在 D'orazi Flavioni 教授⑨的研究中可以看出他对这一问题的独特观点,该作者对公证人的证明职能和调整(adeguamento)职能进行了区分;针对其双重职能,公证人的责任也应作如下区分:

(1)合同性质责任,在这种情况下,它是基于违反了非强制性的调整义务(并非法定的专属于公证人职能范围的专业服务,但往往会委托于公证人)而产生的;

(2)在性质上属于合同外责任的情形:

①它产生于未能履行强制性调整职能时(将当事人的意愿转化为实现预期效果的适当的法律形式);

②或证明职能时(将公信力赋予所接收的文件)⑩。

---

⑧ 参见 DE CUPIS, *Sulla responsabilità del notaio per l'atto da lui rogato*, in *Foro it.*, 1955, IV, p. 7 e ss.; BONASI BENUCCI, *Sulla responsabilità civile del notaio*, in *Resp. civ. prev.*, 1956, p. 481 e ss.; AZZOLINA, *La scelta dei testimoni e la responsabilità del notaio verso i terzi per la nullità dell'atto*, in *Riv. dir. priv.*, 1944, II, p. 18, 其中特别排除了受益人因遗嘱无效而起诉的合法性。普遍的理论和公认的司法案例认为,公证人对当事人的责任是合同性质的(SCIALABRA, *Responsabilità notarile e tutela del beneficiario*, in *Riv. trim. dir. proc. civ.*, 1999, p. 1071 e ss. e nt. 2; CATTANEO, *La responsabilità civile del notaio*, in *Riv. not.*, 1956, p. 626 e ss.; ZAGARA, *La responsabilità professionale del notaio*, ivi, 1957, p. 559 e ss.; GALLO ORSI e GIRINO, *op. cit.*, p. 359; App. Roma 4 febbraio 1957, in *Foro it.*, 1957, I, p. 596 e ss.; Cass. 16 febbraio 1957, n. 553, in *SERPI*, *op. cit.*, p. 29 e ss.

⑨ D'orazi Flavioni, *La responsabilità civile nell'esercizio del notariato*, cit., p. 929 e ss.; *La responsabilità e le responsabilità del notaio*, cit. 今天,可以说明确肯定的意见是,公证人被赋予双重责任:对其客户的合同责任和对第三人的阿奎利亚法(侵权)责任(MUSOLINO, *op. cit.*, Milano, 2005, p. 190 e ss.)。

⑩ 具体的和广受争论的公证人民事责任的案例涉及:

(1)关于抵押审查(权利瑕疵审查),尽管不完全令人信服,但较为权威的审判观点认为,客户在签订房地产转让契约之前,将进行这种审查的任务交给了公证人,参见 Trib. Napoli 22 ottobre 1962, in *Riv. not.*, 1963, p. 315 e ss.; App. Roma 15 luglio 1969, ivi, p. 480 e ss.; Cass. 28 luglio 1969, n. 2681, ivi; Cass. 17 maggio 1972, n. 1504, in *Giur. It.*, 1974, I, p. 1255; Cass. 2 aprile 1975, n. 1185, in *Giust. civ.*, 1975, I, p. 914; Cass. 12 gennaio 1977, n. 132 e in *Riv. not.*, 1977, p. 668; Cass. 3 giugno 2002, n. 8470, in *Foro it.*, 2002, I p. 2310 e in *Riv. dir. civ.*, 2003, p. 115 e ss.; Cass. 20 luglio 2005, n. 15252, in *Vita not.*, 2005, p. 990 e ss.; Cass. 13 settembre 2004, n. 18376, in *Giust. civ.*, 2005, p. 1544 e ss. e 2 settembre 2004, n. 17673 in *Cons. imm.*, 2005, p. 874, Trib. Torino, 20 aprile 2004, in *Giur. merito*, p. 2228 e ss. 此外,其中确认,不履行核实与待售财产有关的登记义务所造成的损害必须由债权人提供材料和证明(在本案中,没有证据表明当时设定抵押的财产已被征用,以及随后的交易受到上述未履行义务的负面影响);Cass. 26 gennaio 2004, n. 1330, in *Giust. civ.*, 2005, p. 808 e ss.,根据该案,如果由于在更新特定财产登记册方面有相当大的延迟,以及在总登记册中手续数量增加,公证人没有警示客户登记册未能更新,则不能被视为已被免除查询总登记册抵押手续的义务;Trib. Lucca 12 gennaio 2004, in *Giur. merito*, 2005, p. 1120, 根据该案,即使这种备案已经无效,责任也将继续存在,同样的思路参见 Trib. Pescara, sentenza n. 1282/2005, in *Dir. fam. e p.*, 2005, p. 432 e in *Notaro*, 2006, p. 72, 在一个类似的案件中,公证人对"精神"损害负有责任;CNN Studi, *Obbligo del notaio di procedere a preliminari indagini (cosiddette visure catastali ed ipotecarie) sulla concreta situazione giuridica del bene*, IX, 1974, p. 103 e ss.

另外,根据主流的司法判例,在紧急的情况下,公证人也可以免除这种责任,Cass. 1° dicembre 2009, n. 25270, in *Notaro*, 2010, p. 80, "只有"在紧急的情况下,也即所有的当事人都明确地免除它,这种免除并不

　　根据法学界的主流观点,这两种情形属于公证人的"制度性"任务,包括确定其接收文书中的不动产是否设有抵押、可能产生损害的权利瑕疵、税收先取特权或者其他负担;这些负担(抵押权和可能产生损害的权利瑕疵)的存在应得到房地产登记部门的证明或核实。在存在税收先取特权时,由主管部门来做未达到期限的税费查定(例如,在5年内出售享受首套房税费优惠的房产),而其他负担只能由公证人之外的人员负责核查,但是由公证人向业务主管部门(如城市规划部门)提出申请或由买方在当地进行调查(如农业不动产的租户或相邻农户是否有优先购买权)。

---

⑩　(续)

包含当事人自己要求快速完成或在不可能进行审查的情况,由于文书在不可能核查的时间内必须缔结(公共假日,夜间),这段时间无法保证与公共办公室的计算机连接(参见 Trib. Napoli 12 marzo 2003, in *Giur. merito*, 2003, p. 541 e s.; Cass. 13 giugno 2002, n. 8470, *cit.*)。

免除条款不需要采用书面形式(Cass, 1° dicembre 2009, n. 25270 *cit.*)。

在这方面,鉴于《公证法》第28条第3项禁止接收和公证人有利害关系条款的文书,便会出现这样一个问题,即这种免除是否可以包含在公证文书本身中。肯定的答案得到了支持,因为这种免除并不涉及公证人因接收契约而产生的"利益",而只是为了限制其责任。此外,这也被支持公证评估义务的司法案例所接受。

同样,根据权威的司法判例,如果不可能更新评估(例如因为土地登记处的特定登记册不是最新的),公证人为了排除他的责任,应该提示当事人这种情况(Cass. 26 gennaio 2004, n. 1330, *cit.*)。尽管多年后,如果合同中没有明确提到,可能很难证明他已经做出这种提示。

然而,由公证人出具的所谓"审查(Visure)"证明书,因为不属于公证人的权限的公证书类别,因此不是非合同责任的来源(Cass. 27 aprile 1979, n. 2450, in Riv. not., 1979, p. 1213 e ss.)。

客户的损害赔偿权利从执行法官下令出售货物之日起10年后届满,在没有更严重损害证据的情况下,清偿损害的金额必须与购买时支付的价格相等(Trib. Patti 29 luglio 2010, in *Giust. civ.*, 2011, p. 1860 e ss.)。但是,如果价格已经全部支付,可赔偿的损害仅包括公证费用(Cass. 20 luglio 2010, n. 16905, in *Giust. civ.*, 2011, p. 137 e ss.);

(2)执行与公证文书只有外在或偶然关系的行政任务:只有在当事人明确指示的情况下,才被视为是公证人的责任(Cass. 26 ottobre 1959, n. 3109, in *Giust. civ.*, 1960, I, p. 290,涉及要求提供行政文件以证明一栋建筑物被战争破坏的程度);

(3)确定当事人的某些状态和情况以及由此产生的缔约风险:这些不属于公证人的职责范围,除非有特别的约定(Cass. 14 febbraio 1980, n. 1116, in *Vita not.*, 1980, p. 553 e ss. 提到可能有责任了解一方当事人的显示公平状态);

(4)没有告知公共住宅楼的购买者,如果再转售同一房产,将受到1992年第179号法令第20条规定的制裁措施;Trib. Lucca 23 luglio 2004, in *Giur. merito*, 2005, p. 56, s. 根据该案件,当公证人的成果未展现在有形载体上时,其过错责任受普通10年时效的限制;

(5)通过公证文书转让无行为能力者的财产所得款项进行再次投资:除非主管当局明确免除,否则公证人将被视为对(未投资或不正常)再投资负责;

(6)虚假契约:参与虚假契约订约的公证人应负责赔偿损失,关于这个问题,参见 LA CAVA e MISITTI, *Il negozio giuridico simulato ed i suoi riflessi sull'attività del notaio*, Relazione, in *Atti del XVIII Congresso nazionale del notariato*, *cit.*, p. 141 ss.;

(7)咨询,包括税务咨询:公证人由于疏忽,没有使购买者申请免于不动产增值税(INVIM)的责任得到确认(Cass. 13 gennaio 2003, n. 309, in *Giust. civ.*, 2003, p. X)。根据最高法院的一项裁判,公证人受托完成公证契约和履行相关税收义务这一事实,并不使客户有权无视税收关系,也不会使客户失去纳税人的地位,因此他不能将他在面对税收文书时不作为的影响转嫁给公证人;Cass. 18 marzo 1997, n. 2395, in *Riv. dir civ.*, 1997, p. 586 e ss. 在本案中,登记处拒绝(据法院称是不公正的)为夫妻二人用一份合同购买两个独立的房地产提供便利待遇,而且购买者未能在税务委员会面前行使他们的权利;

公证人的职责不仅是将这种调查的结果告知有关各方,而且还要告知可能的后果(例如,仅指出合同存在形式瑕疵是不够的,还必须向各方当事人释明可能产生的风险);比如,当公证人没有提醒客户存在金融机构拒绝为他提供抵押贷款的可能性时,公证人即被认为有责任。换句话说,公证人仅仅进行证伪性质的审查是不够的,还必须指出当事人在合同中存在的具体风险⑪。

在责任性质方面研究较少的一点是,公证人作为协议相对人和所谓的一般第三人(即所谓的受益人)之间占据中介地位的人的责任特点,这种情形下,公证人责任是以公证业务中存在特别利益为特点来考虑,例如接受遗赠的公证⑫。

一种特殊的责任来自于禁止公证人成为司法机关已受理案件的当事人的权利受让人,如公证人在该案件当中履行职责,该转让将被视为无效,并承担损害赔偿责任(《民法典》第 1261 条)。

第二节　刑事责任

公证人的刑事责任出现在大量的条款中,被定义为特殊犯罪或针对特定身份人员的犯罪(或违法行为),因为它们在特定身份的人员(正在行使职能的公证人或公职人员)身上预设了某种品格,这种品格可能导致责任的加重(例如《刑法典》第 476 条第 2 款:为伪造的证书作证明)或构成《刑法典》第 61 条规定的普通

---

⑩　(续)

(8)未能"审慎地"确定自称是销售方代表的人向其提交的特别授权书的真实性:Cass. 28 gennaio 2003, n. 1228, in *Giust. civ.*, 2004, p. 1808 e ss.;

(9)根据勤勉、谨慎和专业的原则(如认可文件、第三方提供的说明、各方的行为、交易的性质),在能够证明其合理性的多个因素的基础上,对当事人的实际身份与文书上载明的身份不匹配的情况进行确认:Cass. 10 agosto 2004, n. 15424, in *Giust. civ.*, 2005, p. 1259 e ss, e in *Riv. not.*, 2005, p. 318 e ss.,因此排除了客观责任的存在;Trib. Bari 31 gennaio 2005, in *Riv. not.*, 2005, p. 1058,此案表明使用一个或多个身份文件是不够的;

(10)对以明显不同于账户持有人的名字签署的银行支票拒绝承兑,并说明实际持有人的名字,而不是签发人的名字,同时对其账户不存在作出否定性说明(Cass. 16 luglio 2010, n. 16617, in *Giust. Civ.*, 2011, p. 973 e ss.);

(11)检查公共机构的代表权限:在私法活动的情况下,通过行政机构的决议授权进行签约;根据最高法院的观点(11 febbraio 2010, n. 3079, in *Giust. Civ.*, 2011, p. 2692 e ss.),公证人没有义务检查作为当事人出现的市长的代表权,因为有行政机构的决议授权其订约,在这种情况下,这种权力不是来自委托关系,而是来自机构的直接隶属关系,因此《公证条例》第 54 条的禁止性规定在此并不适用;

(12)在缔结合同时,没有告知或没有充分告知当事人并未对时效取得进行司法确定,在该合同中,出卖人宣布自己因完成时效取得而成为所有人(Cass. 2 febbraio 2007, n. 2485, in *Giust. civ.*, 2008, p. 2030,根据该案,该合同的效力不受影响)。

⑪　Cass. 11 January 2006, n. 264 in *Cans. imm.*, 2006, p.1226.

⑫　SCIALABRA, *op. Loc. cit.*

犯罪的加重情节[13]。

此类犯罪的主要情况如下：

1. 贪污(《刑法典》第 316 条)：当公证人在履行职责的过程中，利用他人的错误，为自己或第三方接受或错误地保留金钱或其他利益时，将涉嫌此罪。

这一规定尤其包括为支付费用或税款(如登记、资本收益)而交给公证人的款项；在上述情况中，这些款项成为公共财产，因此挪用这些款项，甚至挪用任何盈余，都满足侵吞财务罪(malversazione《刑法典》第 315 条)的所有构成要件，1990 年 4 月 26 日第 86 号法令废除了这一规定，该条现已被吸收进更广义的贪污罪中，现在由修正后的第 316 条[14]规定。

上述犯罪行为应与"挪用"行为区分开来，后者包括将同样的款项用于实现该机构以外的利益(以前属于侵吞财务罪的行为)，现在，在所有条件都具备的条件下，将构成滥用职权罪。

2. 受贿：产生于职务行为(《刑法典》第 318 条)或因违反职责的行为(《刑法典》第 319 条)过程中。

3. 滥用职权(《刑法典》第 323 条)：与上述其他罪行不同，本罪可能因为公证人职能权限范围之外的行为而导致[15]。

4. 不履行或拒绝履行公务行为(《刑法典》第 320 条)：

这种行为包括拒绝、不履行和迟延履行的情况，并在《公证法》第 27 条中明确提及。因此，公证人免责的事由是出现《公证法》第 28 条规定的下列情形，当事人

---

⑬　MAGOIORE, *Diritto penale*, Bologna, 1955, I, *parte generale*, p. 364 e ss., e II, t. 1, p. 436 e ss.; LASAGNA, *Il notara e le sue funzioni*, *cit.*, 1969, p. 191 e ss.; MANZINI, *Trattato di diritto penale italiano*, VI, Torino, 1948-1950, p. 632; GRISPIGNI (*Diritto penale italiano*, II, Milano, 1950, p. 212) 将此类犯罪定义为特殊犯罪(德语为 *Sonderverbrechen*)或专属犯罪。如果犯罪是由公证人在其职能之外实施的，则属于所谓的普通犯罪，符合《刑法典》第 61 条规定的加重处罚情节(如《刑法典》第 482 条规定的私人实施的重大虚假行为)，参见 Cass. 27 febbraio 1959, in *Riv. it. dir proc. pen.*, 1960, p. 251; Cass. 14 gennaio 1958, in *Giust. pen.*, 1958, II, p. 570; VANNINI, *Manuale di diritto penale italiano*, *Parte speciale*, Milano, 1954, p. 186 e ss.

⑭　Cass. pen. 14 gennaio 2003, n. 28302, in *Mondo giud.*, 7 febbraio 2005, richiamato in *Gazz. not.*, 2005, p. 68.

占有必须以职务原因为条件，并由简单的客观关系来补充，这种关系使公职人员对该物行使事实上的权能，例如占有、保管、处置能力(MAGGIORE, *op. cit.*, p. 141 e ss.; Cass. 21 novembre 1934, in *Giust. pen.*, 1934, II, p. 175; Cass. 2 febbraio 1961, *ivi*, 1961, II, p. 1097)。如果占有不是由于职务原因，则根据《刑法典》第 61 条，属于加重的侵占罪(Cass. 12 gennaio 1938, in Annali penali, 1938, p. 268); CERQUA, "*Appropriazione*" e "*distrazione*" tra peculato e abuso d'ufficio, in *Giur merito*, 2006, p. 346 e ss.

⑮　由于这是一个具有特定意图的犯罪，造成损害或获得利益与构成此罪并不相关(Cass, 11 gennaio 1960, in *Giust. pen.*, 1960, II, p. 65)。以有别于授予目的的方式行使自行处理权的情况可能是公证人根据《公证法》第 53 条(在公证人受到侮辱或遇到抵抗的紧急情况下，要求公共力量协助)行使公证职责相关。

未交纳税款、酬金以及其他费用(获准接受援助的人及遗嘱人除外),或事实上无法接收文书;此外,由于这是一项普通故意罪行,如果拒绝履行是出于善意的,则不包括在内[16]。

不存在法定强制履行义务时被排除在犯罪规定之外,如:

(1)参与完成强制执行不动产或需登记的动产的买卖的各个阶段,在转让行为之前的阶段由税务部门负责。事实上,根据1998年8月3日第302号法令第3条,只有宣布愿意承担并在公证委员会的专门名册注册的公证人才需强制履行上述义务;

(2)根据1997年7月22日第276号法令第1条第2款(1998年第399号法令第1条修订)规定的借调法官(G.O.A.)的行为,则被确定非具有强制性。

另外,也不排除另外两种情形,虽然过去曾有人对这两种情况提出过一些疑问,即,提出自愿管辖上诉的义务和对股份有限公司的股票进行背书认证及保存相关登记册的义务,因为在没有明确的法定免责事由时,公证人必须完成所有的规定义务;

(3)接收或公证所谓的"生前预嘱",涉及所谓的顽固性疾病患者的申请,在美国、加拿大和其他一些欧盟国家(德国、丹麦、比利时、荷兰、西班牙和法国)已经出现。这项执业行为实际上是由个别公证人自主选择来进行的;

5. 伪造文书:这是公证执业中最重要的犯罪行为(包括《刑法典》第476、477、478、479、487、490条和第491条),这些犯罪行为破坏了对包含特定人的真实意愿表达的"文书"(书面的/电子的)的公信力,导致相应的法律后果[17]。

这一犯罪的构成要件是:通过伪造手段改变事实,变更或删除文件中的思想内容(意思伪造)、人的存在(主体伪造)或文件本身(物质伪造);为了误导当事人和第三方而虚构事实;损害后果和非法性[18]。

---

⑯ Cass. 28 novembre 1934, in *Giust. pen.*, 1934, II, p. 472; LASAGNA, *op. ult. cit.*, p. 199; MAGGIORE, *op. cit.*, *Parte generale*, p. 178 e ss.; RAVIZZA, *Omissione o rifiuto d'atti d'ufficio*, in *DI*, XVII, 1904-1908, p. 357 e ss.

⑰ 根据普遍的理论和判例,即使在可撤销的行为中,也可以产生该犯罪,而不仅是在行为无效或甚至不存在的情况下(MAGGIORE, *op. cit.*, II, p. 439; Cass. 5 aprile 1961, in *Cass. pen. mass.*, 1961, p. 627; Cass. 27 febbraio 1959, *cit.*, p. 260;反对的观点参见 CRISTIANI, *Falsità in atti*, in *NDI*, VII, 1961, p. 3 ss.)。《刑法典》第490条(公职人员破坏、删改或隐瞒公证书)规定的伪造行为就是一种特殊情况,见 MALINVERNI, *La teoria del falso documentale*, Milano, 1958, p. 109 e ss.

⑱ 简单地仿制或任何人都能识别的情况不在此列(参见 LASAGNA, *op. ult. cit.*, p. 194)。鉴于该罪行与公信力的相关性,排除了权利人同意的免责事由(LASAGNA, *op. ult. cit.*, p. 192;反对的观点: MAGGIORE, *Parte generale*, *cit.*, p. 453 e ss.)。

在各种伪造中,意思伪造在公证领域特别重要,它可能包括(与《民法典》第2700 条有关):

——虚假陈述公证人实施了某一行为或在某场合中的出席;

——虚假陈述未向公证人做出的内容;

——遗漏或更改其所收到的声明;

——在对事实的虚假陈述中,某文书旨在证明其真实性。

意思的虚假性与物质虚假性的区别在于,它所指向的文书是真实的,因为文书本身确实来自于文书出具者,既不是伪造的也不是篡改的,但在内容上却不是真实的[19]。

有很多涉及公证人虚假意思的案例[20]。

其中一个案例是违反《公证法》第 51 条第 4 项所要求的确认当事人真实身份所做的虚假声明。尽管不论是学界还是理论界对公证人是否需承担这一责任都存在争议,但事实上这一责任还是不可避免地落在了公证人的头上。随着 1976年第 333 号法令的颁布,上述争议虽得到些许缓解,但确实有限。尽管它补正了之前的措辞(公证人必须确定当事人的个人身份),他可以在证明时自我实现这种确定性(通过采纳司法判例的权威观点来实现确认),并评估构成其确信的所有要素。但难点恰恰是确定哪些范围或者说确认哪些是必备要素"才能够形成确信",而不仅仅是因为我们的法律体系中没有真正和适当的识别手段,便可能产生合理的怀疑[21]。

可以肯定的是,在个人身份不匹配的情况下(因为目前的学说和判例不再认为这种情况下的虚假行为是自发产生的),公证人的责任(民事、刑事、纪律)被排

---

⑲　Cass. 11 giugno 1959, in *Giust. pen.*, 1960, II, p. 7. 应该指出的是,并不是所有作者都同意这两种形态的定义或区别,因此,争论的焦点是,仿制现有公证书的副本会构成物质伪造还是观念伪造(刑法第478 条)(参见 LASAGNA, *op. ult. cit.*, p. 193; CRISTIANI, *op. cit.*, p. 4 e ss.)。

⑳　公证人虚假证明他在签署合同时在场(Cass. 16 novembre 1957, in *Riv. pen.*, 1958, II, p. 723);虚假证明证人的协助,而证人随后签署了合同(App. Caltanissetta 4 maggio 1957, in *Giust. pen.*, 1958, II, p. 358);在认证中虚假证明签名是在公证人在场的情况下签署的(Cass. 18 ottobre 1960, in *Giust. pen.*, 1961, II, p. 113; Cass. 8 ottobre 1979, n. 8203. in *Riv. not.*, 1980, p. 549 e ss.)。

㉑　MESSINEO, *op. cit.*, I, Milan, 1952, p. 212. 根据最新的司法判例,公证人如果没有进行充分的调查,仅依据当事人提供的(单一)文件而虚假地证明当事人的身份,后来发现文件是虚假的,则构成观念伪造罪(Cass. pen., 25 maggio 1985, n. 5152, in *Gazz. not.*, 2005, p. 27.)。

关于证人虚假行为中公证人的立场,必须确定虚假行为是否也涉及公证人,只有在公证人进行了所有调查以确定当事人身份后又求助于证人才能确定公证人的虚假行为(Cass. pen., 24 aprile 1991, n. 4524, in CIOFFI, *Profilo del delitto di falso ideologico nelle attestazioni notarili esplicite ed implicite*, in *Gazz. not.*, 2005, p. 24 e ss.)。

除的事由是由以下要素构成的:以适当的方式在评估主观和客观要素的基础上达到个人身份的确定性[22]。

有意思的是,最高法院合议庭(S. U.)在一个判决中载明,根据反洗钱规则,贷款的信贷机构有责任识别该借款人的身份,这也是因为该机构应该知道他的情况,以他的名义开设了账户,信贷机构负责人了解他的情况且参与了订约,并与他有较为信任的关系。

关于物件伪造,根据最高法院最新的态度,伪造罪不包括单纯地纠正明显错误和微不足道的补充(即所谓的无害伪造),只要它们不影响文件表述的意义,因此不会影响合同实现的目的,这也适用于遗嘱起草的情况[23];显然,排除伪造的刑事责任并不意味着排除违反起草公证文书规则的纪律责任。

6. 泄露职业秘密(《刑法典》第 622 条):社会道德对任何从事职业性活动的人附加的义务,从刑法保护的"角度"来看,已涉及对个人自由本身的限制[24]。

一般认为,公证人唯一的职业秘密是关于遗嘱的存在及其内容,不管是由他收到的还是存放在他那里的,甚至是信托管理的。因为当遗嘱人在世时,他不得检查或阅读,也不得提供遗嘱的副本、节本或证明书,除非是提供给遗嘱人本人或者以认证形式获得特别授权的人(《公证法》第 67 条第 2 款)[25]。

当然,对于生者间的法律文书,不能援引前述条款或要求对其进行职业保密,因为鉴于这种公证文书的性质,任何人(即使不是当事人)都可以检查并要求提供副本和节本(同样适用于经公证人认证并存放在公证人事务所的私文书)。

7. 仅由父母中一方作出的认领亲生子女的文书中包含了涉及父母另一方的声明(《民法典》第 258 条):然而,根据 1981 年 11 月 24 日第 689 号法令第 32 条(刑事修正案),该规则规定的最初罚则已被 20~82 欧元的单一行政处罚所取代。

8. 在法律对公证人规定了报告、通知或存档的义务时,遗漏或延迟或不完全履行相关公司文件的报告、通知或存档(《民法典》第 2631 条);前述不履行、延迟

---

[22] Cass. S. U. 30 November 2017 no. 28823, in *Il Sole 24 Ore* 11 December 2017, p. 3; D. CONCETTI, *La sentenza di Cassazione 20 no. 28823, una occasione per tornare sul tema dell' identità personale*, in *Fondazione Anselmo Anselmi, 70 anni della Scuola di Notariato*, Roma, 2019, p. 137 and ss.

[23] Cass, 19 May 2004, no. 23320.

[24] 参见 *Il segreto professionale del notaio*, in *Atti del Congresso internazionale del notariato latino*, Roma, 1958; WERNER, *Le sécret professionnel*, Genève, 1907, p. 47. 该义务与调查当事人的意愿有关(《公证法》第 47 条和《公证条例》第 67 条),并且在遗嘱方面得到《公证条例》第 83 条的明确认可。公证人作为公职人员,是否适用《刑法典》第 326 条(泄露职务秘密)而非适用《刑法典》第 622 条(泄露职业秘密)存在争议(MANZINI, *op. cit.*, VIII, p. 963; MAGGIORE, *op. cit.*, II, 2, p. 907; 反对观点见 PETRONE, *Segreti* (*Delitto contro l'inviolabilità dei*), in *NssDI*, XVI, p. 975, nota 12.)。

[25] 也正是因为这个原因,法律规定了一个特别的遗嘱目录表,它被排除在提交给公证档案馆进行检查的文书之外(《公证条例》第 250 条第 2 款)。

或不完全履行各项民事义务的违法行为,也会导致行政处罚的发生㉖。

9. 一种可能承担刑事责任的特殊情形是,只要可以合理地推断出该活动与黑手党成员参与的非法行为或非法交易有关,就会因未及时避免从事该活动而产生刑事责任;所审查的情况包括起草涉及黑手党资产的买卖合同,并与某些地方行政长官达成协议,改变其资产所在地;在这一情形下,公证人被认为是黑手党团伙犯罪的共犯,因为他的行为将被指控有助于维持和加强黑手党团伙实现其目的㉗。

10. 一种新的承担刑事责任的情况是,接收了未经批准的建筑或土地合同,协助或教唆涉及城市规划或建造的犯罪(1977 年 1 月 28 日,第 10 号法令和随后的修正案)。然而,这些案件在罪行的要素和定性方面存在极大的争议㉘。

事实上,原法律规定以及现行法都缺乏对此类案件认定的明确描述,尤其是涉及未经批准的土地转让方面,这不符合宪法确立的合法性原则(《宪法》第 25 条;合法性原则:禁止类推适用刑法、对犯罪明确界定以及禁止刑法上的不利溯及)。

㉖ 要求在商业登记处备案已提交归档并经法院认可的文书并不属于这些义务,至少从刑法角度看来是如此(参见 RAMONDELLI, *Il deposito per l'iscrizione nel registro delle imprese di atto sociale già omologato e la responsabilità del notaio rogante*, in *Riv. not.*, 1973, p. 529 e ss.)。

此外,在它被废除之前,"外国居民"(外国公民或居住在国外的意大利人)漏报或迟报在意大利的投资并不引起刑事责任;规定的罚款实际上是属于财政部的职权,而且可以针对相关法令向民事法院提出质疑;鉴于该程序的行政性质,除非有明确规定,否则适用于刑法规定罪行的大赦和赦免也不适用于它(App. Torino 11 marzo 1952. in *Banca borsa*, 1953, II, p. 207; DI FABIO, *L'acquisto immobiliare dello straniero*, cit., p. 245.)。

㉗ Cass. VI Penale, 6 febbraio 2004, n. 13910, in *D&G*, 2004, n. 18, p. 31 e ss.

㉘ 关于在某些情况下决定性地排除这种责任,特别是在所谓的滥用分配方面,参见 LATAGLIATA, *La responsabilità penale dei notai per concorso nei reati urbanistici ed edilizi*, in *Giust. pen.*, 1978, II, p. 124 e s.;特别是关于公证人在这一罪行中的共谋,在 1985 年第 47 号法令生效之前的判例中,如果文书是通过公证进行的,可制裁性与否仍存在不同观点(参见 Cass, 25 gennaio 1989, in *Foro it. Rep.* 1989, voce "*Edilizia ed Urbanistica*");相反观点见(Cass. 6 aprile 1982, ibidem, Rep. 1982, voce *cit.*),这种冲突已被最高院合议庭解决,因为只有当公证人欺诈性地参与分配计划,而不(只是)起草购买未经批准的地块的合同或在为缔约准备的书面材料的之上做了认证的签名(Cass. S. U. 3 febbraio 1990, in *Foro it. Giur. pen.*, 1990, p. 697 e ss.),而认证未经批准的分割私人土地的买卖合同的签名已多次被认定是不涉罪的(Cass. 13 marzo 1985, in *Foro it. Rep.* 1986, voce "*Edilizia e Urbanistica*", n. 650).; MAROCCO, *Discipline sanzionatorie dell'attività edilizia. Eventuale rilevanza di comportamenti economici a queste collegati*, *Posizione del notaio rogante*, in *Riv. not.*, 1979, p. 1119 e ss.; VOIELLO, FERRARI, MILLONI, NIUTTA, MALATO, MOTTA, *nell'incontro annuale* (1979) *del Comitato dei Notai Ligure e Provenzale*, *sul tema La legislazione urbanistica con particolare riguardo alle responsabilità del notaio*, in *Riv. not.*, 1980, p. 3 e ss.; NORMANDO, *Profili di responsabilità penale del notaio rogante per atti di trasferimento di fondi rustici frazionati*, in *Riv. not.*, 1980, p. 50 e ss.; Pretura Roma 20 dicembre 1978, in *Riv. not.*, 1979, p. 239 e ss.; Pretura Catania 9 giugno 1978, *ivi*, 1979, p. 852 e ss.; Trib. Orvieto 4 maggio 1978, *ivi*, 1979, p. 232 e ss.; Trib. Roma 24 aprile 1979, *ivi*, p. 848 e ss.; Trib. Roma 4 febbraio 1980, *ivi*, 1980, p. 533 e ss. 在任何情况下,它都被认为是一种危险犯而不是结果犯(Cass. p. 29 luglio 1983, in *Reg. ed.*, 1983, I, p. 805.)。

1985 年 2 月 28 日第 47 号法令规定(第 18 条,根据 2001 年 6 月 6 日第 380 号总统令,由《综合法》(T. U.)第 30 条取代)公证人必须将任何小于 10000 平方米的土地买卖合同向市政厅报备。因此,尽管在遵守《刑事诉讼法》第 2 条(现为第 331 条)规定的报告义务的前提下一般可以免除刑事责任,但在特殊情况下也可能会承担刑事责任。

然而,2005 年 11 月 9 日第 304 号总统令(2006 年 3 月 25 日生效)第 1 条废除了这一报告义务,该条明确删除了"完成《综合法》第 30 条第 6 款规定的手续也可代替《刑事诉讼法》第 331 条所述的报告程序"这一规定。

11. 最高法院最新的态度认为,即使文书(对机动车买卖合同中的虚假签名进行认证)并未用于规定的用途,公证人仍可因违反公信要求而受到惩罚[29]。

12. 1991 年 5 月 3 日的第 143 号立法令以及其他关于洗钱和高利贷的特别法令,明确公证人必须遵守法律规定的执业限制。因此,如果有迹象表明请求办理业务的主体可能根据上述规定(涉及洗钱和高利贷)受到限制,即使他没有法定义务通知相关部门,也有义务拒绝向其申请的当事人提供他们所要求的服务[30]。

在实践中,上述类型协助与共谋犯罪之间可能存在细微的差别。

在这种情况下,公证人应遵守审慎原则。

13. 根据 2006 年 2 月 3 日的部长令,《刑法典》第 648 条的第 2、3 项关于洗钱和使用非法来源的金钱、货物或公用利益的规定已被该部长令所取代,其中规定在从事专业活动时犯下的罪行将加重处罚(经济和财政部在 2006 年 5 月 13 日第 100 号政府公报中发表的评论)。

第三节　财税责任

公证人在税务方面的责任是相当多的:

1. 支付登记税的责任(即使当事人没有预付该款项)(1986 年 4 月 26 日第

---

[29]　Cass. 11 settembre 1997, n. 8262 ined. ;该案涉及两名公证人,他们是受某汽车代理公司欺骗的受害者,其目的是诱骗他们,然后威胁要举报他们。

[30]　MAROCCO, *Fattispecie criminose in materia di riciclaggio e posizione del notaio*, in *Riv. not.*, 1995, p. 433 et ss.

特别是,当契约中涉及一个信托公司(根据 1938 年 11 月 23 日第 1966 号法令)时,2007 年第 231 号立法令第一部分第一章第三节规定的义务将完全适用,因此,根据第 18 条 a 和 b 项,必须对公司和信托人履行充分核查的义务,尽管公证人收集的信息必须得到适当的处理,以确保数据的保密性。如果他无法确定信托人,公证人必须避免提供服务(第 23 条第一款),并必须考虑是否向财税信息局(U. I. F.)报告(*Il Notaro*, 2009, p. 34.)。

131 号总统令第 7 条,原 1972 年第 634 号总统令第 55 条);

2. 对未登记或迟交相关税款的行为分别给予行政处罚并处罚金(1986 年第 131 号总统令第 69 和第 70 条、上文提及的第 634 号总统令第 67 条和第 68 条);

3. 遗漏、不规范管理或延迟向税务局提交需要登记的合同目录表,不包括拒绝承兑目录表以及遗嘱目录表,因为这两种文书不需要登记(1986 年第 131 号总统令第 67 条和第 68 条);

4. 违反自由职业者增值税征收规则的责任;

5. 违反强制抵押备案或登记以及地籍转让登记的行政罚款(1990 年 10 月 31 日第 347 号立法令第 9 条,原 1972 年第 633 号总统令第 17 条和第 22 条)[31];

6. 违反《印花税法》的罚款(1972 年 10 月 26 日第 642 号总统令第 28 条);

7. 违反主要住所不动产增值税(INVIM)的连带责任(1972 年第 643 号总统令第 5 条);

8. 在收到文书登记或认证的申请时,未申报或未提供应缴纳不动产增值税的罚金(上引第 643 号总统令第 23 条第 4 款);

9. 随着针对转让商事公司股权实现的资本收益(capital gain)征税的立法生效,基于公证人作为中间人的身份,有人认为他承担了征税替代者的角色;然而,中间人(因此也包括公证人)替代者的身份并没有得到确认,税务申报表(770 号表格)指出从转让者那里收到税款并支付给税务机关的义务不再对他们产生影响(1991 年 1 月 28 日第 27 号立法令)。相反,有人认为中间人与税收代缴机构的形态更加相似[32];

10. 根据 2005 年 12 月 23 日第 266 号法令第 1 条第 496 款,在有偿转让购买

---

[31]　关于未在规定的时限内(30 天)在土地登记处进行备案的处罚,较有争议,比如,是否应将延迟的情况纳入 1972 年 10 月 26 日第 635 号总统令第 17 条第 1 款提到的"不作为"的情况,在该条款中规定了 1~3 倍的罚款。在这个意义上,延迟与不作为是有区别的,而且它将受到该条第 4 款所载的一般罚款的惩罚。L'App. Roma 13 ottobre 1975, Procuratore della Repubblica, la Commissione tributaria di I grado di Pisa. con due decisioni 13 aprile 1976 (sez. IV e V), in *Gazz. not.*, 1976, p. 44 e ss.), e la Commissione tributaria di I grado di Asti, con decisione 23 luglio 1976, (in *Riv. not.*, 1976, p. 1476 e ss.) 反对的观点见 Risoluzione del Ministero delle finanze 22 giugno 1977, n. 271262/77, in *Notaro*, 1977, p. 92 s.; Cass. 17 luglio 1980, n. 4652, in *Fisco*, 1980, p. 3205 e ss. 最高院最终结束了讨论,确定了 1972 年第 635 号总统令第 17 条第 4 款规定的制裁措施的可适用性。

这个问题现在已经被 1990 年 10 月 31 日第 347 号立法令所解决,该法令不再区分不作为和延迟,只考虑了不作为,规定了 100%~200% 税款的行政处罚;或者,如果不作为涉及应征收固定税款或不征收税款的备案或注册,或已在规定期限内支付了税款,则行政处罚为 103~2065 欧元。另外,"对该条其他不遵守规则的行为"不再规定任何处罚(第 9 条,经 1997 年 12 月 18 日第 473 号立法令修订)。

[32]　CONSIGLIO NAZIONALE DEL NOTARIATO, nota 19 giugno 1992, n. 1269, richiamata da CASU, voce *Imposta sui guadagni di capitale* ("*capital gain*"), in FALZONB e ALIBRANDI, *Diz. enc. not.*, p. 398. 目前,这个问题已被新的立法(1997 年 11 月 21 日第 461 号立法令)所解决。

或建造不超过 5 年的不动产,并根据城市规划文件符合建设用地使用的情况下,卖方需申报对实现的资本收益征收的 20% 的替代税,而不是个人所得税。为此,公证人:

——必须履行替代税的申请和支付;

——必须按照税务机关规定的格式模板,将与转让有关的数据提交税务局。

第四节 纪 律 责 任

公证人的纪律责任值得更深入的讨论。公证人的纪律责任是未能遵守纪律规则所确定的行为义务的责任,体现在《公证法》和《公证条例》以及随后的修正案的诸多典型罚则当中,尤其是 2006 年 8 月 1 日第 249 号立法令所做出的重大变革,这是公证人责任新的法律基础。

不履行有关职责属于更普遍的违纪行为,由于受制于公共行政部门的特殊关系,它不同于刑事犯罪(违反所有公民共守的准则,他们有义务使自己的行为符合这些准则,避免损害他人利益);因此,纪律责任属于更广义的行政责任范畴,行政和非诉讼手段旨在确认违法行为,而施行的惩戒措施具有行政性质㉝。

因此,在 2006 年第 249 号立法令改革之前,《公证法》第 135 条最后一款中反复出现一些表述方式㉞:违反公证义务不是犯罪(从法技术层面来看也不是“违法”);因此,根据《刑法典》第 133 条之三,罚款(以前称为“罚金”)可以增加到 3 倍或减少到 1/3㉟,大赦(amnistia)或赦免(indulto)都不能适用于违反公证纪律规范的行为(根据权威的学说,国家元首只能以公共行政部门最高负责人的身份行使同样的赦免)㊱。

公证人的纪律责任的一个特点是,它是一种附属的与其他类型的责任同时存在的责任,因为无论其他法律规定的处罚如何,即使违法行为没有导致行为无效(或可撤销或不生效)或构成刑事犯罪,也适用这些处罚(《公证法》第 135 条第 2 款)。

《公证法》第 28 条规定,违反法律明确禁止接收文书的公证人的违纪行为仍

㉝ 在这方面可以确定的是违纪行为与公证人的善意或恶意的主观状态无关;之前针对该行为的无罪判决也没有考虑主观善意的因素(Trib. Napoli 19 aprile 1966, in *Temi nap.*, 1966, I p, 217.)。

㉞ 据此,即使该行为不构成“其他”罪行,也应适用纪律处罚。

㉟ 而且不能像《刑法典》第 26 条第 2 款原条文规定的那样转化为拘役这种惩罚。

㊱ 参见 CNN Studi, *Potere disciplinare sui notai*, *cit.*, p. 9; Cass. 13 maggio 1952, n. 1367, in BAMBARA, *Codice del notariato e degli archivi notarili*, Milano, 1977, p. 143; Cass. 6 settembre 1952, n. 2847, in *Riv. leg. fisc.*, 1952, p. 1223.

然是确定无效的,当然,可能通过现今或以后的规范给予特许的赦免㊲。

在公证人的纪律责任问题上,必须普遍适用过错原则。从刑法(《刑法典》第42条最后一款)到行政法规(1981年12月24日第689号法令第3条)所有制裁制度的基本原则,罪责必须至少是因有过错而归责于法律事实中的行为人,因此,在行为人无过错的情况下,相关的"正当的错误"应当被视为是无过错(或可成为免责事由):例如,可以由检察官或司法机关通过一定的措施来保证其行为的正当性㊳。

关于消费者合同中不公平条款的最新立法带来了一个问题,即接收含有此类条款的文书的公证人可能承担的责任,特别是在银行贷款和开发商买卖房屋方面。

按照《公证法》第28条之规定,除了作为自由职业者的公证人违反义务向当事人提供已接收的文书相关内容外(在必要时由《公证职业道德守则》第42条确认),公证人似乎不可能承担纪律责任,因为根据《民法典》第1469条之二和第1469条之三被视为霸王条款的无效性并不等同于"非法性",而根据普遍的学说,这种非法性是第28条的基础㊴。

然而,欧共体关于消费者合同中不公平条款的第93/13/EEC号指令第一部分第6条和第7条应当解释为,不排除国家立法允许公证人按照形式要求起草商家与消费者之间已达成合意的合同文本,哪怕该合同附加强制性条款或免除义务性条款,而不需要在某个阶段审查该合同中的条款是否公平。

但是,只要是经过公证的形式,则永远不能使霸王条款或滥用性条款具有效力㊵。

纪律责任主要涉及对处罚、程序、罚金、减刑、累犯、时效和权利恢复等规则的审查。

(一)公证处罚(改革前《公证法》第135条称为公证处分),包括警告、公开责备、罚款、停职、撤职。

㊲　Cass. , 12 gennaio 2001, n. 383, in *Riv. dir. civ.* , 2001, p. 52 e ss. , a proposito della sopravvenuta eliminazione di una causa di nullità della società ex art. 2332 c. c. 在起草文书或条款时就违反了禁令,立法机构规定的任何补救措施在这方面都是无效的(Cass. 7 novembre 2005, n. 21493, conf. Cass, 1° febbraio 2001, n. 1394,Cass. 4 novembre 1998, n. 11071, in *Vita not.* , 2006, p. 372 et seq. ; D'ORAZI FLAVONI, *La responsabilità e le responsabilità del notaio* , in *Scritti giuridici, II cit.* , p. 1043.)。

㊳　Cass. 8 maggio 2001, n. 6383, in *Gazz. not.* , 2001, p. 684 e ss.

㊴　TONDO, *Evoluzione nella disciplina giuridica dei contratti per adesione* , in *Riv, not.* , 1995, p. 1 e ss. ; MORELLO U. , *La sicurezza giuridica delle contrattazioni come mezzi di tutela del consumatore* , ivi, p. 1191 e ss. ; De ROSA, *Tutela del consumatore e attività notarile - La Direttiva 93/13/CEE* , (artt. 1469-bis e ss. c. c.) in *Federnotizie* , 1996, p. 163 e ss.

㊵　DALMORTU, *La clausola vessatoria od abusiva resta tale nonostante la forma notarile* , in *Riv. trim. dir. proc. civ.* , 2001, p. 1205 e ss.

如果在制定同一文书时,公证人多次违反同一规定,只进行一次处罚,考虑到实施违法行为的次数,可以对该公证人处以法律为此违法行为规定的最高数额的处罚(改革的措施之一,《公证法》第135条第4款)。

这些处罚只适用于公证人,而不适用于公证机构;特别是,人们认为这些处罚不能适用于公证合议机构,比如管区公证委员会在纪律程序中违反程序规则的情况。

1. 警告,即对公证人违法行为进行(不公开)斥责(《公证法》第136条);这种处罚适用于法律等规范对于公证人不遵守职业伦理的行为而未规定其他处罚措施的所有情况,只要适用于那些比应受公开责备更轻微的违法行为进行处罚的情形(第136条第1款第2段)[41]。

考虑到这一规则的普遍且不确定的范围,一定意义上可以说,公证人没有任何违反职责的行为可以不受惩罚[42]。

对不当行为的评价必须根据公证人所从事活动的性质来进行。对此,《公证法》第136条与《民法典》第1176条第二款之间在功能上存在明显的相似性[43]。

2. 公开责备是对所为不当行为的正式声明。公开责备的通知必须在公证委员会办公室外墙上张贴15天(第136条第2款)。公开责备也适用于没有任何其他具体处罚的情况(唯一明确规定可与公开责备择一而执行的其他处罚类型是《公证法》第147条规定的对违反职业伦理的处罚)。

3. 罚款是支付一笔钱款的处罚,这笔钱款需支付给负责检查的管区公证档案馆,并由档案馆在收款后1个月内将70%的罚款上交给管区公证委员会,但依据《公证法》第38条第2款和第80条而产生的罚款则应全部保留给档案馆[44]。

根据1948年4月9日第528号立法令第24条,曾经的有关各种数额罚款的规定被重新设定[45],并转化为欧元支付;对违法行为可处以0.02~0.21欧元;0.21~1.65欧元;0.41~2欧元;0.83~4.13欧元的罚款(1937年7月14第1666号立法令第22条,后经修订大幅提升了数额)。

---

[41] 与警告不同的是,纯粹地"约谈"并要求更勤勉或更严格地遵守自己的职责,其合法性是毋庸置疑的,尽管它可能有一定的处罚作用(CNN Studi, *Potere disciplinare sui notai*, cit., p. 10.)。

[42] App. Bologna 16 luglio 2010, in *Federnotizie*, 2010, p. 247 e ss.,与此无关的是,用"违法"一词取代先前文本(原2006年第249号立法令)中的"过失"一词,这将导致对违反合法性原则的怀疑,无视第《公证法》第147条的"公开"原则。

[43] D'ORAZI FLAVONI, *La funzione sociale del notalo*, cit., p. 874.

[44] EBNER, *op. cit.*, p. 127 ss.

[45] 也不属于1961年7月12日第603号法令中关于刑事处罚的含义,而公证处罚是纪律处罚(CNN Studi, *Applicabilità alle ammende previste dalla legge notarile degli aumenti contenuti nella legge n. 603 del 1961*, II, 1969, p. 179 ss.)。

《公证法》第 80 条规定了一种特殊的罚款,即当公证人收取的金额超过了他应得的金额时,除应向当事人返还超出的部分外,他将被处以一定的罚款,额度是其多收取金额的 1~3 倍。

随着 2006 年第 249 号立法令的生效,对于违反法律规定的行为,金钱处罚的金额被重新设定,以欧元计算如下:

(1)5~45 欧元:第 51 条第 2 款,第 2、3、4、5、6、7、9 项;第 53、59、65、66、70、72 条;第 61 条和第 62 条;

(2)30~240 欧元:第 26 条,第 51 条第 2 款第 1、8、10、11 项和第 12 项;第 67 条第 2 款;

(3)200~900 欧:暂时停职或被剥夺执业权利的公证人仍继续签发副本、节本、证明书(第 43 条);

(4)516~15493 欧元:在有减免情节的情况下,可减少到不低于最高金额的 2/3(第 138 条之二);

(5)8~24 欧元:公证人有义务遵守登记或备案手续的文书留白处缺乏旁注(因此,这种旁注从被可选择性质成为强制性的);

(6)21~105 欧元:1934 年 1 月 22 日,第 64 号法令⑯第 6 条第 1、2、7 款。

---

⑯　《公证条例》(第 261 条)规定的金钱处罚没有随着货币价值的增加而更新,因此,2006 年第 249 号立法令规定,这种更新将根据 1988 年 8 月 23 日第 400 号法令第 17 条第 1 款 b)项而通过的条例来确定,其中规定的有关公证人的违法行为(公证档案馆的管理员和雇员的违法行为已被《公证条例》之后的规定明确或默示地废除)的相关金额以欧元计算:

(1)0.02 欧元,如果再次违法,可增加至 0.04 欧元:

—未在公证人事务所张贴禁治产人、无行为能力或破产者的名单(第 56 条);

—未提及契约中删改的内容(第 69 条);

—未将文书装订成册,并在每页上注明编号(第 72 条);

—未按规定的方式和手续向公证档案馆提供目录表的附加页(第 74 条第六款);

(2)0.02~0.04 欧元,如果再次违法,可增加至 0.12 欧元:

—未在办公室外展示门牌("名牌")和指示公证人办公的日期和时间以及可以找到公证人所在的通知(第 48 条);

—主席未能在宣布文书无效的判决书原件上作出说明(第 70 条);

—未在次月 26 日之前向公证档案馆递交每月的目录表条目和费用(第 77 条);

—未遵守关于在目录表中书写合同和加注的规定,以及每月向公证档案馆传送副本的规定(第 78 条第一款);

—注明登记和支付费用情况的月度目录表副本与原件不一致(第 78 条第 2 款);

—未向公证档案馆递交前一个月未接收合同的消极证明(第 78 条第 3 款);

—未能向档案馆提供司法部认为有必要收集的有关公证的统计资料或数据(第 78 条最后一款);

—不遵守禁止将原件带出公证人事务所的规定,即使是为了使用特殊方式制作副本(第 84 条最后一款);

(3)从 0.02~0.10 欧元,如果是再次违法,可增加到 0.21 欧元:除了公证委员会提供的印章外,还拥有另一个印章(第 27 条最后一款)。

鉴于(公证人)罚款的法律性质,通说认为以下两部法律不能适用之:1975 年 12 月 1 日第 405 号法令,其规定可用罚款这一行政处罚代替刑事罚金来作为违法行为的责任承担方式,使该违法行为去刑事化;1981 年 11 月 24 日第 689 号法令,其一方面将非刑事化扩大到某些只需缴纳罚金的罪行,以一种体系化的方式规范行政处罚程序,另一方面对处罚措施进行了适当调整;公证处罚明显的纪律责任性质导致在这些规则中无法适用,因为它不具有刑事处罚的性质[47]。

此外,1976 年 5 月 13 日的第 407 号总统令对公证人违反《民法典》规定的行为,以支付一笔罚款的行政处罚取代刑事罚金,使违法行为非刑事化,直接适用公证处罚制度或《民法典》规定的公证人罚款的纪律处罚,具体如下:

(1)由公证人的继承人和公证文书持有人向大法官(现在向法院)通报公证人的死亡情况(《公证法》第 38 条第 2 款,1924 年 10 月 23 日第 1737 号立法令第 25 条第一项);

(2)公证人收取的费用超过应得费用(《公证法》第 80 条);

(3)与公证档案馆房舍管理相关的禁令(《公证法》第 115 条和第 116 条);

(4)未在企业登记处申请登记(《民法典》第 2194 条);

(5)遗漏、延迟或不完全履行有关公司或财团的报告、通知或备案(《民法典》第 2626 条第 1 款和随后的新法 1976 年 9 月 16 日第 C/26 号国家公证档案馆说明)。

未对《公证法》已经规定的罚款数额进行调整以及由此产生的关于罚款数额过低的投诉;违宪问题也已被多次提出[48],但该问题一直被法院裁定不予受理[49]。

但是,上述这种"罚款数额过低"的情形可以通过对同一违法行为再进行罚款来解决。

新的立法已经弥补了上述被诉病的缺点,新的立法在很大程度上改变了旧的数额,即如果公证人在同一文书的形成过程多次违反同一规定,可以只进行一次处罚,而违反规定的次数作为加重情节,但罚款的上限是确定的(《公证法》第 135 条第 4 款)[50]。

---

[47] Cass. S. U. 2 giugno 1983, n. 6378;CASU, voce *Ammenda notarile*, in FALZONE e ALBRANDI, *Diz. enc, not.*, Appendice, p. 37 e ss.

[48] 参见 Tribunale di Savona, 28 dicembre 2001 n. 268, in *G. U.* del 5 giugno 2002, n. 22, 24 aprile 2002, n. 138, in G. U., 2002, *Serie speciale*, p. 38 e 9 luglio 2003, n. 391 in *G. U. del 19 maggio* 2004, n. 20 e del Tribunale di Trani del 28 gennaio 2004, n. 271, ibidem, 2004, n.15.

[49] C. Cost. 30 gennaio 2003, n. 18 in *Giust. civ.*, 2003, I, p. 1177 e ss.;Trib. Savona del 28 dicembre 2001 e dal Trib. Novara con undici ordinanze di identico contenuto;6 dicembre 2004, in *G. U.*, 15 dicembre 2004, n. 48, p. 20;18 marzo 2005, in *G. U.*, 23 marzo 2005, n. 12, p. 51;Cass. 1° giugno 1999 n. 5296, in *Mondo giud.*, 1999, p. 473.

[50] 这一规则不适用于对不同文书中发现的违法行为进行相同的多重处罚的情况(Cass. 16 aprile 2013, n. 9177, in *Giust. civ.*, 2013, p. 2025 e ss.)。

4. 停职:因为临时性原因停止公证执业(参见《公证法》第 30 条第 5 款),停职不仅导致丧失管区公证委员会和国家公证委员会的成员资格,并自停职结束之日起两年内不得再次当选上述职位(《公证法》第 138 条最后一款)。

法律规定了各种应当停职的情形:

(1)可处 1 年以下停职的违法行为(在此情况下,可以适用公开责备处罚来替代):

①在公共或私人生活中,以自己的行为损害自身的尊严和名誉或公证阶层的礼仪或威望;

②非过失性地违反国家公证委员会制定的《职业道德守则》[51];

③通过降低费用、税费或报酬,或者对顾客投其所好、引诱,或者投放违反职业伦理的广告,或者实施与公证人职业的名声不符的其他行为,与其他公证人展开不正当竞争(《公证法》第 147 条,经 2006 年第 249 号立法令修订)。就降低费用而言,该规则可能与最新的取消限价的费用放宽化法规相抵触(2006 年 7 月 4 日第 223 号立法令中的第 2 条第一款 a 项,每一笔超出的费用在任何情况下都不应由法律从业者取得)。

然而,取消最低限价也不能排除公证委员会的审查,审查是否适用最低限价,又或者审查突破限价是偶尔的情形还是长期行为(如《职业道德守则》第 17 条的规定),会不会引起不正当竞争,特别是如果专业监督机构认为收取的费用是过低的、不适当的或与承诺不相称的(关于律师收费的审查,参见国家律师委员会的 2006 年第 22-C 号通知)。

关于上述 2006 年第 223 号立法令第 2 条,允许对专业资质、专长、所提供服务的特点、服务的报酬以及总体费用做出信息性广告,该规则似乎与一些规定相抵触,即使用《职业道德守则》所不允许的通知或广告等方式进行不正当竞争的公证人,将被给予公开责备或停职 1 年以下或情节严重的给予撤职的处罚(《公证法》第 147 条,经 2006 年 8 月 1 日第 249 号法立令第 30 条修订);这里明确提到《职业道德守则》(第 17 条和第 18 条),列举了一系列不允许的广告,只允许信息性广告(在其第 18 条中详细进行了说明)。

在这种情况下,《职业道德守则》也必须按照上述"放宽化"要求在 2007 年 1

---

[51]　这实质上是一种停职,尽管《公证法》称其为"无能力",即《公证法》第 139 条和第 140 条规定的措施与这里审查的停职不同,因为停职是裁决性的,而且是有固定期限的(一般来说),而后者是法律性的,可以自动执行(第 139 条)或选择性执行(第 140 条);CNN Studi, *Potere disciplinare sui notai*, *cit.*, p. 13; D'ORAZI FLAVONA, *Intorno alla revoca della inabilitazione notarile*, in *Scritti giuridici*, *cit.*, II, p. 879 e ss. 这使取消资格成为一种"临时"纪律处罚,由于这种原因,它没有被列入处罚,而是注定要在"最终"情况发生时才能确定,要么走向有利的结果(取消资格的撤销),要么更不利(撤职)(《公证法》第 139 和第 141 条)。而事实上,按照这个思路,2006 年第 249 号立法令实际上废除了《公证法》第 139 条和第 140 条。

月 1 日之前进行调整,否则这些条款就会失效。

可以认为,即使在这种情况下,也不能逃避公证委员会的审查,因为广告在任何情况下都不允许有欺骗性、批评性或诋毁行为。

(2)可处停职 1~6 个月的违法行为:

①多次违反事务所和在管区出勤管理规定;

②违反第 54、第 55、第 56 和第 57 条的规定(聋人、哑人、聋哑人以及不懂意大利语的人参与文书制定);

③在保存接收或存放的文书方面存在疏忽;

④缺乏《公证法》第 62 条规定的目录表,或没有在规定的情形下使用;

⑤多次违反第 51 条第 2 款第 1、8、10、11 项和第 12 项(注明日期、宣读提醒、末尾签名、在遗嘱文书中注明时间以及页边签名);

⑥不接受或拖延接受检查。

(3)可处停职 6 个月至一年的违法行为:违反第 27、28、47、48 条和第 49 条,违反职业区域规定、接收法律禁止接收的文书、未在必要时作为证人出席(第 138 条,经第 249/2006 号立法令修订)。

有争议的一点是,如果目录表是以计算机方式保存的,那么如果用所谓的软盘在目录表中输入文档内容,事后被实质性转录在纸上,就会发生违法行为。因为在收到文书时,目录表还没有生效。

(4)只要违法行为仍然存在,就应受到无限期停职的处罚(未将目录表、登记册和文书提交给管区公证档案馆进行 2 年一次的检查(见上文)(《公证法》第 128 条第 2 款)。

(5)撤职是最高的纪律处罚,是终止(因流行病或传染病康复的情形除外)公证执业的处罚(《公证法》第 142 条)[52]。

如果公证人因违反《公证法》第 147 条而被停职了 2 次,并在最近一次违反后的 10 年内再次违反该条规定,则必须处以撤职。

宪法法院在最高法院 2017 年第 270099 号文件之后,已经宣布了这一规则违宪,这与平等原则(《宪法》第 24 条)相违背。因法官必须受此约束,因而不能按照纪律规定来执行上述处罚,而且该规则还与同一法律中的另一个减轻处罚情节(第 144 条)相矛盾,即公证人已采取措施消除损害后果(2019 年 4 月 17 日第 30 号宪法法院裁决)。

此外,被认定实施《公证法》第 5 条第 3 项规定行为之一,并被判决取消陪审

---

[52] 这一情况可能包括公证人身体衰弱的状态,这在 1875 年 7 月 25 日第 2786 号法令的草案中被明确提及(参见 MICHELOZZI, *op. cit.* , p.60 e ss.)。

员资格,也属于依法撤职的情况;此类案件最高法院也经常出现同案不同判的情形[53]。

然而,宪法法院在 1990 年第 40 号决定中,取消了上述法定撤职的情形,明确指出它应被包含在撤职处罚的其他规定中,但作为自由裁量内容。因此,所有撤职的情形必须提交给纪检法官评估,他必须评估事实的严重性和违法主体的主观原因,以决定是否施加《公证法》规定的最严重的处罚。

根据 2006 年第 249 号立法令进行的改革显然考虑到了这一声明,规定了(《公证法》第 142 条之二):

——公证人的行为构成《公证法》第 5 条第 1 款第 3 项规定的罪行之一,当其行为违反第 147 条的规定时,应受第 147 条调整适用该规定的纪律处罚;

——刑法规定的取消公职资格或暂停公证人职业活动的附加处罚条款不受影响。

现行规则下,撤职适用于下列情形(《公证法》第 142 条,经 2006 年第 246 号立法令修订):

①在停职或暂停执业期间继续履行公证职能,但第 137 条第 3 款的情况除外(签发副本、节本、证明书的情况,可处以 200~900 欧元的罚款);

②多次违反第 27 条(拒绝履行职责或在管区外执业)或第 138 条第一款第 b、c、d 项(关于聋人、哑人、聋哑人以及不懂意大利语者参与公证文书制定的规则;因过失未保管文书;未准备目录表或未按照规定方式将其投入使用);

③第二次违反第 26 条(无故离开市镇或事务所)或第 51 条第 2 款第 1、8、11 项和第 12 项(遗嘱文书中没有注明日期,没有宣读,没有时间和页边签名等情形;但未提及第 10 项中规定的末尾签名的问题);

④在发生流行病或传染病时离开居住地;

⑤故意不保存文书和目录表,但适用刑法责任的情况除外。

(二)纪律程序

人们对纪律处分的性质进行了辩论,因为一方面法律没有用自己的规则对其进行全面规范,另一方面它既包含明显的刑事制度,如累犯、减轻情节和法益恢复

---

[53]　根据早先的一项决定(Cass. 17 marzo 1956, in *Riv. not.*, 1958, p. 54 e ss.),法定撤职构成附属刑罚,在任何情况下由宣布刑事定罪的法官来适用,如果存在减轻处罚的情节,则无法适用停职代替撤职。另一方面,根据最高法院几乎同时期做出的决定(Cass. S. U. 16 giugno 1956, *ivi*),剥夺公证人的权利(撤职)通常具备刑罚效力,并由宣布刑事定罪的同一法官适用,但如果存在减轻处罚的情节,这种处罚就具有纪律处罚的性质,由民事法院的情适用,而不是简单的一律停职。在第二种裁判思路下,当刑事法院没有判决被定罪的公证人撤职,如果被告被认定具有减轻处罚的情节,它不能纠正这一疏忽,因为在这种情况下,撤职不再按法律操作,而是交付给法官的自由裁量权,不过这只能通过定罪判决来表述(参见 Cass, 1° giugno 1979, in *Notaro*, 1979, p. 77.)。

(特别是无罪推定原则也被认为适用于纪律处分事项)⑤;此外,也包含从民事诉讼法中提取的一些法律规则,虽然其在民事诉讼法规则基础上尽管已经"自成一体",但其性质总体仍被框定在民事诉讼法框架之内,法律有相反的规定时除外。更进一步说,它涉及了法院管辖权的规定(提到了民事法院:《公证法》第149、150、151条),法院可以指定公证委员会纪检组成员(《公证法》第154条)以及明确提到了《民事诉讼法典》中有关公证委员会纪检组处理事务的规定(《公证法》第157条)。

在纪律处分程序中,除了涉及某些声明或法令的具体规定外,通知必须按照《民事诉讼法典》第136条及后续条文规定的形式进行(由书记员向收件人交付传票或由司法官员通知)⑤。

关于程序的进行,必须根据警告、公开责备、罚金(现在是罚款)、停职或撤职的处罚类型加以区分:

事实上,《公证法》在两种可能的制度(授权公证委员会实施制裁或由普通法官实施制裁)之外,采用了其他法律就已经采用过的所谓混合制度。

由于最严重的纪律处罚是由民事法庭而不是由公证人内部纪检组来实施,因此,与其他专业人员相比,公证人的"待遇"似乎不太平等,但这是由公证职能的特殊性质所决定的,同时也让《公证法》第151条的合宪性受到质疑⑤。

适用警告或公开责备处罚的权限属于公证人所在管区的公证委员会(《公证法》第148条),但如果公证人是公证委员会成员则应由民事法院院长进行干预。在上述情形下,可以向法院提起诉讼,法院将做出最终裁定(第150条),但根据《宪法》第111条应该向最高法院起诉的情况除外。罚款、停职和撤职等处罚的管辖权被授权给民事法院,根据公证人所属公证委员会所在地确定其管辖法院(见《公证法》第148、149条和第150条),不服裁定可以向上诉法院上诉,之后还可以向最高法院上诉。

关于在公证委员会进行调查的程序,《公证条例》第267条最后一款没有规定调查决定作出的最长期限,但委员会在被调查人提交说明材料后,或在合理期限内被调查人没有提交说明材料,才允许作出决定⑤。

---

⑤　参见 Cass. 30 maggio 1956, n. 1849, in *Vita not.* , 1956, p. 457。与此相反的观点参见 CNN Studi, *Potere disciplinare sui notai, cit.* , p. 5 ss. ,它认为《公证法》第136条赞成纪律机构在法律资格、评估和措施的理由方面具备有限的自由裁量权。然而,关于违纪行为的典型性,见 Trib. Milano, 5 maggio 1980, in *Riv. not.* , 1980, p. 681 e ss. ,其中排除了《公证条例》第54条和第28条对单方行为的类推适用,如对儿童行使亲权的父母在没有事先授权的情况下接受清单利益,而第54条只涉及合同这种双方行为。

⑤　Cass. 15 febbraio 2006, n. 3286, in *Vita not.* , 2006, p. 376 e ss.

⑤　Cass. 24 ottobre 2003, n. 16006, in *Giust. civ.* , 2004, p. 1787.

⑤　Cass. 18 giugno 2004, n. 11412, in *Giust. civ.* , 2004, p. 411, 然而,根据该判决,如果要求公证人自认客观上构成违纪的事实,那么公证人拒绝是合理的,因为公证人有权拒绝作出对自己不利的声明。

2006 年第 249 号法令对以前的法律进行了深刻的革新,我们可以适当参考第 32、第 33、第 34、第 35 和第 36 条,这些革新涉及新的管区纪律委员会(CO. RE. DI.),并于 2007 年 1 月 1 日生效,该委员会将有权处理公证人的(所有)违纪行为(修正后的《公证法》第 152 条),而其他经修订的条款(第 1~18 条,第 19 条,第 135 条第 1、2、3 款,第 28、31、37~49 条,第 52 条第 1、3、5 款)于 2007 年 6 月 1 日生效,修订后的第 43 条第 1 款在《政府公报》公布改革动态后 120 天内(2006 年 8 月 11 日)发布,执行《公证法》第六章的规定(对公证人、公证人委员会和公证人档案馆的监督、检查、纪律处分及其监督程序),以及根据《公证条例》第 261 条更新了部分处罚措施,将根据 1988 年 8 月 23 日第 400 号法令第 17 条第 1 款 b 项通过的条例发布规则(2006 年第 240 号立法令第 53 条和第 55 条)。

上述立法令比较重要的内容还包括其第 54 条所载的过渡性规定,根据该规定:

(1)修订的某些条款(第 1~19、28、31、37~49 条和第 52 条)适用于自 2007 年 6 月 1 日起生效的纪律程序;

(2)对于在第 55 条第 1 款规定生效之日前实施的行为,如果对违法行为人更为有利,可继续适用第 21~27、29、30、47、50 条和第 51 条修订之前的规则。

事实上,人们认为关于纪律监督程序的立法受到了刑事诉讼时效制度的启发,无论是旧法的条文还是在其修订后的条文㊳。

既然如此,就有必要考察新的司法行政机关的架构,新机构是根据 2005 年第 216 号公证纪律制度修正法令第 7 条第 1 款 e 项下 1、2、3 点和 4 点授权政府而设立的,即大区(公证)纪律检查委员会。

(1)委员会所在地:大区首府所在管区的公证委员会,但以下地区除外,即,形成单一领土区的地区(瓦莱-奥斯塔和皮埃蒙特,马尔凯和翁布里亚,阿布鲁佐和莫利塞,坎帕尼亚和巴西利卡塔、特伦蒂诺-上阿迪杰、弗留利-威尼斯-朱利亚和威尼托),其委员会分别位于皮埃蒙特、马尔凯、阿布鲁佐、坎帕尼亚和威尼托地区首府的管区公证委员会。

当一个管区的地域范围横跨几个地区时,整个管区被纳入该管区多数公证人住所所在地的大区;拉斯佩齐亚和马萨合并的管区被纳入利古里亚大区。

㊳　因此,处罚时效:

—根据《公证法》第 146 条的规定,4 年后届满;

—不因程序性行为的完成(尤其是像之前的规定那样,因尚未成为最终判决)而中断;

—在诉讼中也可以依职权提出(Cass. 29 gennaio 2010, n. 2031, in *Giust. civ.*, 2011, p. 1317; Cass. 11 marza 2011, n. 5913, in *Giust. civ.*, 2011, p.227; Cass. 14 maggio 2012, n. 7484, in *Giust. civ.*, 2012, p. XXXV.)。

(2)委员会的组成：

—由 1 名法官(magistrato)担任主席；

—6 名、8 名或 12 名公证人担任委员，具体人数取决于分配给每个地区的公证人数量是 250 人以下，还是 250 人以上 400 人以下，还是 400 人以上(含 400 人)。

(3)委员会及其人员的任期(主席、秘书和财务人员，后两者不能是委员会成员)：3 年(或持续到新替代的人员上任)。

(4)任命：

①主席：每 3 年由委员会所在管区的上诉法院院长在次年 2 月前任命，从具有上诉法官以上资格的法官中产生，他们至少在该管区的审判庭工作了 2 年，但以下人员除外：

—注册为实习公证人的法官；

—在过去 3 年内参加过公证人考试的法官；

②公证人(委员)：每隔 3 年选举 1 次，选举必须在 2 月前完成，从各个大区各个管区的公证委员会的注册公证人中选出，选举方式和日期与全国公证委员会的选举相同；当选的同一管区的公证人数量不得超过委员会成员的一半⑤⑨，并且下列人员不得当选：

—全国公证委员会、管区公证委员会的成员以及执业时间少于 10 年的公证人；

—在过去 4 年中，经决定被处以警告、公开责备、停职、撤职或代替停职的罚款等公证处罚的公证人，即使不是最终决定也是如此；

—根据《刑事诉讼法典》第 444 条(按照要件适用刑罚)，因故意犯罪被判刑的公证人；

—连续两次担任委员会成员的公证人，除非他们担任该职务的时间少于 5 年；

下列人员在任何情况下都不得当选：

—法官和公证人与同一委员会其他成员具有三等亲以内的亲属或配偶关系；

—公证人与同一委员会其他成员隶属于同一职业团体。

(5)解除职务：

—主席：

①注册为实习公证人，即使是在其他公证管区；

---

⑤⑨　然而，不遵守这一规则并不是程序和判决无效的原因(Cass. 13 ottobre 2011, n. 21203, in *Giust. civ.*, 2012, p. 1753 e ss.)。

②申请参加公证人考试；

③如果出现了应当回避的其他原因(见上文)；

—委员会其他成员：

①如果出现不能当选或应当回避的原因；

②被终止执业、暂停执业或转移到其他大区执业。

(6)对委员会的通知方式、成员就职、运行费用和会议管理等制定了特别规则(第149条之二、第150、150条之二)。

(7)合议庭：合议庭由主席组建，并尽可能地选择不同管区的公证人；每个合议庭将由主持工作的委员会主席和两名公证人组成。

(8)管辖权：

—属于实施行为的公证人注册管区所属的大区委员会；

—针对任职期间的委员会成员的纪律调查，由分配最多公证人职位的邻近地区的委员会进行；

—西西里岛和撒丁岛分别由卡拉布里亚和利古里亚委员会负责。

(9)下列主体可以申请启动纪律调查程序(第153条)：

—公证人实施被调查行为时，对其住所地有管辖权的法院的国家检察官[60]；

—实施行为的公证人所注册管区的公证委员会主席(如果违法行为是主席本人实施的，则应以决议方式确定一名委员替代主席职务，再向该替代主席的委员提出)；

—负责检查或在其他监督过程中享有检查权的地区公证档案馆负责人。

(10)回避和回避申请：依《民事诉讼法》第51条和第52条之规定。

(11)程序：经修订的《公证法》第155、156、156条之二和第157条对此作了详细规定，主要内容为：

—在收到申请后的5天内，委员会主席组建纪检组进行调查，指定发言人，并将开始调查的信息及时通知申请机构、管区公证人委员会以及被调查的公证人[61]。

—公证人可以亲自或通过特别代理人参加辩论；可以由另一名公证人甚至是

---

⑥　即使法律规定纪律处分程序的启动权在于检察官，但并未规定在检察官没有申请启动程序的情况下，他也必须参与程序。因此，没有通知他相关程序并不是上述决定无效的原因(Cass. 4 gennaio 2010, n. 3, in *Giust. civ.*, 2010, p. 1382 e s.)。

⑥　为了形成公证人纪律处分决定，委员会也可以通过电话获取简要信息。在随后的阶段，具有争议性的证据必须在与被调查人的交叉询问中收集，因为通过电话收集的口头证据不能直接作为决定的依据(Cass, 18 luglio 2008, n, 19927, in *Giust. civ.*, 2009, p. 655 e ss.)。即使是行政程序，对于程序本身开始之前的初步调查阶段的程序瑕疵，管辖权属于普通法院，因为这是一个主观权利的问题，其保护工作移交给了普通法院(Cass. S,U, 31 luglio 2012, n. 13617, in *NOT.*, 2013, p. 229.)。

退休的公证人[62],或者律师代其参加。

——辩论在公证人委员会的议事室内进行,申请调查的机构、被调查的公证人和他的律师(如存在委托的话)可以参加。

——纪检组在公证人委员会的议事室作出决议,当事人不得在场;决议的正式文本在作出决议后由主席立即宣读[63],决议在 30 天内必须发出。

公证委员会是纪律处分程序的必要一方,因此,如果公证档案馆负责人在申请启动纪律调查程序的情况下没有通知公证委员会,将构成程序本身无效的事由[64]。

(12)异议:

①向上诉法院提出:由当事人、检察官和第 156 条之二规定的参与调查的主体在收到决议通知后的 30 天内提出异议;如果没有收到通知,则在决议被存放后的一年内提出,并指定一名律师进行义务辩护。法院在公证委员会议事室进行判决,并宣读判决的正文,判决书在接下来的 30 天内存放在委员会秘书处;

②向最高法院上诉:如符合《民事诉讼法典》第 3 条和第 5 条规定的情况[65],则在判决书通知后的 60 天内提起;如果没有通知,则在判决存放于秘书处的一年内提出[66]。

根据《宪法》第 111 条第 7 款的规范界定,上述规则应该被解释为不得排除以《民事诉讼法典》第 360 条第 1、2 项和第 4 项规定的理由向最高法院提出上诉的可能性,这些理由包括在宪法规定的违法行为的内涵中,并且将上述可能性延伸至第 360 条第 5 项的理由,该条款由 2006 年 2 月 2 日第 40 号立法令修订[67]。

---

[62] 该要求似乎排除了因达到年龄限制并且至少有 10 年没有从事过公证工作而被解除专业执业资格的公证人,尽管这是一个相当不可能的情况。

[63] 然而,根据 2006 年 8 月 1 日第 249 号立法令第 46 条修订的《公证法》第 158 条之三,针对未对决议文本进行公开宣读,提起所谓的决议无效的上诉将不被受理(Cass. 9 dicembre 2010, n. 24867, in *Giust. civ.*, 2011, p. 348 e ss.)。

[64] Cass. 3 febbraio 2011, n. 2558 in *Giust. civ.*, 2011, n. 612 e ss.

[65] Cass. 25 marzo 2010, n. 7169, in *Giust. civ.*, 2010, p. XXVIII.

[66] 上诉的时效在以前的法律中规定为 30 天(《公证法》第 155 条和第 156 条),规定较短期限的理由是需要加快纪律程序(Cass. 15 settembre 2008, n. 23668, in *Giust. civ.*, 2009, p. 356 e ss.,其中宣布对违宪的上诉明显不可受理)。向最高院上诉的处理被委托给(根据 2009 年 6 月 18 日第 69 号法令)《民事诉讼法典》第 376 条规定的部门管辖,其主席负责决定是否根据《民事诉讼法典》第 380 条之二或第 380 条之三进行分庭程序。处理撤销原判的上诉被委托给(前 2009 年 6 月 18 日第 69 号法令)《民事诉讼法典》第 376 条规定的部门管辖,其主席负责决定是否根据《民事诉讼法典》第 380 条之二或第 380 条之三进行分庭程序(Cass. 14 maggio 2012, n. 7484, in *Giust. civ.*, 2012, p. 2325 e ss.)。

[67] 在 2006 年 2 月 2 日第 40 号法令生效后,对适用纪律处罚的判决向最高院提出的撤销原判的上诉,基于时间上的原因,必须包含根据《民事诉讼法典》第 366 条之二(未被 2009 年第 69 号法令第 47 条第一款 d 项废除)规定的理由,否则不予受理(Cass. 1° febbraio 2010, n. 2234, in *Giust. civ.*, 2010, p. 842 e ss)。

最高法院在听取各方意见后在议事室作出判决。

(13)事先措施:可以规定暂停执业或其他任何适当的事先措施。具体包括:

—可选择性事先措施:

①如果需要对公证人应负责的行为开展纪律调查,情节可能较为严重,不宜再从事公证执业活动;

②实施了《公证法》第142条之二中规定的犯罪,但尚未被宣判的公证人,或应被撤职但程序尚未终止的公证人;

—强制性事先措施:

①如果公证人在监狱中被执行预防性看管或被拘役;

②公证人正在服限制人身自由的刑罚(实刑)。

(14)《公证法》第158条之四、五、六、七、八、九、十、十一,对程序的执行、通知、传达作了详细规定。

特别是,在对同一事实提起刑事诉讼的情况下,纪律调查终止,直到刑事判决作出。之后的纪律调查程序,应将刑事判决中关于刑事违法和罪犯实施的犯罪行为的认定作为已查明的事实采用。如果刑事诉讼与纪律调查程序有关,大区纪律执行委员会(CO. RE. DI.)可以应公证人的申请中止纪律调查(第158条之五)。

在纪律处罚的最终决定作出之前,公证人因退休而终止公证服务的,将导致争议事项消灭。同时,向最高法院提出的上诉将不被受理,并应该撤销上诉法院的判决[68]。

鉴于新法规的细微和复杂程度,特别是在程序方面,在学说和判例作出充分解释和实践之前,不太可能就这一问题提出明确的观点。

然而,似乎可以观察到,法律的革新带来的变化体现在以下几个方面:

①首先,在一个可以说是在刑事和民事程序之间摇摆不定的问题上,填补了程序规则的空白;

②有可能克服旧的时效规则导致的弊端,因为考虑到各级诉讼程序的审理时间,旧的时效规则往往只允许在规定的期限内适用;

③授权一个地区组织(大区纪律执行委员会)负责纪律程序,防止被调查的公证人受到本管区同僚的影响(无论是有利还是不利的影响);

④立法上不仅承认专业机构制定道德规则的合法性,更重要的是它带来了处罚的可执行性;

---

[68]　Cass. 13 marzo 2012, n. 4001, in *Giust. civ.*, 2013, p. 707 e ss. ; Cass. 15 settembre 2008, n. 23668, in *Giust. civ.*, 2009, p. 356 e ss. ,以违宪为由申请上诉明显不可受理。

⑤最后,它消除了有关罚款有无正当性的学术争论。如上所述,这种争论曾导致人们一再试图宣布罚款的违宪性。

另外,可以观察到:

①程序规则的细微之处可能会使该类机构比过去更加繁忙(首先是公证委员会,它们目前已经背负了各种负担和责任,包括道德方面的负担和责任,这使它们的工作变得困难,特别是那些成员数量很少的小管区公证委员会);

②大区选举委员会成员不具备资格、利益冲突以及其他不适合担任职务的事由很多,这不仅可能使纪检组这一机构难以建立,而且难以运作,特别是在没有法定义务必须接受这一职务的前提下,还有承担相应责任的风险(特别是损害赔偿责任);

③禁止对包含在目录表中的同一违法行为进行重复罚款,但没有考虑同一行为是否包含在制作同一"文书"(已确定)的情形下,这在某些情况下可能导致过度处罚的后果(例如,在盖章前将文书登记在目录表中);

④最后,随着委员会的成立,公证人不仅摆脱了来自其同事的处罚(涉及警告和公开责备等较轻微的处罚),而且也摆脱了普通法官/基层法院原本管辖的较为严重的处罚(罚款、停职、撤职)的判决:这可能使人怀疑为公证人确立了一种特殊的司法权,这是《宪法》所禁止的(第 102 条规定可以建立专门的部门,符合条件的司法机构之外的公民也可以参与,但总是在法院处理的事项,而纪律问题在许多方面则是刑事问题的一部分)[69]。

众所周知,宪法的规定提出了一个微妙的解释问题,特别是在保障特别法官独立性的组织形式方面,假设法院的机构主要由行政官员(或在任何情况下都不是普通法官)组成,或规定机构成员可以连任时,这种独立性就会受到破坏[70]。

然而,必须按照过渡性规定(第 54 条)中的新规则明确适用的起始时间:

①自 2006 年 8 月 26 日起(法律真空期结束):关于警告、公开责备、罚款、停职、撤职、公司文书、累犯、保证金、时效、不正当竞争的规定;

②从 2007 年 6 月 1 日起:涉及建立大区纪律执行委员会的规定;

③从 2007 年 6 月 30 日起:上述委员会开始运作的相关规定。

---

⑥⑨　明确肯定有关纪律处罚的规定是受刑法时效的启发(Cass. 14 May 2012, no. 7484, in *Giust. civ.*, 2012, p. XXXV.);另见 FABIANI, *Il nuovo procedimento disciplinare notarile*, in *Giust. proc. civ.*, 2009,他对大区纪律执行委员会(CO. RE. DI.)的合宪性以及程序的行政和司法性质表示怀疑。

⑦⓪　参见 SPAGNA MUSSO, voce *Giudice (nozione)* in *Enc. dir.*, XVIII, p. 944 e ss.; ANDRIOLI, *Le giurisdizioni speciali nella Costituzione della Repubblica*, in *Le giurisdizioni speciali amministrative*, Milano, 1956, p. 13 e ss.,无疑缺乏独立性基础的纪检组是违宪的,参见下列报告中的无数案例 riportati nella Relazione di CUOCOLO, in *La Corte costituzionale tra norma giuridica e realtà sociale*, *Bilancio di vent'anni di attività*, a cura di OCCHOCUPO, Bologna, 1978, p. 362 e ss.

然而,大区纪律执行委员会(CO.RE.DI.)不是司法机关[71],因此:

①不能向它提出合宪性审查[72];

②它们不适用假期时效中止规定(1969年10月7日第742号法令第一条)。

关于纪检组所做结论的性质,人们通常这样认为:在纪律程序中,应该评价的是行为而不是文书和交易[73]。

以下情况也能印证上述观点:虽然对行为的明文禁止是明确的,但文书的瑕疵,特别瑕疵是否会导致其无效,可能并没有得到司法判例或学说的认可。

(三)保证金。在实施了仅被处以罚款的违法行为的情形下,不构成累犯的公证人可以阻止处罚程序的启动或在处罚决定作出前中断处罚程序,条件是他缴纳该违法行为所涉法定罚款上限的1/3和实施处罚程序的必要费用(《公证法》第145条之二,但没有提到保证金一词;该词出现在1924年10月23日第1737号立法令第23条)。

至于该制度的性质,它当然是消除违法行为责任的原因,而不仅仅是消灭处罚的原因,也并不构成对犯罪的自认[74];更重要的后果是,支付"保证金"的公证人不被认为是累犯,因此,"罚款"这一金钱处罚可以被多次消除[75]。

值得指出的是,适用该制度必须符合两个要件:

(1)它必须是一种仅被处以罚款的违法行为:因此,在将停职的处罚降为罚款的情况下,则排除了缴纳"保证金"的可能性[76]。

(2)且公证人不得是该同一违法行为的累犯(见下文)。

从时间的角度来看,该规定与《刑法》第162条和第162条之二规定的"保证金"在刑事诉讼中的情况相反;法律明确规定,只有在法庭辩论开始前或定罪的刑事判决作出前才可以受领"保证金",但没有规定适用该制度的其他具体时限。

---

[71] 2011年第150号法令第26条规定,除非另有规定,针对大区纪律执行委员会(CO.RE.DI.)关于纪律问题的决定以及针对根据《公证法》第158条和第158条之二采取的事先措施提出的异议,应根据《民事诉讼法典》第702条之二进行独任审判;然而,这一创新与规范诉讼阶段的"形式"有关,因为受委托的立法者不能干预行政阶段(CAPORUSSO, *Il nuovo procedimento disciplinare notarile - Lineamenti*, in *Il diritto vivente nell'età della incertezza*, Torino, 2012, p. 238 e ss.)。

[72] TENORE e CELESTE, *op. cit.*, p. 156;相反观点参见 BRIENZA, *Il nuovo procedimento disciplinare: problemi vecchi e nuovi*, in *Federnotizie*, 2007, Quad. 16, p. 20.

[73] TENORE e CELESTE, *La responsabilità disciplinare del notaio ed il relativo procedi-mento*, Milano, 2006, p. 191.

[74] Cass. 27 febbraio 1942, in *Riv. leg. fisc.*, 1942, p. 338.

[75] 参见 CNN Studi, *Oblazione in materia disciplinare*, cit., p. 271 e ss.; Trib. Ancona 8 luglio 1960, in *Riv. not.*, 1960, p. 515; Trib. Milano 22 ottobre 1964, *ivi*, 1965, p. 167;反对的观点见 App. Catania 24 maggio 1962, in *Vita not.*, 1962, p. 617.

[76] Cass. 23 marzo 2012, n. 4720, in *Vita not.*, 2012, p. 896 e ss.

因此,《公证法》规定的"保证金"不仅可以在纪检程序开始前进行,也可以在诉讼期间进行,还可以在最高法院审理期间进行;只是在最后一种情形时,受理案件的案卷中会要求提交非累犯的证明材料,因此也不需要进行特别调查来排除[77]。

(四)减轻处罚。可归责于公证人的行为中如果存在减轻处罚的情节,或公证人在违法行为后努力采取措施消除违法行为的损害后果,或完全弥补了所造成的损害[78]:

(1)罚款应减少1/6(《公证法》第144条);

(2)以警告代替公开责备,以第138条之二规定的罚款(罚款数额为516欧元以上15493欧元以下,如果存在减轻处罚的情节,则罚款不低于最高限额的2/3)代替停职,以及以停职代替撤职(《公证法》第144条)。

当然,鉴于《公证法》第145条之二的明确规定,取代停职的处罚不能通过缴纳保证金消除。

(五)累犯。我们之前部分内容已经涉及累犯制度,在《公证法》中,它可以在第145条中找到(唯一的)相应规定。在此基础上,如果公证人在受到处罚后的5年内再次实施同样的违法行为,则构成累犯(明确提到"已处罚"证实了以前存在的违法行为被消除时则排除累犯的成立,因为缴纳保证金可以终止程序进程,并阻止最终处罚)。

关于公证纪律处罚领域的累犯,最重要的问题是,只需要公证人做出任何违反法律的行为(所谓的一般累犯说)就构成累犯,还是只有在公证人作出曾受处罚的同一违法行为(所谓的特定累犯说),才会构成累犯。

在这方面没有明确法律规定的情形下,通说观点还是认可特定累犯说[79],原因是多方面的,第一,主要是因为在公证人的纪律责任领域充斥着许多违法行为,其数量和严重性都非常不同,如果采用一般累犯说显然是不公正的。第二,因为在没有区分两种类型累犯的情况,如《刑法》第99条规定的犯罪行为(根据犯罪性质是否相同而增加不同的刑罚),特定累犯似乎比一般累犯更站得住脚。第三,因为《公证法》中提到累犯的几种情形总是会规定累犯的具体情形(《公证法》第138条第1项和第5项;第142条)。

对《公证纪律程序规则》的最新修订最终解决了这一问题,它规定如果公证

---

⑦ Cass. 13 giugno 1958, n. 1995, richiamata in Cass. 7 aprile 2000, n. 7897, in *Notaro*, 2000, p. 72. ; Cass. 14 maggio2012, n. 7484, in *Giust. civ.*, 2012, p. XXXV.

⑧ 所谓的确有悔改表现,如果发生在辩论阶段之前,则支付《公证法》第144条第1款规定的费用,可以使登记文书迟延的公证人免于停职(Cass. 12 febbraio 2014, n. 3203, in *Il Sole 24 Ore*, 13 febbraio 2014, n. 43.)。

⑨ Trib. Ancona 8 luglio 1960, in *Vita not.*, 1960, p. 435; Trib. Milano 22 ottobre 1964, in *Riv. not.*, 1965, p. 157; PROTETTI e DI ZENZO, *La legge notarile*, Milano, 2003, p. 430 e ss.

人在受到处罚后的5年内再次实施同样的违法行为,则属于累犯(经修订的《公证法》第145条)。

如上所述,累犯与排除保证金制度、加重处罚的规范目的息息相关。

(六)诉讼时效。在2006年第249号法令进行改革之前,《公证法》第146条规定了诉讼时效的两种情况:

(1)纪律处分的时效:期限为4年,从违法行为实施之日起算,即使有处罚程序启动的相关文书也不发生中断;程序性文书也包括在4年期限内没有最终定罪的判决[80]。

(2)任何一种处罚的执行时效:期限为5年,从宣布违纪处分之日起起算。

关于纪律处分的4年时效以及由于过了这一期限而导致的不被受理问题,最高法院曾多次指出:

(1)时效是作为权利来运作的,可以在诉讼的任何阶段提出;

(2)任何程序性行为,无论是公证委员会的决定还是司法行政部门的决定,都与时效无关;

(3)只有在同时提起刑事诉讼或在有最终判决的情况下,才中断时效期间。

根据主流观点,公证委员会在其职权范围内采取的较轻处罚措施(警告或公开责备)和法院或上诉法院采取的较严重的制裁措施(罚款、停职或撤职)的判决在等待上诉结果的过程中,应排除临时执行[81]。

关于上诉法院作出的判决,《公证法》规定可以向最高法院提出上诉,但只能以缺乏权限、违反或错误适用法律为由(第156条);按照最高法院目前的裁判方向,这些与裁判理由有关的缺陷,应当是涉及程序法上的瑕疵,因此仅包含《公证法》第156条的前两个缺陷而不包括第3个。

当事人针对公证委员会采取措施的二审判决的上诉以及针对法院院长对作为公证委员会成员的公证人作出的决定的审判结果的上诉(《公证法》第150条),根据《宪法》第111条,最高法院可以受理针对《公证法》第156条的规定的上诉。

然而,应该记住的是,由于第155条规定了向最高法院提出上诉必须遵循的

---

[80]　Cass. 2 marzo 1977, n. 861, in *Riv. not.*, 1977, p. 671 e ss. 这一判决标志着最高法院政策的彻底改变(参见 *Vita not.*, 1976, n. 1; SERPI, *Il notariato nella giurisprudenza, cit.*, p. 411 e ss.; Cass, 25 luglio 2002, n. 10886, in *Vita not.*, 2002, p. 1629 e s.)。Cass. 7 giugno 1974, n. 1714, in *Foro it.*, 1974, I, p. 2000; Cass. 15 aprile 1975, n. 1433, in *Vita not.*, 1976, p. 506 e ss.; Cass. 30 gennaio 1979, n. 652, in *Riv. not.*, 1979, p. 259 e ss.; Cass. 17 dicembre 2004, n. 23515, in *Riv. not.*, 2005, p. 1052.

[81]　FABIANI, *Provvisoria esecutorietà della sentenza che irroga la sanzione disciplinare al notaio in pendenza di impugnazione?* in *Riv. trim. dir proc. civ.*, 2006, p. 277 e ss. ed Autori ivi richiamati; BOERO, *op. cit.*, p. 640 e ss.

方式和时限,所以无论是由公证人还是由检察官提出,上诉不仅要通知(对方当事人),而且要在原审判决书送达后 30 天内向最高法院提交并存放于最高法院的秘书处,否则不予受理[82]。

对《公证人职业道德守则》内容的确定、解释和适用涉及诉讼本质的问题,除非有充分的理由,否则不应在法庭上进行审查,因为它们指的是法律以外的规则,即行业的内部规则,而不是法律规则[83]。

至于向最高法院上诉的时效,由于时效期间过短,曾被质疑其合宪性问题,但最终这一质疑被认为没有实质根据[84]。

目前,《公证法》关于时效的第 146 条已经做了较大的修正,即:

①对公证人违纪行为的处罚的执行时效 5 年期届满,从违纪行为发生之日起计算,如果是第 128 条第 3 款规定的违纪行为,自第 2 年(即在 2 年一次的检查中发现违纪行为)的第一天开始起算;

②时效期间应启动纪律调查程序的请求和实施纪律处罚的决定而中断,如果发生多次中断时效的行为,时效期间应从最后一次行为发生之日起重新计算,但时效期间最长不得超过 10 年;

③如果已就被指控的行为启动刑事诉讼程序,处罚执行时效中止,直到刑事判决作出;

④纪律处分必须在程序终结之日起 5 年内执行(2006 年第 246 号立法令第 29 条);

⑤只有在时效期间已过的情况下才可能存在时效利益的放弃,因为该制度是以刑事诉讼时效为模型的[85]。

在纪律处分的时效问题上所做的重大修改可以说是十分合理的,因为如前所述,以前的纪律处分很多时候会导致违法行为时效届满,因为考虑到审查的长期性,时效往往会在向最高法院上诉期间届满,为此,当事人往往选择向最高法院提出上诉(来拖延至时效的届满)。

然而,应该注意的是,新规则现实中可能会导致时效之外的一些相反效果,相较于刑事诉讼时效(见《刑法典》第 157 条和第 160 条)与宪法确立的一般诉讼合理期限(《宪法》第 11 条第 2 款)[86],对于在 2 年一次的检查过程中确定的违法行

[82]　Cass. 23 luglio 2004, n. 13825, in *Giust. civ.*, 2005, p. 1512 e ss.

[83]　Cass, 15 febbraio 2006, n. 3287, in *Vita not.*, 2006, p. 378.

[84]　Cass. 11 gennaio 2005, n. 381, in *Vita not.*, 2005, p. 1087 e ss.

[85]　Cass. 14 maggio 201, n. 7484, in *Giust. civ.*, 2012, p. 2325 e ss.

[86]　关于纪律处分时效规定的合宪性问题(由 2006 年第 249 号法令第 29 条取代的《公证法》第 146 条),见 Cass. 29 dicembre 2012, n. 23684 e 23683 e 16 ottobre 2012, n. 17697.

为所适用的时效规定是不寻常和不合理的。

公证委员会介入纪律处分程序的合法性最初曾被最高法院否认过,当时根据最高刑罚的标准,该权限应属于法院[87]。

最近,最高法院重新就此作出表态,认为在对公证人的纪律处罚问题上,不管处罚程序是在委托给公证委员会的行政阶段之后进行的[主要是指公证委员会对公证人适用的轻制裁(警告或公开责备),而后公证人提起诉讼],还是由检察官提起,直接并首次适用较严重的制裁(罚款、停职、撤职),公证委员会都是诉讼程序的必要一方,这是因为公证委员会与处罚的合理确定直接相关,其职能是确保职业道德规则与立法机构制定的法律一并得到遵守。其结果是,如果公证委员会未能参与诉讼,则上级法院必须依职权撤销裁决[88]。

然而,应该记住,在对公证人的纪律处分程序中,公证委员会的参与受《民事诉讼法典》相关规定的约束,只要不与《公证法》的规定相违背。因此,根据《民事诉讼法典》第365条的规定,如果公证委员会向最高法院提出的上诉书未经特别登记册中登记的相关专业人士签署的,则不予受理[89]。

关于纪律责任的问题,根据最高法院的观点,除了遵守《公证法》的规定外,在起草某些文书时未采用《职业道德守则》规定的特定格式,也可以被认定为违纪行为[90]。

公证委员会也应当向对公证人提出投诉的人发出可能启动纪律处罚程序及其最终处罚结果的通知[91]。此外,公证委员会可以在不违反隐私保护法规的情况下,通过在告示栏上张贴或在公证人行业期刊上发布对某一公证人启动纪律程序的通知,这是因为隐私保护法规(第675/96号,现已被2003年6月30日第196号立法令通过的《隐私权法典》替代)没有改变专业技术人员登记册的公示制度,也因为《隐私权法典》第62条规定,录入在登记册中的行业委员会可以向公众和私人主体传播的数据中,就包括勒令停职或执业禁止程序;然而,至少就刊物上公示这一种方式而言,《隐私权法典》第52条允许有关人员在确定最终处罚之前,建

---

[87]　Cass. S. U. 9 giugno 1994, n. 190, in *Notaro*, 1995, p. 3.

[88]　Cass. 24 ottobre 2003 n. 16006, in *Riv. not.*, 2004, p. 738 e ss. Cass. S. U. 26 giugno 2002, n. 9328, in *Giust. civ.*, 2002, p. 2423 e ss.,据此,在对公证人的纪律处罚的司法程序中,无论是在委托公证委员会适用单一纪律处罚(警告或公开责备)的行政阶段之后,还是在检察官的申请下适用更严重的处罚(罚款、停职或撤职),违法公证人所属的公证委员会在任何情况下都是诉讼的一方:Cass. 25 luglio 2002 n. 10880, in *Vita not.*, 2002, p. 1630;Cass. 21 marzo 1996, n. 2408, in *Giur. it.*, 1996, I, p. 1468 e ss.;CASU, *Il consiglio notarile come litisconsorte necessario nei procedimenti disciplinari concernenti il notaio*, in *CNN Studi e mat.*, I, 2004, p. 52 e ss.

[89]　Cass. 18 giugno 2004, n. 11412, in *Giust. civ.*, 2005, p. 411.

[90]　Cass. 26 settembre 1997, n. 2475, in *Vita not.*, 1998, p. 405 e ss.

[91]　CATALLOZZI, *Consiglia notarile e accesso agli atti*, in *CNN Studi e mat.*, 2/2003, p. 741.

议只标明其名字和姓氏的首字母。

(七)恢复执业。对于被撤职的公证人,法律规定在以下情况下可以恢复其执业资格(《公证法》第 159 条):

(1)如果因实施第 5 条第 1 款第 3 项规定的犯罪被判刑,公证人根据刑法相关规定获得了恢复执业的权利;

(2)在其他情况下,撤职或刑罚执行完毕至少已届 3 年;

(3)没有被判定构成伪造罪、盗窃罪、舞弊罪、有条件的挪用罪、盗用公款罪、诈骗罪和诽谤罪。

恢复执业的程序首先是公证人向他被撤职时所属的公证委员会提出申请,并附上证明其确有悔改的文件和证据;然后公证委员会作出决议,最后是上诉法院对上述决议的批准,法院在听取了检察官的意见后在议事室作出裁定。

在法效果方面,恢复执业并不意味着消除其违纪行为。相反,违纪行为会因处罚期满而消灭。恢复执业的唯一目的是通过判断被撤职者的悔过程度来决定是否允许其重新执业。

这就解释了为什么恢复执业不是自动进行的,而只是根据公证委员会的程序,应有关当事人的申请后启动,还需经过上诉法院批准(《公证法》第 159 条第二款);还有,恢复执业的裁定并不意味着使当事人立即恢复公证执业的效力,当事人还必须重新通过公证执业考试[32]。

关于纪律处分程序的问题,最高法院的一项判决(没有先例)认为,如果在另一个纪律处分程序中被宣布违纪的公证人以秘书身份参与了公证委员会的纪律处分决定,并未违反《公证条例》第 103 条;在对公证人提出的上诉进行判决之前,《公证条例》没有规定公证人必须亲自出庭,这并不构成对公证人权利的侵犯,这与检察官要求的公诉人提出上诉时必须出席的规定不同[33]。

在 1990 年第 40 号判决中,宪法法院针对 1988 年第 971 号判决中公职人员撤职不符合《宪法》第 3 条的原则的裁判,认为《公证法》第 142 条的规定与《宪法》第 5 条第三项最后一段所述罪行当然地、自动地撤职相冲突;由此可见:

①撤职已成为一种(在任何情况下的)自由裁量的纪律措施,其适用权限将委托给普通法官,即民事法院(与《公证法》第 158 条的旧条文的规定相反,该文本的相关部分也被宣布为不合法);

②《公证法》第 146 条也是违宪的,因为它没有规定在刑事审判的终局和不可撤销的判决之前,中止纪律处罚程序的 4 年时效期限;

---

[32] Conf. FALZONE e ALIBRANDI, voce *Riabilitazione*, in *Diz. enc. not.*, vol. III, p.598.

[33] Cass. 6 giugno 1997, n. 5083, in *Giust. civ.*, 1998, p. 859 e ss.

③构成纪律处分与定罪类型之间无法有效衔接,即根据《刑事诉讼法典》第
444条做出的定罪(在认罪谅解协议之后)或在定罪之后的量刑,在纪律处分程序
中都没有约束力(刑事协商程序)[94]。

第五节　助理责任

助理的责任问题值得单独讨论。

通说认为,助理个人受到刑法和纪律规范的约束,似乎还有财税责任和行政
责任,比较难确定的是其承担民事责任的类型,应该从助理和其辅助的公证人之
间的内部关系和对第三方的外部关系两个方面来综合考虑。

在第一个方面,这种关系是履行工作职能的关系,类似于(但不完全相同,因
为其具有一定的公共职能性)民法中的委托代理关系。在此关系内,学界认为其
工作具备履行的自主性[95],具体表现为公证文书的制作,并适用与委托相关的一些
条款(《民法典》第1709、1710、1720、1721、1725条第2款、第1727条)。

然而,在外部关系方面,由于助理"以其辅助的公证人的名义且为其利益"实
施行为,《民法典》第1704条转引适用第1388条(在"授权的范围内"承担合同过
失责任);然而,由于这里的授权是由法律确定的,排除了委托人相反的意思表示
之可能;鉴于《公证法》第45条第2款的公共职能性质,并依据《民法典》第1388
条,委托人(也)须为合同过失承担责任,受损害方可对委托人以及助理提出损害
赔偿请求,而根据《民法典》第2043条,非合同过失的后果只由代理人承受[96]。

　　[94]　V. Cass, 16 luglio 1997, n. 6530, in *Riv. not.*, 1997, p. 1445 e ss.; RAGAZZINI, *Pregiudiziale penale e procedimento disciplinare notarile, ivi*, 1990, p. 1365; BOERO, *op. cit.*, p. 608 e ss.

　　[95]　MINERVINI, *Il mandato, la commissione, la spedizione*, in *Trattato di diritto civile italiano diretto da* F. VASSALLI, VIII, I, Torino, 1957, p. 5 e ss.; SANTORO PASSARELLI, *Responsabilità del fatto altrui, mandato, contratto di lavora gestorio*, in *Foro it.*, 1937, p. 334 e ss.

　　[96]　D'ORAZI FLAVONI, *Ai margini di un problema, cit.*, p. 907 e ss.

第十一章 酬　　金

第一节　公证执业活动的酬金制度

正如前述,公证人作为自由职业者的特性之一体现在其执业活动的酬金类型:事实上,他不能(向国家财政部门)要求任何工资,只能直接从当事人那里获得酬金,即使后者没有要求公证人这样做,因为这些服务是由司法机关授权给他的,如加盖印章、清单、分割和司法拍卖的情况[①]。

这些规则主要包含在《公证法》和公证收费有关的法令当中,但不限于此。

根据《公证法》第74条,除了收取必要费用和相应税款外,公证人有权就每份文书、副本、节本、证明书或任何其他的执业活动,根据具体的收费标准[②]请求当事人支付酬金。

目前应付给公证人的必要费用、税费、赔偿金和酬金的收费标准是由国家公证委员会根据2001年7月26日的决议制定的,并由2001年11月27日的部长令批准;关于银行票据拒绝承兑书的出具,针对所有授权公职人员(除公证人外,还有法官、助理法官和1933年12月14日第1669号皇家法令第68条和1933年12月21日第1736号皇家法令第60条规定的市政秘书)的1973年6月12日第349号法令第7条第1款和第8条规定了其费用及报酬的最低和最高数额,1998年3月17日的部长令进行了一定幅度的上调,2004年2月10日的部长令再次进行了调整。

随后,根据2013年1月24日的第1号立法法令,行业协会管理的专业人员的所有收费标准都被废除。通过司法机构的清理,根据司法部长与经济和财政部长联合颁布的法令确定了专业人员的报酬标准,以及向专业基金会和档案馆提供捐助和缴纳税费的标准(第9条,第1款和第2款)。

---

①　MIJNO e LOBETTI BODONI, Tariffa notarile, Torino, 1958, p. 18;相反的观点:在公证人通过司法机关授权接收的文书中,只有要求他制作文书的当事人才可以被认为是公证人的客户, App. Catania 15 marzo 1952, in *Riv. not.* ,1952, p. 344.

②　在古罗马多米提安皇帝(DOMIZIANO)发布的收费告示中,公证人的报酬根据他所起草的文书的行数进行计算,最高为每百行10金(S. LAUFER, *Dicklations Preisedikt*, Berlino, 1971, 7. 41.)。

还规定了(第 9 条第 4 款):

—在确定执业内容时商定报酬;

—有义务向客户披露工作内容的难易程度;

—执业损害赔偿保险单的说明;

—告知支付报酬的标准以及预估的最高数额③。

在收费标准被废除后,公证委员会针对公证人执业活动中的减免收费行为的处罚决定,被认为是不合法的④。

2012 年 7 月 20 日第 40 号部长令确定了司法机构支付费用的标准(其中包含公证人的收费标准,第 30 条与表 A 和表 C)。

公证委员会如果以公证人不遵守其做出的任何关于费用的决议将面临纪律处罚为威胁,将构成对市场竞争行为的限制⑤。

然而,针对作为公职人员的公证人的收费规定中,包含了一些利弊并存的内容。

第一类是关于具体保护执业的立法,我们将在稍后讨论;第二类涉及以下方面的规定:

(1)如果文书因可归咎于公证人的原因而(被宣告)无效,公证人不仅没有任何收费的权利(报酬、税款和必要费用),甚至还有义务退还已经支付的所有款项,此外还有损害赔偿(《公证法》第 76 条)⑥;

(2)禁止收取超过应付金额的报酬和税款(《公证法》第 80 条),除非出现可原谅的错误。除应向当事人返还超出的部分外,违反该规则将被处以超出所收金额部分 1~3 倍的罚款(《公证法》第 80 条,经 2006 年第 249 号立法令修订)⑦;

(3)与下列文书有关的公证服务是无偿的:当事人提交的由主管部门出具的贫困状况证明(1973 年 6 月 20 日部长令第 13 条);诉讼委托书、与结婚预告公示或婚礼庆典有关的委托书、认领亲生子女的文书、同意收养文书(1973 年 6 月 20

---

③　其中一些规定在公证服务的实践方面引起了相当大的困惑,除了不可能预见某些费用发生外(例如关于现在必须进行的抵押和土地登记评估),还因为税收规则的不断变化及其并不确定的解释。因此,为了履行这些规定,有必要事先知道这些费用的数额和数量,这在没有事先评估(评估费用由谁支付费用?)的情况下,不可能实现。

④　TAR Umbria 25 novembre 2011, n. 374 in *Giurisprudenza di merito*, 2012, p. 458.

⑤　Autorità garante della concorrenza e del mercato 13 marza 2013, n. 24277, in *Giust. civ.*, 2012, p. 1274 e ss.

⑥　这种情况有助于将公证服务定性为结果性服务,而不是主流学说和司法判例所认为的过程性服务,参见 BARASSI, *Contratta di lavoro*, Milano, 1901, p. 163; D'ORAZI FLAVONI, *La responsabilità civile nell'esercizio del notariato*, cit., p. 962, 据此,公证人在制度上负有依法"实现结果的责任"。

⑦　有学者认为这种处罚是纪律性的而非刑事性的,甚至在其去刑事化之前就已经与其他处罚并列作出了规定,见 MIJNO e LOBETTI BODONI, *op. cit.*, p. 109; 反对观点见 Trib. Piacenza 18 aprile 1955, in *Foro it.*, 1956, II, p. 72.

日部长令第 12 条);此外,涉及获得法律援助的人的事务的收费和税费,公证人应当按照 2001 年 3 月 20 日第 134 号法令的规定来办理[8];

(4)考虑到某些文书及其涉及人员的特殊性,在许多条款中还规定了费用的减免[9];

(5)确定收费的上限(目前公证书为 1133 欧元,认证标的额超过 4650000 欧元的私文书的费用为 1031 欧元)[10]。

2006 年第 246 号法令废除了在原件、副本、节本和证明书上标注费用、税款和报酬并签名的义务(《公证法》第 77 条和《公证条例》第 91 条)。

随着 2012 年 1 月 24 日第 1 号立法令的生效,上述《收费标准》,也即所有行业公会管理的专业人员收费标准也被废除(第 9 条)。

在为确定费用而进行整理后,司法部 2013 年 8 月 2 日第 106 号最新收费的规章已经发布。

值得注意的是,意大利内阁曾希望公证人制作的文书能够描述地更加详细,但该建议没有被司法部接受,因为按建议修改相应的 D 号格式表格会导致标准过于僵化。

然后,一项具体的规则允许属于同一管区的公证人组成一个团体,并将全体或部分公证人的执业收入共有,然后将共有的收入在全体或部分公证人之间按照平均或不平均的份额进行分配(《公证法》第 82 条)[11]。

---

[8] 几乎无须指出,这些案件与适用法律援助的案件完全不同,因为在前一种情况下,无偿性是确定的。

[9] 大量的特别法律法规规定了费用的减免;立法机构也对 1975 年第 151 号法令实施的家庭法改革的过渡性制度相关文书作出了规定(见第 228 条)。

特别值得注意的是,根据这一规定,住宅性房地产及相关附属物的转让,公证费减免 30%,为了登记、抵押和地籍税,在购买方的要求下,缴税基数是根据 1986 年第 131 号总统令第 52 条第 4 和 5 款确定的价值(即所谓的自动评估,通过地籍年金乘以系数获得),而不考虑文书中标明的价格(2005 年 12 月 23 日第 266 号法令第 1 条第 497 款);2005 年 12 月 23 日法令规定了 20% 的减幅(第 1 条第 497 款),通过 2006 年 7 月 4 日第 223 号立法令提高到上述标准。

涉及减少公证费的规则被认为不违反宪法,因为确定费用的目的不仅是确定专业人员的报酬,而且是为了确定公证人所提供的公共服务的价格,与服务本身的需要和那些在大多数情况下,根据法律必须利用公证活动的一般人的利益相关(Cass. 7 luglio 1975, n. 72 in *SERPI*, *op. cit.*, p. 366 e ss.)。

[10] 这一限制在宪法上的合法性可能受到怀疑,与为其他专业人员规定的收费标准相比(例如,律师:2004 年 4 月 8 日第 127 号司法部长令),它并没有减少对价值较高的文书所负的责任。

[11] CAPOZZI, *Le associazioni fra notai*, in Vita not. ,1985, p. 958 e ss.;RAGUSA MAGGIORE, *La società tra notai nell'attuale ordinamento giuridico*, ivi, 1975, p. 377 e ss.

2006 年第 223 号立法令批准列出最低费用,当年第 249 号立法令修订了《刑法》第 147 条 c 项,其中规定专业团体的理事会必须在 2006 年 12 月 31 日前为此修订《职业道德守则》,从该日起,后者规定的不一致的条款将无效。

一些人认为,即使在上述规则颁布后,公证费率在"职能服务报酬和与公告密切相关的专业服务"部分也被认为是僵化的和强制性的(PETRELLI, *Brevi note sull'inderogabilità della tariffa notarile dopo il d. . n.223/ 2006*, in *Riv. not.*, 2006, p. 1611 e ss.)。然而,在一个明确的法律规则面前,似乎很难支持这样的论点,除非向宪法法院上诉。

目前,已经建立了许多新的公证团体,它们以合作形式提供专门服务和活动,如出具拒绝承兑证书、机动车转让,以及所谓公共或公益机构的不动产处置。《职业道德守则》规定,公证委员会应当促进这些团体的发展(第 35 条)。

关于这种团体的性质,最高法院裁定,它们虽然具备法律人格的外观,但既不是具有法人资格的集体机构或财团,也不是专业公司,而更像是一种包含收入分配的内部协议关系组织[12]。

然而,可以确定的是,如果按照《民法典》第 2247 条从事的经济活动,很可能属于企业行为的范畴,更具体地说,属于合伙企业(《民法典》第 2251 条及以下),因为其目的不是从事商业活动,这种类型的企业虽然可能缺乏法律人格,但肯定不缺乏主体性。

禁止专业人员以合伙企业或团体的名义提供跨专业服务的规定,是否能适用于公证人,值得怀疑,但下列情形必须注意:

——与自由职业活动有关的企业/团体的客体必须是专属的;

——同一个专业人员不能在一个以上的企业/团体任职;

——具体服务必须由事先授权的一个或多个专业成员提供,并由授权的人负责(2006 年 8 月 4 日第 248 号法令第 2 条第一款 c 项)。

法律没有规定助理公证人的报酬,这将由各方之间的协议来决定。

另外,关于委派公证人和保管公证人,规定如下:

——在委派公证人的情况下,暂时不能行使公证职能(被暂代)的公证人有权获得酬金的一半,剩余的收入则归于委派公证人;

——如果是保管公证人,则有权获得其完成工作的全部酬金(《公证法》第 46 条第二款,经 2006 年第 249 号立法令修订)。

第二节　根据服务的性质支付报酬

公证活动体现的服务多样性反映在公证人取得报酬的各种方式上。为了对目前的收费标准进行适当的区分[13],必须考虑到:

---

⑫　Cass. 5 marzo 1997, n. 1933, in *Vita not.*, 1997, p. 419 e ss.,这一判决也提到了 1939 年 11 月 23 日第 1815 号法令第 1 条。该条规定不允许非本人从事任何职业活动;1997 年 8 月 7 日第 26 号法令(第 24 条),废除了 1939 年第 1815 号法律第 2 条,但是,智识工作者亲自完成给付的义务仍然有效(《民法典》第 2232 条)。

⑬　MIJNO e LOBETTI BODONI, *op. cit.*, p 30,这种区别更准确地反映在以前的收费中,它不考虑与严格意义上的公证活动无关的服务(如 1954 年 11 月 22 日第 1158 号法令中的活动)。

(1)履行"法律赋予公证人"制作文书有关的服务。收费标准的大部分条款都与此相关,分为不同的收费类型(根据文书的性质以及是否需要认证来确定的阶梯式收费和固定式收费)以及附加费(准入、赔偿和补偿)。

(2)与公共职能无关,但与公证的事项和领域有关的服务。这些服务包括可能需要公证人提供涵盖法律专业性质的服务,因为它们有助于完善文书的接收,或者因为经过多年实践传统,证实公证人是这些法律服务合格和当然的执行者,即使这些服务本身可以由其他人执行,甚至还包括一些不具备专业资格的人(可以有其他人执行的事项包括文件起草的初期工作、继承声明、税务等)[14]。由于不可能确定此类服务的固定费用或分级费用,因此在确定了主要费用三倍的总体上限后,公证委员会可以制定最高费用标准(《公证收费》第30条)。

(3)与公证领域完全无关的服务:提供这些服务可能不是以公证人的身份,有时甚至不是以自由职业工作者的身份,而是以个人身份,客户鉴于他的法律素养或对他的信任而要求提供这些服务(借贷合同的准备工作、对无行为能力者的财产出售交易的预先准备、参与到调解或仲裁当中)。

在没有确切标准的情况下,应该可以参考其他专业人员的收费标准,尤其是在涉及相同内容的服务时(例如,向自愿管辖的法院提出诉请,应适用2004年4月8日司法部第127号部长令第11条规定的针对律师的规则,该条例批准了2002年9月20日国家律师委员会关于确定律师费用、税费和赔偿的决议)。

有人认为,履行"与公证公共职能没有密切联系"的职业服务,在已经获得的专业服务报酬之外,还能获得自主和单独的报酬,这些服务并不包括除实质性起草文书之外的所有活动。相反,这些活动虽然是在起草文书的过程中发生的,但并不是确保文书效果所必需的,而是为了其他目的的拓展性工作。

从来没有人质疑这种服务的合法性,因为除了职业禁止规则(《公证法》第2条)明确的限制外,他们不受其他任何影响,而且确定这种服务的收费只能基于一般规则,如自营职业(《民法典》第2225条)、智识职业(第2233条)和代理(第1709条)的规则;《公证收费表规则》第34条第2款对此予以确认。

对于公证人是否有权在1973年6月12日第349号法令第7条和第8条规定的"抗兑税"和"准入费"之外,还可以获得对出具拒绝承兑证书所产生费用的补偿问题,一般认为,他们无权以核查费的名义获得补偿(《公证收费表规则》第26条),而是有权获得对实际产生的费用的补偿,并均摊到其所有提供的服务中。

---

[14] 对于继承声明,费用为固定数额,对于抵押和地籍状况报告也是如此(《公证收费表规则》第19条第3和第4款);此外,最高法院通报案例中提到,如果符合法律规定可以获得税收优惠的情况下,公证人不仅不能忽视,而且必须以获得税收优惠的方式制作文书,并可以收取额外费用(Cass. 18 gennaio 2002 n. 541, in *Gazz. not.* , 2001, p. 676 ss.)。

　　尤其是在 2006 年 3 月 2 日的部长令针对拒绝承兑银行票据的抗兑费和准入费进行了修订之后。

　　一项特别的规定涉及当事人委托公证人拍卖不动产和注册动产而支付给公证人的费用;这种费用的数额由司法部长与经济和财政部长(以前的财政、预算和经济规划部长)协商,并听取国家公证委员会意见后,每 3 年通过司法部长法令确定一次[15]。

　　根据 1980 年 11 月 30 日的部长令第 34 条第 2 款,与履行公证职能没有严格关联的专业服务,需要向公证人支付费用,该费用独立于其专业服务已经收到的费用,并根据《民法典》第 2233 条来确定数额。这些服务并非是起草公证书以外的所有服务,而只是那些虽然是由起草文书引起的,但追求不同和进一步目的的服务[16],对确保文书的效果来说不是必需的。

　　特别是,公证人有权对所谓的抵押和土地登记调查工作而获得独立费用(根据《公证费用表规则》第 30 条和第 34 条),因为该活动明显不同于起草文书所需的正常法律调查活动[17]。

　　然而,可以合理地指出,目前的立法没有充分考虑到在"隐私、反洗钱、建立特殊档案以保存和储存数据(身份文件、委托登记预备)"等方面需要进一步履行和办理的手续,这无疑也需要公证人以及其他专业人士花费(额外的)费用、时间和使用其他人员。

第三节　获酬权的保护

　　公证人在被要求履行其职责时(《公证法》第 27 条)受到特别的保护:

　　(1)如果当事人没有预付税款、支付酬金和文书的费用,公证人可以拒绝履行职责,除非是当事人获得法律援助或涉及遗嘱的事项(《公证法》第 28 条最后一款);这项权利也适用于司法机关委派公证人的情形[18],该权利可以在公证开始前行使,也可以在公证期间行使,直到公证完成。如果一直未行使,应当视为公证人已经放弃该权利[19]。

---

　　[15]　1998 年 8 月 3 日第 302 号法令第 7 条和第 8 条;1999 年 5 月 25 日司法部长令第 313 号,为确定支付公证人拍卖费用规则的条例,以执行 1998 年 8 月 3 日的第 302 号法令,参见 Cons. imm. 1999, p. 2154.

　　[16]　Cass. 18 gennaio 2002, n. 541, in Giust. civ., 2002, I, p. 995 e s.

　　[17]　Cass. 8 November 2004, n. 23446, in Federnotizie, 2005, p. 55 e ss.,推翻了其中提到的米兰上诉法院的相反判决。

　　[18]　PATERI, op. cit., p.154.

　　[19]　Cass. 16 dicembre 1937, in Boll. not., 1937, p. 57,根据该最高院案例,尽管当事人没有向公证人交纳税款、费用和开支,但公证人同意为合同进行公证,就不能再中断他的服务(如在法院审查的案件中,不进行不动产备案的案例:Cass. 22 febbraio 1979, n. 1148, in Riv. not., 1979, p. 902 e ss.)。

如上所述,第一种例外,即当事人符合法律援助的情形,所涉文书必须是诉讼当中必要和直接的文件,因此当事人被允许享有该特权(无须预付款项);该特权不适用于制作其他文书的情形,因为这违反法律和常识[20]。

另一个例外,即与遗嘱相关的事项,其理由是需要确保在具有必要性、不可逆性或社会重要性的特定情况下公证人进行的服务,而这些情形与遗嘱文书息息相关。这时公证人的义务当然涉及通过公证文书(公开或秘密地)接收遗嘱;是否也包括自书遗嘱的存放(正常的,非信托的方式)的情形,值得怀疑;如果免除预付款项的义务是由于上述例外情形的特殊性,那么应当排除通过公证文书将遗嘱从"死因"文书转移到生者间文书档案、公布秘密遗嘱、撤回和归还自书或秘密遗嘱[21]的情形。

(2)有权拒绝向任何人发送副本、节本、证明书,只要当事人没有全额支付报酬、税款以及偿还费用,但被允许获得法律援助的人除外(《公证法》第 78 条及以下)。在这种情况下,有权拒绝"任何人"的理由,显然主要是为了对抗当事人的请求。

该条款中提到的报酬和支付费用不仅涉及副本、节本和证明书(这些被认为是《公证法》第 78 条最后一款所涵盖的情形),而且还包括接收这些副本、节本和证明书的原始文件("原件")[22]。

这里考虑的唯一例外是法律援助,而不包括遗嘱有关的事项[23]。

(3)当事人对公证人的所谓连带责任,即,公证执业活动所涉的所有当事人应当就应付的报酬、相应税款和费用向公证人承担连带责任(《公证法》第 78 条)。所谓"当事人"仅指以自己的名义参与公证活动的人[24]。

公证人的这种连带债权是可以放弃的,但当事人之间对文书费用分摊的约定对公证人而言无效,即使这种约定是包含在公证人接收的文书之中[25]。

---

[20]　PATERI, *op. cit.*, p. 153.

[21]　SOLIMENA, *op. cit.*, p. 104 e ss.

[22]　PATERI, op. cit., p. 312.

[23]　因此,即使当事人没有向公证人预先支付费用,虽然公证人有义务提供与遗嘱有关的服务,但他也可以拒绝出具未履行支付义务的遗嘱人(或其继承人)要求的副本(SOLIMENA, *op. cit.*, p. 344.)。

[24]　因此,以他人名义或代表他人或为了补足他人能力的人(律师、无行为能力者的法定代理人、法人和其他具备主体地位的组织的代表人、监护人和保佐人)不能被视为参与公证活动并承担连带责任的"当事人",见 MIJNO e LOBETTI BODONI, op. cit., p. 78,其中引用了 SOLIMENA 和 MOSCATELLO P. 的观点。

因此,连带义务是由实质意义上的当事人承担的,而不是也由代表他们参与公证活动的当事人承担(Cass. 26 ottobre 2004, n. 20771, 10 giugno 2004, n. 10994, 6 aprile 2004, n. 6739, in *Giust. civ.*, 2005, p. 3012 e ss.)。

显然,对于那些虽然与文书有利害关系,但没有参与文书的当事人,不能承担连带责任(Giudice conciliatore di Milano 29 ottobre 1935, in *Massime*, 1936, p. 12.)。

[25]　MOSCATELLO P., *Commenta alla Tariffa notarile*, Palermo, 1913, p. 75.

人们争论的焦点是,在一份文书包含数个协议的情况下,是否可以"分割"连带责任;SOLIMENA 的观点是,在这种情况下,连带义务可以限于每个分割的利益集体内[26]。这一观点似乎存在明显的矛盾,因为基于对公证人责任的不可分割性[27],此种分割将使连带责任原则变得无效。原《公证法》的一项规定与 SOLIMENA 的论点有相似之处,但现行《公证法》已经将其删除[28]。

(4)公证人有权利用《民事诉讼法》第 633 条第 3 项规定的特别强制令程序对其酬劳进行司法追偿;当然,在主张与专业服务无关的债权时,这一手段是不适用的[29]。

(5)向义务方追偿代付登记税的特别程序(1986 年 4 月 26 日第 131 号总统令第 58 条)。这是一种特殊的手段,是为了作为债权人的公证人利益而设立的制度,因为法律规定他有义务在法律规定的时间内"连带性"支付其接收的文书应缴的税款,无论当事人是否向他预付了相关金额。

上述规则使已缴纳税款的公证人享有税务机关享有的抗辩、提出诉讼和行使其他特权的代位权,并授权公证人针对登记申请人申请临时执行支付令,并宣布不接受以无缴税义务或有减免税优惠为由提出的异议。

追讨公证费用的权利受 10 年一般时效(《民法典》第 2946 条)和推定的 3 年时效(《民法典》第 2956 条第 3 项)的限制。

根据 1998 年第 302 号法令第 7 条和第 8 条,公证人在拍卖不动产和公共登记簿上登记的动产时,其报酬由执行法院在形成执行令的程序中清算。

第四节　社会保障体系

与报酬问题相关的是社会保障制度,因为根据最新的理论,社会保障是一种预留或推迟的报酬形式,也因为目前公证社会保障体系完全由公证人以每个月底向国家公证基金支付费用的方式来供给(参见基金章程第 9 条)。

捐助费已经从 30% 提高到 33%,从 2012 年 1 月 1 日起进一步提高到 40%。

退休金是国家公证基金会支付给符合一定条件的退休公证人的一种薪酬,如

---

[26] SOLIMENA, *op. cit.*, p. 342.

[27] MIJNO e LOBETTI BODONI, *op. cit.*, p. 78 e ss.

[28] DEGNI, *Commento alla nuova legge sul notariato*, Roma, 1913, p. 183; D'ORAZI FLAVONI, *Profili del notariato nella giurisprudenza*, in *Scritti giuridici*, cit., II, p. 1083 e ss.

[29] 在这种情况下,公证人可以利用《民事诉讼法》第 633 条第 3 项允许任何人行使的强制令程序,适用该强制令需提交对所主张的权利的简单书面证明。

至于公证账单,最新的观点认为,它不是公证文书(Trib. Ravenna 8 gennaio 1976, in *Riv. not.*, 1976, p. 262 e ss.)。

果他们已去世,则支付给其配偶或未成年子女㉚。

公证人退休金的取得是一项真正的主体权利:虽然在早期(1925 年),它被认为是基金会的一项"或有"给付(最初只规定了获得补助的权利,其次才以辅助的和"或然的"方式为停止执业的公证人或其家庭提供补贴或支持),后来从区分补助金和退休金的资金转变为将其定性为单一机构的各种福利,由单一基金来保证给付(尤其是根据 1949 年 8 月 3 日第 577 号法令,各种准备金被置于平等的地位,都作为向基金会缴纳的对象)。

公证人的退休金可能是直接或间接的。

1. 直接退休金:

(1)一般直接退休金:发生下列情况之一时,停止执业公证人可以获得:

——达到年龄(75 岁),但他必须作为公证人执业至少 10 年;

——无论公证人的年龄如何,实际执业超过 30 年;

——65 岁以上,并实际执业超过 20 年;

——永久丧失行为能力以及永久不能继续任职;

(2)特殊直接退休金:这是由于战争或公证服务造成的伤害或病痛而永久和绝对丧失执业能力的公证人可以获取的退休金(这种退休金的特点是,它以假设公证人不间断地行使其职能直到达到年龄限制的情况进行计算)。

2. 间接退休金(或称归属养老金):

(1)一般间接退休金:

——支付给在执业中死亡的或在执业前或执业期间已婚的退休公证人的未亡配偶,只要他们仍然为寡妇或鳏夫;或支付给公证人的未成年孤儿直到他们成年,如果是学生,则支付不高于公证人直接退休金 50% 的金额直到他们 26 岁;或这些子女虽然超过 18 岁,但没有能力从事有偿工作(1995 年 9 月 22 日部际法令批准的《社会保障团结活动条例》第 11 条)。

——裁判认定有过错的分居配偶不得领取;

(2)特别间接退休金:支付给因战争或在履行职责中受伤或体弱而死亡的公证人的遗属或未成年子女(该抚恤金的特点是假设公证人能达到退休年龄的情况来支付)。

直接和间接的普通养老金数额与实际完成的执业年限有关,从公证人注册执业之日起计算,最长不超过 45 年;但是,暂时停止执业时间(由于停职、取消执业资格或任何其他原因)要被扣除,除非暂停执业是由于最终未被定性的刑事或纪律程序(第 17 条第 3 款)。

㉚ FALZONE e ALIBRANDI, voce *Pensioni*, in *Diz. enc. not.*, vol. Ⅲ, p. 280 e ss.

关于退休金的年限因素能不能将法律学位的课程期间和实习期间计算在内，公证人适用的养老金条例中并未作出规定，它不能直接类推适用雇员或其他专业人员的相关规则[31]。

从每年 7 月 1 日起，养老金数额按照国家统计局计算的蓝领和白领家庭消费价格指数的年度增长比例进行调整；但是，公证基金理事会可以通过合理的决议排除或限制这种自动调整机制（1995 年 9 月 22 日部长令批准的条例第 22 条）[32]。

规定了有利于各类退役军人的特殊年限。

1923 年 5 月 27 日第 1324 号皇家法令第 12 条规定了对公证人养老金的特别保护，该法令已转化为 1925 年 4 月 17 日的第 473 号法令，它排除了以养老金作为任何信贷的抵押标的的可能性（按照 1935 年 10 月 4 日第 180 号皇家法令第 128 条关于公共行政部门雇员的其他养老金的规定，在确保足够生活必须之外部分的 1/5 的限度内可以进行抵押），有判例认为上述规则是单方面违宪的（宪法法院 1977 年 6 月 2 日第 105 号，1987 年 5 月 6 日第 155 号以及 2005 年 11 月 30 日第 444 号判决书）。

与社会保障待遇密切相关的是执业终止津贴（1948 年 4 月 26 日的部长令中首次提及），包括在终止执业时应支付给公证人的"一次性"津贴，如果公证人已去世，则应支付给未亡配偶或未成年子女，只要他们是该公证人养老金的取得权利人。

这一津贴的数额与执业年限有关，根据确定养老金服务年限而制定的标准来计算。

鉴于与退休金的密切联系，津贴构成了"退休待遇"，有关退休待遇的程序规则"全部"适用于终止执业津贴，尽管在最近的关于公证人组织的法律草案和基金会的一些决议中，终止执业津贴被认定为与退休金有关的独立制度[33]。

---

[31] Cass. S. U. 26 agosto 1997, n. 8051, in *Giust. civ.*, 1998, p. 802 e ss.

[32] 最高法院 2005 年 2 月 9 日第 2591 号判决（Cass. 9 febbraio 2005, n. 2591, in *Giust. civ.*, 2006, p. 1284 e ss.）确认该情况与《宪法》第 38 条（1990 年第 317 号法令）以及《欧洲社会保障法》并不冲突。事实上，自 2012 年以来自动调整机制已被排除适用。

[33] FALZONE e ALIBRANDI, voce *Indennità di cessazione*, in *Diz. enc. not.*, vol. II, p. 670 e ss.

根据宪法法院的意见，这种津贴不构成福利性质的给予，而是为了保证履行公证职责的公证性、尊严和连续性（C. Cost. 2 giugno 1977, n. 105, in Notaro, 1977, p. 114.）。

值得注意的是，国家财政管理部门坚持反对的原则正在逐步得到确认，即支付给公证人作为终止其职务的津贴款项无须纳税，因为该津贴完全由国家公证基金会注册者的缴款构成（Comm. Trib. 2° Caserta 17 gennaio 1991, in Notaro, 1998, p. 68；Comm. Trib. 2° Genova 25 febbraio 1994, ivi, p. 68 e ss.；Comm. Trib. Reg. Roma, Sez. n. 26, 26 giugno 1997, ivi, p. 69.）。

第十二章　域外公证制度(简述)

第一节　前　言

应当事先声明的是,在公证领域的比较,如同在一般法律领域的比较一样,必须始终考虑到相当程度的近似性,因为正如 ASCARELLI[1] 所警示的那样,同一个术语往往指向不同的概念,而不同的术语可能具有相同的含义;另外,法律世界中的每一个概念和每一种制度都必须在各自的法律体系中被嵌入、解释和理解。

就公证人而言,必须牢记,同一术语(公证人)指的是被赋予某些资格的人(公职人员)或可能从事竞争性活动的人(公证人和律师);公职人员的头衔并不必然意味着将我们所说的"公信力"附加于他所起草的文件,因为这一制度在一些国家并不存在(例如,在大多数"盎格鲁-撒克逊"国家,不可能要求以公证书的形式起草授权书)。

然而,最重要的是,有必要牢记所谓的拉丁公证制度(大陆法系国家)[2]与非拉丁公证制度之间的总的区别。拉丁公证制度的特点是,公证人不仅是文件的起草人,配备各种印章,而且作为交由他起草文件的作者,在此之前要对当事人的意愿进行彻底和负责任的调查,然后进行一系列的行为,旨在确保文书的保管、履行税收责任、遵守城市规划的规定、进行公示以及参与市场竞争。

目前属于这种公证制度(或大陆法系国家)的国家有 83 个,包括大多数欧洲国家、南美国家、土耳其、俄罗斯、加拿大、日本、印度尼西亚和美国的一些州;最近进行公证制度改革的中国也可能会加入这一制度之中。

另一种公证制度则是在大多数"盎格鲁-撒克逊国家"(普通法国家)施行,在这些国家,需要书面形式的合同数量大大低于所谓的"罗马法系"国家,对于证人来说证言是基本证据,因为书面证明不具有法国-德国法体系中所承认的效力。

---

① 关于不要(仅)通过阅读和亲自查阅立法文本来确定外国法规的内容的可取性,见 SERENI, *Il notaio e il diritto straniero*, in *Riv. not.*, 1959, p. 87.

② 之所以如此称呼,是因为它起源于罗马法并根植于其随后的发展:从优士丁尼《民法大全》到潘德克顿法学。

出于该原因,在普通法国家,除了公证人(其工作仅具有证明性质,因为他起草的文件本身不被法官接受为证据)之外,还有大陆法系的律师(avvocati),功能上与英国的事务律师(solicitors)或美国的律师(attorney)也不尽相同,后两者单独协助每一个当事人负责准备合同[而大律师(barrister)则负责出庭],并且无权赋予其起草的文件以公信力。

然而,由于更高的安全性是以牺牲效率为代价的,而目前商业和法律关系对效率的要求越来越高,因此,即使在大陆法系国家,也倾向于追寻更大的形式自由。在这方面例证是,意大利废除了公司领域的认证以及部分已经修订和正在进行的公证法定形式,《公证法》规定的无效性情形的减少(2006 年第 246 号法令),最近有可能为私文书(认证)提供一个便于金钱债务类型的执行形式[3]。

有了这些简短但不可或缺的前提,我们将简述现行域外公证制度的主要内容,包括大陆法系国家和英美法系国家,涉及法规、资格、数量、准入、组织、执业范围和职能权限、合伙制实践、职务可转让性和薪酬。

第二节　公证立法

不仅在意大利,而且在法国、比利时、荷兰、德国、西班牙、葡萄牙、加拿大、俄罗斯、日本和中国都有专门规范公证制度的立法。

第三节　公证人身份

除意大利外,有些国家的公证人也被赋予了公职人员、官员或公共职能专业人员的身份(即使有时只是名义上的)。

除意大利外,在比利时、法国、德国(部分州)、英格兰和威尔士、卢森堡、荷兰、西班牙以及最近在俄罗斯(由公证人选择),除了上述的身份外还被赋予了自由职业者身份;而在德国(部分州)、葡萄牙、俄罗斯(除非选择单一自由职业)和中国,则是自由职业者身份与公职人员的身份相结合。

第四节　公证人数量

公证人的数量是封闭的,主要取决于居民人数的变化,意大利(5000 人)、比

---

③　AJANI, *La professione notarile in civil law e common law - Rapporto di diritto comparato*, in *Federnotizie*, 2000, p. 48 e ss. ; MORELLI, in *Notariato*, 2000, p. 205 e ss. ; FUSARO, *Forme e volti del notariato*, in *Riv. trim. dir proc. civ.*, 2001, p. 455 e ss. ; AA. Vv., *Tavola dei notariati d'Europa*, Roma, 1991.

利时(1260 人)、法国(7500 人)、德国(9600 人)、希腊(1500 人)、卢森堡(35 人)、荷兰(870 人)、葡萄牙(384 人)和西班牙(1900 人)。

第五节　准入条件

准入条件规定如下:

——比利时:5 年制大学,获得法学本科学位;1 年公证专业学习,获得公证学位,3 年实习期;

——法国:法学本科学位或公证法研究生;4 学期的专业实习,1 年专业学习,2 年实习;初级教师资格,9 年见习,其中 6 年为规范化培训;

——德国:高中毕业后,通过 7 个学期的大学法律学习,期满须通过国家考试初试;担任 5 个学期的辩护人(Referender),通过国家考试复试并取得评审员(Assessor)身份;完成 3 年的公证业务培训。

在德国,由于历史原因,存在 4 个不同的公证体系:"专职"公证人、"律师"公证人、"公务员"公证人和"法院"公证人。

专职公证人约 1660 名,为约 53% 的德国人口(4300 万居民)提供服务。

——英格兰和威尔士:

(1)地区公证人:具有律师头衔,根据需要来任命;

(2)普通公证人:5 年专业实践,通过各种预先确定的学科考试;

(3)教会公证人(特别法规定)。

除了威尔士的地区公证人由大法官(司法部长)任命之外,其他公证人都由坎特伯雷大主教任命;代书公证人在代书公证协会的任一事务所见习 5 年,后通过协会规定的考试并成为其会员后才能得以任命;

——卢森堡:4 年的大学学习,其中 1 年可以在国内学习,其他时间在法国或比利时学习,获得法学学位[maitrise(法国);licence(比利时)];在国内学习 6 个月的继续教育课程;在律师行业注册选择一所事务所进行 3 年的司法实习,学习实用法律课程;1 年的公证实践;

——荷兰:大学教育结束后,通过公证法研究生考试;在公证事务所实习 3 年,同时必须参加专业培训课程;

——葡萄牙:高中毕业,经过 5 年大学学习后获得法学学位;10 个月的带薪实习;在公证人数量固定的基础上授予公证资格,参加考试并见习,在头衔、业绩和资历的基础上从较低级别逐级晋升到较高级别;

——西班牙:参加第一次资格考试且须具备法学学位(5 年的大学学习),提高

资历等级须进行其他考试(每两年一次的考试);

　　—苏格兰:3~4年的大学学习,之后1年内通过考试并获得学位;2年的实习,或通过苏格兰法律协会举行的考试;之后1年内通过规范性培训考试,再进行2年的见习。

第六节　组织机构

　　不仅在意大利,在其他国家也存在公证人的专业组织,具体如下:

　　—比利时,每个司法管辖区(arrondissement)都有一个公证委员会,委员会由7~9名公证人组成,经公证人选举产生,任期3年,其任务是:预防和调解公证人之间的纠纷,维护纪律并对公证人采取纪律措施,预防和调解第三方对公证人的投诉;

　　—法国:专业组织根据司法管辖区分为地区公证委员会(Chambres départementales des notaires)、大区公证人委员会(Conseils régionaux)、公证高等委员会(Conseil Supérieur du Notariat,司法部的公证人代表机构)和公证人工会;

　　—德国:有21个地区公证委员会,它们是公权力机关,归入德国公证人联邦委员会(Bundesnotarkammer),该委员会也是一个公权力机关,在国家层面代表公证行业;

　　—英格兰和威尔士:行使纪律管辖权的公证学院法庭和代书公证人协会(后者针对代书公证人);还有伦敦公证人协会,该协会负责监管其成员的执业利益,但不行使任何纪律权力;

　　—卢森堡:自1955年以来,一直存在7名成员组成的公证委员会,管理所有专业人员,该委员会负责预防争端,包括税务问题,并行使纪律处分权;

　　—荷兰:(国家公证委员会)(Koninklijke Notariel Broederschaps)是一个私法意义上的协会,下辖19个公证委员会;

　　—葡萄牙:葡萄牙公证人协会代表90%以上的葡萄牙公证人,处理他们的道德和实务问题;

　　—西班牙:有16个公证协会,每个协会有一个由5~9名成员组成的管理委员会,以及公证协会主席理事会(西班牙公证总理事会),每月召开一次会议;

　　—苏格兰:有一个苏格兰法律协会,该协会由公证人与常设秘书一起选出的专业人员组成,该常设秘书必须是该协会的成员,该协会要遵守执业规则;自1991年以来,对于公证人来说还存在一个单独的公证组织"职员大会(Clerk Admission)"。

第七节 执业范围

除意大利外,比利时、德国、卢森堡、葡萄牙(要求每周至少4天)和西班牙也对公证人有居住在执业地点的要求。

比利时、德国、荷兰、西班牙(仅在公证事务所所在地,或在管区没有其他公证事务所的市镇),执业范围大多限于公证事务所所在地的司法管辖区;法国(域外和对不动产或股权转让的某些限制除外)和卢森堡对执业范围没有限制(整个国家领土范围内)。

第八节 职能权限

(一)种类

除了接收文书的典型职能外,还规定了公证人(法律或司法实践)的咨询职能,如意大利、比利时、法国、希腊、德国、英格兰和威尔士、卢森堡、荷兰和苏格兰;葡萄牙则没有规定。

(二)文书

公证人的参与对于许多文书的有效性和/或公示是必要的,这涉及:

(1)家庭法:比利时(婚约、收养和对子女的认领、离婚与不动产的归属);法国(婚约、捐赠、收养同意书、对子女的认领);德国(婚约、收养);希腊(配偶间财产关系约定、对子女的认领);卢森堡(婚约);荷兰(婚约及其修改);葡萄牙(一般家庭法范畴);苏格兰(根据1981年《婚姻家庭法案》认证某些文书、离婚"宣誓书");西班牙(结婚契约、婚姻共有财产的放弃、对子女的认领、未成年人的监护解除);

(2)财产和物权:比利时(有偿或无偿转让不动产、长期租赁);法国(为建造建筑物而出售土地、设立抵押、须在房地产登记处公示的文书);德国(转让不动产和抵押登记);希腊(设立抵押、不动产转让、9年以上的不动产租赁);卢森堡(房地产和船舶的转让、设立抵押、6年以上的不动产租赁);荷兰(不动产转让、设立抵押、不动产分割);葡萄牙(不动产转让);西班牙(不动产转让、6年以上的不动产租赁、设立抵押);

(3)继承:比利时(公证文书、遗产分割、公证遗嘱和涉外遗嘱);丹麦(遗嘱的证明);法国(秘密遗嘱以及公证遗嘱);德国(公证遗嘱、继承协议、放弃继承权);希腊(公证遗嘱);卢森堡(公证遗嘱、自书遗嘱的保存);荷兰(遗嘱、分割、遗产清算);葡萄牙(遗嘱、遗产转让协议);苏格兰(遗嘱、遗产清单);西班牙(公证遗嘱、秘密遗嘱、接受遗产、放弃遗产、在公共登记册上登记的财产分割)。

(4)商法:比利时(公司设立、公司章程修订、股权交易、商事企业(不包括合伙)的合并和清算、债权转让、代位支付);丹麦(拒绝承兑);法国(须经商业性公示的文书);德国(股份有限公司的设立、商业登记簿中的文书登记);希腊(股份有限公司和有限责任公司的设立和变更,有限责任公司的股权转让);卢森堡(股份有限公司、有限责任公司和股份有限合伙的成立和变更);荷兰(法人、基金会、道德实体的设立或变更文书);葡萄牙(商事企业的转让、公司相关文书);苏格兰(公司的设立和变更);西班牙(股份有限公司和有限责任公司的仲裁、设立、变更、合并、转变、分割和解散)。

第九节　合伙形式执业

除意大利外,还允许以合伙形式从事公证执业活动的国家有:比利时(但只能作为"经济团体",将同一居住地的公证人联合在一起)、法国(根据1966年第66~879号法律、1967年第67~868号法令建立的专业民事组织、跨行业组织,法律并不禁止此类执业形式但尚未对其进行定性)、德国(存在各种限制)、英格兰和威尔士(每个合伙人都对其文书承担个人责任)、荷兰(两个公证人之间或跨行业组织之间的经济组织,特别是与特许会计师的合作)、苏格兰(也是有限责任形式的组织,但每个人都要为自己的文书承担个人责任)、西班牙(与居住在同一城市的公证人合作,采用具有法人资格的民事组织形式)。

第十节　事务所的可转让性

(1)通过生者间法律文书可以转让公证人事务所的国家:比利时(通过公证人或已故公证人的继承人与候选公证人之间的财产合同,但合同对价的金额存在限制);法国(有可能,但就公证人事务所而言,它与专业资格不同,由主管公证委员会进行管控,并由司法部长批准);卢森堡(仅可转让事务所的物质方面,并存在明确条件)。

在英格兰和威尔士、德国、希腊、荷兰、葡萄牙、西班牙,这是不可能的。

(2)可以通过继承进行转让的国家:法国(但有资格的人必须满足进入职业的所有条件)。

比利时、英格兰和威尔士、德国、希腊、卢森堡、荷兰、葡萄牙、西班牙,这是不可能的。

第十一节 收 费

1. 就公证执业活动而言,有一个收费标准(或收费表规则)。

(1)在下列国家是强制性的:

—比利时:收费标准由国家通过皇家法令确定,根据13类表格规定了适用的交易类型,它与文书的标的成正比,但远远低于文书标的;

—法国:由国家(司法部和财政部)予以规定,是固定金额,并按比例逐级递减,有可能减免全部费用,而部分减免则需要公证委员会同意;

—德国:由联邦参照文书的标的确定,但对某些文书限定最高收费额;

—希腊:国家规定某些文书的收费标准;对于合同,收费是1%的标准;

—卢森堡:国家根据1971年7月24日的大公条例制定收费标准,该标准按比例逐级递减,可以涵盖90%以上的公证活动。在某些情况下,标准规定了最高额和最低额之间的固定费用,在其他情况下则由公证委员会决定收费标准;

—荷兰:由公证委员会确定,在某些情况下规定了强制性收费标准,其他情况下只规定了最低收费额,有时是按小时计算的;

—葡萄牙:规定了固定的或可变的费用,这取决于文书的标的,费率表是递减的(但公证人作为国家公务员,只领取工资);

—西班牙:由司法部根据皇家法令(现行的是1989年11月17日的法令)设立,并规定了比例和固定费用;

(2)在下列国家是非强制性的:

—英格兰和威尔士:伦敦的"代书公证人协会"为"代书公证人"(Scriveners Notaries)确定收费标准;"公证人协会"(Notaries Society)为伦敦以外的公证人确定收费标准;

—苏格兰:有一个收费指南,根据工作时间、实务复杂性和标的确定。

2. 至于那些可以独立于公共职能而进行的与接收文书相关的活动(主要包括咨询活动),在比利时、法国(与客户的协议确定收费)、德国、卢森堡、荷兰、西班牙有可能获得报酬,希腊不存在此种可能性,葡萄牙则明确禁止此种活动的报酬。

参 考 文 献

一、历史渊源类

1. ABBONDANZA (a cura di), *Il notariato a Perugia*, Perugia, 1973.

2. ALIANI, *Il notariato a Parma. La "matricula collegia notariorum Parmae"* (1406-1805), 1995.

3. AMELOTTI e COSTAMAGNA, *Alle origini del notariato italiano*, Spoleto, 1975.

4. ANONIMO ROMANO, *Vita di Cola Di Rienzo*, in Cronica ed. critica a cura di G. Porta, Milano,1979.

5. ARNALDI, *Raniero da Perugia. L'insegnamento e la legislazione notarile in Perugia* (*sec. XIII-XIV*), in *Bollettino della Deputazione di storia patria per l'Umbria*, XLIV (1947). *Il notaio cronista e le cronache cittadine in Italia*, in *La storia del diritto nel quadro delle scienze storiche*, Firenze,1966.

6. ASSISI, *Il notaro nella storia e nella nostra legislazione*, Milano, 1917.

7. BAGNOLI, *Il Notariato negli Statuti medioevali mantovani*, in *Riv. not.* , 1960, p. 609 e ss.

8. BARBIERI, *Notariato e documento notarile a Pavia* (sec. XI-XIV), Firenze,1990.

9. BERENGO, *Lo studio degli atti notarili dal XIV al XVI secolo*, in *Fonti medioevali e problematica storiografica*, Roma, 1979, p. 149 e ss.

10. BERTOLINI, *"Actum Beneventi". Documenti e notariato nell'Italia meridionale Longobarda* (*secoli VIII-IX*), 2002.

11. BIZZARRI, *Il documento notarile guarentigiato*, Torino, 1932. *Imbreviature notarili*, 2 voll. Torino, 1934-1938.

12. BRIGANTI, *L'Umbria nella storia del notariato italiano*, Perugia,1958.

13. BRUSCHI, *Nella fucina dei notai. L'Ars notaria tra scienza e prassi a Bologna e in Romagna* (fine XII-metà XIII secolo), Bologna, 2006.

14. BYRNE, *Notaries in Medieval Italy*; *An Encyclopedia* v. 2, New York and London, 2004.

15. CALLERI, *L'arte dei giudici e notai di Firenze nell'età comunale e nel suo statuto del 1344*, Milano,1966. *Atti notarili: conservazione e pubblicità nei secoli XVI-XVIII specialmente in Toscana*, Firenze,1968.

16. CANEPA, *Il notariato in Sardegna*, Cagliari, 1936.

17. CARAVALE, *La legislazione del Regno di Sicilia sul notariato durante il Medio* Evo, in *Per una storia del notariato medievale*, Roma, 1982, p. 97 e ss.

18. CATONI, *Statuti senesi dell'arte dei giudici e notai del secolo XIV*, Roma, 1972.

19. CENCETTI, *Dal tabellione romano al notaio medioevale*, Verona, 1966.

20. CENTRO RICERCHE MEDIARTE (a cura di), *Et sigillum meum apposui*, Bari, s. d.

21. CONSIGLIO NAZIONALE DEL NOTARIATO, *Per la storia del notariato*, *Miscellanea pubblicata per la Giornata Internazionale del Notariato Latino*, Perugia, 1954.

22. CONSIGLIO NAZIONALE DEL NOTARIATO (a cura del), *Per una storia del notariato meridionale*, Roma, 1982. *Il notariato nella civiltà italiana*, Biografie notarili dall'VIII secolo al XX, Milano, 1961.

23. CONSIGLIO NOTARILE DI ROMA, 40 *Anni della Scuola di notariato di Roma*, Roma, 1982. *Le Scuole di specializzazione per le professioni legali*, Roma, 2000.

24. COSTAMAGNA, *Il notaio a Genova tra prestigio e potere*, Roma, 1970.

Tachigrafia notarile e scritture segrete medievali in Italia, Roma, 1968. *La triplice redazione dell'instrumentum genovese*, in *Società Italiana di Storia Patria*, Genova, 1961.

25. COSTAMAGNA, MAIRA e SAGINATI, *Saggi di manuali e cartolari notarili genovesi* (*sec. XIII-XIV*), Roma, 1960.

26. CUSA, *Dell'origine e dell'ufficio del notariato*, Torino, 1850.

27. DE BOULARD, *Les notaires de Rome au Moyen Age*, in *Mélanges de l'école française de Rome*, XXXI (1911).

28. DE LORENZI, *Storia del notariato ravennate*, 2 voll., Ravenna, 1962.

Cenni storici sulla nomina a notaio, in *Riv. not.*, 1963, 97 e ss.

29. DI FABIO, *La legge notarile*: *nascita, storia, evoluzione e prospettive*, in *Riv. not.*, 2013 p. 763 e SS.

30. DI VIZIO (a cura di) *Repertorio dei notari romani dal 1328 al 1927*, Roma, 2011.

31. DURANDO, *Il tabellionato o notariato nelle leggi romane, nelle leggi medioevali e nelle ulteriori specialmente piemontesi*, Torino, 1887.

32. ERA, *Di Rolandino de' Passeggeri, e della sua Summa artis notariae*, Bologna, 1934.

33. FACCIOLI, *Della corporazione dei notai di Verona*, Verona, 1966.

34. FALCO e PISTARINO, *Il cartolario di Giovanni di Giona in Portovenere*, in *I Notai Liguri*, 1958.

35. FALCONI (a cura di), *Due formulari notarili cremonesi* (sec. XIV-XV), 1979.

36. FAVA, *Il decadimento del notariato in Italia*, Napoli, 1905.

37. FERRARA (a cura di), *Rolandini Passagerii contractus*, Roma, 1983.

38. FERRARA e VALENTINI (a cura di) *Liber sive matricula notariorum comunis Bononie* (1219-1299), Roma, 1980.

39. FIGARI, *Il tabellionato nel periodo giustinianeo*, in *Riv. not.*, 1962, p. 535 e ss.

40. FISSORE, *Alle origini del documento comunale*: *i rapporti fra i notai e le istituzioni*, in *Civiltà comunale*: *libro, scrittura, chiarimento*, Genova, 1989.

41. FLORIDI, *Il notariato negli Statuti del Basso Lazio*, Frosinone, 2005.

L'archivio notarile di Guarcino con aspetti sul notariato laziale, Guarcino, 1968.

42. FONDAZIONE ANSELMO ANSELMI-SCUOLA DI NOTARIATO, 70 *anni della Scuola di Notariato di Roma*, Roma, 2019.

43. FORTINI, *I notai nella città di San Francesco*, Assisi, 1962.

44. FRANCOIS, *Elenco di notari che rogarono atti in Roma dal secolo XIV al 1886*, Roma, 1886.

45. FRUGONI, *Medioevo sul naso*, Bari, 2001.

46. GHEZA FABBRI, *Il contenuto economico e sociale degli atti rogati dai notai e governatori della selva Malvezzi*, secoli XVII-XVIII, Milano, 1972.

47. GRASSI Carmelo, *Storia e ordinamento degli archivi notarili* d'Italia, Catania,1911.

48. GRAVINA, *Artis notariae*, Venezia, 1575.

49. GRISAR, *Notai ed archivi notarili nello Stato Pontificio della* Chiesa, Biblioteca Vaticana, 1964.

50. INTERSIMONE, *Il notaio nella storia e nella* vita, Roma, 1949.

51. GROSSI, *Quaderni fiorentini per la storia del pensiero giuridico*, Firenze, 1996.

Il Notariato in Messina, Roma, s. d. *Indagine etimologiche dei dottori Pappafava, Polizotti ed altri sulla parola "Notaro"*, Verona,1910.

52. LA ROSA, *Il notariato ferrarese negli statuti comunali del 1287 e del 1534*, Ferrara,1968.

53. LEVATI, *Notai e società nello Stato di Milano alla fine dell'antico regime* (1751-1800) in MERIGGI e PASTORE (a cura di) *Le regole dei mestieri e delle professioni Secoli XV-XIX*, Milano, 2000, p. 120 e ss.

54. LIGUORI Gennaro, *L'evoluzione storica degli ordinamenti del notariato nelle legislazioni pre e post-unitarie*, Palermo, 1966.

55. LIONTI, *Il tabellionato in Sicilia*, Palermo, 1920.

56. LIVA, *Notariato e documento notarile a Milano*, Roma,1979. *La creazione dei notai a Roma* (1632), in *Sommario delle due Costituzioni e del Chirografo della Santità di N. S. Papa Urbano Ottavo sopra la creazione de i Notai*, in *Notarili*, p. 82.

Le strutture degli atti notarili a Siena, in *Leggi, Provvisioni et Ordini dell'Archivio pubblico della città di Stato di Siena riformato per il Severissimo Don Francesco de' Medici Granduca* di Toscana, Siena, 1585, p. 13 e ss.

57. LODOLINI, *Gli archivi notarili delle Marche*, Roma,1969.

58. LOMELLINO, *La conservazione degli atti notarili a Benevento*, in C. SALVATI, *L'Archivio notarile di Benevento* (1401-1860), *Origini, formazione, consistenza*, Roma,1964, p. 5 e ss.

59. MANGINI, *Il notariato a* Como, Varese, 2007.

60. MAZZANTI e PEPE ANCARANI, *Il notariato in Italia dall'età napoleonica all'unità*, Roma,1983.

61. MICHETTI (a cura di), *Notai, miracoli e culto dei Santi*, Milano, 2004.

62. MINISTERO PER I BENI CULTURALI E AMBIENTALI—Archivio di Stato di Belluno, *Il Notariato e il documento di diritto privato*, Belluno, Ampezzo, Livinallongo (secoli XV-XIX), Catalogo a cura di G. MIGLIARDI e O. RIODARN, Belluno, 1998.

63. MORESCO e BOGNETTI, *Per l'edizione dei Notai Liguri del sec. XII*, Torino, 1938. *Notariato medievale bolognese—Atti di un convegno*, Bologna, II tomi. *Notariato nella civiltà toscana—Atti di un convegno*,1981,1983.

Norme per i notai del Regno d'Etruria(1807), Firenze, 1807.

64. NOVATI, *Il Notaio nella vita e nella letteratura italiana dalle origini in freschi e minimi del dugento*, Milano,1908.

65. NUNEZ LAGOS, *El documento medieval y Rolandino*, Madrid, 1951.

66. OBRECHTI, *Tractatus de notariis*, Argentinae, 1687.

67. ORLANDELLI, *Genesi dell'《ars notariae》nel sec. XIII*, in *Studi Medievali*, *III*, *VI* (1965), vol. II (Per la storia della cultura in Italia nel Duecento e primo Trecento, Omaggio a Dante nel VII centenario della nascita).

68. PALMIERI A. , *Rolandino de' Passeggeri*, Bologna,1933.

69. PALMIERI G. B. , *Appunti e documenti per la storia dei glossatori— Il "Formularium Tabellionum" di* Irnerio, Bologna,1892.

70. PAPPAFAVA, *Delle opere che illustrano il notariato*, Zara, 1880.

71. PECORELLA, *Statuti notarili piacentini del XIV* secolo, Milano,1971.

72. PEDANI FABRIS *"Veneta auctoritate notarius"*, *Storia del notariato veneziano* (1514-1797), 1996. *Per una storia del notariato meridionale*, Milano,1982. *Rolandino e l'Ars notaria da Bologna all'Europa* (a cura di G. TAMBA), Milano, 2002.

73. PERFETTI, *Il notariato a Pordenone*.

74. PICCOLI, *Riflessioni storiche sul notariato*, Trieste,1870.

75. PETRUCCI, *Notarili. Documenti per la storia del notariato italiano*, Milano,1958.

76. TABELLIONI, *scrinerai e notai nella Roma del Medioevo*, Miano,1960.

(a cura di) *Come conservare a Milano i protocolli dei notai defunti*, in *Notarili. Documenti per la storia del notariato italiano*, Milano, 1958, p. 122 e ss.

(a cura di) *Il Protocollo notarile di Coluccio Salutati*, Milano, 1963.

PIERGIOVANNI (a cura di), *Tra Siviglia e Genova*: *notaio, documento e commercio nell'età colombiana*, Genova 1982,1994. (a cura di) *Hinc publica fides*, Milano 2006. (a cura di) *Medioevo notarile*, Milano, 2007. *Corsari e riscatto dei captivi. Garanzia notarile tra le due sponde del Mediterraneo*, Milano 2010. (a cura di) *Il notaio e la città*, Genova,2007.

77. PORRO, *Il notariato italiano dal 1861 al 1961*, Milano,1962.

78. SALVATI, *L'archivio notarile di Benevento* (1410-1860), Roma,1964.

79. SALVI, *Tra privato e pubblico, notai e professione notarile a Milano* (Secolo XVIII), Milano. 2012.

80. SANCASSANI (a cura di), *Documenti sul notariato veronese durante il dominio veneto*, 1987.

81. SANTORO, *Il notariato nell'Italia contemporanea*, Milano, 2004.

82. SARADI, *Notai e documenti greci dall'età di Giustiniano al XIX Secolo*, *I. Il sistema notarile bizantino (VI-XV secolo)*,1999.

83. SCARAZZINI (a cura di), *Statuti notarili di Bergamo (sec. XIII)*, 1977.

84. SCHIAPPARELLI, *I notai nell'età longobarda*, in *Archivio Storico Italiano*, 1932.

85. SCHIAVINI TREZZI, *Dal collegio dei notai all'archivio notarile. Fonti per la storia del notariato a Bergamo* (sec. XIV-XIX), Bergamo, 1997.

86. SINISI, *Formulari e cultura notarile nell'età moderna*, *L'esperienza genovese*, 1997. *Regolamento dei Notai del Regno d'Italia* (1806), b. t.

(a cura di), *Le leggi notarili*, *Dagli Stati preunitari al Regno d'Italia* (1805-1879), Padova, 2011.

87. SOMEDA DE *MARCO*, *Notariato friulano*, Udine, 1958. *Studio bolognese di formazione del notariato*, Atti di un convegno, Bologna 1989,1993.

88. SPINELLI, *A proposito di notai e causidici a Vigevano nel Quattrocento*, in EAD, *Milano nel Quattrocento. La città, la società, il ducato attraverso gli atti dei notai milanesi*, Milano, 1998, p. 57 e ss.

89. SUFFLAY, *Storia del Notariato Dalmata e documenti privati Dalmati*, Vienna, 1904.

90. TAMARA (a cura di), *Rolandino e l'ars notaria da Bologna all'Europa*, 2002.

91. TAMBA e TAVILLA (a cura di), *Nella città e per la città—I notai a Modena del IX al XX Secolo*, Milano, 2013.

92. TESSARA, *De excessibus, erroribus, et peccatis notariorum*, Francoforte, 1591.

93. TIFONE, *I Notai nell'antico diritto napoletano*, Roma, 1960.

94. TONALINI, *Il notaio nella stori pavese, Duemila anni al fianco dei cittadini nei distretti di Pavia, Voghera, Vigevano e Bobbio*, Pavia, 2008.

95. TORELLI, *Per una storia del notariato medioevale*, Milano, 1982.

96. VECCHIONI, *Dell'origine dei notai e dei loro protocolli e della storia di essi*, Napoli, 1769.

97. VERDI e PITELLA (a cura di), *Notai a Roma, Notai e Roma*, Roma nel Rinascimento, Roma, 2018.

98. VERONA C. N., *Il Notariato Veronese attraverso i secoli*, Verona, 1966.

99. VITALI, *Vita e commercio dei notai genovesi dei secoli XII e XIII*, Genova, 1950.

100. ZANELLI, *Il notariato in Italia*, Milano, 1991.

101. ZAPPERI, *Per la storia del notariato in Sicilia nel secolo XVI*, in Riv. *not.*, 1961, p. 881 e ss.

二、综述类

1. ADORNI, *Il Notajo*, Parma, 1842.

2. ALIANELLI, *Il diritto notarile italiano*, Napoli, 1875.

3. ALPI, *Notariato ed Archivi Notarili*, Roma, 1977.

4. ANSELMI, *Arte notarile*, Viterbo, 1927. *Principii di arte notarile con formulario ad uso dei praticanti*, voll. 3, Viterbo, 1927-1933. *Principi di arte notarile*, nuova ed., riveduta ed aggiornata a cura di BELLUCCI e CHECCHI, Roma, 1952.

5. BACIOCCHI, *La guida del notaro*, Lucca, 1875.

6. BARATTA, *Ordinamento del notariato italiano*, Milano, 1954.

7. BARTOLINI, Corso di preparazione alla carriera del notariato (*Il manuale de' notai*), Bologna, 1957.

8. BATTOCCHI, *Il notaio teorico-legale*, Napoli, 1758.

9. BELMONDO DI BRICHERASIO, *Istruzione per l'esercizio degli uffici del Notaio nel Piemonte*, 4 voll., Torino, 1779.

10. BENCIVENNE, *Ars notarie*, a cura di G. Bronzino, Bologna, 1965.

11. BERTALOTTI, *Nuovo manuale del Notaro*, Torino, 1915-1916(Voll. 4).

12. BERTAZOLII, *Tractatus clausularum instrumentalium*, Venezia, 1598.

13. BIANCOTTI e GARETTI, *Manuale del notaio*, 1908-1924.

14. BRANDOLINI, *Lessico Legale Notarile*, Forlì, 1840.

15. CARCANO, *Il Notaio istruito*, Milano, 1810.

16. CARUSI, *Il negozio giuridico notarile*, Milano, 1947, 1968, 1980.

17. CASSINIS, *Del notariato*, Genova, 1871.

18. CHIARELLI, *Istituzioni sul notariato*, Palermo, 1840-1846.

19. CURCIO, Il *notariato considerato come istituzione, giurisdizione e associazione*, Perugia, 1876.

20. D'ADDA, *Arte notarile e appendici*, Milano, 1797, 1800, 1801, 1802.

21. DONÀ, *Elementi di diritto notarile*, Milano, 1933.

22. EBNER, *Gli Archivi notarili*, Roma, 1999.

23. FALCIONI, *Manuale teorico e pratico del notariato*, voll. 5, Torino, 1888-1915.

24. FABOZZI, *Nozioni di notariato e sugli Archivi Notarili*, Salerno, 1981.

25. FALZONE, *Il notaio* esercente, Cremona, 1933.

26. FERRAGUTI, *Del Notariato*, Ferrara, 1793.

27. FERRAROTTI, *Manuale del* notaio, Torino, 1877.

28. FRUGIS, *Il notaro— Condizione giuridica e provvedimenti giuridici*, Signa, 1911.

29. GALLINI, *Il Notariato Italiano*, Torino, 1876.

30. GARETTI, *Manuale del notaio*, Milano, 1889-1905.

31. GARETTI e BIANCOTTI, *Manuale del* notaio, Milano, 1908, 1917, 1924. *Il notaio. Il pratico esercizio della funzione notarile*, Milano, 1940.

32. GARETTI e GRANCATTI, *Manuale del* notaio, Milano, 1913 e 1917.

33. GAZZILLI D., *Scienza notariale e codice per i notai*, Napoli, 3 voll., 1824, 1827, 1836.

34. GAZZILLI I., *Manuale del notaio e per la preparazione agli esami e alla carriera del notaio*, Roma, 1950.

35. JANNUZZI, *Manuale della volontaria giurisdizione*, Milano, 1995.

36. LASAGNA, *Il notaio e le sue* funzioni, Milano-Genova, 1969 e, in 3 voll., 1977.

37. LENZI B., *Il notaio e l'atto notarile*, Pisa, 1939, 1950.

38. LOBETTI BODONI, *Guida pratica dell'aspirante notaio*, Pisa, 1947.

39. LOFFREDO, *Atti tra vivi. Legge notarile*, Milano, 2005.

40. MACCIOCCHI, *Nuova pratica notarile*, 2 voll., Napoli, 1811.

41. MAMBELLI e BALOTTIN (a cura di), *Glossario notarile*, Milano, 2013.

42. MANASSELLI, *Arte notarile*, Roma, 1910.

43. MARCHIONI, *Brevis tractatus de officio Notariatus*, Roma, 1678.

44. MARTELLOTTA, *L'amministrazione autonoma degli archivi notarili nel sistema della pubblica amministrazione*, Palermo, 1964.

45. MASSÉ, *Le parfait notaire ou la science des notaires*, Paris, 1813.

46. MAZZACANE, *La giurisdizione volontaria nell'attività notarile*, Roma, 1975, 1980; *La giurisdizione volontaria per la preparazione al concorso notarile*, Roma, 1961.

47. MAZZOCCA, *Il Notaio—Guida all'esercizio delle funzioni notarili annotata con la giurisprudenza*, Milano, 1992.

48. MELEDANDRI, *Corso di diritto civile dedicato ai notai*, 2 voll., Napoli, 1857.

49. MIGLIORI, *La giurisdizione volontaria nella pratica notarile*, I, Torino, 1975.

50. MICHELOZZI C. , *Il Notariato secondo la legge italiana*, Firenze,1876.

51. MICHELOZZI G. , *La professione notarile*, Pisa,1931.

52. MICHELOZZO, *Il notariato*, Roma,1900.

53. MOSCATELLO F. , *Nozioni di notariato*, Roma, 1971 e 1974.

54. PACINI, *Il notaio principiante istruito o sia breve trattato sopra il civile officio del notaio*, 8 voll. , Perugia, MDCCLXXIV.

55. PALMINTERI, *Ordinamento del notariato*, Palermo,1966.

56. PASQUALI, *Codice dei notari*,3 voll. , Napoli, 1768.

57. PASSAGGERI ROLANDINO, *Summa totius artis notariae*, voll. 2, Venezia,1546,1583. *"Summa notariae" Aurora*, con aggiunta di *Petri De Unzola*, Madrid, 1950.

58. PATINELLA, *Tyrocinium Tabellionatus Officii*, Palermo, 1741, 1777.

59. POLACCO, *Ordinamento del notariato e degli archivi notarili*, Roma,1912.

60. POLIZZOTTI, *Pratica notarile*, Palermo,1894.

61. PROFERA, *Gli Archivi Notarili*, Roma, 1960.

62. RAINERIUS DE PERUSIA, *Ars notaria*, a cura di A. Gaudenzi, in *Bibliotheca Juridica Medii Evi*, II, Bologna, 1897.

63. RAMORINO, — *Manuale teorico-pratico del notariato*, Genova,1873. *Manuale del notariato*,Genova, 1867.

64. RIPA, *Diritto e pratica notarile*, Roma,1992.

65. ROSSI COSENTINO, *Saggio elementare sulla scienza e sull'arte notarile*, Napoli, 1818, 1820.

66. ROSSINI, *Un poco di pratica notarile per l'esame di idoneità*, Pisa, 1884.

67. SALATIELE, *Ars notaria*, a cura di G. Orlandelli,2 voll. , Milano,1963.

68. SANTARCANGELO, *La volontaria giurisdizione nell'attività negoziale*, 4 voll. , Milano, 1985-1989.

69. SCIGLIANO, *Vademecum del notaio e dell'archivio notarile*, Milano, 1970.

70. SOLIMENA, *La pratica del notariato*, Roma, 1914.

71. SOSSI, *Del notariato—Trattato teorico-pratico*, 3 voll. , Torino, 1859.

72. SPELUNCANI, *Speculum artis notariae*, Venezia, 1536, 1538,1552,1574.

73. STIATICO, *Tractatus praticae et theoricae artis tabellionatus*, Bologna, 1590.

74. STROPPA, *Manuale delle contrattazioni*, Torino s. d. (1916-1920). *Summa notariae annis MCCXL-MCCXLIII Aretii composita*, a cura di C. Cicognara, in Biblioteca Juridica Medii Aevi, Bologna,1901.

75. TENORE e CELESTE, *La responsabilità disciplinare del notaio ed il relativo procedimento*, Milano,2008.

76. TORTORA, *Manuale de' Notai*, Napoli,1838.

77. TRECCANI e CHINELLI, *Pratica degli atti notarili*, Napoli, 1810-11.

78. TROMBETTI, *Il manuale notarile*, Roma,1936.

79. VALENTINI, 《*Tractatus de tabellionibus*》 di Baldo degli Ubaldi, attribuito anche a Bartolo da Sassoferrato nonché a Gozzadino de'Gozzadini, in *Studi Urbinati*, XVIII (1965-1966).

80. VIGNOLO, *Teorica e pratica de' notai*, 3 voll. , Pisa,1689-1771.

81. VISENTINI L. e I. , *Il notaio — Preparazione pratica e dottrinale agli esami ed alla funzione notarile*, Milano, 1927-1938.

82. VISENTINI, *Il notaio-Preparazione pratica e dottrinale agli esami ed alla funzione notarile*, Milano,1938.

83. VITALI, *Trattato istruttivo sopra l'ufficio del notaro con pratica in strumentaria*, Jesi,1805.

84. ZAMPAGLIONE, *Manuale di diritto consolare*, Roma, 1958.

85. ZANELLI, *Il notariato in Italia*, Milano, 1991.

三、评注类

1. AVEZZA, *Testo e motivi della nuova legge notarile*, Roma, 1915.

2. BOERO, *La legge notarile commentata con la dottrina e la giurisprudenza*, voll. 2, Torino, 1993.

3. BRUNI, *La nuova legge notarile illustrata*, Milano,1915. *Codice notarile annotato*, Napoli, 1900.

4. CASU e SICCHIERO, *La legge notarile commentata*, Milanofiori Assago,2010.

5. CONTI, *Commentario teorico-pratico della nuova legge sul notariato*, voll. 2, Napoli,1876-1880.

6. CRESPOLANI e ZUNINI, *La legislazione notarile integrata e coordinata*, Roma,1917.

7. DE GASPARIS, *Codice e formulario dei notai*, Napoli, 1899.

8. DEGNI, *Commento alla Legge 16 febbraio 1913, n. 89, sull'ordinamento del Notariato e degli Archivi notarili*, Roma,1913.

9. DEL SIGNORE e GUICHARD, *Il codice dei notari*, Bologna,1806.

10. D'ETTORE e GIORDANO, *Legge sul riordinamento del notariato*, Napoli, 1877.

11. GIULIANO, *Codice notarile per lo Regno delle due Sicilie*, Palermo, 1850.

12. MANETTI e CICCARELLI, *La tariffa notarile*, Commento teorico-pratico, Pisa,1915.

13. MANZITTI, *Codice notarile*, Napoli, 1887-1893.

14. MICHELOZZI C. , *Il notariato secondo la nuova legge italiana*, *Commentario del Testo Unico delle disposizioni notarili*, Prato, 1875-1881, Roma, 1900.

15. MIGLIETTA, *Commento alla legge 23 novembre 1819 sul notariato*, Napoli,1842.

16. MUNO e LOBETTI BODONI, *Commento alla Tariffa notarile*, Torino, 1958.

17. MOSCATELLO P. , *La legislazione notarile italiana*, Palermo, 1875, 1880 e 1901 (voll. 2). *Tariffa degli onorari commentata*, Palermo,1886.

18. NAPOLITANI, *Esposizione della legge sul notariato*, Napoli, 1858.

19. PASQUALI, *Codice dei Notari*, 3 voll. , Napoli, 1768.

20. PATERI, *Il notariato. Commento teorico-pratico della legge 16 febbraio 1913*, Torino, 1915.

21. PROTETTÌ e DI ZENZO, *La legge notarile—Commento con dottrina e giurisprudenza delle leggi notarili*, Milano, 1995 e 2003.

22. PUCCINI, *Legge sul notariato italiano*, Civitavecchia, 1880.

23. ROLANDINI RODULPHINI, *Summa totius artis notariae*, ristampata a cura del.

24. CONSIGLIO NAZIONALE DEL NOTARIATO, (1977). *De officio tabellionatus in villis et castris*, Bologna, 1258.

25. SOLA, *Commentaria de Tabellionibus et Notariis*, Augusta Taurinorum, 1625.

26. SOLIMENA, *Commento alla legislazione notarile italiana*, Milano, 1918.

27. STROPPA, *Manuale delle contrattazioni*, Torino, s. d. (ma 1916-1920).

28. VILLA PERNICE, *Osservazioni intorno al progetto di legge sul notariato italiano*, Milano, 1877.

四、实务类

1. ADDEO, *Lingua notarile*, Napoli, 1938.

2. AQUILA, *Artis notariae et forma instrumentorum*, Venetiis, 1536.

3. BIANCHI, *Guida Formulario Notarile*, Roma, 1876.

4. CAMBIAGI, *Formulario Toscano ad uso dei Notai del Granducato, compilato per ordine del Governo*, Firenze, MDLLXCI.

5. CABALLINO, *Formularium et solennitates instrumentorum abbreviatorum et estensorum*, Milano, 1588.

6. CARBONE, *Nuovi casi notarili. Nuovissimi casi notarili. Ultimi casi notarili*, (s. l. e s. d.).

7. CARCANO, *Atti tra vivi e ultime volontà (con le loro moduli analoghe alla vigente legislazione austriaca)*, Milano, 1827. *Il notaio istruito cogli schiarimenti del Regolamento sul Notariato e delle leggi analoghe e alle moduli degli istrumenti testamenti e processi verbali*, Milano, (s. d.).

8. CARUSI, *Guida teorico-pratica per la compilazione degli atti e degli istituti giuridici*, Roma, 1950.

9. CARUSI, PROTETTÌ e VACCA, *Atti giudiziari legali e notarili*, Milano, 1982.

10. CECCHI, *Formulario notarile*, Firenze, 1816.

11. CONZO, *Trattato delle forme testamentarie da servir di seguito al commentario sul regolamento notarile del Regno delle due Sicilie*, Napoli, 1819.

12. DE GASPARIS, *Codice e formulario dei notai*, Napoli, 1899.

13. DE MUSSIS, *Formularium instrumentorum egregii causidici*, Venezia, 1590.

14. DE VECCHI, *Formulario dei testamenti*, Novara, 1839.

15. DI RUGGERO, *Pratica dei notai*, Napoli, 1700, 1728, 1752.

16. FALCIONI, *Formulario degli atti notarili*, a cura di G. B. Curti-Pasini, Torino, 1948.

17. FALZONE, *Formulario e prontuario notarili*, Carate Brianza, 1933. *Forma instrumentorum noviter impressa-Ita taxa Notariorum*, Turlinus, 1586. *Formularium tabellionum* (attr. ad IRNERIO).

18. FACIO, *Prattica d'instrumentare ad uso universale*, Venezia, 1673. *Formulario toscano* (*Ufficiale*), Firenze, 1802.

19. MASI (a cura di) *Formularium florentinum artis notarie*, (1220-1242), Milano, 1943.

20. FORMULARIO VERONESE, di Maestro VENTURA.

21. GAROFALO, *Vero metodo ed ordine da tenersi da nodali nella formazione di qualunque processo criminale ed ancora in via mista fino alla loro ultimazione con ciò che s'appartiene in qualche*

parte anco ai procuratori, con altre osservabili e non più usate particolarità essenzialissime, Verona, 1751.

22. GENGHINI, *La forma degli atti notarili. Tecniche redazionali degli atti inter vivos, mortis causa e societari*, Padova, 2009.

23. IRNERIUS, *Formularium tabellionum cum glossis et addictionibus seculi XIII ineuntis*, in *Scripta et anecdota Glossatorum, editio emendata cum addictionibus curante Johannes Baptista Palmierio*, I, Bononiae 1914.

24. JUNCTA, *Formularium quotidianum contractuum, secundum stilem potissime florentinum cui etiam plura alta forenzia frequentissima superaddita fuerent*, Firenze, 1577.

25. LA FERLA, *Formulario notarile*, Roma, 1956.

26. LEICHT, *Formulario Notarile nell'Italia Settentrionale*, Montpellier, 1908.

27. LIBER CARTOLARI DE ARTE NOTARIA del Maestro CORRADINO.

28. LOVATO e AVANZINI, *Formulario degli atti notarili*, Torino, 2006.

29. MALUCELLI, *Ad praxim instrumentorum Ferrariensem*, Ferrara, 1711.

30. MASSA, *Tractatum ad formulam camerales*, Venezia, 1615.

31. MAZZACATENA, *Formulario pratico legale per i notai*, Napoli, 1789-1805.

32. MERCADANTE, *Formularium instrumentorum*, Venetiis, 1619.

33. MICHELOZZI C. , *Formulario e prontuario per la pratica degli atti notarili*, Firenze, 1877, 1883, 1886. *Formulario per gli atti testamentari*, Firenze, 1881. *Formulario per gl'inventari*, Firenze, 1881. *Formulario per le cambiali e protesti cambiari*, Firenze, 1883.

34. MOSCATELLO P. , *Modello degli atti attribuiti ai notai dalla nuova legge notarile, con note esplicative*, Palermo, 1913. *Nuovo formulario degli atti notarili, preceduto da uno studio sulle formalità*, Palermo, 1915.

35. PETRELLI, *Formulario notarile commentato*, 4 voll. , Milano, 2003.

36. POLIZZOTTI, *Pratica notarile*, Palermo, 1894.

37. PREITE (a cura di) *Trattato notarile. Atti notarili* (a cura di) PREITE e CAGNAZZO, 6 vol. , Milanofiori, 2009.

38. RAINERIO DA PERUGIA, *Ars notaria*.

39. ROLANDINI RODULPHINI BONONIENSI, *In Artem notariae ordinatissimae summule*, Venetiis, 1535. *Contractus* (a cura di R. Ferrara), Roma, 1983.

40. ROSSI, *Formulario teorico-pratico degli atti notariali più frequenti*, Napoli, 1819.

41. SALLUSTIUS, *Formularium instrumentorum*, Roma, 1626.

42. SCIARRETTA, *Formulario degli atti e contratti notarili*, Napoli, 1872.

43. SINISI, *Formulari e cultura giuridica notarile nell'età moderna. L'esperienza* genovese, Milano, 1997.

44. SPEZZACATENA, *Formulario partico-legale per uso dei notai*, 2 voll. , Napoli, 1798.

45. TRECCANI, *Pratica degli atti notarili contemplati dal Codice Napoleone*, Brescia, 1857.

46. UBALDINI, *Pratica dei* notari, Napoli, 1770.

47. VICETO, *Formularium instrumentorum*, Genova, 1743. *Formularium instrumentorum testatorum, procurarum*, Genova, 1647.

五、辞典类

1. ANSELMI, *Dizionario pratico del notariato*, vol. 1 (A-B), Viterbo, 1930.

Si tratta del primo ed unico volume pubblicato. L'opera completa del Dizionario si può consultare, nell'originale manoscritto dell'Autore, presso la biblioteca della Scuola Anselmo Anselmi di Roma: si tratta di quattordici volumi rilegati, in fogli quadrettati, ricoperti da una scrittura autografa chiara ed ordinata.

2. BIGNOZZI e FERIOLI, *Repertorio del notaio*, 4 voll., Padova, 1970,1971,1973.

3. CAPPELLANI, *Piccola enciclopedia notarile*, Milano,1959.

4. CONSIGLIO NAZIONALE DEL NOTARIATO, *Dizionario giuridico del notariato nella casistica pratica. Indice soggettario della Biblioteca*, 3 voll., Roma, 1978.

5. CRESPOLANI, *Supplemento al dizionario notarile*, Roma,1915.

6. DALL'ASTE BRANDOLINI, *Lessico legale notarile, ossia Repertorio Universale*, voll. 5, Forlì,1840,1845,1854,1856.

7. FALZONE, *Dizionario del notariato*, Augusta, 1946 e 4a ed., a cura di P. Carusi, Roma, 1954.

8. FALZONE e ALIBRANDI, *Dizionario enciclopedico del notariato*, 3 voll. e 2 appendici, Roma,1977-2002.

9. PETRELLI, *Dizionario bibliografico notarile, Banca dati notarile—Nuova* versione su CD ROM,WINDOWS, ed. settembre 2006.

10. SCIGLIANO, *Novissimo repertorio del notariato*, Milano, 1972. *Vademecum del notaio e dell'Archivio notarile*, Milano,1970.

11. VIANINI, *Raccolta delle principali e più difficili abbreviazioni e frasi abbreviate che si riscontrano negli atti notarili dal secolo XIII in poi*, Roma, 1898.

六、百科全书词条类

1. COSTAMAGNA, *Notaio (diritto intermedio)*, in *Enc. dir.*, v. XXVIII, Milano, 1978, p. 559 e ss.

2. DONÀ, voce *Notariato e Archivi notarili*, in *NDI*, VIII, Torino, 1939, p. 1055 e ss.

3. DI FABIO, voce *Notaio (diritto vigente)*, in *Enc. dir.*, XXVIII, Milano, 1978, p. 565 e ss., Agg. 1999.

4. FREZZINI, voce *Notariato*, in *DI*, XVI, Torino, 1905-1910, p. 336 e ss.

5. GALLO ORSI e GIRINO, voce *Notariato*, in *Notariato e Archivi notarili*, in *NssDI*, XI, Torino, 1965, p. 356 e ss.

6. GIRINO, voce *Notariato ed Archivi notarili*, in *NssDI*, App. Vol. V, Torino, 1984, p. 242 e ss.

7. LIGUORI e STELLACCI, voce *Archivi notarili*, in *NssDI*, App. Vol. V., Torino, 1984, p. 248 e ss.

8. MAZZOLA, Notaio e notariato, in *Digesto delle discipline privatistiche*, Sez. civile, Vol. XII, Torino, 1995, p. 230 e ss.

9. MELEGARI, voce *"Notaio e notariato"* (*diritto amministrativo*) in *Enc. giur. Treccani*, XXI, Roma, 1990.

10. ROMAGNOLI, voce *"Notaio e notariato"* (*diritto tributario*), in *Enc. giur. Treccani*, XXI, Roma, 1990.

11. VARANO, voce *Notaio e Notariato* (*diritto comparato e straniero*), in *Enc. giur. Treccani*, XXI, Roma, 1990.

12. VELLANI, *Notaio e notariato*, in *Digesto delle discipline pubblicistiche*, v. X, Torino, 1995, p. 169e ss.

七、立法评论类

1. ANDRINI-IZZO, *Compendio legislativo per la professione notarile*, Padova, 1990.

2. CASSA NAZIONALE DEL NOTARIATO, *Raccolta di tutte le leggi, i decreti e le disposizioni concernenti la Cassa Nazionale del Notariato dalle sue origini al 30 giugno 1967*, Roma, 1967.

3. CASU (a cura di), *Notariato e Archivi Notarili*, Roma, 2006. *Codice de' Notai*, Livorno, 1808.

4. CRESPOLANI, *Legislazione notarile*, Roma, 1913.

5. D'ANTUONO e GIBBONI (a cura di), *Normative notarili*, (2 tomi), Napoli, 1999.

6. DE MEO, *Testo unico delle leggi sull'ordinamento del Notariato e degli Archivi Notarili*, Cassino, 1954.

7. ELIA, *Leggi, regolamenti, istruzioni e decisioni riguardanti i notai, gli archivi e le camere notarili*, Milano, 1847,

8. FELLI, *Notariato* (*Repertorio delle disposizioni contenute nella legge, regolamento e tariffa sul Notariato*), Siena, 1876.

9. FULCHERIS, *Il codice del notariato*, Piacenza, 1963.
Nuovo Codice del Notariato, Roma, 1992.

10. GENGHNI, *Codice della legislazione notarile*, Padova, 2012.

11. GIANFELICE e TRECCO, *L'ordinamento del notariato italiano nelle leggi costitutive dal 1874 al 1954*, Milano, 1955.

12. GIANNETTI, *La legislazione notarile nel Napoletano*, in *Vita not.*, 1962, p. 1 e ss.

13. MANZITTI, *Codice notarile—Legge sull'ordinamento del notariato con annessa tariffa e relativo regolamento*, Napoli, 1887.

14. MOSCATELLO P., *Raccolta di r. decreti, circolari e risoluzioni ministeriali intorno al notariato, emanate in seguito alla legge organica e al relativo regolamento sino a tutto il 1878*, Palermo, 1880.

15. PIO VII, *Tutto il riordinamento del diritto e funzionamento con stemma papale— Testo di regolamenti per i diritti in genere— Giudice— Notai*, Roma-Ancona, 1800.

16. SCARAZZINI (a cura di), *Statuti notarili di Bergamo*, (sec. XIII), Roma, 1977.

17. SINISI (Testi selezionati e coordinati da), *Le leggi notarili Degli Stati preunitari al Regno d'Italia* (1805-1879), (s. l.) 2011. *Statuta venerabilis collegii D. D. Notariarum Curiae Capitolinae*, Roma, 1831. *Statuti del Ven. Collegio degli spettabili signori Causidici e Notai di Voghera approvati l'anno 1415* (s. l.), 1766.

八、法学评论类

1. BAMBARA, *Codice del notariato e degli archivi notarili*, Milano, 1977.

2. GENOVESE-PETILLO, *La professione notarile— Legge fondamentale e stato della giurisprudenza delle Corti Italiane*, Supplemento al fascicolo 8/2004 di *D & G*, 2004.

3. GIANFELICE e TRECCO, *Massimario del notariato*, Milano, 1954, e quattro aggiornamenti, 1955, 1959 e 1989. *La professione notarile— Legge fondamentale e stato della giurisprudenza delle Corti Italiane*, Supplemento al fascicolo 8/2004 di *D & G*.

4. MUNO U., *La più recente giurisprudenza notarile*, Roma, 1935.

5. MONTELATICI, *Elementi di giurisprudenza civile uniti all'osservazioni pratiche e nozioni necessarie per lo esercizio dell'arte notarile*, Firenze, 1824.

6. PAOLUCCI, *Atti vietati e responsabilità notarile nella giurisprudenza*, Milano,1990. *Raccolta degli ordini dell'Indimajone*, Torino, 1648. *Raccolta delle leggi, ecc. ecc., riguardanti il Notariato e il Tabellione*, Torino, 1845. *Repertorio del notaio*, a cura di C. Bignozzi e R. Ferioli, Padova,1970.

7. SERPI, *Il notariato nella giurisprudenza*, Padova, 1972.

8. SORMANI, *Giurisprudenza pratica del notaio*, Milano, 1847.

9. ZOLESE, *Giurisprudenza notarile*, Torino, 1881.

九、公证杂志类

已停刊的：

1. *Gazzetta dei Notai* (fondata nel 1871 diretta da G. Sciarretta, cessò alla fine del 1800).

2. Il *Giornale dei Notai* (fondato nel 1876 da V. Conti e C. Astengo, cessò nel 1919).

3. *Monitore del Notariato* (fondato nel 1876 dall'Avv. Cassini, cessò nel 1881 fondendosi con il ROLANDINO).

4. Il *Notariato Italiano* (fondato da P. Moscatello nel 1877, cessò nel 1880).

5. *Monitore del Notaio* (fondato nel 1876 da A. Badini Confalonieri, cessò nel 1925).

6. *Bollettino Notarile* (fondato nel 1881 dal notaio G. Ferraris, cessò nel corso degli anni 1940).

7. Il *Notariato Siciliano* (fondato nel 1876 dal notaio P. Moscatello, cessò alcuni anni dopo).

8. *Rivista Critica del Notariato* (fondata nel 1924 dal notaio G. Solimena, cessò nel 1926).

9. *Corriere Notarile* (edito nel 1925, diretto dai notai E. Pedalino e A. Ponchielli, cessò nel 1935).

10. *Riforma del notariato* (fondata nel 1902 dal notaio G. Fava, cessò nel 1907).

11. *Bollettino dell'Unione Notarile Italiana* (fondato nel 1923, cessò nel 1928).

12. Il *Notaro* (fondato nel 1912 dal Notaio A. Russo Ajello) (cessato nel 2011).

仍在发行的：

1. *Le massime del Registro e del Notariato* (fondato nel 1863 da L. Perotti).

2. Il *Rolandino* (fondato nel 1882 dal Notaio C. Michelozzi).

3. *Rivista del Notariato* (fondata nel 1947 dal notaio A. Giuliani).

4. *Vita Notarile* (fondata nel 1950 dal notaio G. Buttitta).

5. Notariato di Oggi (fondato nel 1964 dai colleghi dell'Assonotai).

6. *Gazzetta Notarile* (fondata nel 1975 dal notaio U. De Cesare).

7. *Notiziario dell'Associazione Nazionale dei Notai in Pensione* (fondato dal notaio A. Guidotti).

8. *Bollettino della Cassa del notariato.*

9. *Federnotizie* (fondata nel 1988 dall'Associazione Sindacale Notai della Lombardia).

十、文评类

1. D'ORAZI FLAVONI, *Scritti giuridici*, raccolti a cura del Consiglio Notarile di Roma, 3 voll. , Roma,1965.

2. CONSIGLIO NAZIONALE DEL NOTARIATO, *Studi su argomenti di interesse notarile*, Roma,1968-1983. *Studi e materiali*, 1983-2005.

3. SCUOLA DI NOTARIATO A. ANSELMI DI ROMA (a cura di), *La volontaria giurisdizione*, Casi e materiali, con *Scritti e Lezioni di Daniele Migliori*, Milano,1997.

Le Scuole di specializzazione per le professioni legali, con Scritti di Vincenzo Colapietro, Roma, 2001. *Scritti giuridici in onore del prof. Vincenzo Baratta*, Palermo, 1967.

4. ZOPPI, *Raccolta di scritti diversi sulla legge e sul regolamento notarile*, Sarzana, 1890.

十一、关于公证职能和活动的文献

1. ATTAGUILE, *Il notariato nel mondo moderno*, in *Riv. not.* , 1961, p. 316 e ss.

2. BARATTA, *La funzione notarile e le forme di sua estrinsecazione*, Roma, 1956.

—*Natura giuridica della funzione notarile*, in *Il notariato nella società moderna e le sue funzioni*, Palermo, 1966, p. 195 e ss.

3. BUTTITTA, *Il notariato nella società moderna e le sue funzioni*, Palermo,1966.

4. CAPRIOLI, *Attività negoziale e funzione notarile*, Milano,1996.

5. CARNELUTTI, *La figura giuridica del notaio*, in *Riv. trim. dir. civ.* , 1950, p. 921 e ss. e in *Riv. not.* ,1951, p. 1e ss.

6. CURTI PASINI, *La funzione essenziale del notaio*, Lodi, 1932. *La funzione essenziale del notaio*, in *Riv. not.* , 1951, p. 15 e ss.

7. D'AURIA, *Il negozio giuridico notarile tra autonomia privata e controlli*, Milano.

8. DETTI, *Il notariato e la società moderna*, in *Riv. not.* , 1966, p. 657 e ss.

9. D'ORAZI FLAVONI, *La funzione sociale del notaio*, in *Scritti giuridici*, cit. , II, p. 865 e ss.

10. FALZONE, *Il notaio esercente*, Cremona, 1933.

11. FILIBERTI, *La professione notarile nell'attuale società italiana*, in *Riv. not.* , 1966, p. 665 e ss.

12. GENGHINI, *La volontaria giurisdizione*, s. l. ,2006.

13. GIACOBBE, *La funzione notarile oggi*, in *Riv. not.* , 1977, p. 920 e ss.

14. GIULIANI, *Funzioni e forme notarili nell'evoluzione del diritto*, in *Riv. not.* , 1948, p. 270 e ss. *Funzione e problemi del notariato. Arte e tecnica del notariato* (Contributi giuridici della Scuola di notariato A. Anselmi), Milano,1958.

15. LEGA, *Le libere professioni intellettuali nelle leggi e nella giurisprudenza*, Milano,1974.

16. LIPARI, *La funzione notarile oggi*: *schema di riflessione*, in *Riv. not.*, 1977, p. 935 e ss.

17. LOBETTI BODONI e AMATO, *L'esercizio dell'attività dei notai come libera professione*, in *Riv. not.*, 1962, p. 453 e ss., p. 462e ss.

18. LOVATO, *Il notaio pubblico ufficiale e libero professionista nei notariati a tipo latino*, in *La riforma dell'ordinamento del notariato*, Milano, 1955, p. 6 e ss.

19. MERCANTINI, *La professione di notaio*, Roma, 1943.

20. POET, *La esclusività della funzione del ricevere atti negoziali nella tradizione e nella struttura del notariato*, in *Vita not.*, 1965, p. 274 e ss.

21. MIGLIORI, *La volontaria giurisdizione nella pratica notarile*, I, Torno, 1975.

22. RIVA SANSEVERINO, *Sulla funzione del notaio*, in *Riv. not.*, 1954, p. 230 e ss.

23. SALA, *Il notaio e l'arbitrato*, in *Atti del XVIII Congresso Nazionale del Notariato*, Catanzaro, s. d. (1970), p. 71 e ss.

24. SANTANGELO, *La funzione notarile oggi*, in *Riv. not.*, 1977, p. 945 e ss.

25. SATTA, *Poesia e verità nella vita del notaio*, in *Riv. dir. proc.*, 1955, I, p. 264 e ss. e in *Riv. not.*, 1955, p. V e ss. in *La giornata del Notariato Latino*, Rapallo, 2 ottobre 1955, tra le pag. 358 e 359.

26. TORDO CAPRIOLI, *Attività negoziale e funzione notarile*, *Nozioni*, *corsi e questioni*, *Atti tra vivi*, Milano, 1996.

27. VALLET, *La missione del notaio. Il notaio come artefice del diritto. Il 《cavere》 come sua funzione*, in *Vita not.*, 1958, p. 9 e ss.

28. VOCCIA, *Il notaio nell'esercizio delle sue funzioni*, Lecce, 1931.

29. VOCINO, *La funzione processuale del notaio*, in *Riv. not.*, 1956, p. 1 e ss.

十二、关于公证文书的文献

1. CALLERI, *Redazione e nullità dell'atto notarile*, Firenze, 1972.

2. CARUSI, *Il negozio giuridico notarile*, Milano, 1968.

3. DELLI VENERI e DESTINO, *L'atto pubblico notarile e l'intervento di minorati e stranieri*, (s. l.), 2006.

4. FERRARI, *L'atto notarile di autenticazione*, Milano, 1973.

5. FONDAZIONE ITALIANA PER IL NOTARIATO, *L'atto notarile informatico*: *riflessioni sul D. Lgs. 110/2010*, *profili sostanziali e aspetti operativi*, Milano, 2011.

6. LASAGNA, *L'atto notarile*, Milano, 1971.

7. LIGUORI, *Evoluzione dei concetti schematici dell'atto notarile*, (*appunti per una moderna tecnica legislativa*), Roma, 1973.

8. MORELLO, FERRARI e SORGATO, *L'atto notarile*, Milano, 1977.

9. PACIFICO, *Le modalità degli atti notarili*, Milano, 1992.

10. ROVEDA, *Il paradosso dei protocolli*, in *Federnotizie*, 2006, p. 83.

11. SANTARCANGELO, *La forma degli atti notarili*, Roma, 1978, 1981 e 2006.

12. SCIELLO, *La formazione dell'atto notarile*, in *La riforma dell'ordinamento del notariato*, Milano, 1955, p. 55e ss.

十三、关于公证组织机构的文献

1. ANSELMI, *Le scuole di notariato in Italia*, Viterbo, 1926.

2. BARATTA, *La riforma dell'ordinamento del notariato italiano con riferimento alle legislazioni degli altri Stati (Studi e proposte)*, Milano, 1954. *Il nuovo ordinamento del notariato*, in *Riv. not.*, 1966, p. 195 e ss.

3. GIULIANI A. , *L'ordinamento del notariato*, in *Riv.* not., 1956, p. 39 e *ss. Le strutture organizzative del notariato nella società moderna*, Milano, 1968.

4. MORELLO A. , DE LORENZI e SALVADORI, *L'organizzazione notarile in Italia*, Napoli, 1967.

十四、其他文献

1. ANTONIONI, *Trenta anni di notariato*, Perugia, 1987.

2. BARATTA, *Diritto e legislazione notarili*, in *Riv. not.* , 1954, p. 183 e ss.

3. BUSANI, COSTABILE, OGNIBENE e SAPORITO, *Il notaio ed il diritto urbanistico*, Reggio Emilia,1986.

4. CONCETTI, *La sentenza di Cassazione 30 novembre 2017, n, 28823, una occasione per tornare sul tema di identità personale*, in *Fondazione Anselmo Anselmi— Scuola di notariato, 70 anni della Scuola di notariato di Roma*, Roma, 2019, p. 135 e ss.

5. DE CAPRARIIS e MORELLI, *Guida all'applicazione della tariffa notarile*, Milano,1982.

6. DI FABIO, *L'acquisto immobiliare dello straniero*, Assisi, 1967.

7. FERRANDO, *Il notaio*, Firenze,1961.

8. FLAMINI, MEZZAROMA, RUGGERI, TARTAGLIA-PORCINI (a cura di), *Giustizia disciplinare e professioni legali: casi e questioni*, Napoli, 2012.

9. GHERARDI, *Del notaio considerato nei suoi rapporti con la società*, Roma,1877.

10. LASAGNA, *Sulla responsabilità notarile*, Milano, 1969.

11. MIJNO e LOBETTI BODONI, *Tariffa notarile*, Torino, 1958.

12. MORELLI, *La responsabilità civile del notaio; le posizioni di dottrina e giurisprudenza*, in *Corr. giur.* ,2007, p. 381 e ss.

13. MOSCATELLO F. , *Principi etici fondamentali per l'esercizio della professione di notaio, ed episodi di vita vissuta*, Roma, 1967. *Commento teorico-pratico della tariffa degli onorari*, Palermo, 1914.

14. PAGLIANTINI (a cura di), *Il diritto vivente. - Saggi sull'art. 28 e il procedimento disciplinare riformato*, Torino, 2012.

15. PAPPAFAVA, *Delle opere che illustrano il notariato*, Zara, 1880.

16. PASQUARIELLO, *Il notariato (appunti di morale professionale)*, Roma,1940.

17. PERRONE, *La nuova tariffa notarile*, Roma,1973.

18. PUCCINELLI, *Della fede, nobiltà del notaio*, Milano,1654.

19. ROZ, *Il notaio, questo sconosciuto*, Torino, 1988.

20. SANTARCANGELO, *Il procedimento disciplinare a carico dei notai*, Milano,2007.

21. SEBREGONDI, VITI e ZACCARIA (a cura di), *Il notaio— Immagini di una professione*, Firenze, 2002.

22. SERINA, *Come si fa il testamento*, Milano, 1925.

23. SILIQUINI CINELLI, *La responsabilità civile del notaio*, Milanofiori Assago, 2009.

24. TENORE e CELESTE, *La responsabilità disciplinare del notaio e il relativo procedimento*, Milano, 2008.

25. TODESCHINI, *Penalità comminate al notaio*, Pisa, 1926.

26. SCIGLIANO, *Vademecum del notaio e dell'archivio notarile*, Milano, 1970.

27. TUTINELLI, *Il notariato-Lineamenti di etica e storia professionale*, Roma, 1948.

十五、关于国外公证制度的文献

1. AZPEITIA, *Derecho notarial extranjero*, Madrid, 1929.

2. BARATTA, *Il Notariato e la sua rappresentanza in Italia e nella legislazione di alcuni Stati esteri*, Madrid, 1950 e in *Riv. not.*, 1950, p. 511 e ss.

3. BARDALLO, *Leyes y reglamento notariales en Montevideo*, Montevideo, 1964.

4. BARTA, *Kozsegjegyzoi intezmeny Története Magyaroszogon*, Budapest, 1882.

5. BERGE, *Histoire du notariat*, Paris, 1815.

6. BOULE-LE MINOR, *Techniques notariales modernes*, Paris, s. d.

7. BRAZDA, BEBR e SIMEK, *Notárstvi Jeho vyvo*; *Organizace a pravomoc*, Praga 1976.

8. BRONER et CARLON, *Traité théorique et pratique du notariat*, *rédigé specialement pour la Belgique*, Bruxelles, 1847.

9. BUHL, *Das Rechtsverhältiniss des Notars zum Aufraggeber*, Lubeck, 1931.

10. CABROL e LECLERCQ, *Notaire*, Paris, 1936.

11. CASTAN TOBENAS, *Función notarial j elaboración notarial del derecho*, Madrid, 1946.

12. CELLIER, *La philosophie du notariat ou lettres sur la profession de notaire*, Bruxelles, 1840.

13. CENTRO ESTUDIANTES DE NOTARIADO, *Formulario de práctica notarial*, Montevideo, 1969.

14. CHENEY, *Notaries public in England*, *in the Thirteenth and Fourteenth centuries*, Oxford, 1972.

15. CHENEY, STEIN, BROOKS e HEMHULZ, *Notaio in Inghilterra*, *prima e dopo la riforma*, 1991.

16. CHOURAKI, *Le notariat en Algerie*, 1951, Clermont-Ferrand, Mont-Louis.

17. COLEGIO DE ESCRIBANOS DE LA PROVINCIA DE CORDOBA, *El notariato de Cordoba y el notariado Argentino*, Cordoba, 1973.

18. COMTOIS e CIOTOLA, *Loi du notariat 1975 annotée d'après la doctrine et la jurisprudence*, Montréeal, 1975.

19. CONSEIL SUPERIEUR DU NOTARIAT FRANCAIS (pour le compte du). *Arts et actes de France*, Berger-Levrault, 1979.

20. COURTOIS, *Le notariat canadien*, 1949, Mexico.

21. CURTI PASINI, *Appunti per il diritto notarile comparato*, Lodi, 1929.

22. D'ALLOZ, *Code des notaires expliqué*.

23. DESCHAMPS, *L'ordinamento del Notariato nel Belgio*, in *Riv. not.*, 1953, p. 695 e ss.

24. DE FERRIERE, *Le nouveau parfait notaire ou la science des notaires*, 2 voll., Paris, 1807.

25. DEPRENOIS, *Traité pratique et formulairegénéral du notariat*, Paris, 1890-1892.

26. DE JONG, *Notariat portugais... notariat fonctionnarisé*, La Haye, 1964.

27. FUSARO, *Forme e volti del notariato*, in *Riv. trim. dir. proc. civ.*, 2001, p. 455 e ss.

28. GALGANI, *Notary or Public Notary*, in *Riv. not.*, 1958, p. 505 e ss.

29. GALEILEOT, *Exposé historique de la législation notariale dans le Pajs-Bas*, Bruxelles, 1862.

30. GIMENEZ ARNAU, *Introdución al derecho notarial*, Madrid, 1944.

31. GONZALEZ L. M., *Manual de práctica notarial*, Segovia, 1976.

32. GONZALEZ P. J., *Instituciones de derecho notarial*, Madrid, 1948.

33. GOUX, *Manuel du notaire*, Bruxelles, 1846.

34. GURSEL, *Noterlik, Kanunu ve uyyulamasi*, Instanbul, 1964.

35. HALPERN, *Avocats et notaires en Europe. Les profession judiciaries et juridiques dans l'histoire contemporaine*, Paris, 1996.

36. HAUSZLES, *Das preussische Notariat*, Breslau, 1845.

37. HILAIRE, *La scienza dei notai-La lunga stora del notariato in Francia*, Milano, 2003.

38. JEMMA (a cura di), *Il notariato russo nelle disposizioni legislative e regolamentari dal 1866 ad oggi*, Milano, 2004.

39. JUNTA DE DECANOS DE Los COLEGIOS NOTARIALES DE ESPAÑA, *El documento notarial en la historia*, Madrid, 1963.

40. KNEMEYER, *Das Notariat im Furstbisterm Munster*, Munchen, 1964.

41. KRIGERS JANZEN, *De notaris in literatuur*, Haarlem, 1956.

42. LAPEYRE, *Le Notariat en France dans la Fonction publique*, in *Riv. not.*, 1963, p. 108 e ss.

43. LAPIDUEWSKI, *Istoria notariata*, Moskain, 1875.

44. LARRAUD, *Curso de derecho notarial*, Buenos Aires, 1966.

45. LEFEVRE, *Les notaires*, Paris, 1969.

46. LORET, *Eléménts de la science notariale*, voll. 3, Paris, 1807.

47. MAGNAN, *Le notariat et la Révolution française*, Montauban, 1952.

48. MASI, *Codice dei notari promulgato in Francia*, Livorno, 1807.

49. MASSE, *Le parfaít notaire ou la science des notaires*, 3 voll., Paris, 1809-1834.

50. MATON, *Dictionnaire de la pratique notariale belge*, Bruxelles, 1882-1885.

51. MEYER, *Die Notariatsordtunger von 1512 und 1871 als Beitrage zur Rechtssicherheit*, Salzburg, 1971.

52. MELIS, *De notariswet*, Zwolle, 1951.

53. MIKESEM, *Notàrshy ràd Komentàr*, Praga, 1969.

54. MIHORI HIROSHI, *Organizzazione notarile (in lingua giapponese)*, Giappone, 1969.

55. MONTENEGRO, *Legislación notarial j registral — concordancias legales*, Trujillo, 1962.

56. MUSTAPICH, *Tratado teorico y pràctico de derecho notarial*, 3 voll., Buenos Aires, 1955.

57. NEGRI, *Notariato argentino*, Madrid, 1930. *Historia del notariado argentino*, Buenos Aires, 1947.

NERI ARGENTINO, *Tratado teorico y pràctico de derecho notarial*, 2 voll. , Buenos Aires, 1969-1975.

58. NIEMIROSWSKI, *Bibliografia powszechna notarjatu*, Varsavia, 1884.

59. NEVE, GEHLEN, STEVENS e DUINKERKEN, *Il Notariato tra Belgio e Paesi Bassi, Dalle origini ai nostri giorni* (a cura di AMELOTTI), Milano, 1996.

60. NUNEZ LAGOS, *Estudios sobre el valore juridico del documento notarial*, Madrid, 1945.

61. OBERNECK, *Das Notariatsrecht der deutschen Lander*, Berlin, 1929.

62. OESTERLEY, *Das deutsche notariat*, 2 voll. , Hannover, 1845-1865.

63. OZUARI, *Noterlik mevzuati ve tatnikati*, (Legge del notariato turco), Ankara, 1972.

64. PAPPAFAVA, *Manuale illustrativo dell'Ordinamento Notarile Austriaco*, Innsbruck, 1883.

65. CONSIGLIO NAZIONALE DEL NOTARIATO, *Il notariato nella civiltà italiana*, cit. , p. 435 e s.

66. PITLO, *Honderd jaar notariaat in Nederland*, Haarlem, 1948.

Ars notariatus, Haarlem, 1945.

67. PONDÈ, *Origen e historia del notariado*, Buenos Aires, 1967.

68. POSCHL, *L'organizzazione del Notariato in Germania*, in *Riv. not.* , 1961, p. 246 e ss.

69. SICULUS, *Lineamenti della legge notarile svedese*, in *Riv. not.* , 1961, p. 936 e ss. *Cenni sul notariato sovietico*, in *Riv. not.* , 1963, p. 250 e ss.

70. PRAWNEGO WEDLUG, *Prawo o notariacie*, Warszawa, 1965.

71. RAUCQ e CAMBIER, *Traité du notariat*, 2 voll. , Bruxelles, 1948.

72. RIBEIRO, *0 tabelionato*, Sao Paulo Brasil, 1955.

73. RONCALI, *Notarenstand und Notariat in Oesterreich*, Wien, 1867.

74. RUTGEERTS et AMIAUD, *Commentaire de la loi du 25 ventose an XI*, Paris, 1884.

75. SAAGE, *Bundesnotarordnung*, Essen, 1961.

76. SEGOVIA, *Función notarial*, Buenos Aires, 1963.

77. SPIELMANN, *Etude sur l'organisation du notariat en Suisse*, Losanna, 1926.

78. TADRA, *I cancellieri e i notai nelle terre boeme*, (in lingua cecoslovacca), Praze, 1892.

79. THANOPULOS, *Il codice dei notai* (in lingua greca), Atene, 1973.

80. THANOPULOS e LIVATHINUS, *Il notariato nella teoria e nella prassi* (in lingua greca), 2 voll. , Atene, 1953.

81. TAVARES DE CARVALHO, *Serviços do notariado portugues*, Coimbra, 1923.

82. TURGEON, *L'ordinamento del notariato nel Canada*, in *Riv. not.* , 1953, p. 705 e ss.

83. TRUMAN WOODWARD, *Louisiana notarial manual*, Indianapolis, 1962.

84. UNIONE NAZIONALE NOTARIATO TURCO, *Manuale del notaio*, Ankara, 1973.

85. VACHON, *Histoire du notariat canadien* (1621-1960), Montréal, 1961.

86. VIARD, *Etude sur les origines du notariat*, Langres, 1877.

87. YAIGRE, *Droit professionel notarial*, Bruxelles, 1975.

88. WERNER e PROSCHEL, *Deutsch Preukisches Notariat*, Lipsia, 1900.

89. XIMENA y SALOMON, *El Notariado en Espana desde su creacion*, Madrid, 1848.